住房城乡建设部土建类学科专业"十三五"规划教材

高等学校给排水科学与工程学科专业指导委员会规划推荐教材

泵 与 泵 站

（第七版）

许仕荣　主　编

荣宏伟　韩德宏　副主编

施　周　主　审

中国建筑工业出版社

图书在版编目（CIP）数据

泵与泵站／许仕荣主编. — 7版. — 北京：中国
建筑工业出版社，2021.7（2025.6重印）
住房城乡建设部土建类学科专业"十三五"规划教材
高等学校给排水科学与工程学科专业指导委员会规划推荐
教材
ISBN 978-7-112-26224-3

Ⅰ. ①泵… Ⅱ. ①许… Ⅲ. ①给水排水泵-高等学校
-教材②给水排水泵-泵站-高等学校-教材 Ⅳ.
①TU991.35

中国版本图书馆 CIP 数据核字（2021）第 113782 号

本书共5章，第1章主要讲述泵与泵站在给水排水工程中的作用及地位，以及发展趋势；第2章主要对给水排水工程中常用的离心泵的构造、工作原理、功能参数、运行工况及其调节等作了详细介绍，也对轴流泵和混流泵以及给水排水工程中常用的其他叶片式泵作了简要介绍；第3章主要对射流泵、气升泵、往复泵、螺旋泵、水环式真空泵、螺杆泵、蠕动泵、离心式风机与轴流式风机作了简要介绍；第4章主要对给水泵站的特点、泵的选择及布置、泵站水锤及其防护、泵站节能、泵站 SCADA 系统、泵站辅助设施、泵站的土建要求，以及给水泵站的工艺设计等作了较为详细的介绍；第5章主要对排水泵站的工艺设计作了介绍，包括污水泵站、雨水泵站、合流泵站的工艺设计，并分别用实例来说明。

本书可供高等院校给排水科学与工程（给水排水工程）和环境工程等专业的本科生使用，也可供相关专业的研究生及工程技术人员参考。

为更好地支持本课程教学，作者特制作了与教材配套的课件素材，如有需要，可发邮件至 jckj@cabp.com.cn 索取（标注书名和作者名），联系电话（010）58337285，也可到建工书院 http：//edu.cabplink.com 下载。

* * *

责任编辑：王美玲
责任校对：张惠雯

住房城乡建设部土建类学科专业"十三五"规划教材
高等学校给排水科学与工程学科专业指导委员会规划推荐教材

泵与泵站（第七版）
许仕荣 主 编
荣宏伟 韩德宏 副主编
施 周 主 审

*

中国建筑工业出版社出版、发行（北京海淀三里河路9号）
各地新华书店、建筑书店经销
北京红光制版公司制版
建工社（河北）印刷有限公司印刷

*

开本：787毫米×1092毫米 1/16 印张：18¾ 字数：468千字
2021年8月第七版 2025年6月第六次印刷
定价：**49.00**元（赠教师课件）
ISBN 978-7-112-26224-3
（37789）

第 七 版 前 言

《国民经济和社会发展第十四个五年规划和 2035 年远景目标纲要》提出：坚持节能优先方针，深化工业、建筑、交通等领域和公共机构节能，推动 5G、大数据中心等新兴领域能效提升，强化重点用能单位节能管理，实施能量系统优化、节能技术改造等重点工程，加快能耗限额、产品设备能效强制性国家标准制修订。

泵站作为城市水系统的"枢纽"，肩负着本领域"节能降耗"、实现"碳中和"的重任。《泵与泵站》（第七版）在第六版的基础上修订完成，遵循新发展理念，基于给排水科学与工程专业知识体系中泵与泵站知识领域的要求，充分吸收国内外相关的新理论、新技术、新设备、新经验，广泛听取使用本教材的师生及工程界对教材的建议。修改的主要内容为：

（1）为适应泵站数字化、智能化发展的需要，第 1 章改写了泵产品及泵站的发展趋势，第 4 章改写了泵站的控制方式、SCADA 的发展趋势。

（2）"节能优先"的理念贯穿全书，保持第 2 章"变速调节""变径调节"的理论构架不变，第 4 章给水泵站增加永磁同步电动机应用的内容，第 5 章增加轴流泵的变频变角"双调"方式的内容。

（3）针对水锤对输水系统安全性的影响，在 4.6 节强调"水锤综合防护"的重要性。

（4）在第 4 章增加了送水泵站的设计案例及各种形式取水泵站的图例。

（5）第 5 章增加了"一体化排水泵站"图例。

（6）增加了习题量。

（7）"单位重量"概念变更为"受单位重力作用的"；此外，更正了第六版的错漏之处。

参加本次修订工作的人员有：湖南大学许仕荣教授（前言、第 1 章、第 2 章）、广州大学荣宏伟教授（第 3 章）、深圳市特区建工集团韩德宏教授级高级工程师（第 4 章），湖南大学周石庆教授（第 5 章）。许仕荣任主编，湖南大学施周教授主审。在编写过程中，依然得到前辈姜乃昌先生的指导，在资料的取材中，得到诸多同行专家的支持和帮助，在此表示衷心感谢。

因编写人员水平有限，不足之处在所难免，欢迎批评指正。

第 六 版 前 言

时间荏苒，岁月如梭。《水泵及水泵站》的第一版发行于 1980 年，已历经 35 个风雨春秋。在姜乃昌教授的辛勤耕耘下，教材五度修订改版，并于 2007 年更名为《泵与泵站》，累计印数已达 35 万余册，为全国给排水科学与工程专业学生的培养作出了卓越的贡献。《泵与泵站》（第六版）立项之时，姜乃昌教授提议并通过高等学校给排水科学与工程学科专业指导委员会审核，教材编写的"接力棒"交到了后辈编者手中。值此出版之际，谨向姜先生表示崇高的敬意。

《泵与泵站》（第六版）按照给排水科学与工程专业知识体系中泵与泵站知识领域的要求，总结和积累本课程的教学经验，广泛听取使用本教材的师生及工程界人士对教材的建议，充分吸收国内外相关的新理论、新技术、新设备、新经验，在第五版的基础上修订完成。修改的主要内容为：

1. "节能降耗"的指导思想贯穿全书，其内容得到进一步强化，第 4 章给水泵站的节能措施中引入了最新的有关泵与电动机的能效要求。

2. 在第 3 章其他泵与风机中，补充了一些在本专业应用较多的"泵型"如：污泥螺杆泵、隔膜泵等，删除了插桶泵的内容。

3. 改写了第 2 章"离心泵的吸水性能"一节，以便于学生更易理解。

4. 针对长距离输水工程水锤的危害，增加了新的水锤防护方法（措施）：多功能水力控制阀、单向调压塔、空气阀等。

5. 改写了给水泵站例题。

参加本次修订工作的人员有：湖南大学许仕荣（前言、第 1 章、第 2 章）、广州大学张朝升（第 3 章）、深圳市水务集团韩德宏（第 4 章），湖南大学柯水洲（第 5 章）。许仕荣任主编，湖南大学施周主审。在编写资料的取材中，得到诸多同行专家的支持和帮助，在此一并表示衷心感谢。

因编写人员水平有限，不足之处在所难免，欢迎批评指正。

第 五 版 前 言

飞鸟之影，未尝动也。学科间的相互渗透与借鉴，促使工程科学在应用上得到蓬勃发展，与时俱进。《泵与泵站》（第五版）作为普通高等教育土建学科专业"十一五"规划教材，是在《水泵及水泵站》（第四版）的基础上修订的。对于本次的修订再版工作，笔者认为应把握两点原则：其一，教材中属于基本概念、基本理论的内容，应得到稳定与保留，适当地予以深化与延伸。因为概念是事物的本质、学科的精髓所在，也是事物的全体以及事物的内部联系等的综合与科学抽象。概念引申出的基本理论，在学科中存在的地位，应该得到尊重，当它们一旦转化为工程措施，就具有了指导生产力的特征。它们创造出的工程形态是多样化的，它们带给社会的财富是潜能型的。其二，教材中属于工程应用性的内容，应是当今在本学科的工程社会中最具发展活力的，或者是已经成功地应用于实践之中的那些工程措施和工程方法。只要能够找准结合点，我们借鉴周边学科的成熟果实，敞开思路、为我所用，它将使修编后的教材内容更具时代特征，新者日新。

当今，在实现循环型经济的大目标下，我们的一切工程努力，均应朝着可持续性发展的方向去做。环视近十余年来水工业发展的进程，本教材在修编时，有两件大事值得我们注意：一是，在水资源合理开采、利用和共享的方针下，全国出现了多个区域性长距离输配水系统工程的建设。不少大手笔的调水工程，诸如天津市"引滦入津"工程，上海市黄浦江上游引水工程，山东省"引黄济青"工程，沈阳市大伙房水库供水工程等，以及举世闻名的"南水北调"工程，均为世人所瞩目。这些工程的鲜明特征是长距离、大流量，很多情况下是多泵站联合运行。对于泵站节能技术，泵站实时远程监控系统中集成化的数据采集、分析与监控技术，数据远程传输技术，泵站各子系统中多台水泵变频恒压的循环切换技术，以及应对突发事故的安全运行机制的设定技术等，都将是今后各泵站建设工作者必须直接面对的。二是，管道直饮水工程的纷纷问世，泵站中输送的将是可以直接饮用的精品水，泵站机组材质要求优良，工艺过程要求精细，并均与饮用净水卫生条例联系在一起。其工程规模今后有可能向区域性大流量方向发展。为此，在这次修订中重点改写有下列几个方面：

（一）在给水排水工程常用的叶片泵中，要增加对中、高扬程，大流量泵型的介绍，尤其是潜水泵的介绍，包括它们的基本构造、性能特征以及更新后的型号表示方法；增加对不锈钢材质泵体结构、型号含意以及基本性能曲线的介绍等。

（二）在给水泵站中增加一节，专题介绍泵站远程监控系统的基本内容，把目前泵站中采用的监控与数据采集 SCADA（Supervison Control And Data Acquistion）技术，数据远程传输技术中采用的 GPRS（General Packet Radio Service）技术以及泵站现地实时控制子系统中采用的 PLC（Programmable Logic Controller）技术，以简洁的篇幅介绍给读者。由于这部分内容更多的涉及自动控制学科，本章节尽量提纲挈领，给读者以开门指路的作用。

（三）在给水泵站中专辟一节，介绍泵站的节能技术，把泵站节能贯穿于泵站的设计、改造及运行管理中的每一个环节。

（四）排水泵站方面也增加了节能及 SCADA 系统的内容。

在这次修订中，湖南大学许仕荣教授及深圳市水务集团韩德宏教授级高工共同编写了：第 1 章 （1.1 及 1.3），第 2 章 （2.10.2，2.10.3，2.14.5，2.14.7），第 4 章 （4.8.1，4.9.1，4.9.2，4.10.1～4.10.4，4.11.1 及 4.12.4），第 5 章 （5.6.1，5.6.2）；广州大学张朝升教授编写了：第 2 章 （2.14.4），第 3 章 （3.5，3.6，3.7）；湖南大学柯水洲教授编写了第 5 章 （5.2.7，5.3.6 及 5.3.7）。本书的主审为湖南大学施周教授。在编写资料的取材中，得到了崔福义教授、彭永臻教授、刘遂庆教授、周玉文教授以及其他同行专家的支持和帮助，在此一并表示衷心的感谢。

第 四 版 前 言

十年磨一剑。《水泵及水泵站》教材，历经了十余个风雨春秋，已三度修订再版。今日，第四版教材与读者见面之际，本可写上几句庆贺词。然而，不容乐观的是，在中国大地上，不少流域的水源受到了污染，不少地区的水环境亮起了红灯。红灯之中透析出成百上千座水泵站，正夜以继日地将不合格的污（废）水抽升入江河湖水之中。水体被污染了！水源被糟蹋了！笔者的心情为之沉重不已。

笔者认为：现代科技、现代文明均应以造福人民为其成败的试金石。在我国给水排水事业方面，当前最值得强调的，恐怕莫过于对建立水工业体系的认识和实践了。水工业体系的基本观点，它着眼于把水的采集、净化、输送、利用、回收、直到再净化、再输送以及再利用的过程，视为一个完整的循环过程。这个完整的循环过程也可称之为"水的社会循环过程"（它有别于"水的自然循环过程"）。从这个基本观点出发，建立水工业体系就是要对水由自然水转化为商品水后，在进入社会循环过程中所发生的一切改变负责到底、跟踪到底。这样，才能从总体上确保水环境的良好状态，使我国的给水排水事业真正体现造福人民的效能。

诚然，水工业体系是一个综合性的大体系。它的建立，一定需要政府领导部门、企（事）业管理、教育、科研、生产以及工程等各个部门，方方面面人士的长期不懈的努力才能实现。它不仅是我国给水排水事业可持续发展的长远策略，也体现了人类在捍卫生态平衡进程中自救意识的增强。

《水泵及水泵站》教材，就其所含内容，将毋庸置疑地会在水工业体系中占有一席之地，我们期望本教材的读者，能在掌握教材内容的基础上，深刻理解建立水工业体系的深远意义，并为此而努力奋斗。在这次修订中重点改写了下列 5 个方面：

一、对离心泵装置（含单泵多塔、多泵多塔以及取水泵站和送水泵站）在定速和调速运行工况下数解法电算求解的程序，在原有的 BASIC 语言基础上，又相应地编写了一套 FORTRAN 语言程序，以供各校选用，并对原程序进行了核算。

二、在叶片式水泵中，增加了机械密封的内容，对潜水泵的介绍，增添了篇幅。特别是近年来，应用大中型潜水泵作为取水泵站的提升泵，简化了土建结构，降低了工程造价。

三、根据 1995 年 7 月制订的全国高校给水排水工程专业四年制本科的《水泵及水泵站》课程教学基本要求，恢复了螺旋泵及螺旋泵站的内容，分别编入第三章及第五章之中。

四、在第四章给水泵站中，增加了泵站测控调度自动化的要求及图式、改写了给水泵站工艺设计的设计算例，以及停泵水锤中的部分内容。

五、在排水泵站一章中除恢复了螺旋泵站以外，增添了合流制排水泵站的内容。

在这次修订中，参加第一章及第四章编写的有深圳市自来水公司韩德宏高级工程师和湖南大学许仕荣副教授，参加第五章中第 4 节编写的有湖南大学柯水洲副教授。本书主审为西北建筑工程学院金锥教授。在修订过程中，中国工程院院士张杰高级工程师在对本书预审时提供了很好的意见，特此一并致谢。

目　　录

第1章 绪 论

1.1 泵与泵站在给水排水工程中的作用和地位

在工程术语中，泵站是为大家所熟悉的名词。这多半是由于泵是属于通用性的机械类而广泛地应用于国民经济的各个部门。随着现代工业的蓬勃发展，采矿、冶金、电力、石油、化工、市政以及农林等部门中，各种形式的泵站很多，其规模和投资越来越大，功能分类越分越细。

以采矿工业而言，矿山中竖井的井底排水，大型矿床的地表疏干以及掘进斜井的初期排水等技术设施，都需要建造一系列相应的泵站来满足整个采矿工程的需要。在电力部门中，无论是火力或原子能发电系统，从高压锅炉给水泵站起，一直到冷热水的循环泵站、水力清渣除灰的高压泵站以及冷却水的补给泵站等都是必不可少的。它们在整个系统中，常常是规模大、投资大、地位重要的工程项目。

在市政建设中，泵站也是城市给水和排水工程中重要的组成部分。它们通常是整个给水排水系统正常运转的枢纽。图1-1所示为城市给水排水系统工艺基本流程，由图可知，原水由取水泵站，从水源地（江、河、湖、水库等）抽送至自来水厂，净化后的清水由送水泵站输送到城市管网，流入工厂、企业以及千家万户（对水压要求较高的用户如高层建筑，则需对城市管网的水进行二次加压才能送至用水点）。城市中的废水，经过各区域的排水管网收集进入排水泵站，由各区域的排水泵站将各路污（废）水输送至污水处理厂、经过一系列的污水处理工艺后，由污水处理厂的主泵站将处理达标的出厂水，再回送入江、河、湖水之中（目前，一些城市污水处理厂的出水经深度净化后，形成再生水进行利用）。由此可见，给排水科学与工程专业的工作者，就是把水的采集、净化、输送、利用，直到再净化、再输送以及再利用的过程，视为一个完整的社会循环过程，并建立起对水在进入社会循环过程中所发生的一切改变负责到底、跟踪到底的精神，从总体上确保水环境的良好状态，使我国的城市水系统真正体现造福人民的效能。

图1-1中虚线表示城市中排放的生活污水和工业废水经排水管渠系统汇集后，由各区域排水泵站将污水抽送回污水处理厂，逆向的循环过程。实际上，在排水管渠系统中使用泵站的场合是相当多的。除抽送污水和工业废水的泵站外，还有专门抽送雨水的泵站。也

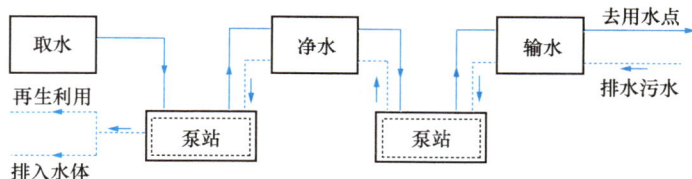

图1-1 城市给水排水系统工艺基本流程

有仅用来抽送城市地势低洼区防洪排涝的区域性泵站。在污水处理厂内，往往从沉淀池把新鲜污泥抽送到污泥消化池，从沉砂池中排除沉渣，从二次沉淀池中提送回流活性污泥等，都要用各种不同类型的泵和泵站来保证运行的。

水资源是基础自然资源，是生态环境的控制性因素之一。正如本书前言中所述，在水资源合理开采、利用和共享的大政方针下，我国基础性的"水网工程"不断完善，出现了多个跨区域的长距离、大流量的输配水系统工程。在这些大型的调水工程中，泵站的建设和运行管理通常是起很重要的角色。诸如"引滦入津"工程，是一项较大规模的跨流域的调水工程。该工程全长234km，全年引水量达10亿余立方米，全部工程中修建了4座大型泵站，分别采用了多台叶片可调型的大型轴流泵和高压离心泵进行抽升工作。2014年建成通水的南水北调中线工程，从长江最大支流汉江中上游的丹江口水库东岸岸边引水，输送到北京，总干渠全长1432千米，渠道设计流量$63\sim70m^3/s$。尽管该工程充分利用地形高差重力输水，但还需要加设泵站，如工程北京段的惠南庄泵站（位于北京市房山区大石窝镇惠南庄村东，距北京市城区约60km）的设计装机流量为$60m^3/s$，总装机功率为达58.4MW（泵站共设8台卧式单级双吸离心泵，6台工作2台备用，单机设计流量$10m^3/s$，设计扬程58.2m，单机容量7300kW）。其他长距离引水工程还有引黄济青工程、东深供水工程、引黄入晋工程等。

除此以外，在农田灌溉、防洪排涝等方面，泵站经常作为一个独立的构筑物而服务于各项事业。特别是随着社会主义农业的现代化，在农田基本建设中、在抽升黄河水引向西北高原的大型灌溉工程中都需建造很多大型、巨大型的泵站。在这方面有大流量、低扬程的轴流泵站，也有大流量、高扬程的离心泵站。目前，在我国西北地区抽升黄河水进行高原灌溉的工程中，已建成的大型泵站的单泵扬程一般均在$70\sim150m$以上，有时多座泵站"串联"工作，组成梯级泵站群，工程规模是十分壮观的。

从经济的角度来看，城市供水企业一般都是用电大户。在整个给水工程的用电量中，95％～98％的电量是用来维持泵的运转，其他2％～5％用在制水过程中的辅助设备上（如电动阀、排污泵、真空泵、机修及照明等）。以一般城镇水厂而言，泵站消耗的电费，通常占自来水制水成本的40％～70％，甚至更多。就全国泵机组的电能消耗而言，它占全国电能总耗的20％左右。因此，通过科学调度，提高机泵设备的运行效率；采用调速电动机，扩大泵机组的高效工作范围；对役龄过长、设备陈旧的机泵，及时采取更新改造等措施，都是合理降低泵站电耗的重要途径。上海市吴淞水厂，自1981年将一台55kW电动机采用可控硅串级调速运行以来，一直运行良好，每年节电约90万度；北京市水源九厂一期工程中2台取水泵和2台配水泵均采用了从德国引进的变频式电动机调速装置，这是国内水厂首先采用变频调速的机组，每年的节电效果是十分可观的。除此以外，泵站中还有多种形式的节电措施，例如采用液压自控蝶阀、各种微阻缓闭止回阀、取消止回阀等方式均能达到良好的节电效果。

1.2　泵的定义及分类

泵是输送和提升液体的机器。它把原动机的机械能转化为被输送液体的能量，使液体获得动能或势能。由于泵在国民经济各部门中应用很广，品种系列繁多，对它的分类方法也各不相同。按其作用原理可分为以下三类：

（1）叶片式泵：其能量的转换是通过装有叶片的叶轮高速旋转而完成的，属于这一类的有离心泵、轴流泵、混流泵等。

（2）容积式泵：它对液体传递能量是靠泵体工作室容积的周期性改变来完成的。一般使工作室容积改变的方式有往复运动和旋转运动两种。属于往复运动这一类的如活塞式往复泵、柱塞式往复泵、隔膜式往复泵等。属于旋转运动这一类的如螺杆泵、转子泵等。

（3）其他类型泵：这类泵是指除叶片式泵和容积式泵以外的特殊泵，属于这一类的主要有螺旋泵、射流泵（又称水射器）、水锤泵、水轮泵以及气升泵（又称空气扬水机）等。其中除螺旋泵是利用螺旋推进原理来提高液体的位能以外，其他各种泵的特点都是利用高速液流或气流的动能或动量来输送液体的。在给水排水工程中，结合具体条件应用这类特殊泵来输送水或药剂（混凝剂、消毒药剂等）时，常常能起到良好的效果。

上述各种类型泵的使用范围是很不相同的。图1-2所示为常用的几种类型泵的总型谱图，由图可见，目前定型生产的各类叶片式泵的使用范围是相当广泛的，而其中离心泵、轴流泵、混流泵和往复泵等的使用范围各具有不同的性能。往复泵的使用范围侧重于高扬程、小流量。轴流泵和混流泵的使用范围侧重于低扬程、大流量。而离心泵的使用范围则介乎两者之间，工作区间最广，产品的品种、系列和规格也最多。

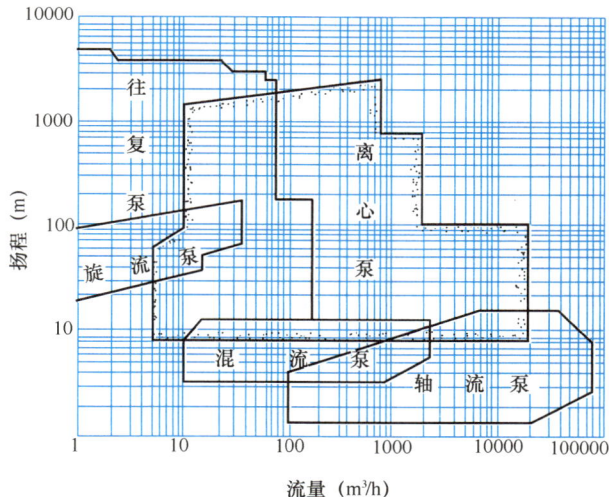

图1-2 常用几种泵的总型谱图

以城市给水工程来说，一般水厂泵站的扬程在20～100m之间，单泵流量的使用范围一般在50～10000m³/h之间。要满足这样的工作区间，由总型谱图可以看出，使用离心泵装置是十分合适的。即使某些大型水厂，也可以在泵站中采取多台离心泵并联工作方式来满足供水量的要求。从排水工程来看，城市污水、雨水泵站的特点是大流量、低扬程，扬程一般在2～12m之间，流量可以超过10000m³/h，这样的工作范围，一般采用轴流泵比较合适。

综上所述，可以认为：在城镇及工业企业的给水排水工程中，大量的、普遍使用的泵是离心式和轴流式两种。

目前，我国对泵的型号的命名方式尚未完全统一，但大多数产品主要以汉语拼音字母来表示泵的结构类型和特征。在泵样本及使用说明中，都应对泵型号的组成和含义加以说明。

1.3 泵及泵站运行管理的发展趋势

1. 泵技术的发展

在应用需求驱动和基础学科发展的带动下，国内外泵技术研究在 21 世纪取得了巨大进展，泵理论研究与技术开发的学科交叉特征越来越明显，人们对其内流机理和运行特性有了更深入的认识。目前，泵的发展趋势可归结为：

（1）大型化、大容量化

如果说，在 50 年前，对于 5 万 kW 的发电机组被看做是一个重大的技术成就的话，那么，在今天这一动力不过是只能用来驱动一台 130 万 kW 大型汽轮发电机组的给水泵而已。近几年来，国际上大型泵发展很快，巨型轴流泵的叶轮直径已达 7m，潜水泵直径已达 1.6m，用于城市及工业企业给水工程中的双吸离心泵的功率已达 5500kW。

我国在大型泵站技术方面取得巨大进步，逐步成为世界上泵站数量最多、规模最大的国家，其中牛栏江—滇池补水工程的干河泵站是我国大型引水泵的典型代表，其单机功率达到 22500kW，扬程 233.3m。

（2）高扬程化、高速化

锅炉给水泵是大型水泵的另一代表，它具有级数多、转速高、扬程高等特点，其单机功率在 20 世纪就达 8000kW 以上，转速超过 5000r/min，扬程超过 2000m。目前为安徽平山电厂二期 1350MW 机组配套的锅炉给水泵，单机功率超过 60000kW。同样作为大型高压多级泵典型代表，新的油田注水泵最高扬程已达到 5000m 以上。

要进一步实现高扬程化，势必要提高泵的转速。今后随着泵的气蚀、材料强度等问题的不断改善，泵的转速有可能进一步向高速化的方向发展，在泵行业中，这种高速化的发展趋势是具有世界性的。

（3）高效率、低噪声

随着计算机辅助设计技术的发展，泵的设计已经从传统的经验设计发展到目前的数字化设计。特别对于水力设计，以计算流体力学（Computational Fluid Dynamics，CFD）为支撑的各种优化设计已成为主流，使设计人员逐渐摆脱对传统水力模型库的依赖。基于CFD 的优化设计，不仅提升了水力效率，在降低泵的振动噪声方面也具有良好的效果。

今后，随着原子能和燃化工业等科学技术的发展，将进一步要求水泵业发展高速、高温、高压、高效率以及大容量等方面的各种特殊产品。同时，也要求不断提高现有常规产品的质量和水平。所有这些，都将意味着必须在基础理论、计算技术、模型试验、测量手段以及材料选择、加工工艺等一系列环节上进行革新。新材料、新工艺和新需求将进一步促成泵结构的创新，把振动噪声指标有机地融入泵的设计过程，开发具有优良声学品质的泵产品是未来追求的目标。

未来产品将体现出生态友好、高可靠、智能化和信息化为特点。

2. 泵站运行管理的发展趋势

泵节能和可靠运行是泵站运行管理的重要内容，特别对于生态友好与可靠性的关注，逐步把泵品质的考核与运行维护要求提到了新的高度。考虑到生态设计要求，泵的设计已经不能只关注额定工况性能，如何更科学地评估泵的能效成为最新需求。

另外，泵的状态监测与故障诊断技术赋予泵运行维护以新的内涵，作为实现泵机组预测性维护的基础，状态监测和故障诊断技术正逐步有机地融入重要泵组运行维护中。泵组轴承座温度和振动监测、润滑系统和冷却系统参数监测、泵组进出口压力及流量的监测等这些监测手段及参数阈值报警为泵的可靠运行及能效评估提供了切实的保障。

在节能、和谐、可持续发展的方针指导下，在城市给水排水泵站不断发展，尤其是区域长距离输水工程日益增多的现实环境下，对泵站运行管理提出了更高的要求。随着人工智能和物联网技术的发展，泵站 SCADA（Supervisory Control And Data Acquisition）即监控与数据采集系统的建设将更趋完善，包含远程监测、智能诊断、能效评估和智能调控的泵全生命周期运维技术的应用使泵站的运行管理逐步实现智能化，其作为智慧水务的子系统，将保证泵站安全、可靠、高效运行。

未来是现今的延伸和继续，此任务是十分光荣而艰巨的。

第2章 叶片式泵

叶片式泵在泵中是一个大类,其特点都是依靠叶轮的高速旋转以完成其能量的转换。由于叶轮中叶片形状的不同,旋转时水流通过叶轮受到的质量力就不同,水流流出叶轮时的方向也就不同。根据叶片式泵出水的水流方向可将叶片式泵分为径向流、轴向流和斜向流三种。径向流的叶片式泵称为离心泵,液体质点在叶轮中流动时主要受到的是离心力作用。轴向流的叶片式泵称为轴流泵,液体质点在叶轮中流动时主要受到的是轴向升力的作用。斜向流的叶片式泵称为混流泵,它是上述两种叶轮的过渡形式,液体质点在这种泵叶轮中流动时,既受离心力的作用,又受轴向升力的作用。

在城镇及工业企业的给水排水工程中,大量使用的泵是叶片式泵,其中以离心泵最为普遍。本章将以离心泵为重点,进行详细介绍和说明。

2.1 离心泵的工作原理与基本构造

在水力学中我们知道,当一个敞口圆筒绕中心轴作等角速旋转时,圆筒内的水面便呈抛物线上升的旋转凹面,圆筒壁处液体相对于中心 O 点上升的高度为 $H = \dfrac{\omega^2 R^2}{2g}$(ω 为旋转角速度, R 为圆筒半径),如图 2-1 所示。圆筒半径越大,转得越快时,液体沿圆筒壁上升的高度就越大。离心泵就是基于这一原理来工作的,所不同的是离心泵的叶轮、泵壳都是经过专门的水力计算和设计来完成的。

图 2-2 所示为给水排水工程中常用的单级单吸式离心泵的基本构造。泵包括蜗壳形的泵壳 1 和装于泵轴 2 上旋转的叶轮 3。蜗壳形泵壳的吸水口与泵的吸水管 4 相连,出水口与泵的压水管 5 相连接。泵的叶轮一般是由两个圆形盖板所组成,盖板之间有若干片弯曲的叶片,叶片之间的槽道为过水的叶槽,如图 2-3 所示。叶轮的前盖板上有一个大圆孔,这就是叶轮的进水口,它装在泵壳的吸水口内,与泵吸水管路相连通。离心泵在启动之前,应先用水灌满泵壳和吸水管道,然后,驱动电动机,使叶轮和水做高速旋转运动,此时,水受到离心力作用被甩出叶轮,经蜗形泵壳中的流道而流入泵的压水管道,由压水管道而输入管网中去。在这同时,泵叶轮中心处由于水被甩出而形成真空,吸水池中的水便在大气压力作用下,沿吸水管而源源不断地流入叶轮吸水口,又受到高速转动叶轮的作用,被甩出叶轮而输入压水管道。

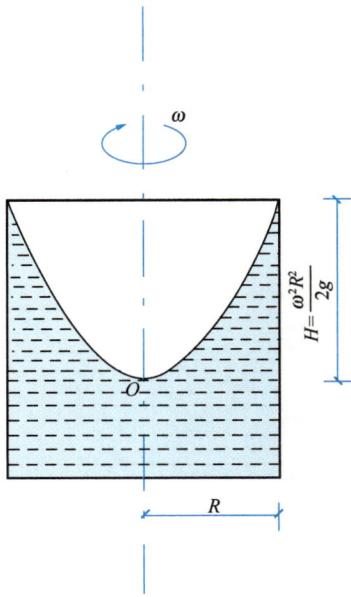

图 2-1 旋转圆筒中的液体

6

这样，就形成了离心泵的连续输水。

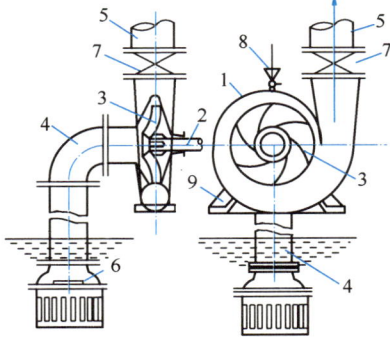

图 2-2　单级单吸式离心泵的构造

1—泵壳；2—泵轴；3—叶轮；

4—吸水管；5—压水管；6—底阀；

7—闸阀；8—灌水漏斗；9—泵座

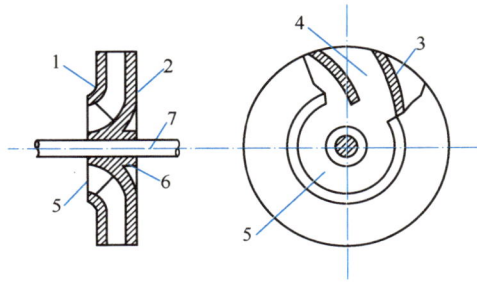

图 2-3　单吸式叶轮

1—前盖板；2—后盖板；3—叶片；4—叶槽；

5—吸水口；6—轮毂；7—泵轴

由上所述可知，离心泵的工作过程，实际上是一个能量的传递和转化的过程，它把电动机高速旋转的机械能转化为被抽升液体的动能和势能。在这个传递和转化过程中，就伴随着许多能量损失，这种能量损失越大，该离心泵的性能就越差，工作效率就越低。

2.2　离心泵的主要零件

离心泵是由许多零件组成的。下面以给水排水工程中常用的单级单吸卧式离心泵（图2-4）为例，来说明各零件的作用、材料和组成。

2.2.1　叶轮（又称工作轮）

叶轮是离心泵的主要零件，如图 2-4 中 1 所示。叶轮的形状和尺寸是通过水力计算来决定的。选择叶轮材料时，除了要考虑离心力作用下的机械强度以外，还要考虑材料的耐磨和耐腐蚀性能。目前多数叶轮采用铸铁、铸钢和青铜制成。

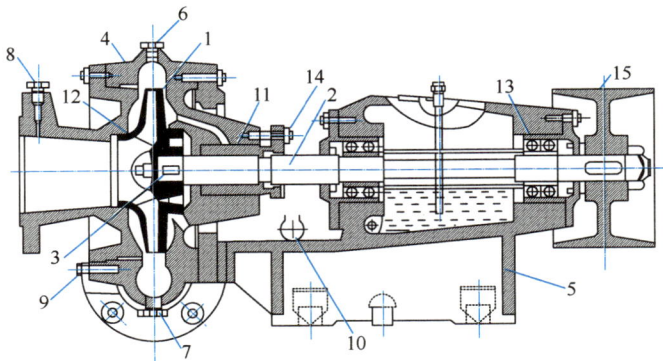

图 2-4　单级单吸卧式离心泵

1—叶轮；2—泵轴；3—键；4—泵壳；5—泵座；6—灌水孔；7—放水孔；8—接真空表孔；9—接压力表孔；10—泄水孔；11—填料盒；12—减漏环；13—轴承座；14—压盖调节螺栓；15—传动轮

叶轮一般可分为单吸式叶轮与双吸式叶轮两种。单吸式叶轮如图 2-3 所示，它是单边吸水，叶轮的前盖板与后盖板呈不对称状。双吸式叶轮如图 2-5 所示，它是两边吸水，叶轮盖板呈对称状，一般大流量离心泵多数采用双吸式叶轮。

叶轮按其盖板情况又可分为封闭式叶轮、敞开式叶轮和半开式叶轮三种形式，如图 2-6 所示。凡具有两个盖板的叶轮，称为封闭式叶轮，如图 2-6（a）所示。这种叶轮应用最广，前述的单吸式、双吸式叶轮均属这种形式。只有叶片没有完整盖板的叶轮称为敞开式叶轮，如图 2-6（b）所示。只有后盖板，没有前盖板的叶轮，称为半开式叶轮，如图 2-6（c）所示。一般在抽升含有悬浮物的污水泵中，为了避免堵塞，有时采用敞开式或半开式叶轮。这种叶轮的特点是叶片少，一般仅 2～5 片。而封闭式叶轮一般有 6～8 片，多的可至 12 片。

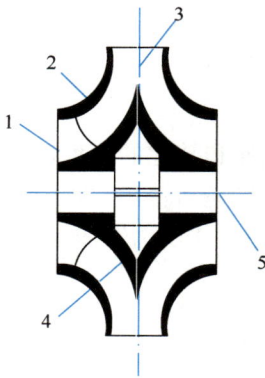

图 2-5　双吸式叶轮

1—吸入口；2—轮盖；3—叶片；
4—轮毂；5—轴孔

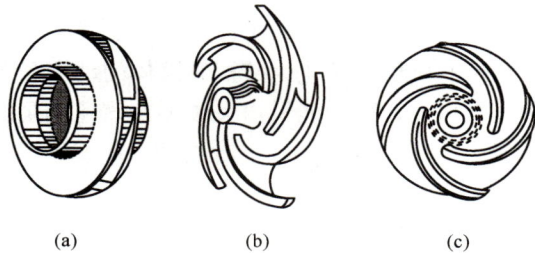

图 2-6　叶轮形式

（a）为封闭式叶轮；（b）为敞开式叶轮；
（c）为半开式叶轮

2.2.2　泵轴

泵轴是用来旋转泵叶轮的，如图 2-4 中 2 所示。常用材料是碳素钢和不锈钢。泵轴应有足够的抗扭强度和足够的刚度，其挠度不超过允许值；工作转速不能接近产生共振现象的临界转速。叶轮和轴用键来连接。键是转动体之间的连接件，如图 2-4 中 3 所示，离心泵中一般采用平键，这种键只能传递扭矩而不能固定叶轮的轴向位置，在大、中型泵中叶轮的轴向位置通常采用轴套和并紧轴套的螺母来定位的。

2.2.3　泵壳

离心泵的泵壳通常铸成蜗壳形，其过水部分要求有良好的水力条件。叶轮工作时，沿蜗壳的渐扩断面上，流量是逐渐增大的，为了减少水力损失，在泵设计中应使沿蜗壳渐扩断面流动的水流速度是一常数。水由蜗壳排出后，经锥形扩散管而流入压水管。蜗壳上锥形扩散管的作用是降低水流的速度，使流速水头的一部分转化为压力水头。

泵壳的材料选择，除了考虑介质对过流部分的腐蚀和磨损以外，还应使壳体具有作为耐压容器的足够的机械强度。

2.2.4　泵座

如图 2-4 中 5 所示，泵座上有与底板或基础固定用的法兰孔。泵壳顶上设有充水和放气的螺孔，以便在泵启动前用来充水及排走泵壳内的空气。在泵吸水和压水锥管的法兰上，开设有安装真空表和压力表的测压螺孔。在泵壳的底部设有放水螺孔，以便在泵停车检修时用来放空积水。另外，在泵座的横向槽底设有泄水螺孔，以便随时排走由填料盒内流出的渗漏水滴。所有这些螺孔，如果在泵运动中暂时无用时，可以用带螺纹的丝堵（又叫"闷头"）栓紧。

上述的零件中，叶轮和泵轴是离心泵中的转动部件，泵壳和泵座是离心泵中的固定部件，此两者之间存在着 3 个交接部分，它们是：泵轴与泵壳之间的轴封装置为填料盒，如图 2-4 中 11 所示；叶轮与泵壳内壁接缝处的减漏装置为减漏环，如图 2-4 中 12 所示；以及泵轴与泵座之间的转动连接装置为轴承座，如图 2-4 中 13 所示。

2.2.5　轴封装置

泵轴穿出泵壳时，在轴与壳之间存在着间隙，如不采取措施，间隙处就会有泄漏。当间隙处的液体压力大于大气压力（如单吸式离心泵）时，泵壳内的高压水就会通过此间隙向外大量泄漏；当间隙处的液体压力为真空（如双吸式离心泵）时，则大气就会从间隙处进入泵内，从而降低泵的吸水性能。为此，需在轴与壳之间的间隙处设置密封装置，称之为轴封。目前，应用较多的轴封装置有填料密封、机械密封。

1. 填料密封

填料密封在离心泵中得到广泛的应用。近年来，它的形式很多，图 2-7 所示为较常见的压盖填料型的填料盒，它是由轴封套 1、填料 2、水封管 3、水封环 4 及压盖 5 等五个部件所组成。

填料又名盘根，在轴封装置中起着阻水或阻气的密封作用。常用的填料是浸油、浸石墨的石棉绳

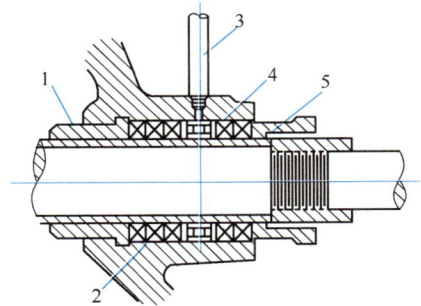

图 2-7　压盖填料型填料盒
1—轴封盖；2—填料；3—水封管；
4—水封环；5—压盖

填料。近年来，随着工业发展，出现了各种耐高温、耐磨损以及耐强腐蚀的填料，如用碳素纤维、不锈钢纤维及合成树脂纤维编织成的填料等。为了提高密封效果，填料绳一般做成矩形断面。填料是用压盖来压紧的。压盖又叫"格兰"，它对填料的压紧程度可拧松拧紧压盖上的螺栓来进行调节，如图 2-4 中 14 所示。压盖压得太松，达不到密封效果，压得太紧，泵轴与填料的机械磨损大，消耗功率也大。如果压得过紧时，甚至可能造成抱轴现象，产生严重的发热和磨损。一般以水封管内水能够通过填料缝隙呈滴状渗出为宜。泵壳内的压力水由水封管经水封环中的小孔（图 2-8）流入轴与填料间的隙面，起着引水冷却与润滑的作用。

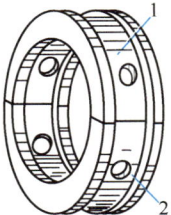

图 2-8　水封环
1—环圈空间；
2—水孔

填料密封结构简单，运行可靠。但填料的寿命不长，对有毒、有腐蚀性及贵重的液体不能保证不泄漏。如发电厂的锅炉给水泵，需输送高

温高压水，而泵轴的转速又高，若用填料密封则很难使泵正常工作。

2. 机械密封

机械密封又称端面密封，其基本元件与工作原理如图 2-9 所示，主要由动环 5（随轴一起旋转并能做轴向移动）、静环 6、压紧元件（弹簧 2）和密封元件（密封圈 4、7）等组

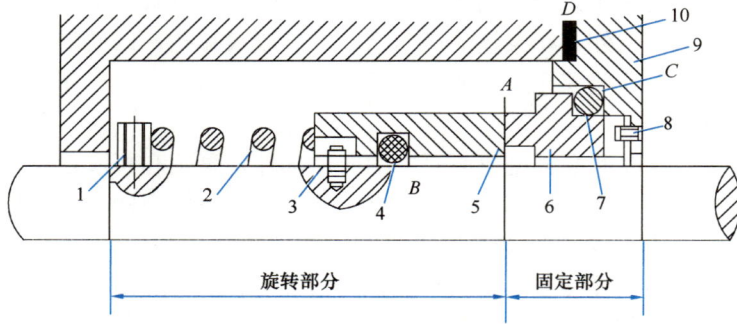

图 2-9　机械密封的基本元件和工作原理

1—弹簧座；2—弹簧；3—传动销；4—动环密封圈；

5—动环；6—静环；7—静环密封圈；8—防转销；

9—压盖；10—密封圈

成。动环借密封腔中液体的压力和压紧元件的压力，使其端面贴合在静环的端面上，并在两环端面 A 上产生适当的比压（单位面积上的压紧力）和保持一层极薄的液体膜而达到密封的目的。而动环和轴之间的间隙 B 由动环密封圈 4 密封，静环和压盖之间的间隙 C 由静环密封圈 7 密封，压盖和泵壳之间的间隙 D 由密封圈 10 密封。如此构成的四道密封（即 A、B、C、D 四个界面之密封），封堵了密封腔中液体向外泄漏的全部可能的途径。密封元件除了密封作用以外，还与作为压紧元件的弹簧一道起到了缓冲补偿作用。泵在运转中，轴的振动如果不加缓冲地直接传递到密封端面上，那么密封端面不能紧密贴合而会使泄漏量增加，或者由于过大的轴向载荷而导致密封端面磨损严重，使密封失效。另外，端面因摩擦必然会产生磨损，如果没有缓冲补偿，势必会造成端面的间隙越来越大而无法密封。

机械密封有许多种类，下面仅介绍平衡型和非平衡型机械密封（图 2-10）。

非平衡型：密封介质作用在动环上的有效面积 B（去掉作用压力相互抵消的部分的面积）等于或大于动、静环端面接触面积 A。端面上的压力取决于密封介质的压力，介质压力增加，端面上的比压成正比地增加。如果端面的比压太大，则可能造成密封泄漏严重，寿命缩短，因此非平衡型机械密封不宜在高压下使用。

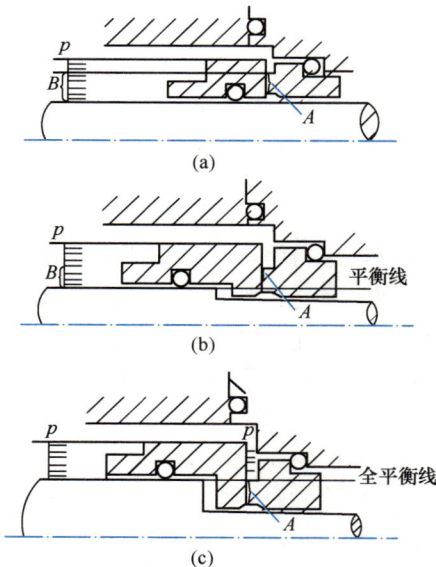

图 2-10　平衡型与非平衡型机械密封

(a) $B>A$ 非平衡型；(b) $B<A$ 平衡型；

(c) $B=0$ 完全平衡型

平衡型：密封介质作用在动环上的有效面积 B 小于端面接触面积 A。当介质压力增大时，端面上的比压增加缓慢，亦即介质压力的高低对端面的比压影响较小，因此平衡型可用于高压下的机械密封。

2.2.6　减漏环

叶轮吸入口的外圆与泵壳内壁的接缝处存在一个转动接缝，它正是高低压交界面，且具有相对运动的部位，很容易发生泄漏，如图 2-4 中 12 所示。为了减少泵壳内高压水向吸水口的回流量，一般在泵构造上采用两种减漏方式：①减小接缝间隙（不超过 0.1～0.5mm）；②增加泄漏通道中的阻力等。在实际应用中，由于加工、安装以及轴向力等问题，在接缝间隙处很容易发生叶轮与泵壳间的磨损现象。为了延长叶轮和泵壳的使用寿命，通常在泵壳上镶嵌一个金属的口环，此口环的接缝面可以做成多齿型，以增加水流回流时的阻力，提高减漏效果，因此，一般称此口环为减漏环，如图 2-11 所示，为三种不同形式的减漏环。图 2-11（c）为双环迷宫型的减漏环，其水流回流时阻力很大，减漏效果好，但构造复杂。减漏环的另一作用是准备用来承磨的，因为，在实际运行中，在这个部位上，摩擦常是难免的，泵中有了减漏环，当间隙磨大后，只需更换口环而不致使叶轮和泵壳报废，因此，减漏环又称承磨环，是一个易损件。

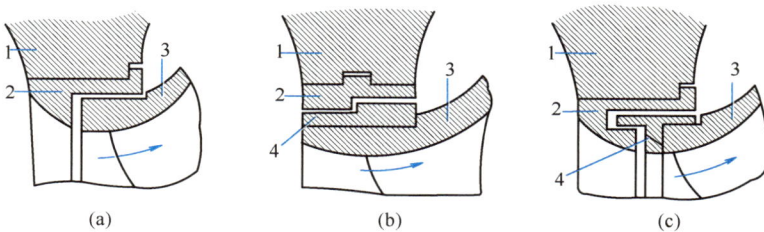

图 2-11　减漏环

（a）单环型；（b）双环型；（c）双环迷宫型

1—泵壳；2—镶在泵壳上的减漏环；3—叶轮；4—镶在叶轮上的减漏环

2.2.7　轴承座

轴承座是用来支承轴的。轴承装于轴承座内作为转动体的支持部分。泵中常用的轴承为滚动轴承和滑动轴承两类。依荷载大小滚动轴承可分为滚珠轴承和滚柱轴承两种，其构造基本相同，一般荷载大的采用滚柱轴承。依荷载特性又可分为只承受径向荷载的叫径向式轴承，只承受轴向荷载的叫止推式轴承，如图 2-12 所示，以及同时支承径向和轴向荷载的叫径向止推轴承。

图 2-13 所示为轴承座的构造，它采用双列滚珠轴承，图 2-13 中 6 为冷却水套，一般在轴承发热量较大、单用空气冷却不足以将热量散逸时，可采用这种水套的形式来冷却，水套上要另外接冷却水管。

大、中型泵（一般泵轴直径大于 75mm 时）常采用青铜或铸铁（巴氏合金①衬里）制

---

①　巴氏合金：系锡（Sn）、铅（Pb）、锑（S）、铜（Cu）的合金，统称为巴氏合金，其特点是柔软、耐磨、富有塑性，油附着性好，通常将它附在青铜或铸铁的轴瓦上使用。

造的金属滑动轴瓦，用油进行润滑。也有采用橡胶、合成树脂、石墨等非金属材料制成的滑动轴承，可使用水润滑和冷却。

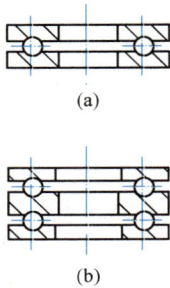

图 2-12　止推轴承
(a) 单排滚珠止推轴承；
(b) 双排滚珠止推轴承

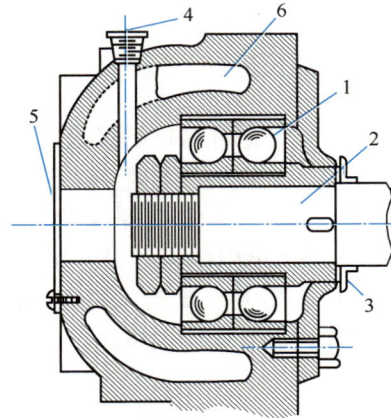

图 2-13　轴承座构造
1—双列滚珠轴承；2—泵轴；3—阻漏油橡皮圈；
4—油杯孔；5—封板；6—冷却水套

2.2.8　联轴器

电动机的出力是通过联轴器来传递给泵的。联轴器又称"靠背"轮，有刚性和挠性两种。刚性联轴器，实际上就是用两个圆法兰盘连接，它对于泵轴与电动机的不同心度，在连接中无调节余地，因此，要求安装精度高，常用于小型泵机组和立式泵机组的连接。

图 2-14 所示为常用的圆盘形挠性联轴器。它实际上是钢柱销带有弹性橡胶圈的联轴器，包括有两个圆盘，用平键分别将泵轴和电动机轴相连接。一般大、中型卧式泵机组安装中，为了减少传动时因机轴有少量偏心而引起的轴周期性的弯曲应力和振动，常采用这类挠性联轴器。在泵房机组的运行中，应定期检查橡胶圈的完好情况，以免发生由于弹性橡胶圈磨损后未能及时换上，致使钢枢轴与圆盘孔直接发生摩擦，把孔磨成椭圆或失圆等现象。

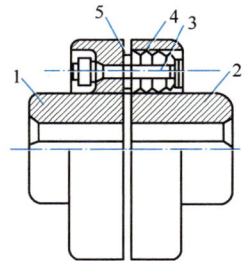

图 2-14　挠性联轴器
1—泵侧联轴器；2—电动机侧联轴器；3—柱销；
4—弹性圈；5—挡圈

2.2.9　轴向力平衡措施

单吸式离心泵，由于其叶轮缺乏对称性，离心泵工作时，叶轮两侧作用的压力不相等，如图 2-15 所示。因此，在泵叶轮上作用有一个推向吸入口的轴向力 ΔP。这种轴向力特别是对于多级式的单吸离心泵来讲，数值相当大，必须采用专门的轴向力平衡装置来解决。对于单级单吸式离心泵而言，一般采取在叶轮的后盖板上钻开平衡孔，并在后盖板上加装减漏环，如图 2-16 所示。此环的直径可与前盖板上的减漏口环直径相等。压力水经此减漏环时压力下降，并经平衡孔流回叶轮中去，使叶轮后盖板上的压力与前盖板相接近，这样，就消除了轴向推力。此方法的优点是构造简单，容易实行。缺点是，叶轮流道中的水流受到平衡孔回流水的冲击，使水力条件变差，泵的效率有所降低。一般在单级单吸式离心泵中，此方法应用仍是很广的。

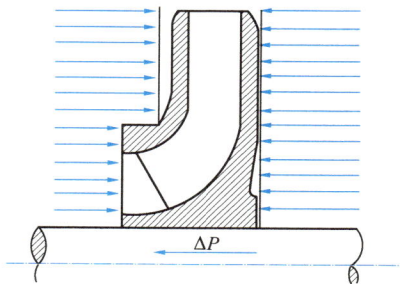

图 2-15　轴向推力

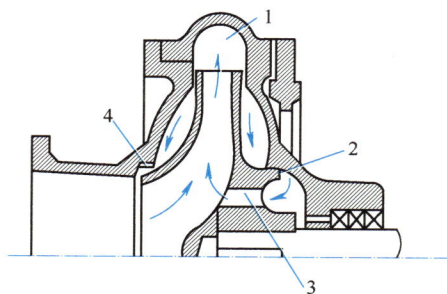

图 2-16　平衡孔
1—排出压力；2—加装的减漏环；
3—平衡孔；4—泵壳上的减漏环

2.3　叶片泵的基本性能参数

叶片泵的基本性能，通常由六个性能参数来表示：

（1）流量（抽水量）——泵在单位时间内所输送的液体数量，用 Q 表示。常用的体积流量单位是"m³/h"或"L/s"；常用的质量流量单位是"t/h"。

（2）扬程（总扬程）——泵对受单位重力作用的（1N）液体所做之功，也即受单位重力作用的液体通过泵后其能量的增值，用 H 表示。其单位为"N·m/N"，即可折算成抽送液体的液柱高度（m）表示；工程中用国际压力单位帕斯卡（Pa）[1] 表示。

扬程是表征液体经过泵后比能增值的一个参数，如果泵抽送的是水，水流进泵时所具有的比能为 E_1，流出泵时所具有的比能为 E_2，则泵的扬程 $H = E_2 - E_1$。那么，泵的扬程，也就是水比能的增值。

（3）轴功率——泵轴得自原动机所传递来的功率称为轴功率，以 N 表示。原动机为电力拖动时，轴功率单位以"kW"表示。

（4）效率——泵的有效功率与轴功率之比值，以"η"表示。

单位时间内流过泵的液体从泵那里得到的能量叫作有效功率，以字母 N_u 表示，泵的有效功率为：

$$N_u = \rho g Q H \text{（W）} \tag{2-1}$$

式中　ρ——液体的密度（kg/m³）；

　　　g——重力加速度（m/s²）；

　　　Q——流量（m³/s）；

　　　H——扬程（mH₂O）。

由于泵不可能将原动机输入的功率完全传递给液体，在泵内部有损失，这个损失通常就以效率 η 来衡量。泵的效率为：

---

① 　一个工程大气压＝1公斤/厘米²＝98.0665千帕（kPa）≈0.1兆帕（MPa）。

$$\eta = \frac{N_u}{N} \tag{2-2}$$

由此求得泵的轴功率：

$$N = \frac{N_u}{\eta} = \frac{\rho g Q H}{\eta}(\text{W}) \tag{2-3}$$

或

$$N = \frac{\rho g Q H}{1000\eta}(\text{kW}) \tag{2-4}$$

或

$$N = \frac{\rho g Q H}{735.5\eta}(\text{Ps}) \tag{2-5}$$

有了轴功率、有效功率及效率的概念后，可按下式计算泵的电耗（W）值。

$$W = \frac{\rho g Q H}{1000\eta_1 \eta_2} \cdot T(\text{kW} \cdot \text{h}) \tag{2-6}$$

式中　　T——泵运行的小时数；

$\quad\quad\eta_1$——泵的效率值；

$\quad\quad\eta_2$——电动机的效率值。

例如，某水厂取水泵站，供水量 $Q=8.64\times10^4\text{m}^3/\text{d}$，扬程 $H=30\text{m}$，泵及电动机的效率均为 80%，则该泵站工作 10h 其电耗值为：

将 $Q=8.64\times10^4\text{m}^3/\text{d}=1\text{m}^3/\text{s}$；$H=30\text{m}$；$\eta_1=\eta_2=0.8$；$\rho=1000\text{kg/m}^3$；$g=9.80\text{m/s}^2$；$T=10\text{h}$ 代入，则 $W=4594\text{kW} \cdot \text{h}$。

（5）转速——泵叶轮的转动速度，通常以每分钟转动的次数来表示，以字母 n 表示。常用单位为"r/min"。

各种泵都是按一定的转速来进行设计的，当使用时泵的实际转速不同于设计转速值时，则泵的其他性能参数（如 Q、H、N 等）也将按一定的规律变化。

在往复泵中转速通常以活塞往复的次数来表示（次/min）（详见第 3 章）。

（6）允许吸上真空高度（H_s）及气蚀余量（H_{sv}）：

允许吸上真空高度（H_s）——指泵在标准状况下（即水温为 20℃、表面压力为一个标准大气压）运转时，泵所允许的最大的吸上真空高度，单位为"mH_2O"[①]。

气蚀余量（H_{sv}）——指泵进口处，受单位重力作用的液体所具有超过饱和蒸气压力的富余能量，单位为"mH_2O"。气蚀余量在泵样本中也有以 Δh 来表示的。

H_s 值与 H_{sv} 值两者是从不同的角度来反映泵吸水性能好坏的参数（详见 2.11 节）。

上述六个性能参数之间的关系，水泵厂通常是用特性曲线来表示的。在泵样本中，除了对该型号泵的构造、尺寸作出说明以外，更主要的是提供了一套表示各性能参数之间相互关系的特性曲线，使用户能全面地了解该泵的性能（详见 2.6 节）。

另外，为方便用户使用，每台泵的泵壳上钉有一块铭牌，铭牌上简明地列出了该泵在设计转速下效率为最高时的流量、扬程、轴功率及允许吸上真空高度或气蚀余量值。铭牌上所列出的这些数值，是该泵设计工况下的参数值，它只是反映在特性曲线上效率最高那个点的各参数值。如国内生产的 12Sh-28A 型单级双吸式离心泵的铭牌为：

---

①　$1\text{mH}_2\text{O}=9806.65\text{Pa}$。

離心式清水泵

型号：12Sh-28A　　　　　　转数：1450r/min

扬程：10m　　　　　　　　效率：78%

流量：684m³/h　　　　　　轴功率：28kW

允许吸上真空高度：4.5m　　质量：660kg

铭牌上各符号及数字的意义：

12——表示泵吸水口的直径（in）[①]；

Sh——汉语拼音"shuāng"的头两个字母，表示单级双吸卧式离心泵；

28——表示泵的比转数被 10 除的整数，也即该泵的比转数为 280（"比转数"详见 2.8 节）；

A——表示该泵叶轮的直径已经切削小了一挡（详见 2.9 节）。

2.4　离心泵的基本方程式

离心泵是靠叶轮的旋转来传递能量的，那么，工作水流在旋转的叶轮中究竟是如何运动的呢？一个旋转的叶轮能够产生多大的扬程？对于这些运动规律，我们将借助于离心泵的基本方程式的推导和分析，逐一得到进一步的了解。

2.4.1　叶轮中液体的流动情况

图 2-17 所示为离心泵闭式叶轮的平面及剖面。水流从吸水管沿着泵轴的方向以绝对速度 C_0 自叶轮进口处流入，液体质点在进入叶轮后，就经历着一种复合圆周运动。因此，研究液体质点在叶轮中的流动时，存在着两个坐标系统：①旋转着的叶轮是动坐标系统；②固定不动的泵壳或泵座是静坐标系统。水流在叶槽中以速度 W 沿叶片而流动，这是液体质点对动坐标系统的运动，称为相对运动，其相对速度为 W。在这同时，水流又有随叶轮一起做旋转运动的一个圆周速度 u，此速度可看做叶轮这个动坐标系统对泵壳这个静坐标系统的运动速度，称为牵连速度。上述这两个速度的合成，即为液体质点对泵壳的绝对速度 C。换句话说，对泵壳而言，水流将以绝对速度 C 在运动着。则水流在叶轮中的复合运动可用速度平行四边形来表示，如图 2-17 所示。图中速度 C_1 与 u_1 和 C_2 与 u_2 的夹角，称为 α_1 和 α_2 角，W_1 与负 u_1 和 W_2 与负 u_2 间的夹角，称为 β_1 和 β_2 角，在泵的设计中，β_1 又被称为进口液流角，β_2 被称为出口液流角。

当叶片出口是径向时，$\beta_2 = 90°$，如图 2-18（b）所示。当 β_1 和 β_2 均小于 90° 时，叶片与旋转方向呈后弯式叶片，如图 2-18（a）所示。当 β_2 大于 90° 时，叶片与旋转方向呈前弯式叶片，如图 2-18（c）所示。因此，β_2 角的大小反映了叶片的弯度，是构成叶片形状和叶轮性能的一个重要数据。实际工程中使用的离心泵叶轮，大部分是后弯式叶片。后弯式叶片的流道比较平缓，弯度小，叶槽内水力损失较小，有利于提高泵的效率。一般前弯式叶片，槽道短而弯度大，叶轮中水流的弯道损失大，水力效率低。一般离心泵中常用的 β_2 值

---

① 　1in＝2.54cm。

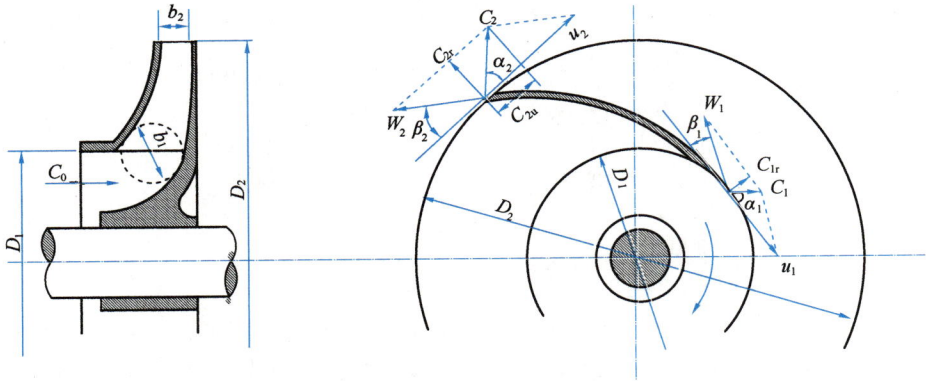

图 2-17　离心泵叶轮中水流速度

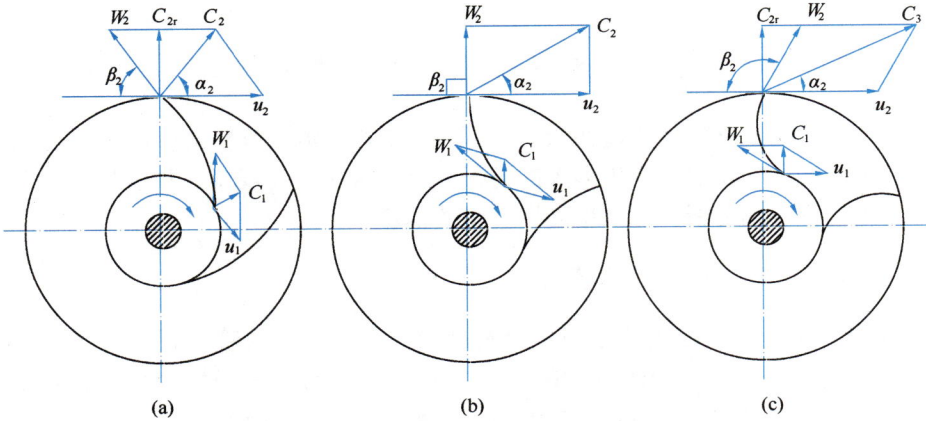

图 2-18　离心泵叶片形状

(a) 后弯式 ($\beta_2 < 90°$)；(b) 径向式 ($\beta_2 = 90°$)；(c) 前弯式 ($\beta_2 > 90°$)

为 20°～30°之间。

在以下的讨论中，均以后弯式叶片为对象来进行，并通常以速度三角形来代替速度平行四边形。图 2-19 所示为叶轮出口处的速度三角形。图中速度 C_2 的切向分速用符号 C_{2u} 表示，径向分速用符号 C_{2r} 表示。

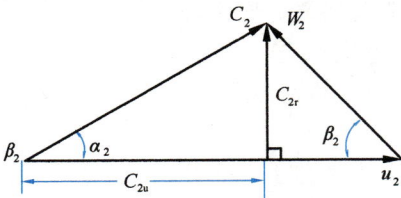

图 2-19　叶轮出口速度三角形

由图 2-19 可知：

$$C_{2u} = C_2 \cos\alpha_2 = u_2 - C_{2r} \cot\beta_2 \tag{2-7}$$

$$C_{2r} = C_2 \sin\alpha_2 \tag{2-8}$$

2.4.2　基本方程式的推导

研究了叶轮中液体的运动以后，可以利用动量矩定理来推导叶片式泵的基本方程式。为了简化分析推理，对叶轮的构造和液流性质先作 3 点假定：①液流是恒定流；②叶槽中有无限多叶片，即液流均匀一致，叶轮同半径处液流的同名速度相等；③液流为理想液体，即不显示黏滞性，不存在水头损失，而且密度不变。

图 2-20 所示离心泵某一叶槽内水流上的作用力。在时间 $t=0$ 时，这段水流居于 $abcd$ 的位置，经过 dt 时段后，这段水流位置变为 $efgh$。在 dt 时段时，有很薄的一层水 $abfe$ 流出叶槽，这层水的质量，用 dm 表示。根据前述假定可知，在 dt 时段内，流入叶槽的水 $cdhg$ 也具有质量 dm，而且，叶槽内的那部分水流 $abgh$ 的动量矩可认为在 dt 时段内没有发生变化。因此，叶槽所容纳的整股水流的动量矩变化等于质量 dm 的动量矩变化。根据流动均匀一致的假定，应用动量矩定理可写出：

$$\frac{dm}{dt}(C_2\cos\alpha_2 R_2 - C_1\cos\alpha_1 R_1) = M \tag{2-9}$$

式中　M——作用在叶槽内整股水流上的所有外力矩；

R_1，R_2——分别为叶轮进口和出口至轴中心的半径。

组成 M 的外力有：①叶片迎水面和背水面作用于水的压力 P_2 及 P_1（图 2-20）；②作用在 ab 与 cd 面上的水压力 P_3 及 P_4，它们都沿着径向，所以对转轴没有力矩；③作用于水流的摩擦阻力 P_5 及 P_6，但由于是理想液体，故不予考虑。

把式（2-9）推广应用到流过叶轮的全部叶槽的水流时，式中的 M 须换成作用于全部水流的所有力矩之和 $\sum M$，式中的 $\frac{dm}{dt}$ 可改写成 ρQ_T，因此得：

$$\sum M = \rho Q_T(C_2 R_2\cos\alpha_2 - C_1 R_1\cos\alpha_1) \tag{2-10}$$

式中　Q_T——通过叶轮的理论流量。

根据假定 3 知道，叶轮是在无水力损失

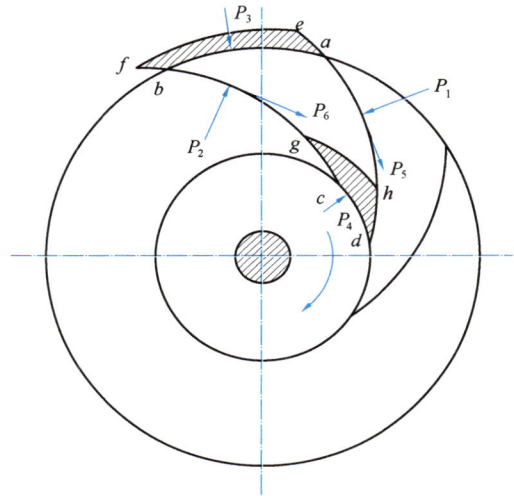

图 2-20　叶槽内水流上作用力

下运转，故叶轮上的功率全部传给了液体，其理论功率 N_T 可以用外力矩（$\sum M$）和叶轮旋转角速度（ω）的乘积来表示。

即

$$N_T = \sum M\omega \tag{2-11}$$

又知，理论功率 $N_T = \rho g Q_T H_T$，故得：

$$H_T = \frac{\sum M\omega}{\rho g Q_T} \tag{2-12}$$

将式（2-10）代入上式得：

$$H_T = \frac{\omega}{g}(C_2 R_2\cos\alpha_2 - C_1 R_1\cos\alpha_1) \tag{2-13}$$

由假定 2 可知：$u_1 = R_1\omega$，$u_2 = R_2\omega$，代入式（2-13）得：

$$H_T = \frac{1}{g}(u_2 C_{2u} - u_1 C_{1u}) \tag{2-14}$$

式（2-14）为离心泵的基本方程式。

2.4.3　基本方程式的讨论

（1）为了提高泵的扬程和改善吸水性能，大多数离心泵在水流进入叶片时，使 $\alpha_1 = 90°$，也即 $C_{1u} = 0$，此时，基本方程式可写成：

$$H_T = \frac{u_2 C_{2u}}{g} \tag{2-15}$$

由上式可知，为了获得正值扬程（$H_T > 0$），必须使 $\alpha_2 < 90°$，α_2 越小，泵的理论扬程越大。在实际应用中，水泵厂一般选用 $\alpha_2 = 6° \sim 15°$。

（2）水流通过泵时，比能的增值 H_T 与圆周速度 u_2 有关。而 $u_2 = \dfrac{n\pi D_2}{60}$，因此，水流在叶轮中所获得的比能与叶轮的转速（$n$）、叶轮的外径（$D_2$）有关。增加转速（$n$）和加大轮径（$D_2$），可以提高泵之扬程。

（3）基本方程式在推导过程中，液体的密度 ρ 并没起作用而被消掉的，因此，该方程可适用于各种理想流体。这表明，离心泵的理论扬程与液体的密度无关，其解释理由是：液体在一定转速下所受的离心力与液体的质量，也就是它的密度有关，但液体受离心力作用而获得的扬程，相当于离心力所造成的压强，除以液体的 ρg。这样，ρg 对扬程的影响便消除了。然而，当输送不同密度的液体时，泵所消耗的功率将是不同的。液体密度越大，泵消耗的功率也越大。因此，当输送液体的 ρ 不同，而理论扬程 H_T 相同时，原动机所须供给的功率消耗是完全不相同的。

（4）由叶轮的进出口速度三角形图可知，按余弦定律可得

$$W_1^2 = u_1^2 + C_1^2 - 2u_1 C_1 \cos\alpha_1 \tag{2-16}$$

$$W_2^2 = u_2^2 + C_2^2 - 2u_2 C_2 \cos\alpha_2 \tag{2-17}$$

将上两式除以 $2g$，并相减可得：

$$\frac{(u_2 C_2 \cos\alpha_2 - u_1 C_1 \cos\alpha_1)}{g} = \frac{u_2^2 - u_1^2}{2g} + \frac{C_2^2 - C_1^2}{2g} + \frac{W_1^2 - W_2^2}{2g}$$

因此：

$$H_T = \frac{u_2^2 - u_1^2}{2g} + \frac{C_2^2 - C_1^2}{2g} + \frac{W_1^2 - W_2^2}{2g} \tag{2-18}$$

式（2-18）的含义，我们从水力学的相对运动能量方程中可以知道，泵叶轮进出口断面的势能方程为：

$$\frac{u_2^2 - u_1^2}{2g} + \frac{W_1^2 - W_2^2}{2g} = \left(Z_2 + \frac{P_2}{\rho g}\right) - \left(Z_1 + \frac{P_1}{\rho g}\right) \tag{2-19}$$

式中用 H_1 代表泵叶轮所产生的势扬程，可得：

$$H_1 = \left(Z_2 + \frac{P_2}{\rho g}\right) - \left(Z_1 + \frac{P_1}{\rho g}\right) \tag{2-20}$$

如果用 H_2 代表泵叶轮所产生的动扬程，可得：

$$H_2 = \frac{C_2^2 - C_1^2}{2g} \tag{2-21}$$

将式（2-19）、式（2-20）、式（2-21）代入式（2-18），可得：

$$H_T = H_1 + H_2^{①} \tag{2-22}$$

可见，泵的扬程是由两部分能量所组成的：一部分为势扬程（H_1）；另一部分为动扬程（H_2），它在流出叶轮时，以比动能的形式出现。在实际应用中，由于动能转化为压能过程中，伴有能量损失，因此，动扬程 H_2 这一项在泵总扬程中所占的百分比越小，泵壳内部的水力损失就越小，泵的效率将提高。

2.4.4 基本方程式的修正

在上述推导基本方程式时，曾作了 3 点假定，现分述并修正如下：

假定 1 关于液体是恒定流问题。当叶轮转速不变时，叶轮外的绝对运动可以认为是恒定的。在泵开动一定时间以后，外界使用条件不变时，这一条假定基本上可以认为是能满足的。

假定 2 关于叶槽中无限多叶体，即液流均匀一致，叶轮同半径处液流的同名速度相等问题。这在实际应用中是有差异的。实际泵的叶轮叶片一般为 $2 \sim 12$ 片，在叶槽中，水流具有某种程度的自由。当叶轮转动时，叶槽内水流的惯性，反抗水流本身被叶槽带着旋转，趋向于保持水流的原来位置，因而相对于叶槽产生了"反旋现象"。图 2-21（b）所示，为水流在封闭叶槽中的反旋现象。

图 2-21（a）表示无反旋情况下的流速分布。泵运转中，叶槽内的实际相对速度将等于图 2-21（a）与图 2-21（b）所示的速度之叠加，如图 2-21（c）所示。

由图 2-21 可以看出，由于反旋，靠近叶片背水面的地方，流速提高压力降低。靠近叶片迎水面的地方，流速降低压力升高。这与叶轮内叶片迎水面的压力高于背水面的事实是相符合的，而与叶轮内水流运动均匀一致的假定是相矛盾的。因此，泵叶槽中流速的实际分布是不均匀的，如图 2-21（d）所示。

---

① $H_1 = \dfrac{u_2^2 - u_1^2}{2g} + \dfrac{W_1^2 - W_2^2}{2g}$ 该式表示受单位重力作用的液体在叶轮中运动时所获的压能增值，而这种压能增值，是由两部分能量所组成的：

第一部分是 $\dfrac{u_2^2 - u_1^2}{2g}$，它虽然是以速度水头差的形式来表示，但实际上是离心力对受单位重力作用的液体所做的功。它使液体在经过泵的叶轮时，压能增加。

证明如下：当受单位重力作用的液体，沿半径方向移动 dR 距离时，则离心力对它所做之功为：$dA = \dfrac{1}{g} R\omega^2 dR$。受单位重力作用的液体由叶轮进口半径 R_1 处流到半径 R_2 的出口时，离心力所做之总功为：

$$A = \int_{R_1}^{R_2} dA = \frac{1}{g} \int_{R_1}^{R_2} R\omega^2 dR = \frac{\omega^2 R_2^2 - \omega^2 R_1^2}{2g} = \frac{u_2^2 - u_1^2}{2g}$$

假设流过叶轮的水量为 1kg，则离心力使 1kg 液体获得的有效压力用水柱高度 $[h_1]$ 来表示时：

$$[h_1] \times 1 = \frac{u_2^2 - u_1^2}{2g} \ (\text{mH}_2\text{O})$$

第二部分是 $\dfrac{W_1^2 - W_2^2}{2g}$，它虽然也是速度水头差的形式来，但实际上是叶槽内水流相对速度下降所转化的压能增值。因为叶轮进口面积较小，速度 W_1 就大；出口面积较大，速度 W_2 就小，因此，由于叶槽断面扩张而产生的压力增高，也可以用水柱高度 $[h_2]$ 来表示：

$$[h_2] \times 1 = \frac{(W_1^2 - W_2^2)}{2g} \ (\text{mH}_2\text{O})$$

所以：

$$H_1 = [h_1] + [h_2] \ (\text{mH}_2\text{O})$$

同时，由于反旋的影响，使叶轮出口液体的相对速度偏离了叶片表面的切线方向。图 2-22 给出了叶轮出口速度三角形的变化。从图 2-22 中可知，有限叶片中液体的出口液流角 β'_2 小于叶片的出口角 β_{2A}，同时也使得 C'_{2u} 小于 C_{2u}，这样有限叶片数时的叶轮的理论扬程 H'_T 将小于无限多叶片假设时的理论扬程 H_T，即

$$H'_T = \frac{u_2 c'_{2u}}{g} < H_T = \frac{u_2 c_{2u}}{g}$$

或

$$H'_T = \frac{H_T}{1+p}$$

式中 p 称之为滑移系数，目前尚无精确理论来计算 p 值。注意，由于反旋的影响而导致的理论扬程从 H_T 变为 H'_T，并非是能量的消耗。

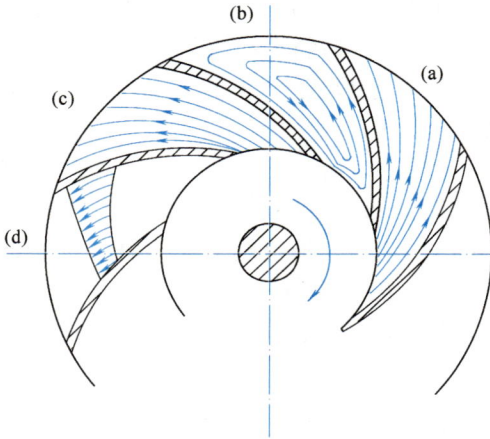

图 2-21　反旋现象对流速分布的影响

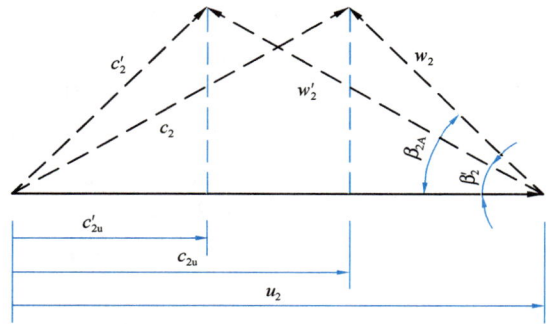

图 2-22　反旋对出口速度三角形的影响

假定 3　关于理想液体的问题。由于泵站抽升的是实际液体（如江河中的水），在泵壳内有水力损耗（包括叶轮进、出口的冲击，叶槽中的紊动，弯道和摩阻损失等），因此，泵的实际扬程（H）值，将永远小于其理论扬程值。泵的实际扬程可用下式表示：

$$H = \eta_h H'_T = \eta_h \frac{H_T}{1+p} \tag{2-23}$$

式中　η_h——水力效率（％）。

综上所述，我们已推导和讨论了离心泵的基本方程式，知道了叶轮中水流的运动情况以及离心泵的实际扬程（$\alpha_1 = 90°$）小于其理论扬程。

2.5　离心泵装置的总扬程

离心泵基本方程式揭示了决定泵本身扬程的一些内在因素。这对于泵的设计、选型以及深入分析各个因素对泵性能的影响是很有用处的。然而，在给水排水工程中，从使用泵的角度上看，泵的工作，必然要与管路系统以及许多外界条件（如江河水位、水塔高度、

管网压力等）联系在一起的。在下面的讨论中，把泵配上管路以及一切附件后的系统称为"装置"，如图 2-23 所示。

那么，在泵站的管理中，将如何来确定正在运转中的离心泵装置的总扬程？或者，在进行泵站的工艺设计时，将如何依据原始资料来计算所需的扬程进行选泵？本节讨论两个方面的问题。

从 2.3 节可知，泵的扬程 $H = E_2 - E_1$。就图 2-23 所示的离心泵装置来分析，以吸水面 0-0 为基准面，列出进水断面 1-1 及出水断面 2-2 的能量方程式。则扬程为：

$$H = E_2 - E_1$$

$$= Z_2 + \frac{P_2}{\rho g} + \frac{v_2^2}{2g} - \left(Z_1 + \frac{P_1}{\rho g} + \frac{v_1^2}{2g} \right)$$

故：$H = (Z_2 - Z_1) + \left(\frac{P_2}{\rho g} - \frac{P_1}{\rho g} \right) + \frac{v_2^2 - v_1^2}{2g}$

$$(2-24)$$

式中　Z_1, $\dfrac{P_1}{\rho g}$, v_1——相应于断面 1-1 处的位置水头、绝对压力和流速头；

Z_2, $\dfrac{P_2}{\rho g}$, v_2——相应于断面 2-2 处的位置水头、绝对压力和流速头；

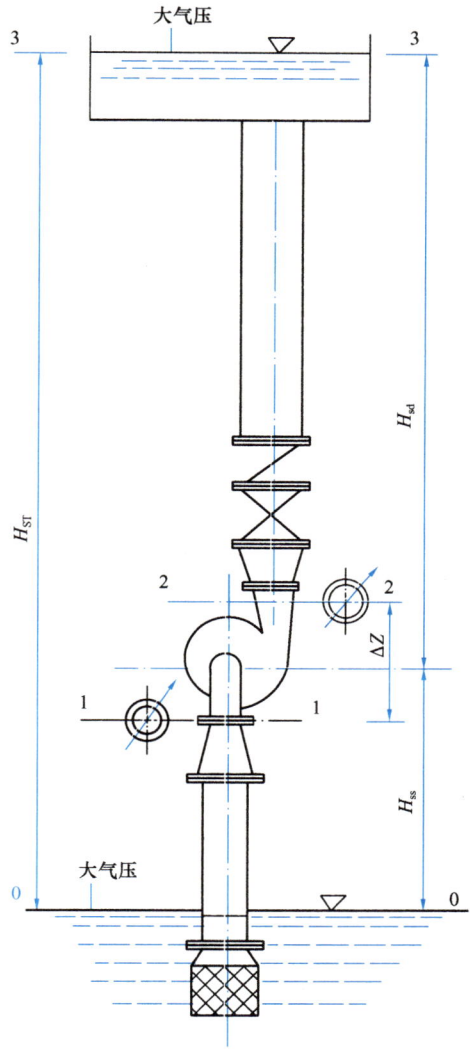

图 2-23　离心泵装置

而

$$P_1 = P_a - P_v \tag{2-25}$$

$$P_2 = P_a + P_d \tag{2-26}$$

式中　P_a——大气压力（MPa）；

P_v——真空表读数（MPa），也即表示承接点的真空值。真空表读数越大，表示该点的真空值越高；

P_d——压力表读数（MPa），也即表示承接点的测压管高度乘以液体密度与重力加速度。压力表读数越大，说明该点的相对压力越高。

将式（2-25）、式（2-26）代入式（2-24），得：

$$H = \Delta Z + \frac{P_d + P_v}{\rho g} + \frac{v_2^2 - v_1^2}{2g} \tag{2-27}$$

式中　以 $H_d = \dfrac{P_d}{\rho g}$，$H_v = \dfrac{P_v}{\rho g}$ 代入得：

$$H = H_d + H_v + \frac{v_2^2 - v_1^2}{2g} + \Delta Z \tag{2-28}$$

H_d 为以水柱高度表示的压力表读数，H_v 为以水柱高度表示的真空表读数。对一般给水排水泵房而言，其 $\left(\dfrac{v_2^2 - v_1^2}{2g} + \Delta Z\right)$ 值较小，则式（2-28）在实际应用时可写为：

$$H = H_d + H_v \tag{2-29}$$

由式（2-29）可知，只要把正在运行中的泵装置的真空表和压力表读数相加，就可得出该泵的工作扬程。

另外，泵扬程也可以用管道中水头损失及扬升液体高度来计算。分别列出基准面 0-0 和断面 1-1 的能量方程式，以及列出断面 2-2 和断面 3-3 的能量方程式，可得：

$$H_v = H_{ss} + \sum h_s + \frac{v_1^2}{2g} - \frac{\Delta Z}{2} \tag{2-30}$$

及

$$H_d = H_{sd} + \sum h_d + \frac{v_2^2}{2g} - \frac{\Delta Z}{2} \tag{2-31}$$

式中　H_{ss}——泵吸水地形高度（mH_2O）。即自泵吸水井（池）水面的测压管水面至泵轴之间的垂直距离（如吸水井是敞开的，H_{ss} 即为吸水井水面与泵轴之间的高差）；

　　　H_{sd}——泵压水地形高度（mH_2O）。即从泵轴至水塔的最高水位或密闭水箱液面的测压管水面之间的垂直距离；

$\sum h_s$，$\sum h_d$——分别为泵装置吸水管路及压水管路中的水头损失之和（mH_2O）。

将式（2-30）、式（2-31）代入式（2-28），并化简后可得：

$$H = H_{ss} + H_{sd} + \sum h_s + \sum h_d \tag{2-32}$$

也即：

$$H = H_{ST} + \sum h \tag{2-33}$$

$$H_{ST} = H_{ss} + H_{sd}$$

式中　H_{ST}——泵的静扬程（mH_2O）。即泵吸水井的设计水面与水塔（或密闭水箱测压管）最高水位之间的高差。

$$\sum h = \sum h_s + \sum h_d$$

式中　$\sum h$——泵装置管路中水头损失之总和（mH_2O）。

由式（2-33）可以看出，泵的扬程在实际工程中，用于两方面：一是将水由吸水井提升至水塔（即静扬程 H_{ST}）；二是消耗在克服管路中的水头损失（$\sum h$）。此公式是设计泵站经常要使用的，它表达了如何根据外界条件，来计算泵应该具有的扬程。

本节中所介绍的求泵扬程公式，对于其他各种布置形式的泵装置也都适用。图 2-24

（a）所示为自灌式岸边取水泵房，泵是处于自灌状态下工作，图 2-24（b）是自灌式取水泵房装置示意，泵的进口与出口都装有压力表，其扬程公式可推求如下：

按图 2-24（b）所示，以进口轴线为基准，该泵扬程的能量方程式为：

$$H = E_2 - E_1 = Z + \frac{P_2}{\rho g} + \frac{v_2^2}{2g} - \left(\frac{P_1}{\rho g} + \frac{v_1^2}{2g} \right)$$

式中 P_1、P_2 也可以都用相对压力来表示，则 $\frac{P_1}{\rho g} = H'_d$、$\frac{P_2}{\rho g} = H_d$（分别为泵进口与出口的压力表读数）。

因此：

$$H = H_d - H'_d + \frac{v_2^2 - v_1^2}{2g} + Z \tag{2-34}$$

如果压力表均装在沿泵轴线（$Z = 0$），又可忽略流速头差 $\left(\frac{v_2^2 - v_1^2}{2g} = 0 \right)$ 时，则扬程公式简化为

$$H = H_d - H'_d \tag{2-35}$$

同理，列出 2-2 断面、3-3 断面及 0-0 断面、1-1 断面的能量方程式可得：

$$H_d = H_{sd} + \sum h_d - \frac{v_2^2}{2g} - Z \tag{2-36}$$

$$H'_d = H_{ss} - \sum h_s - \frac{v_1^2}{2g} \tag{2-37}$$

将式（2-36）、式（2-37）代入式（2-34），可得：

$$H = H_{ST} + \sum h \tag{2-38}$$

必须注意：式（2-33）及式（2-38）的推导中，均认为高地水池表面的 $v_3 = 0$，如果泵装置的出口是消防喷嘴射流时，则此公式使用时必须考虑 $\frac{v_3^2}{2g}$ 的影响。

【例 2-1】岸边取水泵房，如图 2-24 所示。已知下列数据，求该泵的扬程。

泵流量 $Q = 120 \text{L/s}$，吸水管路长度 $l_1 = 20\text{m}$，压水管路长度 $l_2 = 300\text{m}$（均采用铸铁管），吸水管径 $D_s = 350\text{mm}$，压水管径 $D_d = 300\text{mm}$。吸水井水面标高为 58.00m，泵轴标高为 60.00m，水厂混合池水面标高为 90.00m。

吸水进口采用无底阀的滤水网，90°弯头一个，$DN350 \times 300$ 渐缩管一个。

【解】泵的静扬程：$H_{ST} = 90 - 58 = 32\text{m}$

吸水管路中沿程损失：$h_1 = il$（i 可查《给水排水设计手册》），$h_1 = 0.0065 \times 20 = 0.13\text{m}$。

$DN = 350\text{mm}$ 时，管中流速 $v_1 = 1.25\text{m/s}$。

$DN = 300\text{mm}$ 时，管中流速 $v_2 = 1.70\text{m/s}$。

吸水管路中局部损失（h_2）：

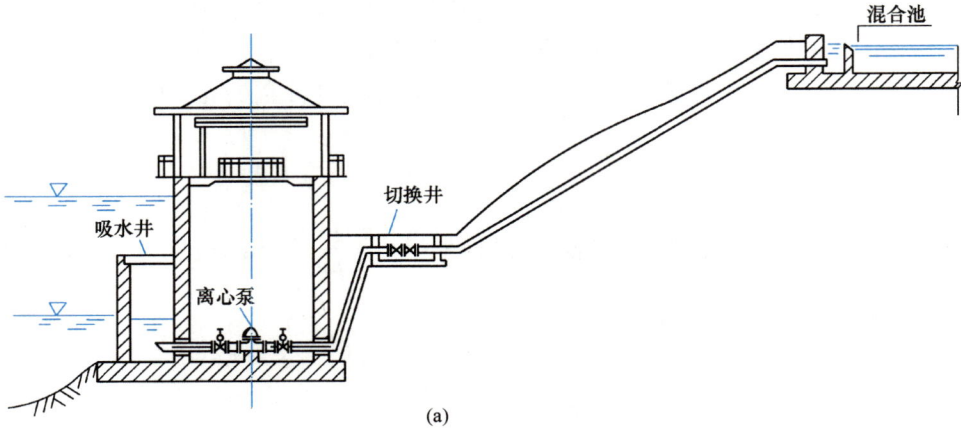

(a)

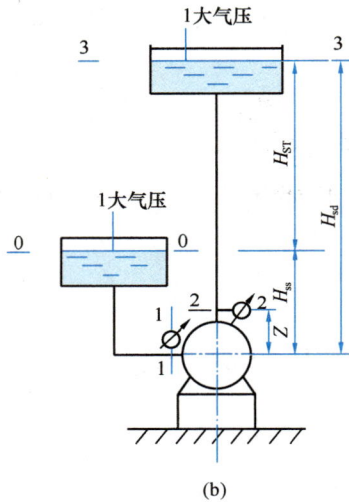

(b)

图 2-24 自灌式岸边取水泵房

（a）自灌式岸边取水泵房；（b）自灌式岸边取水泵房示意

$$h_2 = \sum \xi \frac{v^2}{2g} = (1 \times \xi_{网} + 1 \times \xi_{90°}) \frac{v_1^2}{2g} + \xi_{渐缩} \frac{v_2^2}{2g}$$

故：
$$h_2 = (2 + 0.59) \frac{1.25^2}{2g} + 0.17 \times \frac{1.7^2}{2g} = 0.231\text{m}$$

（注意，采用的 ξ 值要与流速相对应）

因此，吸水管中总水头损失为：

$$\sum h_s = 0.13 + 0.23 = 0.36\text{m}$$

压水管中的总水头损失：

$$\sum h_d = 1.1 \times 0.0148 \times 300 = 4.88\text{m}$$

（式中系数 1.1 是表示压水管路中局部损失按管中沿程损失的 10％计）

因此，泵扬程为：

$$H = H_{ST} + \sum h_s + \sum h_d = 32 + 0.36 + 4.88 = 37.24 \text{m}$$

2.6 离心泵的特性曲线

在离心泵的六个基本性能参数中，通常选定转速（n）作为常量，然后，列出扬程（H）、轴功率（N）、效率（η）以及允许吸上真空高度（H_s）等随流量（Q）而变化的函数关系式，例如：

当 $n =$ const 时：

$$H = f(Q) \quad N = F(Q)$$
$$H_s = \psi(Q) \quad \eta = \varphi(Q)$$

如把这些关系式用曲线的方式来表示，就称这些曲线为离心泵的特性曲线。

设计离心泵时，首先是根据给定的一组（Q、H）与 n 值，按水力效率最高的要求来进行计算的。符合这一组参数的工作情况称为泵的设计工况。在实际运行中，泵的工作流量和扬程往往是在某一个区间内变化着的，流量和扬程均不同于设计值，这时，泵内的水流运动就变得很复杂，目前，企图符合这种运动情况的水力计算方法，还没有研究到足够准确的程度。因此，对于离心泵特性曲线的求得，通常是采用"性能试验"来进行实测的。下面首先对离心泵的特性曲线进行理论的分析，然后结合实测的曲线进行讨论。

2.6.1 理论特性曲线的定性分析

由离心泵的理论扬程公式：$H_T = \dfrac{u_2 C_{2u}}{g}$ 中，将 $C_{2u} = u_2 - C_{2r} \cot\beta_2$ 代入可得：

$$H_T = \frac{u_2}{g}(u_2 - C_{2r}\cot\beta_2) \tag{2-39}$$

叶轮中通过的流量可用下式表示

$$Q_T = F_2 C_{2r}$$

也即

$$C_{2r} = \frac{Q_T}{F_2} \tag{2-40}$$

式中　Q_T——泵理论流量（m^3/s）。也即不考虑泵体内容积损失（如漏泄量、回流量等）的泵流量；

　　F_2——叶轮的出口面积（m^2）；

　　C_{2r}——叶轮出口处水流绝对速度的径向分速（m/s）。

将式（2-40）代入式（2-39）得：

$$H_T = \frac{u_2}{g}\left(u_2 - \frac{Q_T}{F_2}\cot\beta_2\right) \tag{2-41}$$

式中 β_2、F_2 均为常数。当泵转速一定时，u_2 也为常数。故式（2-41）可以写成

$$H_T = A - BQ_T \tag{2-42}$$

式（2-42）是一个直线方程式。当叶片的 $\beta_2 < 90°$ 时，也即叶片是后弯式时，H_T 将随

Q_T 的增加而减小，如图 2-25 所示。该直线在纵坐标轴上的截距为 $H_T = \dfrac{u_2^2}{g}$。

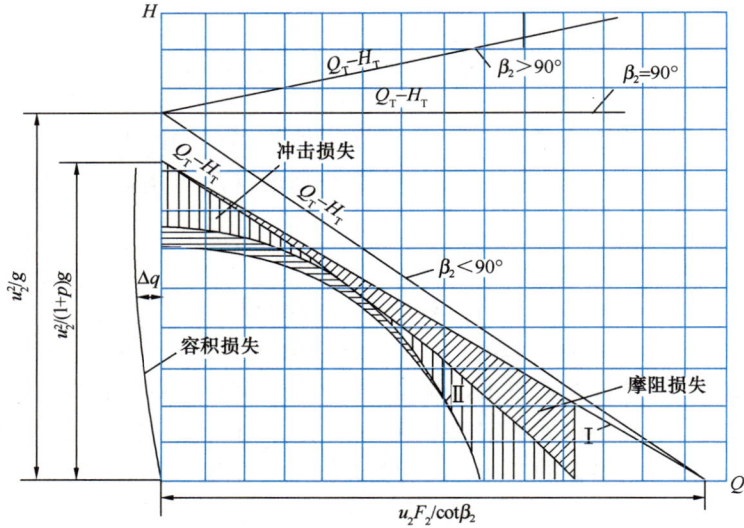

图 2-25 离心泵的理论特性曲线

由式（2-23）可知，泵的理论扬程是需要进行修正的，首先考虑在叶槽中液流不均匀的影响，$H_T' = \dfrac{H_T}{1+p}$，因此，在图 2-25 上直线的纵坐标值将下降，成为直线 I，它与纵轴相交于 $H_T' = \dfrac{u_2^2}{(1+p)g}$。

其次，考虑泵内部的水头损失，要从直线 I 上减去相应流量 Q_T 下的泵内部水头损失，可得实际扬程 H 和理论流量 Q_T 之间的关系曲线，也即 Q_T-H 曲线（即曲线 II）。

离心泵内部的水头损失可分为两类：

（1）摩阻损失等 Δh_1：在吸水室、叶槽中和压水室中产生的摩阻损失。其中包括转弯处的弯道损失和由流速头转化为压头的损失。其值可由下式表示：

$$\Delta h_1 = k_1 Q_T^2 \tag{2-43}$$

式中　k_1——比例系数。

（2）冲击损失 Δh_2：泵在设计工况下运行时，可认为基本上没有冲击损失。当流量不同于设计流量时，在叶轮的进口导水器、蜗壳压水室的进口等处就会发生冲击现象。流量与设计值相差越远，冲击损失也越大。其值可用下式表示：

$$\Delta h_2 = k_2 (Q_T - Q_0)^2 \tag{2-44}$$

式中　Q_0——设计工况点的流量（m^3/s）；

　　　k_2——比例系数。

泵体内这两部分水力损失必然要消耗一部分功率，使泵的总效率下降。其值可用水力效率 η_h 来度量：

$$\eta_h = \dfrac{H}{H_T'} \tag{2-45}$$

在对离心泵构造的讨论中，我们知道：在泵工作过程中存在着泄漏和回流问题，也就是说泵的出水量总要比通过叶轮的流量小，即 $Q = Q_T - \Delta q$，此 Δq 就是渗漏量，它是能量损失的一种，称为容积损失。渗漏量 Δq 值大小与扬程 H 有关。从曲线 II 的横坐标值中减去相应 H 值时的 Δq 值，这样，就可最后求得扬程随流量而变化的离心泵 $Q\text{-}H$ 特性曲线。考虑容积损失消耗了一部分功率，其值可用容积效率 η_v 来度量：

$$\eta_v = \frac{Q}{Q_T} \tag{2-46}$$

除此以外，泵在运行中还存在轴承内的摩擦损失、填料轴封装置内的摩擦损失以及叶轮盖板旋转时与水的摩擦损失（称为圆盘损失）等，这些机械性的摩擦损失同样消耗了一部分功率，使泵的总效率下降。其值可用机械效率 η_m 来度量：

$$\eta_m = \frac{N_h}{N} \tag{2-47}$$

式中　N_h——叶轮传给水的全部功率，称为水功率（$N_h = \rho g Q_T H'_T$）。即：泵轴上输入的功率只有在克服了机械摩阻以后，才把剩下的功率传给了液体。

因此，由式（2-2）得知，泵的总效率 η 为

$$\eta = \frac{N_u}{N} = \frac{\rho g Q H}{N}$$

即：

$$\eta = \frac{\rho g Q H}{\rho g Q H'_T} \cdot \frac{\rho g Q H'_T}{\rho g Q_T H'_T} \cdot \frac{\rho g Q_T H'_T}{N}$$

将式（2-45）～式（2-47）代入上式，即得：

$$\eta = \eta_h \cdot \eta_v \cdot \eta_m \tag{2-48}$$

从式（2-48）可看出，泵的总效率 η 是 3 个局部效率的乘积。要提高泵的效率，必须尽量减小机械损失和容积损失，并力求改善泵壳内过水部分的设计、制造和装配，以减少水力损失。

由以上对 $Q\text{-}H$ 特性曲线的理论分析中，可以知道，如果用分析方法来求特性曲线，必须计算泵内的各种损失。然而，这是很难精确计算的。因此，一般水泵厂都是采用实验的方法来实测泵的特性曲线。以上的定性分析，虽然最终未能解决泵实用上的数值问题，但它却从物理概念上作出了比较清楚的说明。

另外，由式（2-41）可知，当 $\beta_2 > 90°$ 时，则：

$$H_T = A + B Q_T \tag{2-49}$$

从式（2-49）可看出，泵的扬程将随流量的增大而增大，并且，它的轴功率也将随之增大。对于这样的离心泵，如使用于城市给水管网中，将发现它对电动机的工作是不利的。因为，城市给水管网的工作流量是很不均匀的，对中小城市来讲，昼夜间用水量的变化幅度是比较悬殊的，特别是遇到消防或干管断裂等情况，其流量的变化幅度就更大，这时，如果采用的是 $\beta_2 > 90°$ 的叶轮，则泵的轴功率也将在一个相当大的幅度内变化着，它将要求电动机能在很大的功率变化范围内有效地工作，这对一般的电动机是有困难的。另外，式（2-49）也仅仅是理论上的。实际上，从图 2-26 可以看出：当泵转速 n 和流量 Q

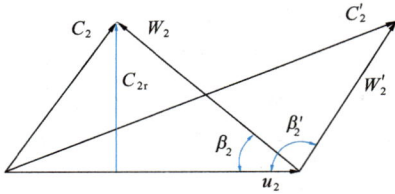

图 2-26 β_2 角改变时的出口速度三角形

一定时，则圆周速度 u_2 就一定，绝对速度的径向分速 C_{2r} 也就一定，当 β_2 增大时，出口的绝对速度 C_2 就增大。结果，换得的只是叶轮出口的动能增大，它使叶轮出口和蜗壳内的水头损失增加，最后，这种动扬程 H_2 的增加，将无法被有效地利用。

再则，为了避免在叶轮进口处产生旋涡，目前，一般离心泵叶轮的进口 α_1 采用 $90°$，这样，如果 β_2 采用大于 $90°$ 时，叶片的形状在几何上必然会加大流槽的弯度，如图 2-18（c）所示，整个叶片存在有方向不同的两个弯曲，使叶轮内流体的弯道损失加大。

所以，权衡利弊，目前离心泵的叶轮几乎一律采用了后弯式叶片（$\beta_2 = 20° \sim 30°$）。这种形式叶片的特点是随扬程增大，泵的流量减小，因此，其相应的流量 Q 与轴功率 N 关系曲线（$Q\text{-}N$ 曲线），也将是一条比较平缓上升的曲线，这对电动机来讲，可以稳定在一个功率变化不大的范围内有效地工作。

2.6.2 实测特性曲线的讨论

图 2-27 所示为目前生产的"14SA-10"型泵的特性曲线。该曲线是在转速（n）为 1450r/min 的情况下，通过离心泵性能试验和气蚀试验来绘制的。

图中包含有 $Q\text{-}H$、$Q\text{-}N$、$Q\text{-}\eta$ 及 $Q\text{-}H_s$ 等 4 条曲线。它们的特点可归纳如下：

（1）每一个流量（Q）都相应于一定的扬程（H）、轴功率（N）、效率（η）和允许吸上真空高度（H_s）。扬程是随流量的增大而下降。这一点与上述 $Q\text{-}H$ 曲线的理论分析结果是相吻合的。它将有利于泵站中电动机的选择和与管网联合工作中工况的自动调节（详见 2.7 节）。

（2）$Q\text{-}H$ 曲线是一条不规则的曲线。相应于效率最高值的（Q_0，H_0）点的各参数，即为泵铭牌上所列出的各数据（图 2-27 中 A 点所示）。它将是该泵最经济工作的一个点。在该点左右的一定范围内（一般不低于最高效率的 10％ 左右）都是属于效率较

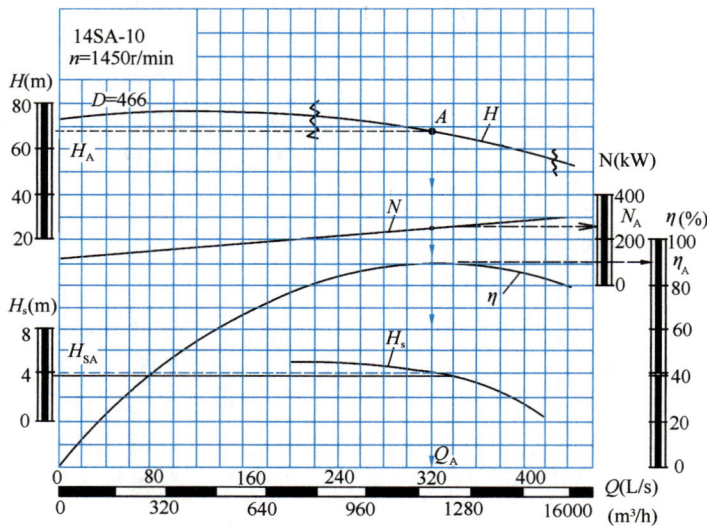

图 2-27 14SA-10 型离心泵的特性曲线

高的区段，在泵样本中，用两条波形线"{"标出，称为泵的高效段。在选泵时，应使泵站设计所要求的流量和扬程能落在高效段的范围内。

（3）由图 2-27 可见，在流量 $Q=0$ 时，相应的轴功率并不等于零，而为 $N=100kW$。此功率主要消耗于泵的机械损失上。其结果将使泵壳内水的温度上升，泵壳、轴承会发热，严重时可能导致泵壳的热力变形。因此，在实际运行中，泵在 $Q=0$ 的情况下，只允许做短时间的运行。

泵正常启动时，$Q=0$ 的情况，相当于闸阀全闭，此时泵的轴功率仅为设计轴功率的 $30\%\sim40\%$，而扬程值又是最大，完全符合了电动机轻载启动的要求。因此，在给水排水泵站中，凡是使用离心泵的，通常采用"闭闸启动"的方式。所谓"闭闸启动"就是：泵启动前，压水管上闸阀是全闭的，待电动机运转正常后，压力表读数达到预定数值时，再逐步打开闸阀，使泵作正常运行。

（4）在 Q-N 曲线上各点的纵坐标，表示泵在各不同流量 Q 时的轴功率值。在选择与泵配套的电动机的输出功率时必须根据泵的工作情况选择比泵轴功率稍大的功率，以免在实际运行中，出现小机拖大泵而使电动机过载、甚至烧毁等事故。但亦应避免选配过大功率的电动机，造成机大泵小使电动机容量不能得到充分的利用，从而降低了电动机的效率和功率因数 $\cos\varphi$。电动机的配套功率（N_p）可按下式计算：

$$N_p = k\frac{N}{\eta''} \tag{2-50}$$

式中　k——考虑可能超载的安全系数，可参考表 2-1；

　　　η''——传动效率。考虑电动机的功率传给泵时，在传动过程中也将损失部分功率；传动方式不同，功率损失值也不同；

　　　N——泵装置在运行中可能达到的最大的轴功率。

根据运行中的泵轴功率而定的 k 值　　　　　　　　表 2-1

泵轴功率（kW）	<1	1～2	2～5	5～10	10～25	25～60	60～100	>100
k	1.7	1.7～1.5	1.5～1.3	1.3～1.25	1.25～1.15	1.15～1.1	1.1～1.08	1.08～1.05

采用刚性联轴器传动时：$\eta''>99\%$，采用皮带传动时：$\eta''=93\%\sim97\%$。

另外，泵样本中所给出的 Q-N 曲线，指的是水或者是某种特定液体时的轴功率与流量之间的关系，如果，所提升的液体密度（ρ）不同时，则样本中的 Q-N 曲线就不能适用，此时，泵的轴功率要按式（2-4）进行计算。

（5）在 Q-H_s 曲线上各点的纵坐标，表示泵在相应流量下工作时，泵所允许的最大限度的吸上真空高度值。它并不表示泵在某（Q，H）点工作时的实际吸水真空值。泵的实际吸水真空值必须小于 Q-H_s 曲线上的相应值，否则，泵将会产生气蚀现象（详见 2.11 节）。

（6）泵所输送液体的黏度越大，泵体内部的能量损失越大，泵的扬程（H）和流量（Q）都要减小，效率要下降，而轴功率却增大，也即泵特性曲线将发生改变。故在输送黏度大的液体（如石油、化工黏液等）时，泵的特性曲线要经过专门的换算后才能使用，不能直接套用清水时的特性曲线。

综上所述，从能量传递角度来看，对于泵特性曲线中任意一点 A 的各项纵坐标值，如

图 2-27 所示，可作如下的归纳：

扬程（H_A）表示当泵的流量为 Q_A 时，每 1kg 水通过泵后其能量的增值为 H_A。或者说，当泵的流量为 Q_A 时，泵能够供给每 1kg 水的能量值为 H_A。

功率（N_A）表示当泵的流量为 Q_A 时，泵轴上所消耗之功率（kW）。近代叶片泵一般都采用电动机直接驱动，电动机的效率 η' 可用下式求得：

$$\eta' = \frac{N}{N_i} \tag{2-51}$$

式中　N_i——电网给电动机输入的功率（kW）。

效率（η_A）表示当泵的流量为 Q_A 时，泵的有效功率占其轴功率的百分数（%）。

2.7　离心泵装置定速运行工况

通过对离心泵特性曲线的理论分析与实际测定，可以看出，每一台泵在一定的转速下，都有它自己固有的特性曲线，此曲线反映了该泵本身潜在的工作能力。这种潜在的工作能力在现实泵站的运行中，就表现为瞬时的实际出水量（Q）、扬程（H）、轴功率（N）以及效率（η）值等。我们把这些值在 Q-H 曲线，Q-N 曲线以及 Q-η 曲线上的具体位置，称为该泵装置的瞬时工况点，它表示了该泵在此瞬时的实际工作能力。

泵站中决定离心泵装置工况点的因素有 3 个方面：①泵本身的型号；②泵运行的实际转速；③输配水管路系统的布置以及水池、水塔（高地水库）的水位值等边界条件。很明显，不可设想，对于一台出水口径为 500mm 的离心泵，只给它配上一根口径为 50mm 的管道，而它仍能够在设计状态下工作。下面我们将对泵在定速运行情况下以及调速运行情况下，工况点的确定以及影响工况点的诸因素分别进行讨论。

2.7.1　管道系统特性曲线

在水力学中，我们已经知道，水流经过管道时，一定存在管道水头损失。其值为：

$$\sum h = \sum h_f + \sum h_1 \tag{2-52}$$

式中　$\sum h_f$——管道中摩阻损失之和；

$\sum h_1$——管道中局部损失之和。

对于管道系统布置已经定局后则管道长度（l）、管径（D）、比阻（A）以及局部阻力系数 ζ 等都为已知数。具体计算时可查阅给水排水设计手册中"管渠水力计算表"。

采用水力坡降 i 公式时：

对于钢管　　　　　　　　　　$\sum h_f = \sum ik_1 l$

式中 k_1 为由钢管壁厚不等于 10mm 引入的修正系数。

对于铸铁管：　　　　　　　　$\sum h_f = \sum il$

采用比阻 A 公式时：

对于钢管：

$$\sum h_f = \sum A k_1 k_3 l Q_i^2$$

式中　k_3——由管中平均流速小于 1.2m/s 引入的修正系数；

k_1——由钢管壁厚不等于 10mm 引入的修正系数。

对于铸铁管：

$$\sum h_f = \sum A k_3 l Q_i^2$$

因此，采用比阻公式表示时，式（2-52）可写为：

$$\sum h = \left[\sum A k l + \sum \zeta \frac{1}{2g\left(\frac{\pi D^2}{4}\right)^2} \right] Q^2 \tag{2-53}$$

上式中 k 为修正系数，对于钢管 $k = k_1 k_3$，对于铸铁管 $k = k_3$。括号内的数值，对于一定的管道是个常量。为计算方便计，常用 S 表示：

即
$$\sum h = S Q^2 \tag{2-54}$$

式中 S——代表长度、直径已定的管道的沿程摩阻与局部阻力之和的系数，称之为阻抗。

式（2-54）即 $Q - \sum h$ 曲线（一般称为管道水头损失特性曲线，如图 2-28 所示）为一条二次抛物线。曲线的曲率取决于管道的直径、长度、管壁粗糙度以及局部阻力附件的布置情况。

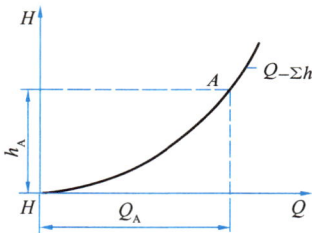

图 2-28 管道水头损失特性曲线

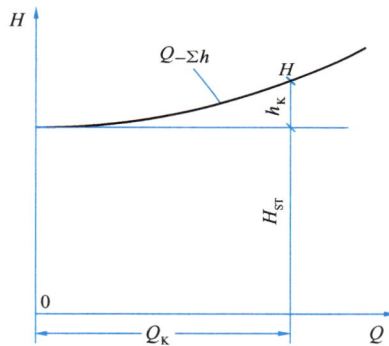

图 2-29 管道系统特性曲线

在泵站计算中，为了确定泵装置的工况点，我们将利用此曲线，并且将它与泵站工作的外界条件（如泵的静扬程 H_{ST} 等）联系起来考虑。按式（2-33）：$H = H_{ST} + \sum h$ 可画出如图 2-29 所示的曲线，我们称此曲线为泵装置的管道系统特性曲线。该曲线上任意点 K 的一段纵坐标（h_K），表示泵输送流量为 Q_k 将水提升高度为 H_{ST} 时，管道中每受单位重力作用的液体所需消耗的能量值。换句话说，管道系统中，通过的流量不同时，每受单位重力作用的液体在整个管道中所消耗的能量也不同，其值大小可见图 2-29 中 $Q - \sum h$ 曲线上各点相应的纵坐标值。泵装置的静扬程 H_{ST}，在实际工程中，可以是吸水井至高地水池水面间的垂直几何高差，也可能是吸水井与压力密闭水箱之间的表压差。因此，管道水头损失特性曲线，只表示在泵装置管道系统中，当 $H_{ST} = 0$ 时，管道中水头损失与流量之间的关系曲线，此情况为管道系统特性曲线的一个特例。

2.7.2 图解法求水箱出流的工况点

图 2-30 所示为水箱出流的简图。两个水箱中水位高差为 H（m），如果水箱比较大，忽略水箱内的行近流速，那么，当管道的管径、长度及布置已定时，即可由式（2-54）画

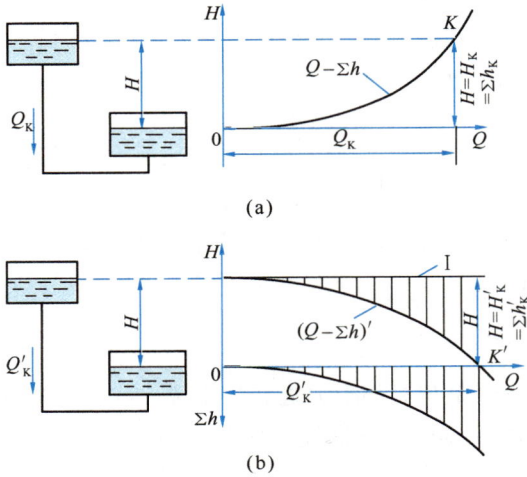

(a)

(b)

图 2-30　水箱出流工况图示

出 Q-$\sum h$ 曲线，如图 2-30（a）所示。然后，沿水箱的水面画一水平线与 Q-$\sum h$ 曲线相交于 K 点。此 K 点的纵坐标值 H_K，既表示水箱能够供给液体的比能 H，也表示当管道中通过流量为 Q_K 时，消耗于摩阻上的液体比能值 $\sum h_K$（也即 $H = \sum h_K = H_K$）。从能量供与求的关系上看，K 点是矛盾统一的一个点。在水箱水位不变时，管道中将有稳定的流量 Q_K 出流，K 点称为该水箱出流的工况点。显然，如果水箱水位不断地下降，则工况点 K 将沿此 Q-$\sum h$ 曲线向左下方移动。

同样，我们也可以换一种形式来求此水箱出流的工况点：沿水箱水面画一水平线 I，其纵坐标值皆为 H，又沿 Q 坐标轴下面画出该管道的水头损失特性曲线 Q-$\sum h$（图 2-30b），然后，由水平线 I 上减去相应流量下的水头损失，得到 $(Q$-$\sum h)'$ 曲线，此曲线与 Q 坐标轴相交于 K' 点。则 K' 点表示此水箱所能提供的总比能全部消耗掉的情况，也表示水箱能够供给的总比能与管道所消耗的总比能相等的那个平衡点。因此，K' 点即为该水箱出流的工况点。其流量值 $Q'_K = Q_K$。

上述求水箱出流工况点的两种方式，实质上是一样的。前一种比较直观，后一种，在水箱的水位线 I 上扣除了管道的水头损失，这个方法实际上是一种折引的方法，即将高水箱的工作能量扣除了管道的水头损失后，把它折引到低水箱的位置上来了。今后，在对泵站进行工况计算时，我们将常常采用这种折引的方法。

2.7.3　图解法求离心泵装置的工况点

离心泵装置工况点的求解有数解法和图解法两种。其中以图解法简明、直观，在工程中应用较广，现介绍于后。

图 2-31 所示为离心泵装置的工况。画出离心泵样本中提供的该 Q-H 曲线，再按公式 $H = H_{ST} + \sum h$，在沿 H_{ST} 的高度上，画出管道损失特性曲线 Q-$\sum h$，两条曲线相交于 M 点。此 M 点表示将水输送至高度为 H_{ST} 时，泵供给水的总比能与管道所要求的总比能相等的那个点，称它为该泵装置的平衡工况点（也称工作点）。只要外界条件不发生变化，泵装置将稳定地在这点工作，其出水量为 Q_M，扬程为 H_M。

假设工况点不在 M 点，而在 K 点，

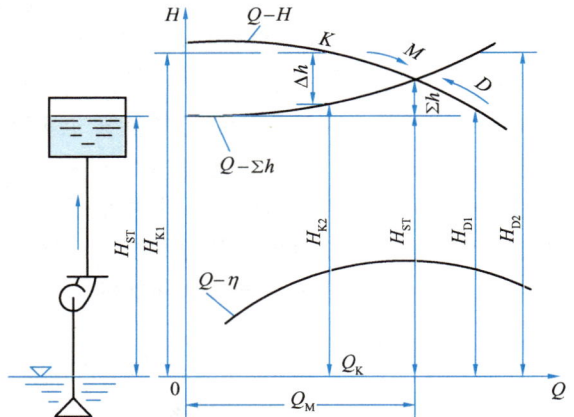

图 2-31　离心泵装置的工况

由图 2-31 可见，当流量为 Q_K 时，泵能够供给水的总比能 H_{K1} 将大于管道所要求的总比能 H_{K2}，也即［供给］＞［需要］，能量富余了 Δh 值，此富余的能量将以动能的形式，使管道中水流加速，流量加大，由此，使泵的工况点将自动向流量增大的一侧移动，直到移至 M 点为止。反之，假设泵装置的工况点不在 M 点，而在 D 点，那么，泵供给的总比能 H_{D1} 将小于管道所要求的总比能 H_{D2}，也即［供给］＜［需要］，管道中水流能量不足，管流减缓，泵装置的工况点将向流量减小的一侧移动，直到退至 M 点才达到平衡。所以，M 点就是该泵装置的工况点。如果，泵装置在 M 点工作时，管道上的所有闸阀是全开着的，那么，M 点就称为该装置的极限工况点。也就是说，在这个装置中，要保证泵的静扬程为 H_{ST} 时，管道中通过的最大流量为 Q_M。在工程中，我们总是希望，泵装置的工况点，能够经常落在该泵的设计参数值上，这样，泵的工作效率最高，泵站工作最经济。

也可以用折引的方法（也称"折引特性曲线法"）来求该泵装置的工况点。如图 2-32 所示，先在沿 Q 坐标轴的下面画出该管道损失特性曲线 Q-Σh，再在泵的 Q-H 特性曲线上减去相应流量下的水头损失，得到 $(Q$-$H)'$ 曲线。此 $(Q$-$H)'$ 曲线称为折引特性曲线。此曲线上各点的纵坐标值，表示泵在扣除了管道中相应流量时的水头损失以后，尚剩的能量。这能量仅用来改变被抽升水的位能，即它把水提升到 H_{ST} 的高度上去。因此，沿水塔水位作一水平

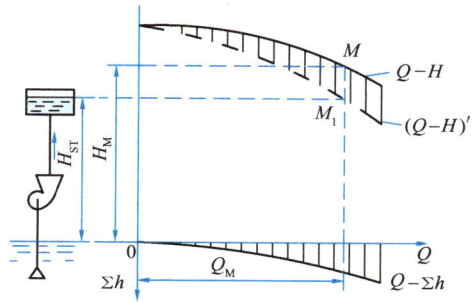

图 2-32　折引特性曲线法求工况点

线，与 $(Q$-$H)'$ 曲线相交于 M_1 点，此 M_1 点的纵坐标代表了该装置的静扬程，由 M_1 点向上作垂线与 Q-H 曲线相交于 M 点，则 M 点的纵坐标值 H_M，即为该泵的工作扬程 $H_M =$ $H_{ST} + \Sigma h$。它就是管道需要的总比能与泵供给的总比能正好相等的一点，M 点称为该离心泵装置的工况点，其相应的流量为 Q_M。

2.7.4　离心泵装置工况点的改变

既然离心泵装置的工况点是建立于泵和管道系统能量供求关系的平衡上，那么，只要两种情况之一发生改变时，其工况点就会发生转移。这种暂时的平衡点，就会被另一种新的平衡点所代替。这样的情况，在城市供水中，是随时都在发生着的。例如，有前置水塔的城市管网中，在晚上，管网中用水量减少，水输入水塔，水塔中水位不断升高，对泵装置而言，静扬程不断增高，如图 2-33 所示，泵的工况点将沿 Q-H 曲线向流量减小侧移动（向左移动，由 A 点移至 C 点），供水量越小。相反地，在白天，城市中用水量增大，管网内静压下降，水塔出水，水箱中水位下降，泵装置的工况点就将自动向流量增大侧移动（向右移动）。因此，泵站在整个工作中，只要城市管网中用水量是变化的，管网压力就会有变化，致

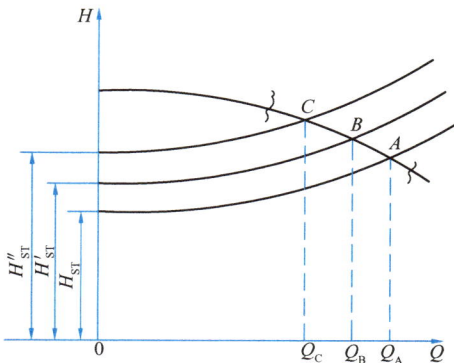

图 2-33　离心泵工况随水位变化

使泵装置的工况点也作相应的变动，并按上述能量供求的关系，自动地去建立新的平衡。所以，泵装置的工况点，实际上是在一个相当幅度的区间内游动着的。离心泵具有这种自动调节工况点的性能，也大大地增加了它在给水排水工程中的使用价值。当管网中压力的变化幅度太大时，泵的工况点将会移出其"高效段"以外，在低效率点处工作。针对这种情况，在泵站的运行管理中，常需要人为地对泵装置的工况点进行必要的改变和控制，我们称这种改变和控制为"调节"。

最常见的调节是用闸阀来节流，也就是改变泵出水闸阀的开启度来进行调节。图 2-34 为采用闸阀节流时，泵装置工况点的改变图。图中工况点 A 表示闸阀全开时，该装置的极限工况点。关小闸阀，管道局部阻力增加，S 值加大，管道系统特性曲线变陡，泵装置的工况点就向左移至 B 点或 C 点，出水量减少。闸阀全关时，局部阻力系数相当于无穷大，水流切断，此时，管道系统特性曲线与纵坐标重合。也就是说，利用闸阀的开启度可使泵装置的工况点，由零到极限工况点 Q_A 之间变化。从经济上看，节流调节，很明显是用消耗泵的多余能量 ΔH 的方法（图 2-34 中阴影部分）来维持一定的供水量。其消耗的功率 $\Delta N = \dfrac{\rho g Q \Delta H}{1000\eta}$（kW）。在泵站的设计和运行中，一般情况下，不宜用闸阀来调节流量。但是，由于离心泵的 Q-N 曲线是上升型的，使用闸阀节流时，随着流量的减小，泵的轴功率也随之减小，对原动机无过载危害。而且使用闸阀节流方便易行，因此，在小型泵站实际运行中闸阀调节仍是常见的一种方法。

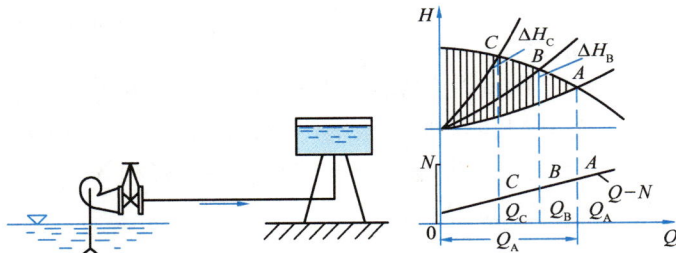

图 2-34　闸阀节流调节

综上所述，定速运行情况下，离心泵装置工况点的改变，主要是管道系统特性曲线发生改变引起的（诸如水位变化、管网中用水量变化、管道堵塞或破裂以及泵站中闸阀节流等）。

2.7.5　数解法求离心泵装置的工况点

离心泵装置工况点的数解，其数学依据是如何由泵及管道系统特性曲线方程中解出 Q 和 H 值，也即由下列两个方程式中求解 Q、H 值。

$$H = f(Q) \tag{2-55}$$

$$H = H_{ST} + \Sigma SQ^2 \tag{2-56}$$

由式（2-55）、式（2-56）可见：两个方程式求两个未知数是完全可能的，关键在于如何来确定泵的 $H = f(Q)$ 函数关系。

现假设水泵厂样本中所提供 Q-H 曲线上的高效段，可用下列方程的形式来表示，即

$$H = H_x - h_x \qquad (2\text{-}57)$$

式中　H——泵的实际扬程；

　　　H_x——泵在 $Q=0$ 时所产生的虚总扬程；

　　　h_x——相应于流量为 Q 时，泵体内的虚水头损失之和，$h_x = S_x Q^m$；

　　　S_x——泵体内虚阻耗系数；

　　　m——指数。对给水管道一般 $m=2$ 或 $m=1.852$。

现采用 $m=2$，则得：

$$H = H_x - S_x Q^2 \qquad (2\text{-}58)$$

图 2-35 为式（2-58）的图示形式。它将泵的高效段 $S_x Q^2$ 视为曲线的一个组成部分，并延长与纵轴相交得 H_x 值。然后，在高效段内任意选取两点的坐标，代入式（2-58），此两点一定能满足此方程式，即：

$$H_1 + S_x Q_1^2 = H_2 + S_x Q_2^2$$

对于一台泵而言：

$$S_x = \frac{H_1 - H_2}{Q_2^2 - Q_1^2} \qquad (2\text{-}59)$$

图 2-35　离心泵虚扬程

因 H_1、H_2、Q_1、Q_2 均为已知值，故可以求出 S_x 值。将式（2-59）代入式（2-58）可得：

$$H_x = H_1 + S_x Q_1^2 \qquad (2\text{-}60)$$

由式（2-60）可以求出 H_x 值。表 2-2 所示为根据长沙水泵厂生产的 SA 型及部分旧型号离心泵的资料求得的 H_x 及 S_x 值。在求出了 H_x 及 S_x 值后，泵的 Q-H 特性曲线方程式，就可以写出为：

$$H = H_x - S_x Q^2 \qquad (2\text{-}61)$$

当离心泵工作时，由式（2-56）及式（2-61）可得：

$$H_x - S_x Q^2 = H_{ST} + \Sigma S Q^2$$

部分型号离心泵的 H_x、S_x 值　　　　　　　　　　表 2-2

水泵型号	转　速（r/min）	叶轮直径（mm）	$m=2.0$	
			H_x（mH$_2$O）	S_x（(s/L)^2・mH$_2$O）
6SA-8	2950	270	112.76	0.00715
6SA-12	2950	205	61.67	0.00407
8SA-10	2950	272	107.40	0.00233
8SA-14	2950	235	79.41	0.00288
10SA-6	1450	530	100.43	0.000286
14SA-10	1450	466	76.25	0.0001
16SA-9	1450	535	105.19	0.000075
20SA-22	960	466	29.54	0.000028
24SA-10	960	765	92.13	0.0000234
28SA-10	960	840	115.67	0.0000151
32SA-10	585	990	59.29	0.00000529

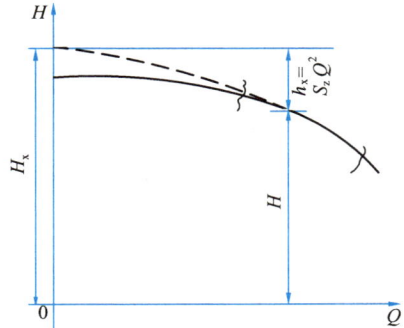

也即：

$$Q = \sqrt{\frac{H_x - H_{ST}}{S_x + \Sigma S}} \qquad (2\text{-}62)$$

式中 H_x、S_x 及 ΣS 均为已知值，当 H_{ST} 一定时，即可求出泵相应工况点的流量和扬程。

上述方程式（2-61）的建立，是把泵的高效段视为二次抛物线上的一段。采用这种方式来建立 $Q\text{-}H$ 特性曲线方程，称为抛物线法。但是，实际上并不是每台泵的高效段均能满足此假设条件的。这样，在实际采用中就会存在一定的误差。

拟合离心泵 $Q\text{-}H$ 曲线方程的另一途径是采用最小二乘法来进行。设 $Q\text{-}H$ 曲线可用下列多项式拟合：

$$H = A_0 + A_1 Q + A_2 Q^2 + \cdots + A_m Q^m \qquad (2\text{-}63a)$$

则根据最小二乘原理求 H_0、A_1、A_2、$\cdots$、A_m 的线性方程组（亦称正则方程组）为：

$$\begin{cases} n A_0 + A_1 \sum_{i=1}^{n} Q_i + A_2 \sum_{i=1}^{n} Q_i^2 + \cdots + A_m \sum_{i=1}^{n} Q_i^m = \sum_{i=1}^{n} H_i \\ A_0 \sum_{i=1}^{n} Q_i + A_1 \sum_{i=1}^{n} Q_i^2 + A_2 \sum_{i=1}^{n} Q_i^3 + \cdots + A_m \sum_{i=1}^{n} Q_i^{m+1} = \sum_{i=1}^{n} H_i Q_i \\ \cdots\cdots\cdots\cdots\cdots\cdots\cdots\cdots\cdots \\ A_0 \sum_{i=1}^{n} Q_i^m + A_1 \sum_{i=1}^{n} Q_i^{m+1} + A_2 \sum_{i=1}^{n} Q_i^{m+2} + \cdots + A_m \sum_{i=1}^{n} Q_i^{2m} = \sum_{i=1}^{n} H_i Q_i^m \end{cases} \qquad (2\text{-}63b)$$

解式（2-63b）就可求得 H_0、A_1、A_2、$\cdots$、A_m。

实际工程中，一般取 $m=2$ 或 $m=3$。

$m=2$ 时
$$H = A_0 + A_1 Q + A_2 Q^2 \qquad (2\text{-}63c)$$

$m=3$ 时
$$H = A_0 + A_1 Q + A_2 Q^2 + A_3 Q^3 \qquad (2\text{-}63d)$$

【例 2-2】 现有 14SA-10 型离心泵一台，转速 $n=1450 \text{r/min}$，叶轮直径 $D=466\text{mm}$，其 $Q\text{-}H$ 特性曲线如图 2-27 所示。试拟合 $Q\text{-}H$ 特性曲线方程。

表 2-3

型号	已知各点的坐标值								待计算值		
	H_0	Q_0	H_1	Q_1	H_2	Q_2	H_3	Q_3	A_0	A_1	A_2
14SA-10	72	0	70	240	65	340	60	380	71.96	0.0334	-0.00017

【解】 由 14SA-10 型的 $Q\text{-}H$ 特性曲线上，取包括 (Q_0, H_0) 在内的任意 4 点，其值如表 2-3 所示。表 2-3 中 H 值单位为 m，Q 值单位为 L/s。求解过程为：

已知的坐标值代入（2-63b）正则方程，可得：

$$\begin{cases} 4A_0 + 960A_1 + 317600A_2 = 267 \\ 960A_0 + 317600A_1 + 108 \times 10^6 A_2 = 61700 \\ 317600A_0 + 108 \times 10^6 A_1 + 3753248 \times 10^4 A_2 = 20210000 \end{cases}$$

将上式简化后，解得：

$$A_0 = 71.96; \ A_1 = 0.0334; \ A_2 = -0.00017$$

将结果 A_1、A_2 值代入式（2-63a），得出该泵的 $Q\text{-}H$ 特性曲线方程为：

$$H = 71.96 + 0.0334Q - 0.00017Q^2$$

将上式与该泵装置的管道特性曲线方程 $H = H_{ST} + SQ^2$ 联立，即可求得其工况点的 (Q, H) 值。

2.8 离心泵装置调速运行工况

调速运行是指泵在可调速的电动机驱动下运行，通过改变转速来改变泵装置的工况点。如果说对定速运行工况，考虑的是离心泵在固定的单一转速条件下，如何充分利用其 Q-H 曲线上的高效工作"段"，那么，对调速运行工况，将着眼于在城市管网用水量逐时变动的情况下，如何充分利用通过变速而形成的离心泵 Q-H 曲线的高效工作"区"。因此，调速运行大大地扩展了离心泵的有效工作范围，是泵站运行中十分合理的调节方式。

为了对调速运行工况进行讨论，下面将对离心泵叶轮的相似律、比例律以及其具体应用等问题分述于后。

2.8.1 叶轮相似定律

由于泵内部液体流动的复杂性，单凭借理论不能准确地算出叶片泵的性能。根据流体力学中的相似理论，并运用实验模拟的手段，可依泵叶轮在某一转速下的已知性能换算出它在其他转速下的性能。泵叶轮的相似定律是基于几何相似和运动相似的基础上的。凡是两台泵能满足几何相似和运动相似的条件，称为工况相似泵。

几何相似条件是：两个叶轮主要过流部分一切相对应的尺寸成一定比例，所有的对应角相等。现设有两台几何相似泵的叶轮，一个为模型泵的叶轮，其符号以下角标"m"表示；另一个为实际泵的叶轮，其符号不带下角标"m"。

则：
$$\frac{b_2}{b_{2m}} = \frac{D_2}{D_{2m}} = \lambda \tag{2-64}$$

式中　b_2、b_{2m}——实际泵与模型泵叶轮的出口宽度；

　　　D_2、D_{2m}——实际泵与模型泵叶轮的外径；

　　　λ——任一线性尺寸的比例或称模型缩小的比例尺。例如比模型泵大一倍的实际泵 $\lambda = 2$。

运动相似的条件是：两叶轮对应点上水流的同名速度方向一致，大小互成比例，也即在相应点上水流的速度三角形相似。所以，在几何相似的前提下，运动相似就是工况相似。

由图 2-36 可以得出：
$$\frac{C_2}{C_{2m}} = \frac{u_2}{u_{2m}} = \frac{nD_2}{n_m D_{2m}} = \lambda \frac{n}{n_m}$$

也即：
$$\frac{C_{2u}}{(C_{2u})_m} = \frac{C_{2r}}{(C_{2r})_m} = \frac{u_2}{(u_2)_m}$$
$$= \frac{D_2 n}{(D_2 n)_m} = \lambda \frac{n}{n_m} \tag{2-65}$$

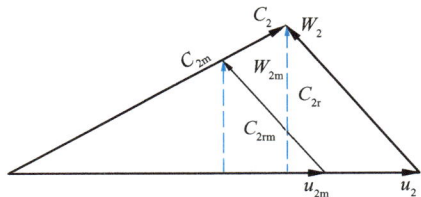

图 2-36　相似工况下两叶轮
出口速度三角形

叶轮相似定律有三个方面：

1. 第一相似定律——确定两台在相似工况下运行泵的流量之间的关系。

由式（2-46）可知：泵流量 $Q = \eta_v Q_T$

即
$$Q = \eta_v F_2 C_{2r}$$

所以

$$\frac{Q}{Q_m} = \frac{\eta_v}{(\eta_v)_m} \frac{C_{2r}}{(C_{2r})_m} \frac{F_2}{(F_2)_m} \qquad (2\text{-}66)$$

因为
$$F_2 = \pi D_2 b_2 \Phi_2$$

式中　Φ_2——考虑叶片厚度而引起的出口截面减少的排挤系数，对于几何相似的叶轮，$\Phi_{2m} \doteq \Phi_2$。

对于两台满足相似条件的泵而言，将式（2-65）代入式（2-66）可得：

$$\frac{Q}{Q_m} = \lambda^3 \frac{\eta_v}{(\eta_v)_m} \cdot \frac{n}{n_m} \qquad (2\text{-}67)$$

式（2-66）表示两台相似泵的流量与转速及容积效率的乘积成正比，与线性比例尺的三次方成正比。此式称为第一相似定律。

2. 第二相似定律——确定两台在相似工况下运行泵的扬程之间的关系。

由式（2-45）可知，泵扬程 $H = \eta_h H_T$

也即 $H = \dfrac{\eta_h}{1+p} \dfrac{u_2 C_{2u}}{g}$。现假定表示反旋现象的修正系数 p 值相等。则：

$$\frac{H}{H_m} = \frac{\eta_h u_2 C_{2u}}{(\eta_h u_2 C_{2u})_m}$$

因为，在相似工况下运行，故得：

$$\frac{H}{H_m} = \lambda^2 \frac{\eta_h n^2}{(\eta_h n^2)_m} \qquad (2\text{-}68)$$

式（2-68）表示两台相似泵的扬程与转速及线性比例尺的二次方及与水力效率的一次方成正比。此式称为第二相似定律。

3. 第三相似定律——确定两台在相似工况下运行泵的轴功率之间的关系。

因为
$$N = \frac{\rho g Q H}{\eta}$$

故：
$$\frac{N}{N_m} = \frac{\rho g Q H}{(\rho g Q H)_m} \frac{(\eta)_m}{\eta}$$

将式（2-48）、式（2-67）及式（2-68）代入上式，可得：

$$\frac{N}{N_m} = \lambda^5 \cdot \frac{n^3}{n_m^3} \cdot \frac{(\eta_m)_m}{(\eta_m)} \qquad (2\text{-}69)$$

上式中 η_m 为实际泵的机械效率，$(\eta_m)_m$ 为模型泵的机械效率。抽升液体的密度相等时，式（2-69）表示了两台相似泵的轴功率与转速的三次方、线性比例尺的五次方成正比，与机械效率成反比。

实用中，如实际泵与模型泵的尺寸相差不太大，且工况相似时，可近似地认为三种局部效率都不随尺寸而变，则相似定律可写为：

$$\frac{Q}{Q_m} = \lambda^3 \frac{n}{n_m} \qquad (2\text{-}70)$$

$$\frac{H}{H_m} = \lambda^2 \frac{n^2}{n_m^2} \qquad (2\text{-}71)$$

$$\frac{N}{N_{\mathrm{m}}} = \lambda^5 \frac{n^3}{n_{\mathrm{m}}^3} \tag{2-72}$$

2.8.2　相似定律的特例——比例律

把相似定律应用于以不同转速运行的同一台叶片泵，就可以得到下式：

$$\frac{Q_1}{Q_2} = \frac{n_1}{n_2} \tag{2-73}$$

$$\frac{H_1}{H_2} = \left(\frac{n_1}{n_2}\right)^2 \tag{2-74}$$

$$\frac{N_1}{N_2} = \left(\frac{n_1}{n_2}\right)^3 \tag{2-75}$$

这三个公式表示同一台叶片泵，当转速 n 变更时，其他性能参数将按上述比例关系而变。上面这三个式子为相似定律的一个特殊形式，称为比例律。对于泵的使用者而言，比例律是很有用处的，它反映出转速改变时，泵主要性能变化的规律。在后述的关于离心泵装置的变速调节工况内容就是应用此比例律来换算的。

1. 比例律应用的图解方法

比例律在泵站设计与运行中的应用，最常遇到的情形有两种：①已知泵转速为 n_1 时的 $(Q\text{-}H)_1$ 曲线如图 2-37 所示，但所需的工况点并不在该特性曲线上，而在坐标点 A_2（Q_2，H_2）处。现问：如果需要泵在 A_2 点工作，其转速 n_2 应是多少？②已知泵 n_1 时的 $(Q\text{-}H)_1$ 曲线，试用比例律翻画转速为 n_2 时的 $(Q\text{-}H)_2$ 曲线。

应用比例律的前提是工况相似。采用图解法求转速 n_2 值时，必须在转速 n_1 的 $(Q\text{-}H)_1$ 曲线上，找出与 A_2（Q_2，H_2）点工况相似的 A_1 点，其坐标为（Q_1，H_1）。下面采用"相似工况抛物线"方法来求 A_1 点。

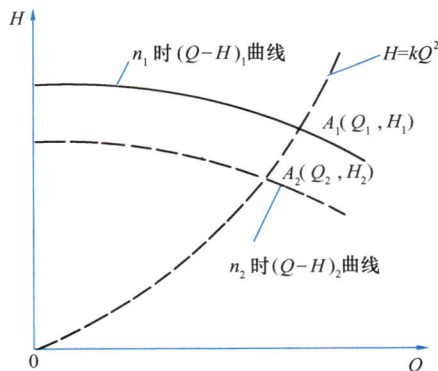

图 2-37　比例律的应用

由式（2-73）、式（2-74），消去其转速后可得：

$$\frac{H_1}{H_2} = \left(\frac{Q_1}{Q_2}\right)^2$$

即：

$$\frac{H_1}{Q_1^2} = \frac{H_2}{Q_2^2} = k \tag{2-76}$$

由此得：

$$H = kQ^2 \tag{2-77}$$

由式（2-77）可看出，凡是符合比例律关系的工况点，均分布在一条以坐标原点为顶点的二次抛物线上。此抛物线称为相似工况抛物线（也称等效率曲线）。

将 A_2 点的坐标值（Q_2，H_2）代入式（2-76），可求出 k 值，再按式（2-77），写出与 A_2 点工况相似的普通式 $H = kQ^2$。则此方程式即代表一条与 A_2 点工况相似的抛物线（k 为常数）。它和转速为 n_1 的 $(Q\text{-}H)_1$ 曲线相交于 A_1 点，此 A_1 点就是所求的与 A_2 点工况相似的点。把 A_1 点和 A_2 点的坐标值（Q_1，H_1）和（Q_2，H_2）代入式（2-73），可得：

$$n_2 = \frac{n_1}{Q_1} \times Q_2$$

求出转速 n_2 后，再利用比例律，可翻画出 n_2 时的 $(Q-H)_2$ 曲线。此时，式（2-73）、式（2-74）中，n_1 和 n_2 均为已知值。在 n_1 的 $(Q-H)_1$ 曲线上任意取 $(Q_a，H_a)$ 点、$(Q_b，H_b)$ 点及 $(Q_c，H_c)$ 点……代入式（2-73）、式（2-74），得出相应的 $(Q_a，H_a)'$ 点、$(Q_b，H_b)'$ 点及 $(Q_c，H_c)'$ 点……一般 6～7 点为好，用光滑曲线连接可得出 $(Q-H)_2$ 曲线，如图 2-46 虚线所示。此曲线即为图解法求得的转速为 n_2 时的 $(Q-H)_2$ 曲线。

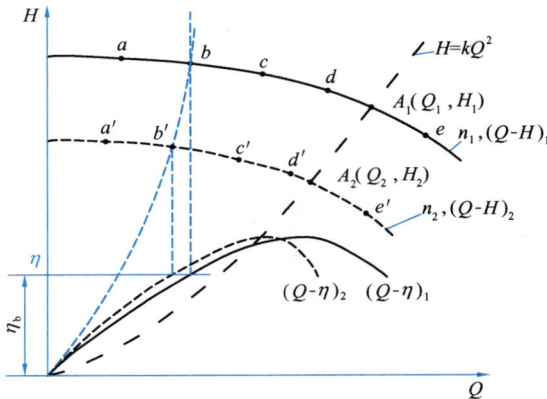

图 2-38　转速改变时特性曲线变化

同理，也可按 $\dfrac{N_1}{N_2}=\left(\dfrac{n_1}{n_2}\right)^3$ 来求得各相应于 N_1 的 N_2 值。这样，也可画出在转速 n_2 情况下的 $(Q-N)_2$ 曲线。此外，我们在利用比例律时，认为相似工况下对应点的效率是相等的，因此只要已知图 2-46 中 a、b、c、d 等点的效率，即可按等效率原理求出转速为 n_2 时相应的点 a'、b'、c'、d' 等点的效率，连成 $(Q-\eta)_2$ 曲线如图 2-38 所示。

上述讨论可知，凡是效率相等各点的 $\dfrac{H}{Q^2}$ 比值，均是常数（k）。按此 k 值可画出一条效率相等、工况相似的抛物线。也就是说，相似工况抛物线上，各点的效率都是相等的，但是，实际上根据试验指出，当泵调速的范围超过一定值时，其相应点的效率就会发生变化。实测的等效率曲线与理论上的等效率曲线是有差异的，只在高效段范围内两者才吻合。尽管如此，在工程实践中采用调速的方法，还是大大地扩展了叶片泵的高效率工作范围。

【例 2-3】某泵转速 $n_1=950\text{r/min}$ 时的 $(Q-H)_1$ 曲线如图 2-39 所示。其管道系统特性曲线方程式为 $H=10+17500Q^2$（Q 以 m^3/s 计）。

试问：（1）该泵装置工况点的 Q_A 与 H_A 值。（2）保持静扬程为 10m，流量下降 33.3% 时，其转速 n_2 应降为多少 r/min？（3）降速后的 $(Q-H)_2$ 曲线如何？

【解】

（1）根据管道系统特性曲线方程式：$H=10+17500Q^2$，按此式算出表 2-4a。然后，按此表点绘出 $Q-\sum h$ 曲线，如图 2-39 所示，此线与 n_1 时的 $(Q-H)_1$ 曲线交于 A 点，得出工况点的值 $Q_A=40.2\text{L/s}$，$H_A=38.2\text{m}$。

（2）流量下降 33.3% 时，其 Q_B 值为 40.2（1－0.33）$=26.9\text{L/s}$，从图 2-39 可知

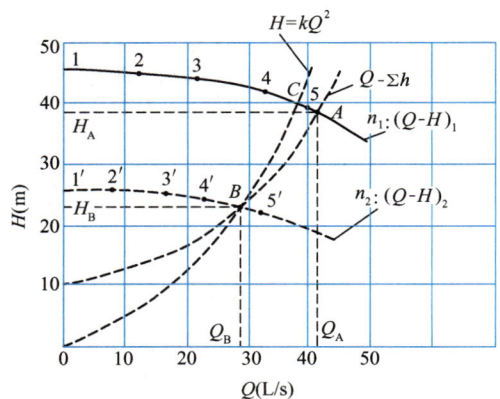

图 2-39　变速特性曲线图

$H_B=22.7\text{m}$。由式（2-76）可得：$k=\dfrac{H_B}{Q_B^2}=31370.5$（$\text{s}^2/\text{m}^5$），因此由式（2-77）可写出

$H = 31370.5Q^2$，按此式算出表 2-4b。然后，按此表点绘出相似工况抛物线（图 2-39）与 $(Q\text{-}H)_1$ 曲线相交于 C 点。$Q_c = 35.7\text{L/s}$，$H_c = 40\text{m}$。由式（2-73）可求得 n_2 为：

$$n_2 = n_1 \cdot \frac{Q_B}{Q_C} = 950 \times \frac{26.9}{35.7} = 716\text{r/min}$$

（3）降速后的 $(Q\text{-}H)_2$ 曲线可按比例律进行换算：

$$Q_B = \frac{n_2}{n_1}Q_A = \frac{716}{950}Q_1 = 0.754Q_1$$

$Q\text{-}\sum h$ 各点 Q、H 值的关系　　　　表 2-4a

参　数	第 1 点	第 2 点	第 3 点	第 4 点	第 5 点
流量 Q（m³/s）	0	0.01	0.02	0.03	0.04
扬程 H（m）	10	11.75	17	25.75	38

相似抛物线上各点 Q、H 值的关系　　　　表 2-4b

参　数	第 1 点	第 2 点	第 3 点	第 4 点	第 5 点
流量 Q（m³/s）	0	0.01	0.02	0.03	0.04
扬程 H（m）	0	3.14	12.50	28.2	50.2

不同转速时，Q、H 值变化换算　　　　表 2-4c

转速（r/min）	参　数	第 1 点	第 2 点	第 3 点	第 4 点	第 5 点
$n_1 = 950$	Q_1（L/s）	0	10	20	30	40
	H_1（m）	45	44.5	44.0	42.5	38.5
$n_2 = 716$	Q_2（L/s）	0	7.54	15.1	22.6	30.2
	H_2（m）	25.6	25.3	25.0	24.1	21.9

$$H_2 = \left(\frac{n_2}{n_1}\right)^2 H_1 = \left(\frac{716}{950}\right)^2 H_1 = 0.568H_1$$

在 $(Q\text{-}H)_1$ 曲线上，任取几点代入上式可得出表 2-4c。

按表 2-4c 各点就可描绘出 $n_2 = 716\text{r/min}$ 时的 $(Q\text{-}H)_2$ 曲线（图 2-39）。

综上所述，以泵站输配水管网系统为例，当管网中的用水量由 Q_{A1} 减小为 Q_{A2} 时，如果泵站是定速运行情况，那么，泵装置的工况点将由 A_1 点自动移动至 A_2 点（图 2-40）。此时，管网中的静压由 H_{ST} 增大为 H'_{ST}，轴功率为 N_{B2}（B_2 点）。如果泵站是调速运行情况，那么，泵装置的工况点将由 A_1 点移动至 A'_2 点。管网中的静压仍为 H_{ST} 不变，

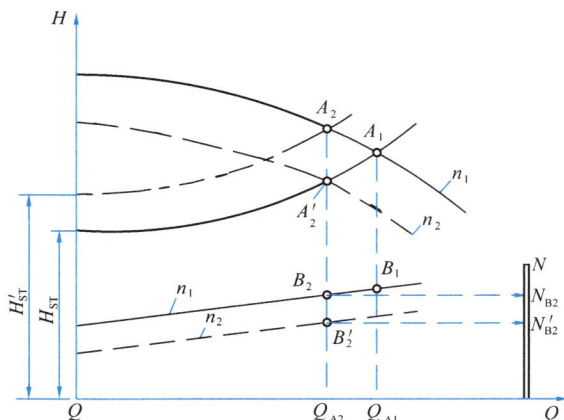

图 2-40　定速运行与调速运行工况点对比图

41

轴功率为 N'_{B2}（B'_2 点）。

很明显，泵站调速运行的优点表现于：①保持管网等压供水（即 H_{ST} 基本不变）；②节省电耗（即 $N'_{B2} < N_{B2}$）。

2. 比例律应用的数解方法

由图 2-37 可知，相似工况抛物线方程 $H = kQ^2$ 与转速为 n_1 时的 $(Q-H)_1$ 曲线的交点 A_1（Q_1，H_1）是与所需的工况点 A_2（Q_2，H_2）相似的工况点。求出 A_1 点的 $(Q_1，H_1)$ 值，即可方便地应用比例律求出转速 n_2 值。

由式（2-58）及式（2-77）得出交点方程：

$$H = H_x - S_x Q^2 = kQ^2$$

即：

$$Q = \sqrt{\frac{H_x}{S_x + k}} = Q_1 \tag{2-78}$$

$$H = k \cdot \frac{H_x}{S_x + k} = H_1 \tag{2-79}$$

上式中 k 值已如前述 $k = \dfrac{H_2}{Q_2^2}$。因此，由比例律可求出 n_2 值：

$$n_2 = n_1 \frac{Q_2}{Q_1} = \frac{n_1 Q_2 \sqrt{S_x + k}}{\sqrt{H_x}} \tag{2-80}$$

下面介绍已知泵转速为 n_2 时，推求翻画 $(Q-H)_2$ 曲线方程的方法。设转速为 n_2 时，泵 $(Q-H)_2$ 曲线方程为 $H_2 = H'_x - S'_x Q_2^2$。为了要确定 H'_x 及 S'_x 值，可以先假设在 $(Q-H)_2$ 曲线上取两点 $(Q'_A，H'_A)$ 及 $(Q'_B，H'_B)$，与之相似的位于转速为 n_1 时的 $(Q-H)_1$ 曲线上的两点为 $(Q_A，H_A)$ 及 $(Q_B，H_B)$ 点，应满足：

$$\begin{cases} \dfrac{Q'_A}{Q_A} = \dfrac{n_2}{n_1}；\dfrac{H'_A}{H_A} = \left(\dfrac{n_2}{n_1}\right)^2 \\[3mm] \dfrac{Q'_B}{Q_B} = \dfrac{n_2}{n_1}；\dfrac{H'_B}{H_B} = \left(\dfrac{n_2}{n_1}\right)^2 \end{cases} \tag{2-81}$$

由式（2-59）知，转速为 n_1 时 $H_1 = H_x - S_x Q_1^2$，式中的 H_x、S_x 值可确定如下

$$\begin{cases} S_x = \dfrac{H_A - H_B}{Q_B^2 - Q_A^2} \\[3mm] H_x = H_A + S_x Q_A^2 \end{cases} \tag{2-82}$$

同样由式（2-59）也可得转速 n_2 时 $H_2 = H'_x - S'_x Q_2^2$，式中的 H'_x 及 S'_x 值，可确定如下：

$$\begin{cases} S'_x = \dfrac{H'_A - H'_B}{Q'^2_B - Q'^2_A} \\[3mm] H'_x = H'_A + S'_x Q'^2_A \end{cases} \tag{2-83}$$

将式（2-81）代入式（2-83）得

$$\begin{cases} S'_x = \dfrac{H_A - H_B}{Q_B^2 - Q_A^2} \\[3mm] H'_x = H'_A + S'_x Q'^2_A = \left(\dfrac{n_2}{n_1}\right)^2 (H_A + S_x Q_A^2) \end{cases} \tag{2-84}$$

由式（2-82）及式（2-84）得

$$S'_x = S_x; \quad H'_x = \left(\frac{n_2}{n_1}\right)^2 H_x \tag{2-85}$$

求出 S'_x 及 H'_x 值后，即可推求出转速为 n_2 时 $(Q\text{-}H)_2$ 曲线的方程

$$H_2 = \left(\frac{n_2}{n_1}\right)^2 H_x - S_x Q_2^2 \tag{2-86}$$

需要指出，式（2-86）对泵高效段的 $(Q\text{-}H)$ 曲线方程具有较好的精度，工况点偏离高效段时，精度较差。它是泵变速运行工况计算的一个基本方程。

【例 2-4】某离心泵，转速 $n_1 = 950\text{r/min}$ 时，其 $Q\text{-}H$ 曲线高效段方程为 $H = 45.833 - 4583.333Q^2$，管道系统特性曲线方程为 $H = 10 + 17500Q^2$（上式中 H 以 "m" 计，Q 以 "m^3/s" 计），试求：

（1）该泵装置的工况点；

（2）若所需的泵工况点为 $Q = 0.0269\text{m}^3/\text{s}$，$H = 22.7\text{m}$，求泵转速 n_2 值；

（3）求转速为 n_2 时的 $Q\text{-}H$ 曲线（高效段）方程。

【解】

（1）管道系统特性曲线与转速为 n_1 时 $(Q\text{-}H)_1$ 曲线相交之点为所求的工况点（参见图 2-40 上 A_1 点），即 $10 + 17500Q^2 = 45.833 - 4583.333Q^2$

解上式求得：

$$Q_A = 40.28\text{L/s}, H_A = 38.396\text{m}$$

（2）由式（2-76）可得：

$$k = \frac{H_2}{Q_2^2} = \frac{22.7}{(0.0269)^2} = 31370.5$$

代入式（2-80）求得：

$$n_2 = \frac{950 \times 0.0269\sqrt{4583.333 + 31370.5}}{\sqrt{45.833}} = 716\text{r/min}$$

（3）由式（2-85），$H'_x = H_x \cdot \left(\frac{n_2}{n_1}\right)^2 = 26.035$；$S'_x = S_x = 4583.333$。因此，当泵转速降为 n_2 时，$(Q\text{-}H)_2$ 曲线高效段方程为：$H = H'_x - S'_x Q^2 = 26.035 - 4583.333Q^2$。

读者可以验证一下，该曲线方程与管道系统持性曲线方程 $H = 10 + 17500Q^2$ 的交点就是（0.0269，22.7）点。

2.8.3 相似准数——比转数（n_s）

目前，叶片泵的叶轮构造和水力性能是多种多样的，大小尺寸也各不相同，为了对整个叶片泵进行分类，将同类型的泵组成一个系列，这就须要有一个能够反映叶片泵共性的综合性的特征数，作为泵规格化的基础。这个特征数就是现今通用的相似准数，称为叶片泵的比转数（n_s）（又叫比速）。比转数是叶轮相似定律在叶片泵领域内的具体应用。

1. 比转数公式的推导

按照泵的相似原理，我们把各种叶片泵分成若干相似泵群，在每一个相似泵群中，拟用一台标准模型泵作代表，用它的几个主要性能参数（Q，H，n）来反映该群相似泵的共

同特性和叶轮构造。

模型泵的确定是，在最高效率下，当有效功率 $N_u = 735.5W$（1Ps），扬程 $H_m = 1m$，流量 $Q_m = \dfrac{N_u}{\rho g H_m} = 0.075\text{m}^3/\text{s}$，这时该模型泵的转数，就叫作与它相似的实际泵的比转数 n_s。前面列举的 12Sh－28A 型离心泵中，数字"28"即表示此泵的比转数 $n_s = 280$，因此，凡与它工况相似的泵，其比转数也将等于 280，相反，若比转数与此差别很大时，则就不属于这一类相似泵群，而应属于另一类相似泵群。

现在，假设有一台模型泵，它的各项参数均以下角"m"表示，模型泵的转数即比转数用 n_s 表示。按相似定律，可写出：

$$\frac{Q}{Q_m} = \lambda^3 \left(\frac{n}{n_s}\right) \tag{2-87}$$

$$\frac{H}{H_m} = \lambda^2 \left(\frac{n}{n_s}\right)^2 \tag{2-88}$$

式中，没有注写下角的各对应符号，表示与模型泵相似的实际泵的各对应参数。由式（2-88）得：

$$\lambda = \left(\frac{n_s}{n}\right)\sqrt{\frac{H}{H_m}}$$

将上式代入式（2-87），可得：

$$\frac{Q}{Q_m} = \left(\frac{n_s}{n}\right)^3 \left(\frac{n}{n_s}\right)\sqrt{\left(\frac{H}{H_m}\right)^3}$$

所以：

$$n_s = n\left[\frac{Q}{Q_m}\right]^{\frac{1}{2}}\left(\frac{H_m}{H}\right)^{\frac{3}{4}} \tag{2-89}$$

式（2-89）即为泵叶轮的相似准数。也就是说，凡两台工况相似的泵，它们的流量、扬程和转数，一定是符合式（2-89）所示关系。

现将模型泵的 $H_m = 1m$，$Q_m = 0.075\text{m}^3/\text{s}$ 代入式（2-89），可得下式：

$$n_s = \frac{3.65n\sqrt{Q}}{H^{\frac{3}{4}}} \tag{2-90}$$

式中　Q 单位为"m^3/s"，H 单位为"m"，n 单位为"r/min"。

【例 2-5】试求某台 12Sh 型离心泵的比转数 n_s 为多少？

【解】由泵铭牌上已知，该台 12Sh 型离心泵的各给定的参数为：

在最高效率时：$Q = 684\text{m}^3/\text{h}$，$H = 10m$，$n = 1450\text{r/min}$。由于 Sh 型是双吸式离心泵，故采用 $\dfrac{Q}{2}$ 代入式（2-90）中得：

$$n_s = 3.65\frac{1450\sqrt{\dfrac{684}{2}\times\dfrac{1}{3600}}}{10^{\frac{3}{4}}}$$

则：

$$n_s = 288$$

在泵样本中一般表示为 12Sh—28。

由上述可知，比转数 n_s 实质上是相似定律中的一个特例。即在一种相似泵群中，选出一个模型泵作为标准，如果甲泵与它相似，乙泵也与它相似，则甲泵与乙泵也就必定相似，从而由式（2-90）算出的比转数 n_s 也必定相等。在应用式（2-90）时，应注意下列几点：

（1）公式是根据最高效率下工况相似推导出来，则式中的 Q 和 H 是指泵最高效率时的流量和扬程，也即泵的设计工况点。

（2）比转数 n_s 是根据所抽升液体的密度 $\rho = 1000\text{kg/m}^3$ 时得出的，也即根据抽升 20℃ 左右的清水时得出的。

（3）Q 和 H 是指单吸、单级泵的流量和扬程。如果是双吸式泵，则公式中的 Q 值，应该采用泵设计流量的一半（也即采用 $\dfrac{Q}{2}$）。若是多级泵，H 应采用每级叶轮的扬程（如为三级泵，则扬程用该泵总扬程的 $\dfrac{H}{3}$ 代入）。

（4）对于任一台泵而言，比转数不是无因次数，它的单位是"r/min"。可是，由于它并不是一个实际的转速，它只是用来比较各种泵性能的一个共同标准。因此，它本身的单位含义，无多大用处，一般在书本中均略去不写。在具体计算某泵的比转数值时，因使用的单位不同，同一台泵的 n_s 值也不相同。国际上有些国家采用式（2-90a）来表示 n_s 值，它的 Q、H 和 n 单位有采用英制单位"ft³/min""ft³""r/min"，也有采用公制单位"m³/min""m""r/min"，其换算表可见表 2-5。

比转速 n_s 换算表

表 2-5

$n_s = \dfrac{3.65 n\sqrt{Q}}{H^{\frac{3}{4}}}$	$n_s = \dfrac{n\sqrt{Q}}{H^{\frac{3}{4}}}$						
Q, H, n (m³/s),(m), (r/min)	Q, H, n (m³/min), (m), (r/min)	Q, H, n (L/s), (m), (r/min)	Q, H, n (ft³/s), (ft), (r/min)	Q, H, n (ft³/min), (ft), (r/min)	Q, H, n (U. S. gal/min), (ft), (r/min)	Q, H, n (U. K. gal/min), (ft), (r/min)
1	0.274	2.12	8.66	0.667	5.168	14.16	12.89
3.65	1	7.746	31.623	2.435	18.863	51.70	47.036
0.4709	0.129	1	4.083	0.315	2.438	6.68	6.079
0.1152	0.0316	0.245	1	0.077	0.597	1.634	1.4871
1.499	0.411	3.178	12.99	1	7.752	21.28	19.23
0.1935	0.053	0.410	1.675	0.129	1	2.74	2.49
0.0706	0.0193	0.150	0.611	0.047	0.365	1	0.912
0.0776	0.0213	0.165	0.672	0.052	0.401	1.096	1

$$n_s = \frac{n\sqrt{Q}}{H^{\frac{3}{4}}} \tag{2-90a}$$

例如，按日本 JIS 标准，我国的比转数值为日本的比转数值的 0.47 倍，美国常用的单

位是 Q（U.S. gal/min）、H（ft）、n（r/min），按此单位由表 2-5 查得：我国的比转数值为美国的比转数值的 0.0706 倍。

2. 对比转数的讨论

（1）比转数（n_s）虽然是按相似关系，把实际的原型泵抽象成模型泵后的转速，但从式（2-90）中可以看出，比转数 n_s 中包含了实际原型泵的几个主要性能参数 Q、H、n 值。因此，它是反映实际泵的主要性能的。从式（2-90）可明显看出：当转速 n 一定时，n_s 越大，表示这种泵的流量越大，扬程越低。反之，比转数越小，表示这种泵的流量小，扬程高。

（2）n_s 基于几何相似，因此，使用比转数 n_s 可对叶片泵的几何形状进行分类，如图 2-41 所示。

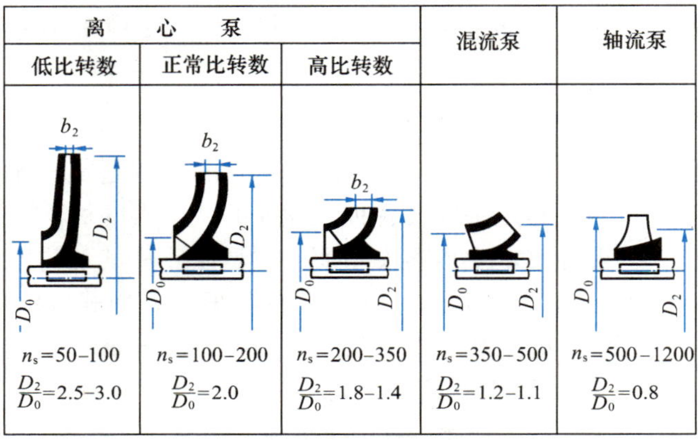

离 心 泵			混流泵	轴流泵
低比转数	正常比转数	高比转数		
$n_s=50-100$ $\frac{D_2}{D_0}=2.5-3.0$	$n_s=100-200$ $\frac{D_2}{D_0}=2.0$	$n_s=200-350$ $\frac{D_2}{D_0}=1.8-1.4$	$n_s=350-500$ $\frac{D_2}{D_0}=1.2-1.1$	$n_s=500-1200$ $\frac{D_2}{D_0}=0.8$

图 2-41　叶片泵叶轮按比转数分类

低比转数：扬程高、流量小。在构造上可用增大叶轮的外径（D_2）和减小内径（D_0）与叶槽宽度（b_2）的方法来得到高扬程、小流量。其 $\frac{D_2}{D_0}$ 可以大到 2.5，$\frac{b_2}{D_2}$ 可以小到 0.03。结果使叶轮变为外径很大，外形扁平，叶轮流槽狭长（呈瘦长型），出水方向呈径向。

高比转数：扬程低、流量大。要产生大流量，叶轮进口直径 D_0 及出口宽度 b_2 就要加大，但又因扬程要低，则叶轮的外径 D_2 就要缩小，于是，$\frac{D_2}{D_0}$ 比值就小，$\frac{b_2}{D_2}$ 就大。这样的结果，叶轮外形就变成外径小而宽度大，叶槽由狭长而变为粗短（呈矮胖型），水流方向由径向渐变为轴向。由图 2-41 可看出，当 $\frac{D_2}{D_0}=0.8$ 时，离心泵就演变成了轴流泵，其出水方向是沿泵轴方向。介于离心泵和轴流泵之间的是混流泵，其比转数 $n_s=300\sim500$。混流泵的特点是流量大于同尺寸的离心泵而小于轴流泵，扬程大于轴流泵而小于离心泵。

（3）n_s 又是运动相似准则，因此，比转数 n_s 不同，反映运动参数的泵特性曲线的形状也不同。我们将各种不同 n_s 的特性曲线用相对值为坐标绘出如图 2-42、图 2-43 及图 2-44 所示。图中以设计工况的工作参数：Q_0、H_0、N_0、η_0 作为 100%，按下式算出不同 n_s 的叶片泵，在非设计工况下的性能参数 Q、H、N 及 η 的相对值 $\overline{Q}$、$\overline{H}$、$\overline{N}$ 及 $\overline{\eta}$ 值为：

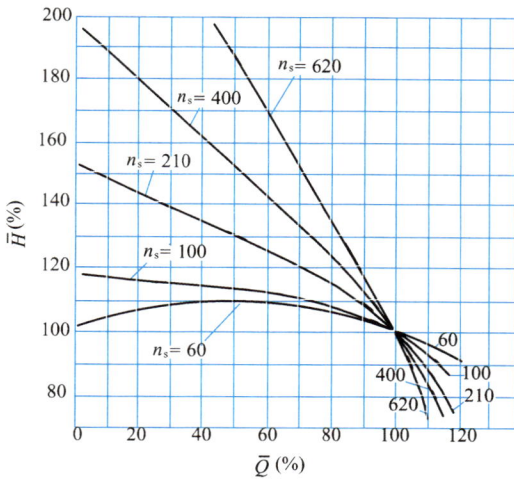

图 2-42　不同 n_s 叶片泵的相对 $\overline{Q}$-$\overline{H}$ 曲线

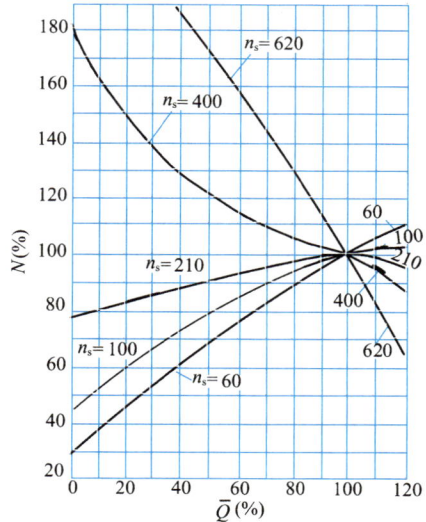

图 2-43　不同 n_s 叶片泵的相对 $\overline{Q}$-N 曲线

$$\overline{Q} = \frac{Q}{Q_0} \quad \overline{H} = \frac{H}{H_0}$$

$$\overline{N} = \frac{N}{N_0} \quad \overline{\eta} = \frac{\eta}{\eta_0}$$

图 2-42、图 2-43 及图 2-44 明确地表示：n_s 越小，Q-H 曲线就越平坦，$Q=0$ 时的 N 值就越小。因此 n_s 低的泵，采用闭闸启动时，电动机属于轻载启动，启动电流减小，另外，n_s 越小，效率曲线在最高效率点两侧下降得也越和缓。反之，n_s 越大，Q-H 曲线越陡降，$Q=0$ 时的 N 值越大，效率曲线高效点的左右部分下降得越急剧。对于这种泵，最好用于稳定的工况下工作，不宜在水位变幅很大的场合下工作。

相对性能曲线还具有实用意义，如果在实际工作中遇到一台没有特性曲线资料的泵，而且也无法进行性能试验时，那就可按照泵铭牌上的 Q、H、N、n 值，按式（2-90）算出该泵的 n_s 值。再从图 2-42、图2-43 及图 2-44 上找出相对性能曲线。然后，按下式即可点绘出该泵的 Q-H，Q-N 及 Q-η 曲线。

$$\left. \begin{array}{l} Q = \overline{Q} \cdot Q_0 \\ H = \overline{H} \cdot H_0 \\ N = \overline{N} \cdot N_0 \\ \eta = \overline{\eta} \cdot \eta_0 \end{array} \right\} \quad (2\text{-}91)$$

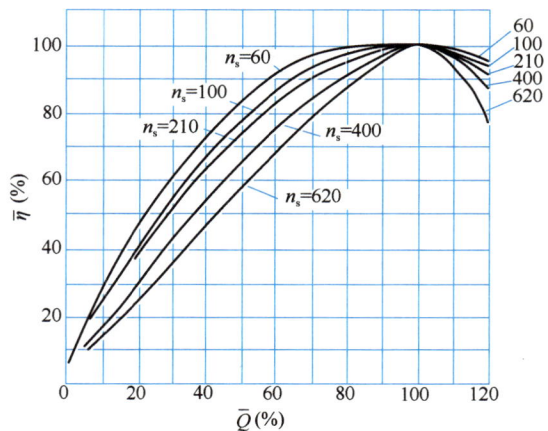

图 2-44　不同 n_s 叶片泵的相对 $\overline{Q}$-$\overline{\eta}$ 曲线

2.8.4　调速途径及调速范围

实现变速调节的途径一般有两种方式。一种方式是电动机转速不变，通过中间耦合器以达到改变转速的目的，属于这种调速方式的常见有液力耦合器，它是用油作为传递力矩的介质，是属于滑差传动的一种。另一种方式是电动机本身的转速可变，属于这种调速方式的有改变电动机定子电压调速、改变电动机定子极数调速、改变电动机转子电阻调速、串级调速以及变频调速等多种（详见 4.3 节）。

泵调速运行的最终目的是为了节能，但是，实现调速运行的过程必须以安全运行为前提。因此，在确定泵调速范围时，应注意如下几点：

（1）泵机组的转子与其他轴系一样，在配置一定质量的基础后，都有自己固有的振动频率。当机组的转子调至某一转速值时，转子旋转而出现的振动频率，如果正好接近其固有的振动频率时，泵机组就会猛烈地振动起来。通常，把泵产生共振时的转速称为临界转速（n_c）。调速泵安全运行的前提是调速后的转速不能与其临界转速重合、接近或成倍数。否则，将可能产生共振现象而使泵机组遭到损坏。通常，单级离心泵的设计转速都是低于其轴的临界转速，一般设计转速约为其临界转速的 $75\%\sim80\%$。对于多级泵而言，临界转速要考虑第一临界转速与第二临界转速。水泵厂的设计转速（n）值一般是大于第一临界转速的 1.3 倍，小于第二临界转速的 70%（即 $1.3n_{c1}<n<0.7n_{c2}$）。因此，大幅度地调速必须慎重，最好能征得水泵厂的同意。

（2）泵机组的转速比原先的额定转速调高时，泵叶轮与电动机转子的离心应力将会增加，如果材质的抗裂性能较差或铸造时均匀性较差时，就有可能出现机械性的损裂，严重时可能出现叶轮飞裂现象。因此，泵的调速一般不轻易地调高。

（3）调速装置价格较贵，泵站中一般采用调速泵与定速泵并联工作的方式。当管网中用水量变化时，采用启停定速泵台数来进行大调，利用调速泵来进行细调。调速泵与定速泵配置台数的比例，应以充分发挥每台调速泵的调速范围，以及经过调速运行后，能体现出较高的节能效果为原则。例如，在设有 4 台同型号泵机组的泵站中，配置一调三定的方案，其节能效果就不如采用二调二定配置的方案。但是，也并不是说调速泵配置越多越好。这一问题在学习"2.10 节离心泵并联及串联运行工况"后，理解将进一步得到深化。

（4）调速后泵站工况点的扬程如果等于调速泵的启动扬程，调速泵不起作用（即调速泵流量为零）。因此，泵调速的合理范围应根据调速泵与定速泵均能运行于各自的高效段内这一条件所确定。

泵的工况点偏离其高效区是需要调速的基本条件，偏离的程度不同，调速后的节能效果也不同。供水企业在考虑问题时，除了考虑是否需要调速外，尚需考虑因调速而投资增加部分的回收。在通常情况下，回收期为两年可认为是合理的。若调速装置费用为 T，因调速而每年节约的电费为 A，则

$$T/A \leqslant 2 \tag{2-92}$$

一般情况下，调速前后的供水扬程相差不多，A 可以通过下式计算得到：

$$A = KQ\sum_{i=1}^{n}\left(\frac{277.78}{\eta_i}-\frac{277.78}{\eta_{av}}\right)H_iC_i \tag{2-93}$$

式中　A——泵运行效率提高后每年所节约的电费（元）；

　　　K——当地每千瓦时的电费（元）。

277.78 是当泵的效率为 100%，在全压强为 1MPa，水量 Q 为 1000m^3 时所消耗的电能（kW·h）。当泵组的效率小于 100% 时，在同样的压强和流量情况下，泵所消耗的电

能一定大于此值，两者之比值，即为泵组之效率 η。式（2-93）中，括号中的第一项是泵组在总效率 η_i 时，每千立方米每兆帕所消耗的电能（kW·h），第二项是泵调到高效区后，每千立方米每兆帕所消耗的电能（kW·h），其中 η_{av} 是泵高效区内泵效率的平均值与电动机效率的乘积。括号内的差值即为调速后所节约的每千立方米每兆帕所耗电能（kW·h）值。式中 H_i 是泵在全年中，不同季节和不同时刻时所出现的全压强值（全扬程）。根据实际的负荷情况不同，可以有一组不同的 H_i 值，因而从泵的特性中可得到一组对应的不同的 η_i 值。C_i 是 H_i 在全年中出现的几率，Q 是泵在全年中的供水量（1000m³）。把每一 H_i 时所节约的电能总和起来，便得到了泵采用调速后的节电费用。

2.9　离心泵装置换轮运行工况

换轮运行就是把泵的原叶轮外径在车床上切削得小一些再安装好进行运转。经过切削后的叶轮，其特性曲线就按一定的规律发生变化。切削叶轮是改变泵性能的一种简便易行的办法，即所谓变径调节。

2.9.1　切削律

实践证明：在一定条件下，叶轮经过切削后，其性能参数的变化与切削前后轮径间存在下列关系：

$$\frac{Q'}{Q} = \frac{D'_2}{D_2} \tag{2-94}$$

$$\frac{H'}{H} = \left(\frac{D'_2}{D_2}\right)^2 \tag{2-95}$$

$$\frac{N'}{N} = \left(\frac{D'_2}{D_2}\right)^3 \tag{2-96}$$

式（2-94）、式（2-95）及式（2-96）统称为泵叶轮的切削律。式中 Q'、H'、N' 相应为叶轮外径切削为 D'_2 时的流量、扬程和轴功率。切削律是建立于大量感性试验资料的基础之上的。它认为如果叶轮的切削量，控制在一定限度内时，则切削前后泵相应的效率可视为不变。此切削限量与泵的比转数有关，表 2-6 列出了常用的叶轮切削限量。

叶轮切割限量　　　　　　　　　　　　　　　表 2-6

比转数 n_s	60	120	200	300	350	350 以上
最大允许切割量（%）	20	15	11	9	7	0
效率下降值	每切削 10%，效率下降 1%			每切削 4%，效率下降 1%		

2.9.2　切削律的应用

切削律在应用上一般可能遇到两类问题。

第一类问题：已知叶轮的切削量，求切削前后泵特性曲线的变化。也即：已知叶轮外径 D_2 的特性曲线，要求画出切削后的叶轮外径为 D'_2 时的泵特性曲线（Q'-H'）曲线、（Q'-N'）曲线及（Q'-η'）曲线。

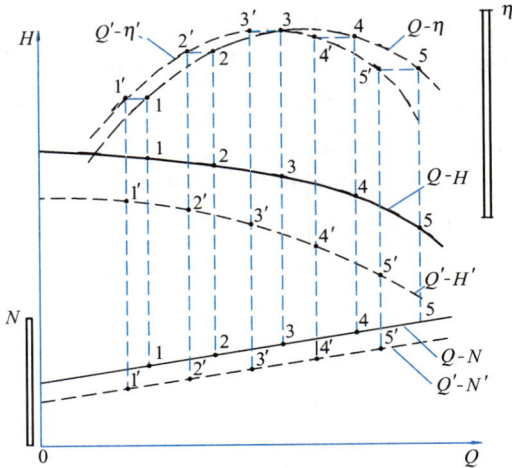

图 2-45　用切削律翻画特性曲线

解决这一类问题的方法归纳为"选点、计算、立点、连线"四个步骤。例如，如图 2-45 所示，我们要绘制切削后的$(Q'-H')$曲线时，先只要在已知的泵$(Q-H)$曲线上进行"选点"，任选 5～6 个点，如图 2-53 中的 1、2、3、4、5 点，其流量分别为 Q_1、Q_2、…、Q_5，其扬程分别为 H_1、H_2、…、H_5。

然后，用式（2-94）及式（2-95）进行"计算"，分别算出：$Q'_1 = \dfrac{D'_2}{D_2} Q_1$、$Q'_2 = \dfrac{D'_2}{D_2} Q_2$、…、$Q'_5 = \dfrac{D'_2}{D_2} Q_5$；$H'_1 = \left(\dfrac{D'_2}{D_2}\right)^2 H_1$、$H'_2 = \left(\dfrac{D'_2}{D_2}\right)^2 H_2$、…、$H'_5 = \left(\dfrac{D'_2}{D_2}\right)^2 H_5$。将算出的

(Q'_1, H'_1)、(Q'_2, H'_2)、(Q'_3, H'_3)、…、(Q'_5, H'_5) 等点画在坐标系上，这叫"立点"。最后，用光滑曲线连起来，即得如图 2-45 中所示的切削后的泵$(Q'-H')$曲线。同样道理，也可用此法画出切削后的$(Q'-N')$和$(Q'-\eta')$曲线。

第二类问题是：根据用户需求，要泵在 B 点工作，流量为 Q_B，扬程为 H_B，B 点位于该泵的$(Q-H)$曲线的下方如图 2-46 所示。现使用切削方法，使泵的新特性曲线通过 B 点，试问：切削后的叶轮直径 D'_2 是多少？需要切削百分之几？是否超过切削限量？

对于这类问题，已知的条件是：现有泵的叶轮直径 D_2 及$(Q-H)$曲线和 B 点的坐标(Q_B, H_B)。

按切削律可得：

$$\frac{H'}{(Q')^2} = \frac{H}{Q^2} = K \tag{2-97}$$

式中　K——切削系数。

推广之，可得：

$$H = KQ^2 \tag{2-98}$$

式（2-98）代表一条二次抛物线方程式。凡是满足切削律的任何工况点，都分布在这条抛物线上，此线称为"切削抛物线"。由实践资料证明，在切削限度以内，叶轮切削前后的泵效率变化是不大的，因此，上述的切削抛物线又称等效率曲线。也就是说，凡在此曲线上的各点，其相应的效率可视为相等。将 B 点的 Q_B、H_B 代入式(2-97)求出 K_B 值，按式(2-98)，点绘出切削抛物线并与原$(Q-H)$曲线相交于 A 点如图 2-46 所示。此 A 点即为满足切削律要求的 B 点的对应点。将 A 点的 Q_A（或 H_A）和 B 点的 Q_B（或 H_B）代入切削律，就可求出切削后的叶轮直径 D'_2 值。切削量的百分数为：

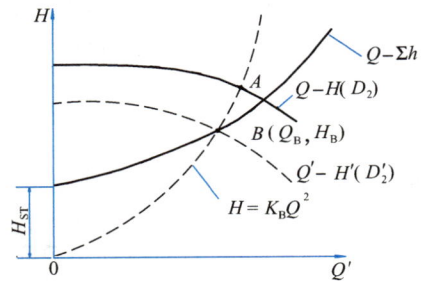

图 2-46　用切削抛物线求叶轮切削量

$$切削量（\%） = \frac{D_2 - D'_2}{D_2} 100\% \tag{2-99}$$

如不超限值，在求得切削后叶轮的直径 D_2' 后，再进一步推画出 D_2' 时的泵特性曲线。

应用切削律，除应注意其切削限量以外，还应注意：

（1）对于不同构造的叶轮切削时，应采取不同的方式。低比转数的叶轮，切削量对叶轮前后两盖板和叶片都是一样的；对于高比转数离心泵叶轮，则前后盖板切削量不同，后盖板的切削量应大于前盖板如图 2-47 所示。对混流式叶轮则只切削前盖板的外缘直径，在轮毂处的叶片完全不切削，以保持水流的流线等长。如果叶轮出口处有导流器或减漏环，则切削时可只切削叶片，而不切削盖板。

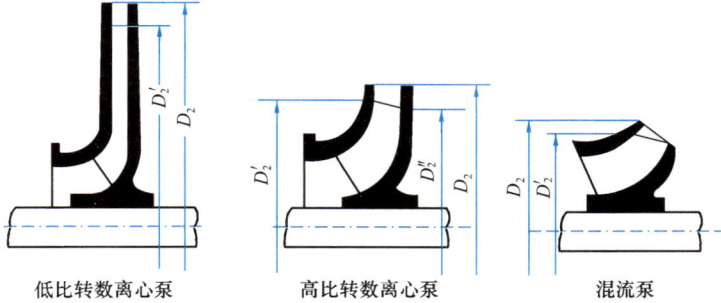

低比转数离心泵　　　高比转数离心泵　　　混流泵

图 2-47　叶轮的切削方式

（2）离心泵叶轮切削后，其叶片的出水舌端就显得比较厚。如能沿叶片弧面在一定的长度内锉掉一层，则可改善叶轮的工作性能。图 2-48 中 A 表示叶片出水舌端没锉的情况，B 表示锉出水舌上表面的情况，C 表示锉出水舌下表面的情况。由图可知：锉上表面时，锉前两叶片间距 d 与锉后两叶片间距 d_F 基本不变，出水断面可视为没改变，按实践经验指出，其 β_2 角改变的影响，在运行中也可忽略不计，因此，叶片上表面的锉尖意义不大。

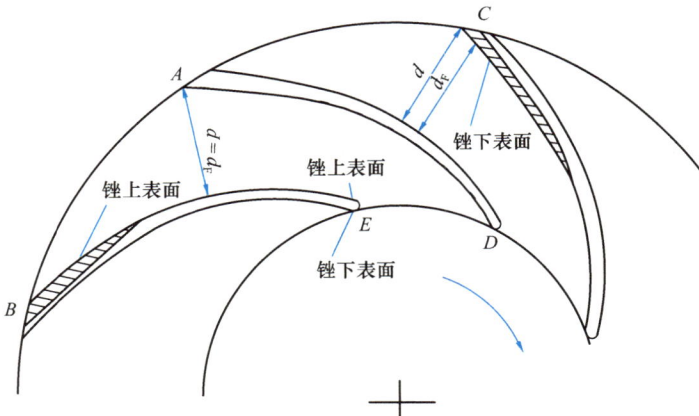

图 2-48　叶轮切削后叶片的锉尖

锉叶片出水舌端下表面将使两叶片间距从 d 增至 d_F，如图 2-48 中 C 所示，因此，在给定流量 Q 下，叶轮出水面积上的平均径向流速 C_{2r} 将降低，β_2 角通常略有增加，根据方程 $H = \dfrac{u_2 C_{2u}}{g}$ 可看出，在相同流量 $Q = Q_F$ 时，泵扬程将有所提高（Q_F—叶片锉尖后的流量），其轴功率也将有所增加。实践指出：其最高效率通常有所改善，最高效率点一般向流量增大侧移动。但应注意，在锉叶片时，不应将出水舌的端部锉成圆角凹槽。另外，图2-48 中 D 所示的叶片的进口叶舌是呈圆弧形的，如能将它锉成图中 E 所示的锐角形，则对其气蚀性能将有所改善。

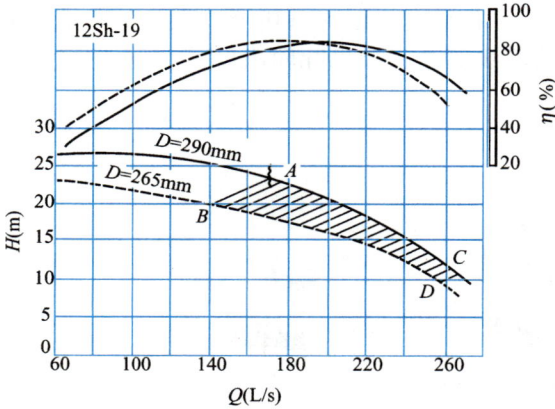

图 2-49　泵高效率方框

（3）叶轮切削是解决泵类型、规格的有限性与供水对象要求的多样性之间矛盾的一种方法，它使泵的使用范围扩大。图 2-49 所示为泵厂样本中所提供的 12Sh-19 型泵的（Q-H）曲线，图中的实线表示该泵采用叶轮直径 $D_2 = 290$mm 时，泵的（Q-H）曲线。虚线表示该泵采用切削后的叶轮直径 $D'_2 = 265$mm 时，泵的（Q'-H'）曲线。图上波形短线表示泵高效率工作范围，将图上所示的高效段用直线连接起来，得到 $ABCD$ 面积，这块面积中所有各点的（Q，H）值，

其相应的效率均较高，也就是说，当该泵叶轮直径 $D_2 = 290$mm 逐渐切小时，其高效率区的（Q，H）值，即在此面积 $ABCD$ 中变化，直到切削至 $D_2 = 265$mm 时，高效区即成为图上的一根虚线。面积 $ABCD$ 称为该泵的高效率方框图。

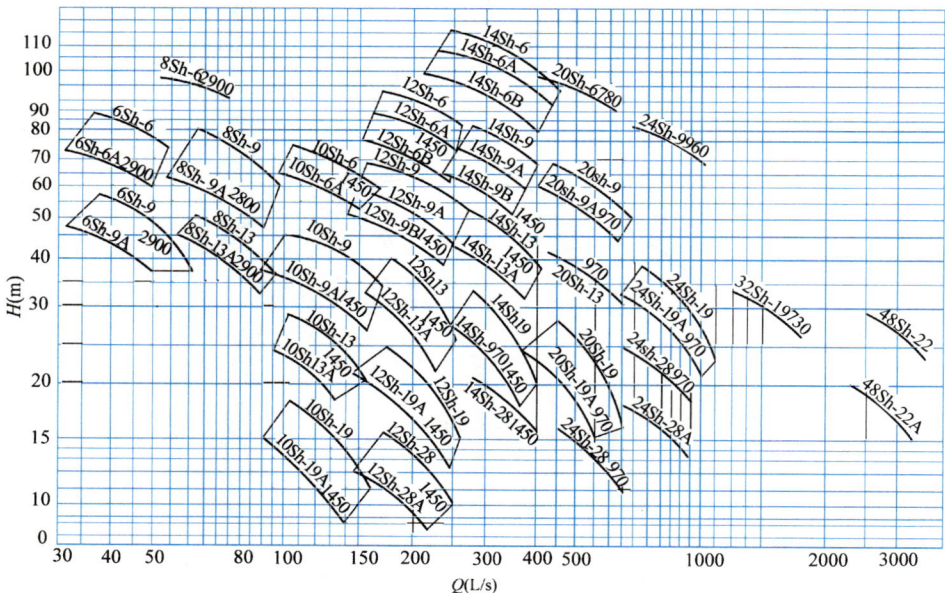

图 2-50　Sh 型离心泵性能曲线型谱图

目前，叶轮切削一般用于清水泵中，水泵厂常常对同一台泵，配上 2～3 个外径不一样的叶轮以便用户采用。为使选泵方便，样本中通常将厂方所生产的某种型号泵的高效率方框图，成系列地绘在同一张坐标纸上，称为性能曲线型谱图，如图 2-50 所示。图 2-50 中每

一小方框表示一种泵的高效工作区域。框内注明该泵的型号、转速及叶轮直径。用户在使用这种型谱图选择泵时，只需看所需要的工况点落在哪一块方框内，即选用哪一台泵，十分方便简明。

2.10　离心泵并联及串联运行工况

泵站中，在解决水量、水压的供求矛盾时，蕴藏着丰富的节能潜力。泵站设计人员在解决供求矛盾的同时，也常体现节能措施的实现。大中型水厂中，为了适应各种不同时段管网中所需水量、水压的变化，常常需要设置多台泵联合工作。这种多台泵联合运行，通过联络管共同向管网或高地水池输水的情况，称为并联工作。泵并联工作的特点：①可以增加供水量，输水干管中的流量等于各台并联泵出水量之总和；②可以通过开停泵的台数来调节泵站的流量和扬程，以达到节能和安全供水的目的。例如：取水泵站在设计时，流量是按城市中最大日平均小时的流量来考虑的，扬程是按河道中枯水位来考虑的。因此，在实际运行中，由于河道水位的变化，城市管网中用水量的变化等，必定会涉及取水泵站机组开停的调节问题。另外，送水泵站机组开停的调节就更显得必要了；③当并联工作的泵中有一台损坏时，其他几台泵仍可继续供水，因此，泵并联输水提高了泵站运行调度的灵活性和供水的可靠性，是泵站中最常见的一种运行方式。

2.10.1　并联工作的图解法

（1）泵并联性能曲线的绘制。

在绘制泵并联性能曲线时，先把并联的各台泵的（Q-H）曲线绘在同一坐标图上，然后把对应于同一 H 值的各个流量加起来，如图 2-51 所示，把 Ⅰ号泵（Q-H）曲线上的 1、$1'$、$1''$ 分别与 Ⅱ 号泵（Q-H）曲线上的 2、$2'$、$2''$ 各点的流量相加，则得到 Ⅰ、Ⅱ 号泵并联后的流量 3、$3'$、$3''$，然后连接 3、$3'$、$3''$ 各点即得泵并联后的总和（Q-H）$_{1+2}$ 曲线。这种等扬程下流量叠加的方法，实际上是将管道水头损失视为零的情况下来求并联后的工况点。因此，同型号的两台（或多台）泵并联后的总和流量，将等于某扬程下各台泵流量之和。事实上，管道水头损失是必须考虑的。所以，寻求并联工况点的图解就没有那样简单。

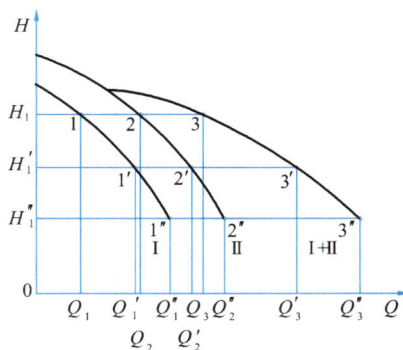

图 2-51　水泵并联 Q-H 曲线

（2）同型号、同水位的两台泵并联工况点求解。

1）如图 2-52（a）所示，绘制两台泵并联后的总和（Q-H）$_{1+2}$ 曲线：由于两台泵同在一个吸水井中抽水，从吸水口 A、B 两点至压水管交汇点 O 的管径相同，长度也相等，故 $\sum h_{AO} = \sum h_{BO}$，$AO$ 与 BO 管中，通过的流量均为 $\dfrac{Q}{2}$，由 OG 管中流进水塔的总流量为两台泵流量之和。因此，两台泵联合工作的结果，是在同一扬程下流量相叠加。为了绘制并联后的总和特性曲线，我们可以先不考虑管道水头损失，在（Q-H）$_{1,2}$ 曲线上任取几点，然

53

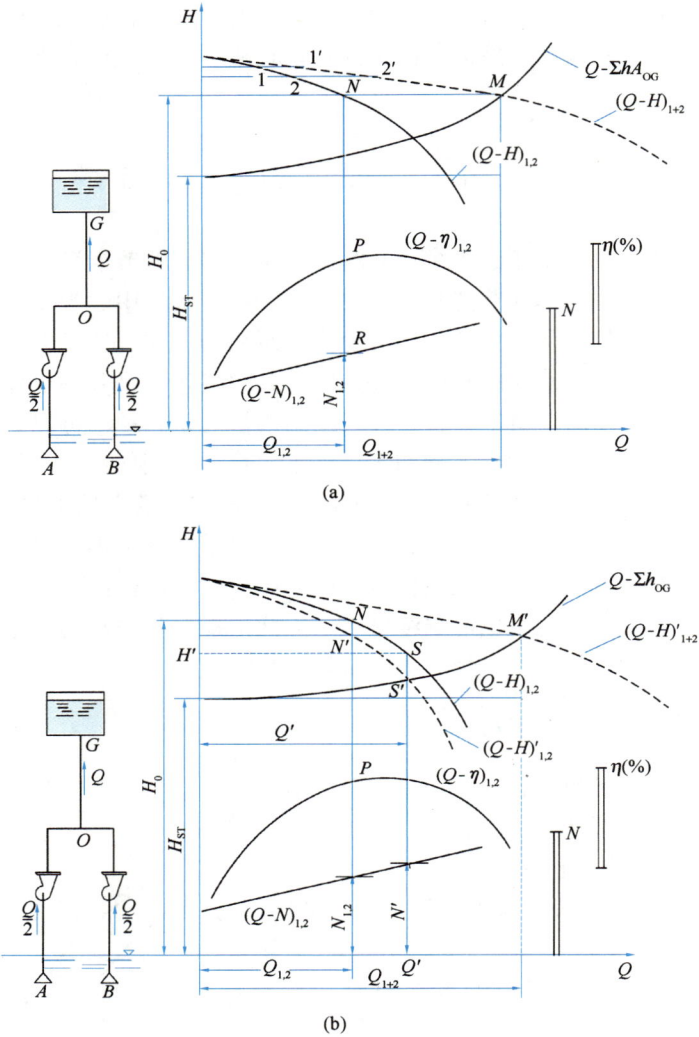

图 2-52　同型号、同水位对称布置的两台水泵并联
(a) 直接法；(b) 折引法

后，在相同纵坐标值上把相应的流量加倍，即可得 $1'$、$2'$、$3'$、…、m' 点，用光滑曲线连起 $1'$、$2'$、$3'$、…、m' 点，绘出一条并联后的总和特性曲线 $(Q-H)_{1+2}$ 如图 2-52 (a) 所示。图中所注下角 "1""2"，表示单泵 1 及单泵 2 的 $(Q-H)$ 曲线。下角 "1+2" 表示两台泵并联工作的总和 $Q-H$ 曲线。上述的这种等扬程下流量叠加的原理称为横加法原理。所谓总和 $(Q-H)_{1+2}$ 曲线的意思，就是把两台参加并联泵的 $Q-H$ 曲线，用一条等值泵的 $(Q-H)_{1+2}$ 曲线来表示。此等值泵的流量，必须等于各台泵在相同扬程时流量的总和。

2) 绘制管道系统特性曲线，求出并联工况点：

由前述已知，为了将水由吸水井输入水塔，管道中每受单位重力作用的水应具有的能量为 H：

$$H = H_{ST} + \sum h_{AO} + \sum h_{OG} = H_{ST} + S_{AO}Q_1^2 + S_{OG}Q_{1+2}^2 \tag{2-100}$$

式中 S_{AO} 及 S_{OG} 分别为管道 AO(或 BO) 及管道 OG 的阻力系数。因为两台泵是同型号，管道中水流是水力对称，故管道中 $Q_1 = Q_2 = \frac{1}{2}Q_{1+2}$，代入式(2-100)：

$$H = H_{ST} + \left(\frac{1}{4}S_{AO} + S_{OG}\right)Q_{1+2}^2 \tag{2-101}$$

由式（2-101）可点绘出 AOG（或 BOG）管道系统的特性曲线 $Q\text{-}\sum h_{AOG}$，此曲线与 $(Q\text{-}H)_{1+2}$ 曲线相交于 M 点。M 点的横坐标为两台泵并联工作的总流量 Q_{1+2}，纵坐标等于两台泵的扬程 H_0，M 点称为并联工况点。

3）求每台泵的工况点：通过 M 点作横轴平行线，交单泵的特性曲线于 N 点，此 N 点即为并联工作时各单泵的工况点。其流量为 $Q_{1,2}$，扬程 $H_1 = H_2 = H_0$。自 N 点引垂线交 $Q\text{-}\eta$ 曲线于 P 点，交 $Q\text{-}N$ 曲线于 R 点，P 及 R 点分别为并联时，各单泵的效率点和轴功率点。

工况点的求解也可采用折引法：如图 2-52（b）所示，在 $(Q\text{-}H)_{1,2}$ 曲线上扣除 AO（或 BO）段的水头损失得 $(Q\text{-}H)'_{1,2}$，再对 $(Q\text{-}H)'_{1,2}$ 进行横加得折引后的并联曲线 $(Q\text{-}H)'_{1+2}$，然后绘出管道系统特性曲线 $Q\text{-}\sum h_{OG}(H = H_{ST} + S_{OG}Q^2)$，其与 $(Q\text{-}H)'_{1+2}$ 的交点 M' 的流量即为两台泵的总流量 Q_{1+2}，沿 M' 点做水平线与 $(Q\text{-}H)'_{1,2}$ 相交得 N'，由 N' 点垂直向上与 $(Q\text{-}H)_{1,2}$ 相交得 N，N 即为泵的工况点，该点的流量为 $Q_{1,2}$，扬程为 $H_{1,2} = H_0$，轴功率为 $N_{1,2}$。如果停运一台泵，仅一台泵工作时，则图 2-53 中的 S 点，可以视作单泵的工况点。这时的泵流量为 Q'，扬程为 H'，轴功率为 N'。

由图 2-52（b）可看出，$N' > N_{1,2}$，即单泵工作时的功率大于并联工作时各单泵的功率。因此，在选配电动机时，要根据单泵单独工作的功率来配套。另外，$Q' > Q_{1,2}$，$2Q' > Q_{1+2}$，这就是说，一台泵单独工作时的流量，大于并联工作时每一台泵的出水量，也即两台泵并联工作时，其流量不能比单泵工作时成倍增加。这种现象，在多台泵并联时，就很明显（当管道系统特性曲线较陡时，就更显突出）。

图 2-53 所示为 5 台同型号泵并联工作情况示意图。由图可知：以 1 台泵工作时的流量 Q_1 为 100，两台泵并联的总流量 Q_2 为 190，比单泵工作时增加了 90，3 台泵并联的总流量 Q_3 为 251，比 2 台泵时增加了 61，4 台泵并联的总流量 Q_4 为 284，比 3 台泵时增加了 33，5 台泵并联的总流量 Q_5 为 300，比 4 台泵时只增加了 16。由此可见，再增加并联泵的台数，其效果就不大了。每台泵的工况点，随着并联台数的增多，而向扬程高的一侧移动。台数过多，就可能使工况点移出高效段的范围。因此，在对旧泵房挖潜、扩建时，不能简单地理解为增加一倍并联泵的台数，流量就会增加一倍。必须要同时考虑管道的过

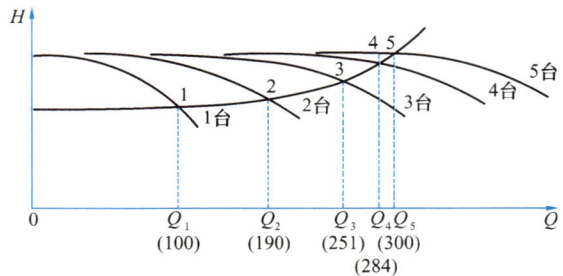

图 2-53　5 台同型号泵并联示意图

水能力，经过并联工况的计算和分析后，才能下结论。没经工况分析，就随便增加泵的台数是不可靠的，造成这种错觉的原因，常常是将并联后的工况点，与绘制泵总和 $(Q\text{-}H)$ 曲线时，所采用的等扬程下流量叠加的概念混为一谈。这里关键是，忽略了管道系统特性曲线对并联工作的影响。最后，对于泵站设计开始考虑问题时，就应注意到：如果所选的

泵是以经常单独运行为主的，那么，并联工作时，要考虑到各单泵的流量是会减少的，扬程是会提高的。如果选泵时是着眼于各泵经常并联运行的，则应注意到，各泵单独运行时，相应的流量将会增大，轴功率也会增大。

（3）不同型号的 2 台泵在相同水位下的并联工作，如图 2-54 所示。

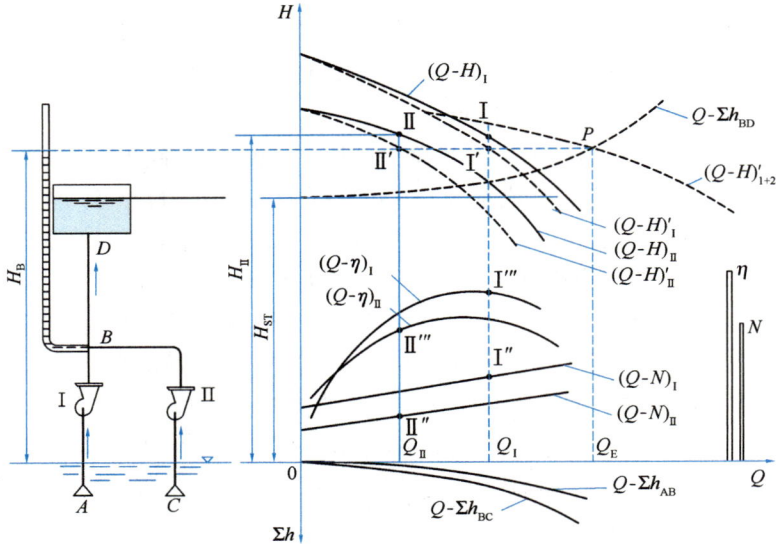

图 2-54　不同型号，相同水位下两台泵并联[①]

这情况不同于上面所述的主要是：两台泵的特性曲线不同，管道中水流的水力不对称。所以，自吸水管端 A 和 C 至汇集点 B 的水头损失不相等（即：$\sum h_{AB} \neq \sum h_{BC}$）。2 台泵并联后，每台泵的工况点的扬程也不相等（即：$H_1 \neq H_2$）。因此，欲绘制并联后的总和（Q-H）曲线，一开始就不能使用等扬程下流量叠加的原理。

现在我们只知道，泵 Ⅰ 与泵 Ⅱ 之所以能够并联工作，在管路汇集点 B 处，就只可能有个共同的测压管水头，如图 2-54 中 H_B 所示，则测压管水面与吸水井水面之高差 H_B 为：

$$H_B = H_{\mathrm{I}} - \sum h_{AB} = H_{\mathrm{I}} - \sum S_{AB} Q_{\mathrm{I}}^2 \tag{2-109}$$

式中　H_{I}——表示泵 Ⅰ 在相应流量为 Q_{I} 时的总扬程（m）；

---

①　图 2-54 所示的并联工作装置中，采用图解法来求工况点，其数学依据是试算法。按已知条件可列出下列 5 个方程式：

水泵 Ⅰ：　　　　　　　　　　　　　$H_1 = f(Q_1)$　　　　　　　　　　　　（2-102）

水泵 Ⅱ：　　　　　　　　　　　　　$H_2 = f(Q_2)$　　　　　　　　　　　　（2-103）

管道 ABD：　　　　　　　　　$H_1 = H_{ST} + S_{AB} Q_1^2 + S_{BD} Q^2$　　　　　　　（2-104）

管道 CBD：　　　　　　　　　$H_2 = H_{ST} + S_{CB} Q_2^2 + S_{BD} Q^2$　　　　　　　（2-105）

汇集点 B：　　　　　　　　　　　　$Q = Q_1 + Q_2$　　　　　　　　　　　　（2-106）

在式（2-102）～式（2-106）中，存在着相互依附的五个未知数：H_1、H_2、Q_1、Q_2 及 Q。采用特性曲线一次折引后，使式（2-103）简化为　　　　　　　　　$H_B = F(Q)$　　　　　　　　　　　　（2-107）

式（2-104）、式（2-105）简化为　　　　　$H_B = H_{ST} + S_{BD} Q^2$　　　　　　　　（2-108）

公式（2-107）即为总和（Q-H）$'_{1+2}$ 折引特性曲线方程式。公式（2-108）即为干管 BD 的管道特性方程式。由式（2-107）及式（2-108），即可采用试算法点绘出总和（Q-H）$'_{1+2}$ 折引特性曲线和 BD 管道特性曲线。由此可求得 H_B 和 Q 值，然后，依次可求得 Q_{I}、Q_{II} 及 H_{I} 及 H_{II} 值。

S_{AB}——AB 管段的阻力系数。

式（2-109）表示泵Ⅰ的总扬程 H_{I}，扣除了 AB 管段在相应流量 Q_{I} 下的水头损失 $\sum h_{AB}$ 后，就等于汇集点 B 处的测压管水面与吸水井水面高差 H_B，此 H_B 值相当于将泵Ⅰ折引至 B 点工作时的扬程，也即扣除了管段 AB 水头损失的因素，泵Ⅰ可视为移到了 B 点工作。

同理：
$$H_B = H_{\mathrm{II}} - \sum H_{BC} = H_{\mathrm{II}} - \sum S_{BC}Q_2^2 \tag{2-110}$$
式中　H_{II}——表示泵Ⅱ在相应流量为 Q_{II} 时的总扬程（m）；

　　　S_{BC}——BC 管段的阻力系数。

式（2-110）中 H_B 也即相当于将泵Ⅱ折引到 B 点工作时尚存的扬程。这样，就可先分别绘出 Q-$\sum h_{AB}$ 和 Q-$\sum h_{BC}$ 曲线，然后，采用 2.7 节中所介绍的折引特性曲线法，将泵Ⅰ、泵Ⅱ的 $(Q$-$H)_{\mathrm{I}}$ 和 $(Q$-$H)_{\mathrm{II}}$ 曲线上，相应地扣除水头损失 $\sum h_{AB}$ 和 $\sum h_{BC}$ 的影响，得到如图 2-54 中虚线所示的 $(Q$-$H)_{\mathrm{I}}'$ 折引特性曲线和 $(Q$-$H)_{\mathrm{II}}'$ 折引特性曲线。此两条曲线排除了泵Ⅰ与泵Ⅱ在扬程上造成差异的那部分因素。它们表示了将两台泵都折引到 B 点工作时的性能。这样，就可以采用等扬程下流量叠加的原理，绘出总和 $(Q$-$H)_{1+2}'$ 折引特性曲线。此总和 $(Q$-$H)_{1+2}'$ 曲线，犹如一等值泵的性能曲线。因此，再下一步，就只要考虑此等值泵与管段 BD 联合工作向水塔输水时的工况。

先画出管段 BD 的 Q-$\sum h_{BD}$ 曲线，求得它与总和折引 $(Q$-$H)_{1+2}'$ 曲线相交于 P 点，此 P 点的流量 Q_P，即为两台泵并联工作的总出水量。通过 P 点，引水平线与 $(Q$-$H)_{\mathrm{I}}'$ 及 $(Q$-$H)_{\mathrm{II}}'$ 曲线相交于 Ⅰ′ 及 Ⅱ′ 两点，则 Q_{I} 及 Q_{II} 即为泵Ⅰ及泵Ⅱ在并联时的单泵流量，$Q_P = Q_{\mathrm{I}} + Q_{\mathrm{II}}$。现由 Ⅰ′、Ⅱ′ 两点各引垂线向上，与 $(Q$-$H)_{\mathrm{I}}$ 及 $(Q$-$H)_{\mathrm{II}}$ 曲线相交于 Ⅰ 及 Ⅱ 点。显然，此 Ⅰ、Ⅱ 点就是并联工作时，泵Ⅰ及泵Ⅱ各自的工况点，其扬程分别为 H_{I} 及 H_{II}。由 Ⅰ、Ⅱ 点引垂线向下，与 $(Q$-$N)_{\mathrm{I}}'$ 及 $(Q$-$N)_{\mathrm{II}}'$ 相交于 Ⅰ″ 及 Ⅱ″ 点，此两点 N_1 及 N_2 就是两台泵并联工作时，各单泵的功率值。同样，其效率点分别为 Ⅰ‴ 及 Ⅱ‴ 点，其值分别为 η_1 及 η_2。

并联机组的总轴功率 N_{1+2} 及总效率 η_{1+2} 分别为：
$$N_{1+2} = N_1 + N_2 \tag{2-111}$$
$$\eta_{1+2} = \frac{\rho g Q_{\mathrm{I}} H_{\mathrm{I}} + \rho g Q_{\mathrm{II}} H_{\mathrm{II}}}{N_1 + N_2} \tag{2-112}$$

在我国北方地区，常见以井群采集地下水。一井一泵，井群以联络管相连以后，以一根或多根干管输送至水厂，再集中消毒后由泵站加压输入管网。这种情况，从泵的工况来分析，相当于几台泵在管道布置不对称的情况下并联工作。与上述例子所差别的，往往只是各井间的吸水动水位的不同。在进行工况计算时，只需在计算静扬程 H_{ST} 时，以一共同基准面算起，然后做相应的修正即可，其他算法都是相似的。另外，衡量管道布置的对称与否，应从工程来考虑，一般仅在管道布置差异较大的情况下，才认为是不对称布置。例如在两台离干管汇集点距离相差较大的井泵进行并联工作时，或在两个泵站离管网输水干管的汇集点距离不一而并联工作等场合下，就应按上述方法进行计算。

（4）如果两台同型号并联工作的泵，其中一台为调速泵（图 2-55 中泵Ⅰ调），另一台是定速泵（图 2-55 中泵Ⅱ定）。则在调速运行中可能会遇到两类问题：其一是调速泵

的转速 n_1 与定速泵的转速 n_2 均为已知，试求二台泵并联运行时的工况点。这类问题已如图 2-54 所述，比较简单。调速运行的过程，实际上是调速泵与定速泵的 $(Q\text{-}H)_{\text{I,II}}$ 特性曲线由完全并联转化为不完全并联的过程，其工况点的求解可按图 2-54 所述求得。其二是只知道调速后两台泵的总供水量为 Q_P（H_P 为未知值），试求调速泵的转速 n_I 值（即求调速值）。

这类问题比较复杂，存在调速泵的工况点值（Q_I，H_I）、定速泵的工况点值（Q_{II}，H_{II}）及调速泵的转速 n_I 等 5 个未知数。直接求解比较困难，我们仍可采用折引法来求解。

解题步骤：

1）画出两台同型号泵的 $(Q\text{-}H)_{\text{I,II}}$ 特性曲线，并按 $h_{BD}=S_{BD}Q^2$ 画出 $Q\text{-}\sum h_{BD}$ 管道特性曲线，由图 2-55 上得出 P 点；

2）P 点的纵坐标即为装置图上 B 点的测管水头高度 H_B 值；

3）按 $h_{BC}=S_{BC}Q^2$ 画出 $Q\text{-}\sum h_{BC}$ 曲线，由定速泵的 $(Q\text{-}H)_{II}$ 曲线上扣除 $Q\text{-}\sum h_{BC}$ 曲线得折引 $(Q\text{-}H)'_{II}$ 曲线，它与 H_B 的高度线相交于 H 点（图2-55）；

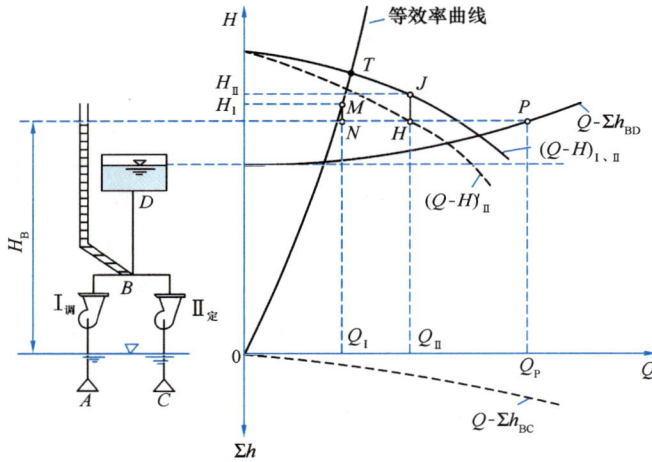

图 2-55　一调一定泵并联工作

4）由 H 点向上引垂直线与 $(Q\text{-}H)_{\text{I,II}}$ 相交于 J 点，此 J 点为调速运行时定速泵的工况点（即 Q_{II} 与 H_{II} 值）；

5）调速泵的流量 $Q_I=Q_P-Q_{II}$，调速泵的扬程 $H_I=H_B+S_{AB}Q_I^2$，在图上得 M 点；

6）按 $\dfrac{H_I}{Q_I^2}=k$，求得 k 值。画出通过 M（Q_I，H_I）点的等效率曲线与原定速泵 $(Q\text{-}H)_{\text{I,II}}$ 曲线交于 T 点，T 点的流量为 Q_T；

7）由图上按 $n_I=n_{I0}\left(\dfrac{Q_I}{Q_T}\right)$ 式求得调速后的转速 n_I 值（n_{I0} 为调速泵的额定转速）。

（5）一台泵向两个并联工作的高地水池输水，如图 2-56 所示。

首先假设在管路分支点 B 处，安装一根测压管，依此测压管的水面高度可分析出泵向两个不同高度的水池输水时，可能存在三种不同的情况：①测压管内水面高于水池 D 内水面（即 $H_B>Z_D$ 时），泵向两个高地水池输水；②测压管内水面低于水池 D 内水面，而高

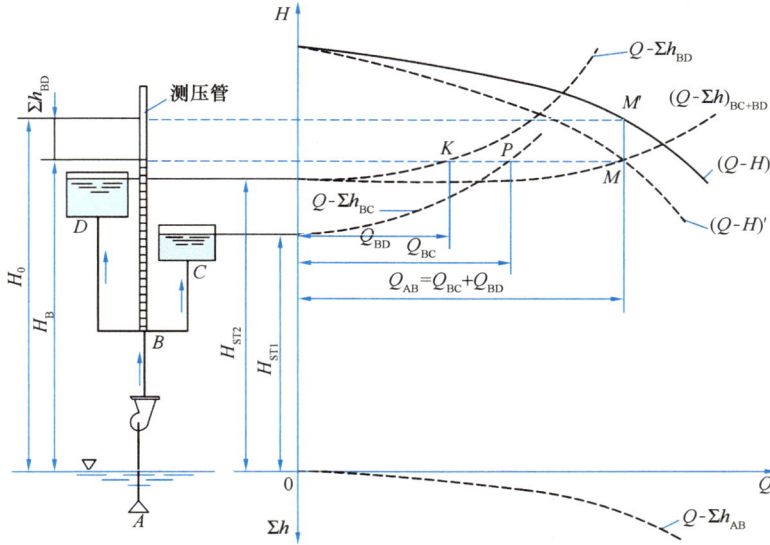

图 2-56　一台泵向两个高地水池输水

于水池 C 内水面（即 $Z_C < H_B < Z_D$）时，泵与高水池 D 并联工作，共同向低水池 C 输水；③测压管内水面等于水池 D 内水面（即 $H_B = Z_D$）时，水池 D 的水不进也不出，水面维持平衡，泵单独向水池 C 输水（这是一种瞬间临界的状态，在工程中意义不大）。

对于第①种工况：泵扬程为 H_0，水在 B 点所具有的比能 $E_B = H_0 - \sum h_{AB}$（因动能相对甚小，忽略不计），B 点的测压管水头为：

$$H_B = E_B = H_0 - \sum h_{AB} \tag{2-113}$$

按已知的管道布置，作出 $Q - \sum h_{AB}$ 曲线，然后，按 2.7 节介绍的折引特性曲线方法和式（2-113），从泵（Q-H）曲线的纵坐标上，减去管道 AB 内相应流量下的水头损失，得到将泵折引到 B 点处的折引（Q-H）$'$特性曲线。

再分别画出 BC 及 BD 的管道系统特性曲线 $Q - \sum h_{BC}$ 及 $Q - \sum h_{BD}$ 曲线（按 $H_B = Z_C + \sum h_{BC} = Z_D + \sum h_{BD}$，绘在图 2-56 上）。由于 $Q_{AB} = Q_{BC} + Q_{BD}$，所以，将两条管道系统特性曲线相叠加得 $(Q - \sum h)_{BC+BD}$，与泵在 B 点的折引特性曲线 $(Q$-$H)'$相交于 M 点。此 M 点的横坐标为通过 B 点的总流量。由 M 点向上引垂线与（Q-H）曲线交于 M' 点，则此 M' 点即为泵的工况点，其纵坐标即为泵的扬程。由 M 点向左引水平线与 $Q - \sum h_{BC}$ 及 $Q - \sum h_{BD}$ 分别相交于 P、K 两点，此 P 点的横坐标即为 Q_{BC} 值，K 点的横坐标即为 Q_{BD} 值。

下面再分析第②种工况如图 2-57 所示：这种情况下，水在 B 点所具有的比能 E_B 为：

$$E_B = H_0 - \sum h_{AB} = Z_D - \sum h_{BD} \tag{2-114}$$

同样，忽略动能值时，可得 $H_B = E_B$。按已知的管道布置，画出 $Q - \sum h_{AB}$ 及 $Q - \sum h_{DB}$ 曲线，然后，按折引特性曲线方法和式（2-114），在泵 Q-H 曲线的纵坐标上，减去管道 AB 内相应流量下的水头损失，可得折引（Q-H）$'$曲线，以及在 D 水池的水面水平线上扣去管道 BD 内相应流量下的水头损失，得到（Q-H）$_{BD}$ 曲线。这样，等于将泵和水池 D 均折引到了 B 点。管道 BC 内的流量 $Q_{BC} = Q_{AB} + Q_{BD}$。这时，就可采用等扬程下流量叠加的原理，将（Q-H）$'$曲线与 Q-H_{BD} 曲线相加，绘出总和 Q-H 曲线。它与 BC 管道的 $Q - \sum h_{BC}$ 曲线相交于 M 点，此 M 点的横坐标即为 $Q_{AB} + Q_{BD} = Q_{BC}$，如图 2-57 所示。同样，过 M 点引水

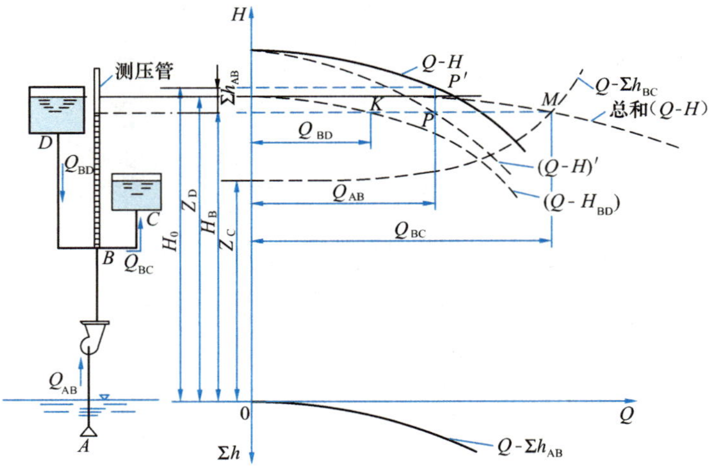

图 2-57　泵与高地水池联合工作

平线与 $(Q\text{-}H)'$ 曲线及 $(Q\text{-}H_{BD})$ 曲线相交于 P 点及 K 点，此 P、K 点的横坐标即为泵的输水量 Q_{AB} 和水池 D 的出水量 Q_{BD}。由 P 点向上引垂线与 $(Q\text{-}H)$ 曲线相交于 P' 点，此 P' 点即为泵的工况点。

综上所述，并联工况计算的复杂性，通常是由于各泵型号的不同，静扬程的不同以及管道中水流的水力不对称等因素，使参加并联工作的各泵的实际工作扬程不相等而引起的。采用特性曲线折引的方法，在原 $(Q\text{-}H)$ 曲线上，通过折引，扣除水头损失不同的那一段管道，逐一绘出折引 $(Q\text{-}H)'$ 曲线，这样就使问题得到了简化，就可以使用等扬程下流量叠加的原理，绘出总和折引 $(Q\text{-}H)'_{1+2}$ 曲线。然后找出此折引曲线与总管的特性曲线的交点，求得并联后的总流量。再反推回去，即可求出各单泵的工况点。

2.10.2　定速运行下并联工作的数解法

1. 并联时 $(Q\text{-}H)$ 曲线的数解式

n 台同型号泵并联工作时，其总和 $(Q\text{-}H)$ 曲线上各点的流量 $Q = n \times Q'$（Q' 为已知扬程时一台泵的流量）。此时，并联工作泵的总虚扬程（H_x）等于每台泵的虚扬程（H'_x）。

即

$$H_x = H'_x$$

因此，n 台同型号泵并联工作时，泵的扬程（H）为：

$$H = H_x - (nQ')^m \times S_x \tag{2-115}$$

式中　S_x——并联工作时，泵的总虚阻耗，其值可由下式求得：

$$S_x = \frac{H'_a - H'_b}{(nQ'_b)^m - (nQ'_a)^m} = \frac{H'_a - H'_b}{n^m[(Q'_b)^m - (Q'_a)^m]} \tag{2-116}$$

式中　H'_a，H'_b——并联总和 $(Q\text{-}H)$ 曲线高效段上任取的二点扬程；

　　　Q'_a，Q'_b——扬程为 H'_a，H'_b 的情况下，各泵的流量。

由式（2-59）可知，式（2-116）为：

$$S_x = \frac{S'_x}{n^m} \tag{2-117}$$

式中 S'_x——单泵的虚阻耗。

对于两台不同型号泵进行并联工作时：

$$S_x = \frac{H_a - H_b}{(Q'_b + Q''_b)^m - (Q'_a + Q''_a)^m} \tag{2-118}$$

式中 Q'_a，Q''_a——在扬程 H_a 时，第一台与第二台泵的流量；

Q'_b，Q''_b——在扬程 H_b 时，第一台与第二台泵的流量。

因此，两台不同型号的泵并联工作时：

$$H_x = H_a + (Q'_a + Q''_a)^m \times S_x = H_b + (Q'_b + Q''_b)^m \times S_x \tag{2-119}$$

可用类似方式确定 n 台不同型号泵并联时的总虚扬程 H_x 及总虚阻耗 S_x 值，求得 H_x 及 S_x 后即可进一步用数解法来推求并联的工况点。

2. 单泵多塔供水系统工况的数解算例

【例 2-6】已知：清水池水位 H_0，泵的特性曲线为 $H = H_x - SQ^2$，各水塔的水位标高 H_1、H_2、H_3、…、H_J（图 2-58），输水干管及各分支管道的管长（L_j）、管径（D_j）。

求：（1）泵的工况点（Q，H）。

（2）各支管中流量（Q_j）。

【解】

按题意，共有 $J+2$ 个未知数。现可以列出：

（1）
$$Q = \sqrt{\frac{H_x + H_0 - H_A}{S_x + S_0}}$$

（2）由水头损失计算公式可以列出 J 个方程即：

$$Q_j = \sqrt{\frac{H_A - H_j}{S_j}} \quad (j = 1, 2, \cdots, J)$$

图 2-58 单泵多塔供水系统

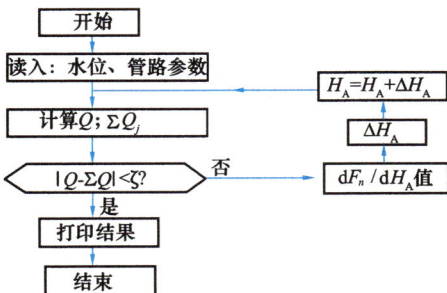

（3）列出节点 A 的连续方程：$Q - \sum Q_j = 0$

在上述列出的 $J+2$ 个方程中，节点 A 的测管水面高度 H_A 可采用牛顿迭代法来求得。迭代公式如下：

$$H_A^{(n+1)} = H_A^{(n)} + \Delta H_A^{(n)} \tag{2-120}$$

式中 $\Delta H_A^{(n)}$ 为每次迭代过程的校正水位，其值为：

$$\Delta H_A^{(n)} = -\frac{F^{(n)}}{\left(\dfrac{dF}{dH_A}\right)^{(n)}} \tag{2-121}$$

式中 $F^{(n)} = Q - \sum Q_j$

$$\left(\frac{dF}{dH_A}\right)^{(n)} = \frac{1}{2}\sqrt{\frac{1}{(S_x + S_0)(H_x + H_0 - H_A^{(n)})}}$$
$$- \sum_{j=1}^{J} \sqrt{\frac{1}{S_j(H_A^{(n)} - H_j)}} \tag{2-122}$$

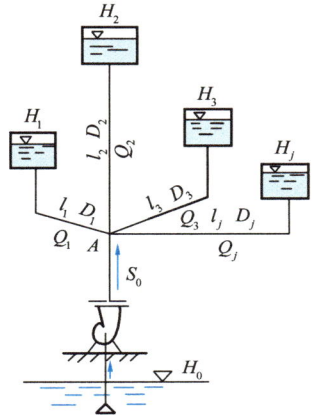

图 2-59 计算框图

迭代过程采用计算机来求解是十分简便的。其计算框图如图 2-59 所示。

3. 多泵多塔多节点供水系统工况的数解算例

N 台不同型号与 M 个不同水位水塔联合工作于多节点上如图 2-60 所示。

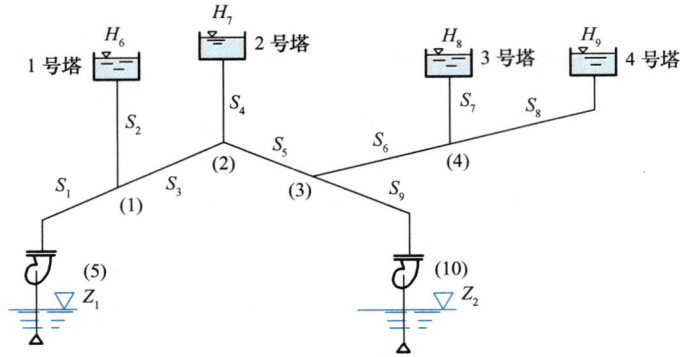

图 2-60　多泵多塔多节点供水系统

　　本算例属于多水源供水系统中的水力平衡课题，由于多节点和多泵站的存在，在计算中除了考虑泵站与节点间的水力平衡外，还要使各节点间水力平衡。计算时，管网中如有 i 个公共节点时，就有 H_i 个待定的节点水位值，可以列出 i 个水力平衡的非线性方程组。这类课题按非线性规划优化计算，可以有多种途径来求解。本算例采用逐次逼近法，对各公共节点进行水头校正，考虑到编号的方便，采用双下标变量来对节点进行编号。例 $Q(i, j)$ 表示与第 i 个节点相连的第 j 管段的流量。计算中采用的基本公式为：

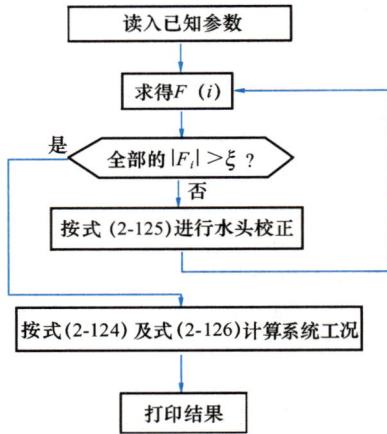

图 2-61　计算框图

在公共节点 i 处：

$$F_i = \sum Q_{ij} = 0 \qquad (2\text{-}123)$$

在管段中：

$$Q_{ij} = r_{ij} \, |H_i - H_j|^{0.5} \cdot SGN(H_i - H_j) \qquad (2\text{-}124)$$

水头校正值：

$$\Delta H_i = -\frac{F_i^{(n)}(H_i^{(n)}, H_j^{(n)})}{\sum \dfrac{\partial Q_{ij}^{(n)}}{\partial H_i^{(n)}}} \qquad (2\text{-}125)$$

泵扬程：

$$P_i = H_{xi} - S_{xi} \cdot Q_{ij}^2 \qquad (2\text{-}126)$$

上式中，$r_{ij} = \dfrac{1}{\sqrt{S_{ij}}}$；设公共节点 i 的第 n 次水位近似值为 $H_i^{(n)}$，则经过校正后 $H_i^{(n+1)} = H_i^{(n)} + \Delta H_i$，反复迭代计算，直至 $|F_i|$ 小于某一精度值，即 $|F_i| < \xi$ 时为止。其计算过程如图 2-61 所示。

2.10.3　调速运行下并联工作的数解法

　　在给水工程中，泵站输配水系统一般由取水泵站及送水泵站两种类型的泵站组成。对于调速运行下泵并联工作的数解方法，本书将结合这两种泵站的不同特点，分述如下。

　　1. 取水泵站调速运行的数解法

　　通常取水泵站由于水源水位涨落，导致泵流量变化。为了保证水厂中净化构筑物均匀负荷，可采用调速运行的方法来实现取水泵站的均匀供水，这在现实工程中是有很重要意义的。

设某水厂的取水泵站有两台不同型号的离心泵并联工作（图 2-62）。其中 1 号泵为定速泵，其（Q-H）曲线高效段的方程为 $H=H_{x1}-S_{x1}Q^2$。2 号泵为可调速泵，当转速为 n_0 时，其（Q-H）曲线高效段的方程为 $H=H_{x2}-S_{x2}Q^2$。图 2-62 中 Z_1、Z_2 分别为 1 号泵、2 号泵吸水井水位标高（m），Z_0 为水厂混合井水面标高（m），S_i 为管道阻耗系数（$i=1$，2，3），其单位为：s^2/m^5，水厂要求取水泵站供水量为 Q_T（m^3/s）。

试求：实现取水泵站均匀供水的调速泵转速 n^* 值。

计算步骤：

（1）计算公共节点（3）的总水压 H_3 值。

$$H_3=Z_0+S_3Q_T^2 \tag{2-127}$$

由于 Z_0、S_3、Q_T 均为定值，因此 H_3 可求得。

（2）计算泵的出水量。

定速泵的出水量可按式（2-62）计算，此时 $H_{ST}=H_3-Z_1$（而不是 $H_{ST}=Z_0-Z_1$，需注意！）。因此：$Q_1=\sqrt{\dfrac{H_{x1}+Z_1-H_3}{S_1+S_{x1}}}$ （2-128）

调速泵的出水量 Q_2 与泵转速有关。设泵运行时转速为 n，则相应的 Q-H 曲线高效段方程由式（2-86）为：$H=\left(\dfrac{n}{n_0}\right)^2H_{x2}-S_{x2}Q^2$，由式（2-62）可得（此时 $H_{ST}=H_3-Z_2$）：

$$Q_2=\sqrt{\dfrac{\left(\dfrac{n}{n_0}\right)^2H_{x2}+Z_2-H_3}{S_2+S_{x2}}} \tag{2-129}$$

（3）计算实现均匀供水的调速泵转速 n^* 值。

实现均匀供水，亦即要求泵站中运行泵的出水量之和保持水厂所要求的供水量 Q_T。按连续性方程，在图 2-62 上公共节点（3）处应有 $Q_1+Q_2=Q_T$，亦即

$$Q_T=\sqrt{\dfrac{H_{x1}+Z_1-H_3}{S_1+S_{x1}}}+\sqrt{\dfrac{\left(\dfrac{n}{n_0}\right)^2H_{x2}+Z_2-H_3}{S_2+S_{x2}}} \tag{2-130}$$

解上式即可求出实现均匀供水的调速泵转速 n^* 值（即 $n^*=n$ 值）。

通常，当取水泵站中有多台定速泵与一台调速泵并联运行时，可将并联运行的定速泵按本书中前面介绍的方法，求出并联后的泵（Q-H）曲线，并视它们为一当量泵。这样，就转换为一台定速泵（当量泵）与一台调速泵的联合运行，再按上述步骤求出调速泵的转速 n^* 值。或者，先对每台定速泵，仿式（2-128）求出其出水量，然后按公共节点连续性方程列出类似于式（2-130）的方程并求解之得出 n^* 值。一般而言，后一种方式可能更适合于数解。

（4）求泵的实际工况点。

前面已经指出，泵调速是有一定的范围限制，也只有在这样的范围内才有等效率工况相似点。当求的 n^* 值小于允许的最低转速 n_{min} 时，应取 $n^*=n_{min}$ 值。此时有必要计算出相

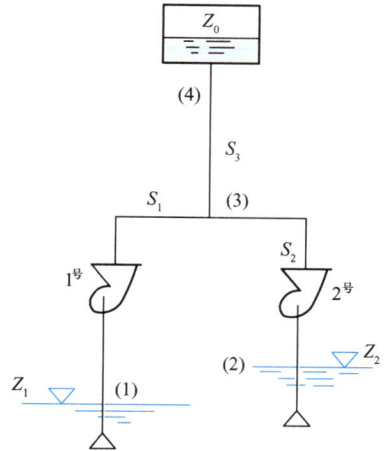

图 2-62　调速取水泵站

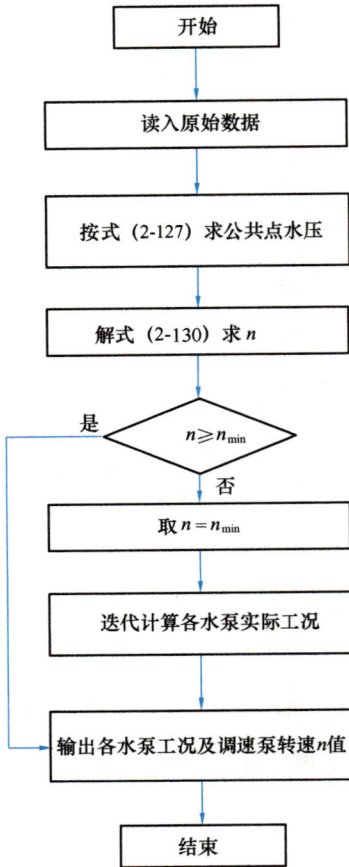

图 2-63　取水泵站调速计算框图

应于 $n^* = n_{\min}$ 时的各泵的工况点和总出水量，以便采取其他措施实现均匀供水。

（5）计算过程如图 2-63 所示。

2. 送水泵站调速度运行的数解法

送水泵站与管网联合工作的工况计算是一个比较复杂的课题。下面介绍的是以等压配水为目标的单水源管网的泵调速运行方法。所谓等压配水，简述之就是控制水厂送水泵站的出水压力使管网控制点的自由水压能满足用户所需服务水压，并尽量使两者接近。

计算步骤：

（1）水厂送水泵站出水压力的确定

水厂送水泵站出水压力应保证管网中各节点的自由水压均不小于所需的服务水压。当管网中某控制点的服务水压小于用户所需值时，送水泵站应采取增开泵等措施来增大水厂的出水压力；当服务水压大于用户所需值时，为节省电耗、减少漏水及爆管事故的发生，可通过调速的方法来减小水厂的出水压力降低服务水压。这是水厂调度中较常见的等压配水调度模式。

图 2-64 所示为送水泵站与管网联合工作的示意。设水厂出水点 A 的出水压力为 H_A，地面标高为 Z_A，水厂至管网中任一节点 i 的管段水头损失为 $\sum h_i$，节点 i 的地面标高为 Z_i，用户所需的服务水压为 H_{ci}。该节点的实际自由水压（服务水压）H_i 可由下式计算确定：

$$H_i = H_A + Z_A - Z_i - \sum h_i \tag{2-131}$$

服务水压 H_i 应保证用户的用水需要：

$$H_i \geqslant H_{ci} \tag{2-132}$$

$$H_A \geqslant H_{ci} + Z_i + \sum h_i - Z_A \tag{2-133}$$

设管网中节点 t 为控制点，则理想的水厂出水压力 H_A^* 应为：

$$H_A^* = H_{ct} + Z_t + \sum h_t - Z_A \tag{2-134}$$

（2）调速计算

对于单水源供水管网，泵站的供水量 Q_T 即为管网中用户的用水量，即管网节点流量之和。如能确定水厂出水压力 H_A^*，实际上就能确定所要确定的泵站运行工况（Q_T，H_A^*）。

水厂出水压力为 H_A^* 时，各定速泵的实际供水量 QP_j 可由式（2-62）求出，此时 $H_{ST} = H_A^* + Z_A - ZP_j$，另有：

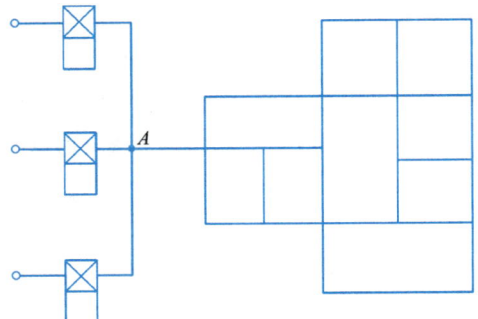

图 2-64　送水泵站与管网联合工作

$$QP_j = \sqrt{\frac{H_{xj} + ZP_j - H_A^* - Z_A}{S_{xj} + SP_j}} \quad (2\text{-}135)$$

求出各定速泵的供水量后,调速泵的供水量 Q' 可由下式确定:

$$Q' = Q_T - \sum QP_j \quad (2\text{-}136)$$

调速泵的扬程 H' 为:

$$H' = H_A^* + Z_A + S'Q'^2 - Z_p \quad (2\text{-}137)$$

式中　S'——调速泵吸水及压水管的 S 值;

Z_p——调速泵吸水井的水位标高。

设调速泵在额定转速 n_0 运行时的 Q-H 曲线方程为 $H = H_x - S_x Q^2$,由式(2-80)可求出所需调速泵转速 n^* 值:

$$n^* = \frac{n_0 Q' \sqrt{S_x + k}}{\sqrt{H_x}} \quad (2\text{-}138)$$

上式中 k 值为:

$$k = \frac{H'}{Q'^2} = S' + \frac{H_A^* + Z_A - Z_p}{Q'^2} \quad (2\text{-}139)$$

(3)调速后泵工况计算

若按式(2-138)求出的 $n^* < n_{\min}$,则取 $n^* = n_{\min}$,此时须重新确定泵实际工况及节点的实际水压情况。

(4)计算过程如图 2-65 所示。

2.10.4　并联工作中调速泵台数的选定

泵站中如果有多台泵并联工作时,调速泵与定速泵配置台数比例的选定,应以充分发挥每台调速泵在调速运行时仍能在较高效率范围内运行为原则。例如图 2-66 所示为三台同型号泵并联工作。如果采用一调两定方案配置,当泵站要求供水量为 Q_A,如果 $Q_2 < Q_A < Q_3$ 时,开启两台定速泵、一台调速泵是完全可以满足的。此时,泵站的供水量为 Q_A,两台定速泵每台流量为 Q_0、调速泵流量为 Q_i(图 2-66)。如果当 Q_A 很接近 Q_2 时,此时调速泵的出水量 Q_i 就很小,其效率 η 值一定很低,达不到节能效果。如果上述情况,采用的是两调一定的方案,情况就不一样了。此时,当泵站的供水量为 Q_A,一台定速泵供 Q_0,两台调速泵每台均供 $\frac{Q_0 + Q_i}{2}$,此 $\frac{Q_0 + Q_i}{2}$ 一值可以控制在单泵的高效段内。如果泵站要求的供水量 Q_A 减少($Q_A \leqslant Q_2$ 时),此时可以关掉一台定速泵,由

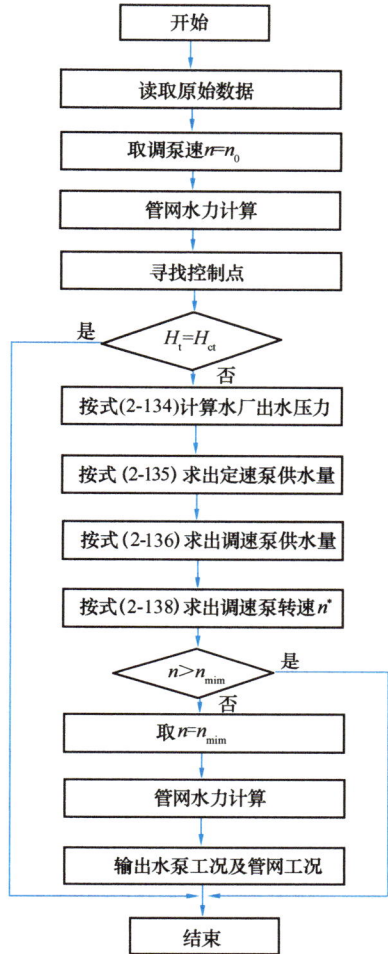

图 2-65　送水泵站调速计算框图

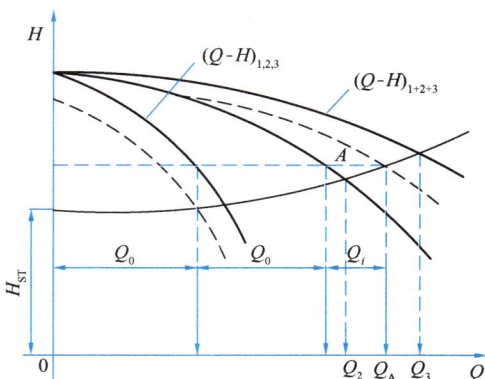

图 2-66　三台同型号并联调速

两台调速泵供水，这样也比较容易使调速泵在它高效段内工作，达到调速节能目的。

显然，如果泵站要求供水量 $Q_A > Q_3$ 时，可设两台定速泵两台调速泵来满足。按此方案类推，可使每单台调速泵的流量由 $\frac{1}{2}$ 定速泵流量到满额定速泵供水量之间变化，缩小了单台调速泵的调速范围，可望保持调速泵在高效段内运行，以达到调速节能目的。

2.10.5 泵串联工作

串联工作就是将第一台泵的压水管，作为第二台泵的吸水管，水由第一台泵压入第二台泵，水以同一流量，依次流过各台泵。在串联工作中，水流获得的能量，为各台泵所供给能量之和，如图 2-67 所示。串联工作的总扬程为：$H_A = H_1 + H_2$，由此可见，各泵串联工作时，其总和 Q-H 性能曲线等于同一流量下扬程的叠加。只要把参加串联的泵 Q-H 曲线上横坐标相等的各点纵坐标相加，即可得到总和 $(Q$-$H)_{1+2}$ 曲线，它与管道系统特性曲线交于 A 点。此 A 点的流量为 Q_A、扬程为 H_A，即为串联装置的工况点。自 A 点引竖线分别与各泵的 Q-H 曲线相交于 B 及 C 点，则 B 点及 C 点分别为两台单泵在串联工作时的工况点。

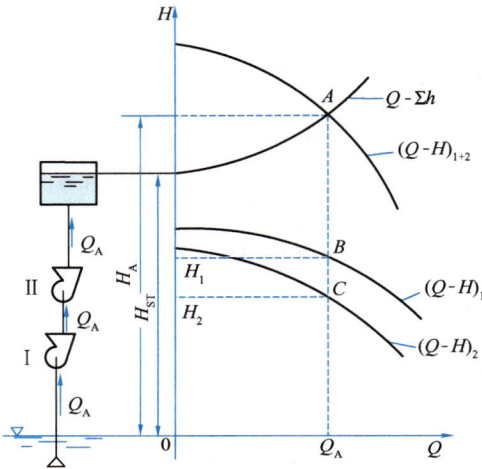

图 2-67　泵串联工作

多级泵实质上就是 n 级泵的串联运行。随着泵制造工艺的提高，目前生产的各种型号泵的扬程，基本上已能满足给水排水工程的要求，所以，一般水厂中已很少采用串联工作的形式。

如果需要泵串联运行，要注意参加串联工作的各台泵的设计流量应是接近的。否则，就不能保证两台泵都在较高效率下运行，严重时，可使小泵过载或者反而不如大泵单独运行。因为，在泵串联条件下，通过大泵的流量也必须通过小泵，这样，小泵就可能在很大的流量下"强迫"工作，轴功率增大，电动机可能过载。另外，两台泵串联时，应考虑到后一台泵泵体的强度问题。

采用数解法同样可以推求串联工作时的泵工况。n 台泵串联工作时，其总扬程为 $H = H^{(1)} + H^{(2)} + \cdots + H^{(n)}$（$H^{(i)}$ 为第 i 台泵在某流量下的扬程），因此，在串联总和的 $(Q$-$H)$ 曲线上任取两点 (Q_1, H_1) 及 (Q_2, H_2)，由式（2-59）及式（2-60）可得：

泵总虚阻耗为：

$$
\begin{aligned}
S_x &= \frac{H_1 - H_2}{Q_2^m - Q_1^m} = \frac{(H_1^{(1)} + H_1^{(2)} + \cdots + H_1^{(n)}) - (H_2^{(1)} + H_2^{(2)} + \cdots + H_2^{(n)})}{Q_2^m - Q_1^m} \\
&= \frac{H_1^{(1)} - H_2^{(1)}}{Q_2^m - Q_1^m} + \frac{H_1^{(2)} - H_2^{(2)}}{Q_2^m - Q_1^m} + \cdots + \frac{H_1^{(n)} - H_2^{(n)}}{Q_2^m - Q_1^m} \\
&= S_{x1} + S_{x2} + \cdots + S_{xn} = \sum_{i=1}^{n} S_{xi}
\end{aligned}
\tag{2-140}
$$

泵的总虚扬程为：

$$H_{\mathrm{x}} = H_1 + S_1 Q_1^{\,m} = (H_1^{(1)} + H_1^{(1)} + \cdots + H_1^{(1)}) + (\sum_{i=1}^{n} S_{\mathrm{x}i}) Q_1^{\,m}$$

$$= (H_1^{(1)} + S_{\mathrm{x}1} Q_1^{\,m}) + (H_1^{(2)} + S_{\mathrm{x}2} Q_1^{\,m}) + \cdots + (H_1^{(n)} + S_{\mathrm{x}n} Q_1^{\,m})$$

$$= H_{\mathrm{x}1} + H_{\mathrm{x}2} + \cdots + H_{\mathrm{x}n} = \sum_{i=1}^{n} H_{\mathrm{x}i} \tag{2-141}$$

2.11　离心泵吸水性能

离心泵的正常工作，是建立在对泵吸水条件正确选择的基础上。在不少场合下，泵装置的故障，常是出于吸水条件选择不当而引起的。所谓正确的吸水条件，就是指在抽水过程中，泵内不产生气蚀情况下的最大吸水高度。为了掌握泵的吸水条件，我们作如下讨论。

2.11.1　吸水管中压力的变化及计算

图 2-68 为离心泵管路安装示意。泵运行中，由于叶轮的高速旋转，在其入口处造成了真空，水自吸水管端流入叶轮的进口。吸水池水面大气压与叶轮进口处的绝对压力之差，转化成位置头、流速头，并克服各项水头损失。图 2-68 中，绘出了水从吸水管经泵壳流入叶轮的绝对压力线。以吸水管轴线为相对压力的零线，则管轴线与压力线之间的高差表示了真空值的大小。绝对压力沿水流减少，到进入叶轮后，在叶片背面（即背水面）靠近吸水口的 K 点处压力达到最低值，$P_{\mathrm{K}} = P_{\min}$。接着，水流在叶轮中受到由叶片传来的机械能，压力才迅速上升。下面介绍确定此最低压力值（P_{K}）：

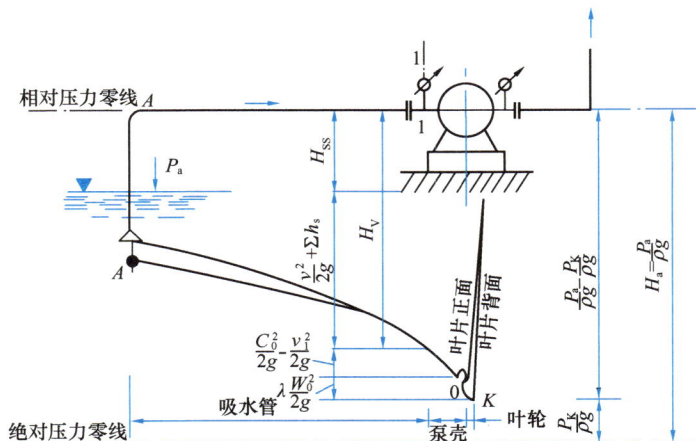

图 2-68　吸水管及泵入口中压力变化

（1）写出吸水池水面和泵进口安装真空表处 1—1 断面的能量方程式，以吸水池水面为基准面，并略去其行近流速水头，可得：

$$\frac{P_{\mathrm{a}}}{\rho g} = \frac{P_1}{\rho g} + H_{\mathrm{ss}} + \frac{v_1^2}{2g} + \sum h_{\mathrm{s}} \tag{2-142}$$

式中 $\dfrac{P_\mathrm{a}}{\rho g}$、$\dfrac{P_1}{\rho g}$——分别为吸水池水面大气压与 1—1 断面处的绝对压力

$\qquad\qquad\qquad$（以 $\mathrm{mH_2O}$ 表示）；

$\qquad H_\mathrm{ss}$——吸水地形高度（也即安装高度）（m）；

$\qquad \sum h_\mathrm{s}$——自吸水管进口至 1—1 断面间的全部水头损失之和（m）。

（2）对吸水池水面及叶片入口稍前处 0—0 断面（图 2-68 中压力线上 0 点的位置）列能量方程式，得：

$$\frac{P_\mathrm{a}}{\rho g}-\frac{P_0}{\rho g}=H_\mathrm{ss}+\sum h_\mathrm{s}+\frac{C_0^2}{2g} \qquad (2\text{-}143)$$

式中 C_0、P_0——分别为 0—0 断面上的流速及绝对压力。

（3）对 0—0 断面中心点 O 与叶片背（水）面靠近吸水口的断面 K 点（图2-68中压力线上 K 点的位置）写出相对运动的能量方程式：

$$Z_0+\frac{P_0}{\rho g}+\frac{W_0^2-u_0^2}{2g}=Z_\mathrm{K}+\frac{P_\mathrm{K}}{\rho g}+\frac{W_\mathrm{K}^2-u_\mathrm{K}^2}{2g}+h_{0-\mathrm{K}}$$

因 O 点与 K 点相距较近、故 $Z_0\approx Z_\mathrm{K}$，$u_0\approx u_\mathrm{K}$，$h_{0-\mathrm{k}}\approx 0$，将上式整理得：

$$\frac{P_0}{\rho g}+\frac{W_0^2}{2g}=\frac{P_\mathrm{K}}{\rho g}+\frac{W_\mathrm{K}^2}{2g} \qquad (2\text{-}144)$$

上式又可写成：

$$\frac{P_0}{\rho g}=\frac{P_\mathrm{K}}{\rho g}+\frac{W_0^2}{2g}\left(\frac{W_\mathrm{K}^2}{W_0^2}-1\right)$$

如果令 $\lambda=\dfrac{W_\mathrm{K}^2}{W_0^2}-1$（$\lambda$ 称之为绕流系数），则上式变为：

$$\frac{P_0}{\rho g}=\frac{P_\mathrm{K}}{\rho g}+\lambda\frac{W_0^2}{2g} \qquad (2\text{-}145)$$

将式（2-145）代入式（2-143），可得：

$$\frac{P_\mathrm{a}}{\rho g}-\frac{P_\mathrm{K}}{\rho g}=H_\mathrm{ss}+\sum h_\mathrm{s}+\frac{C_0^2}{2g}+\lambda\frac{W_0^2}{2g}$$

上式可改写为：

$$\frac{P_\mathrm{a}}{\rho g}-\frac{P_\mathrm{K}}{\rho g}=\left(H_\mathrm{ss}+\frac{v_1^2}{2g}+\sum h_\mathrm{s}\right)+\frac{C_0^2-v_1^2}{2g}+\lambda\frac{W_0^2}{2g} \qquad (2\text{-}146)$$

式（2-146）的含义是：吸水池水面上的压头 $\left(\dfrac{P_\mathrm{a}}{\rho g}\right)$ 和泵壳内最低压头 $\left(\dfrac{P_\mathrm{K}}{\rho g}\right)$ 之差用来支付：把液体提升 H_ss 高度；克服吸水管中水头损失（$\sum h_\mathrm{s}$）；产生流速水头 $\left(\dfrac{v_1^2}{2g}\right)$、流速水头差 $\left(\dfrac{C_0^2-v_1^2}{2g}\right)$ 和供应叶片背面 K 点压力下降值 $\left(\lambda\dfrac{W_0^2}{2g}\right)$。从图 2-68 中也可明显看出：式（2-146）的左边各列 $\left(\dfrac{P_\mathrm{a}}{\rho g}-\dfrac{P_\mathrm{K}}{\rho g}\right)$ 表示吸水井中能量余裕值，$\dfrac{P_\mathrm{a}}{\rho g}$ 一般情况下就是当地的大气压，$\dfrac{P_\mathrm{K}}{\rho g}$ 是个条件值，它不能低于该水温下的饱和蒸汽压力。式（2-146）的右边各项，实际上可以分为泵壳外与泵壳内两项压力水头的降落，以真空表为界，真空表所指示的，是泵壳进口外部的压力下降值 $\left(H_\mathrm{ss}+\dfrac{v_1^2}{2g}+\sum h_\mathrm{s}\right)$，它反映了真空表安装点的实际压头下降值

H_v，而 $\left(\dfrac{C_0^2-v_1^2}{2g}+\lambda\dfrac{W_0^2}{2g}\right)$ 反映了泵壳进口内部的压力下降值，此值中 $\lambda\dfrac{W_0^2}{2g}$ 是叶轮进口和进口附近叶片背面（背水面）的压头差，它的变化很大，而且通常不小于 3m。因此，泵壳内部的压头下降值是相当可观，而且，是由泵的构造和工况而定的。

2.11.2　气穴和气蚀

泵中最低压力 P_K 如果降低到被抽液体工作温度下的饱和蒸汽压力（即汽化压力）P_{va} 时，泵壳内即发生气穴和气蚀现象。

水的饱和蒸汽压力，就是在一定水温下，防止水汽化的最小压力。其值与水温有关，见表 2-7，水的这种汽化现象，将随泵壳内的压力的继续下降以及水温的提高而加剧。当叶轮进口低压区的压力 $P_K\leqslant P_{va}$ 时，水就大量汽化，同时，原先溶解在水里的气体也自动逸出，出现"冷沸"现象[1]，形成的气泡中充满蒸汽和逸出的气体。气泡随水流带入叶轮中压力升高的区域时，气泡突然被四周水压压破，水流因惯性以高速冲向气泡中心，在气泡闭合区内产生强烈的局部水锤现象，其瞬间的局部压力，可以达到几十兆帕[2]，此时，可以听到气泡冲破时炸裂的噪声，这种现象称为气穴现象[3]。

水温与饱和蒸汽压力 $\left(h_{va}=\dfrac{P_{va}}{\rho g}\right)$ 表 2-7

水温（℃）	0	5	10	20	30	40	50	60	70	80	90	100
饱和蒸汽压力 h_{va}（mH₂O）	0.06	0.09	0.12	0.24	0.43	0.75	1.25	2.02	3.17	4.82	7.14	10.33

离心泵中，一般气穴区域发生在叶片进口的壁面，金属表面承受着局部水锤作用，其频率可达 20000～30000 次/s 之多，就像水力楔子那样集中作用在以平方微米计的小面积上，经过一段时期后，金属就产生疲劳，金属表面开始呈蜂窝状，随之，应力更加集中，叶片出现裂缝和剥落。在这同时，由于水和蜂窝表面间歇接触之下，蜂窝的侧壁与底之间产生电位差，引起电化腐蚀，使裂缝加宽，最后，几条裂缝互相贯穿，达到完全蚀坏的程度。泵叶轮进口端产生的这种效应称为"气蚀"。

气蚀是气穴现象侵蚀材料的结果，在许多书上统称为气蚀现象。在气蚀开始时，称为气蚀第一阶段，表现在泵外部的是轻微噪声、振动（频率可达 600～25000 次/s）和泵扬程、功率开始有些下降。如果外界条件促使气蚀更加严重时，泵内气蚀就进入第二阶段，气穴区就会突然扩大，这时，泵的 H、N、η 就将到达临界值而急剧下降，最后终于停止出水。

气蚀影响对不同类型的泵是不同的。对 n_s 较低的泵（如 $n_s<100$），因泵叶片流槽狭

---

[1]　伴随气穴现象而出现的冷沸，与一般生活的沸腾现象有相似之处，但不能等量齐观。其异同点在于：（a）两者都发生气泡，"沸腾"主要是温升的结果，是一种热力学现象，"气穴"主要是压力降低，是一种水动力学现象。（b）气穴现象，它包括从气泡的形成到溃灭为止的整个过程，而沸腾现象中的气泡是连续地增长的，同时，不存在溃灭过程（即使当气泡通过表面时，可能破裂，但蒸汽的总容积是连续地增加的）。（c）两者都有热交换问题，但气穴现象的热交换，不及沸腾的重要。对气穴现象来说，关心的是什么情况下会发生压力的降低。

[2]　1 兆帕 $=10^6\,\text{N/m}^2\approx10\,\text{kg/cm}^2$。

[3]　气穴是拉丁文 "Cavitas"，由这种现象得出的效应称为气蚀。

长，很容易被气泡所阻塞，在出现气蚀后，$Q\text{-}H$、$Q\text{-}\eta$ 曲线迅速降落，对 n_s 较高的泵（$n_s > 150$），因流槽宽，不易被气泡阻塞，所以 $Q\text{-}H$、$Q\text{-}\eta$ 曲线先是逐渐地下降，过了一段才开始脱落，正常输水破坏。对于气蚀现象的物理性质，由于它是一种高速现象，它的发生、发展和破坏过程是如此短促，以致借助于速率最快的摄像机，有时仍不能观察到细节的现象。因此，关于气蚀性质的大量推测主要是建立于研究气蚀现象某些效应的基础上的，而不是直接观察现象本身。

2.11.3 泵最大安装高度

泵房内的地坪标高取决于泵的安装高度，正确地计算泵的最大允许安装高度，使泵站既能安全供水，又能节省土建造价，具有很重要的意义。由式（2-142）可知：

$$\frac{P_a - P_1}{\rho g} = H_{ss} + \frac{v_1^2}{2g} + \sum h_s$$

式中

$$\frac{P_a - P_1}{\rho g} = H_v \qquad (2\text{-}147)$$

H_v——泵壳吸入口的测压孔处的真空值（mH_2O），如图 2-69 所示。

故

$$H_{ss} = H_v - \frac{v_1^2}{2g} - \sum h_s \quad (2\text{-}148)$$

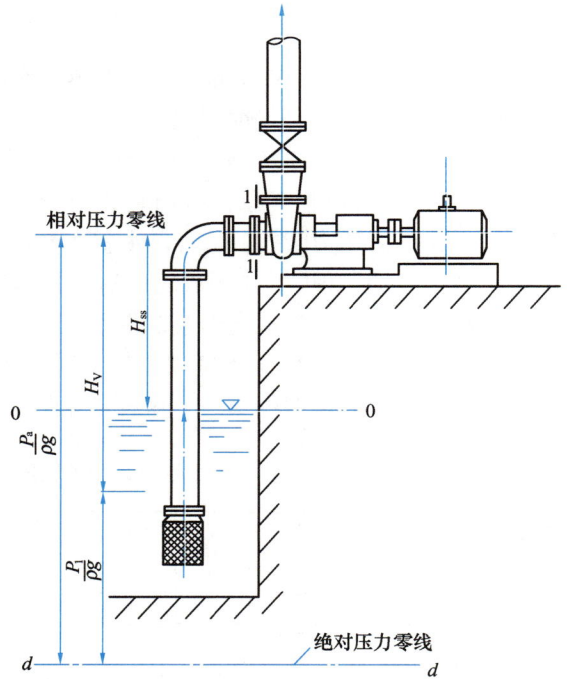

图 2-69　离心泵吸水装置

泵铭牌或样本中，对于各种泵都给定了一个允许吸上真空高度 H_s，此 H_s 即为式（2-148）中 H_v 的最大极限值。在实用中，泵的 H_v 超过样本规定的 H_s 值时，就意味着泵将会遭受气蚀。

水泵厂一般在样本中，用 $Q\text{-}H_s$ 曲线来表示该泵的吸水性能。如图 2-70 所示，为 14SA 型离心泵的 $Q\text{-}H_s$ 曲线，此曲线是在大气压为 $10.33mH_2O$，水温为 20℃时，由专门的气蚀试验求得的。它是该泵吸水性能的一条限度曲线。在使用时，要注意 H_s 值是个条件值，它与当地大气压（P_a）及抽升水的温度（t）有关，由式（2-147）可看出。因

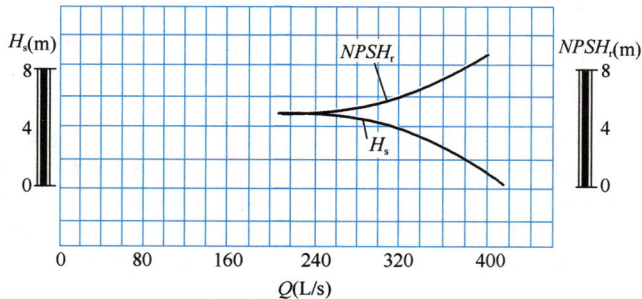

图 2-70　14SA 型离心泵 $Q\text{-}H_s$、$Q\text{-}NPSH_r$ 曲线

此，在工程上应用泵样本中的 H_s 值时，必须考虑到：当地大气压越低，泵的 H_s 值就将越小（大气压与当地海拔的关系，见表2-8）。其次，如抽升的水温（t）越高，泵吸入口处所要求的绝对压力 P_1 也就应越大（水温与防止气穴现象的饱和蒸汽压力值关系，见表2-7）。水温越高，泵的 H_s 值也将越小。

海拔高度与大气压的关系　　　　　　　　　　　　　　表 2-8

海拔（m）	−600	0	100	200	300	400	500	600	700	800	900	1000	1500	2000	3000	4000	5000
大气压 $P_a/\gamma(\text{mH}_2\text{O})$	11.3	10.33	10.2	10.1	10.0	9.8	9.7	9.6	9.5	9.4	9.3	9.2	8.6	8.4	7.3	6.3	5.5

如果泵安装实际地点的气压是 h_a，不是 $10.33\text{mH}_2\text{O}$ 时（例如在高原区修建泵站）或水温是 t 而不是 $20℃$ 时（例如用来抽升热水时其饱和蒸汽压力是 h_{va} 而不是 $20℃$ 的 0.24时），则对水泵厂所给定的 H_s 值，应作如下的修正：

$$H'_s = H_s - (10.33 - h_a) - (h_{va} - 0.24) \qquad (2\text{-}149)$$

式中　H'_s——修正后采用的允许吸上真空高度（m）；

　　　H_s——水泵厂给定的允许吸上真空高度（m）；

　　　h_a——安装地点的大气压$\left(即 \dfrac{P_a}{\rho g}\right)$（$\text{mH}_2\text{O}$）；

　　　h_{va}——实际水温下的饱和蒸汽压力（表2-7）。

【例 2-7】12Sh-19A 型离心泵，流量为 220L/s 时，在泵样本的 Q-H_s 曲线中查得，其允许吸上真空高度 $H_s = 4.5\text{m}$，泵进水口直径为 300mm，吸水管从喇叭口到泵进口的水头损失为 1.0m，当地海拔为 1000m，水温为 40℃，试计算其最大安装高度 H_{ss}。

【解】由式（2-149）计算 H'_s

查表 2-7，水温为 40℃时，$h_{va} = 0.75\text{m}$

查表 2-8，当海拔为 1000m 时，$h_a = 9.2\text{m}$

根据式（2-149）：

$$H'_s = 4.5 - (10.33 - 9.2) - (0.75 - 0.24) = 2.86\text{m}$$

由式（2-148）可得：

$$H_{ss} = H'_s - \frac{v_1^2}{2g} - \Sigma h_s$$

$$v_1 = \frac{Q}{\omega} = \frac{0.22}{0.785 \times (0.3)^2} \approx 3.11\text{m/s}$$

$$\frac{v_1^2}{2g} \approx 0.5\text{m} \quad \Sigma h_s = 1\text{m}$$

所以，最大安装高度为：

$$H_{ss} = 2.86 - 0.5 - 1 = 1.36\text{m}$$

2.11.4　气蚀余量（NPSH）[①]

离心泵的吸水性能通常是用允许吸上真空高度 H_s 来衡量的。H_s 值越大，说明泵的吸水性能越好，或者说，抗气蚀性能越好。但是，对有些轴流泵、热水锅炉给水泵等，其安

---

① （NPSH）——系 Net Positive Suction Head 的缩写，直译为净正吸入水头，我国习惯称为"气蚀余量"。使用中，有用 H_{sv} 表示的，也有用 Δh_{sv} 表示的。

装高度通常是负值，叶轮常需安在最低水面下，对于这类泵常采用"气蚀余量"这名称来衡量它们的吸水性能。

1. 气蚀基本方程

由式（2-146）及式（2-142）可得：

$$\frac{P_1}{\rho g} - \frac{P_K}{\rho g} + \frac{v_1^2}{2g} = \frac{C_0^2}{2g} + \lambda \frac{W_0^2}{2g}$$

当气蚀时（即 $P_K = P_{va}$），上式可写成：

$$\frac{P_1}{\rho g} - \frac{P_{va}}{\rho g} + \frac{v_1^2}{2g} = \frac{C_0^2}{2g} + \lambda \frac{W_0^2}{2g} \tag{2-150}$$

上式称为气蚀基本方程式。令左边三项为 $NPSH_a$，称之为装置气蚀余量（或称有效气蚀余量）。右边两项为 $NPSH_r$，称之为泵气蚀余量（或称必须气蚀余量）。如此，气蚀基本方程可写成：

$$NPSH_a = NPSH_r \tag{2-151}$$

气蚀是否发生，取决于 $NPSH_a$ 与 $NPSH_r$。当 $NPSH_a = NPSH_r$ 时，对应 $P_K = P_{va}$，是气蚀发生的临界条件；当 $NPSH_a > NPSH_r$ 时，对应 $P_K > P_{va}$，泵不会产生气蚀；当 $NPSH_a < NPSH_r$ 时，对应 $P_K < P_{va}$，泵产生气蚀。

2. 装置气蚀余量 $NPSH_a$

由式（2-150），装置气蚀余量的表达式为：

$$NPSH_a = \frac{P_1}{\rho g} - \frac{P_{va}}{\rho g} + \frac{v_1^2}{2g} \tag{2-152}$$

其物理意义是指泵装置在泵进口处受单位重力作用的液体具有超过汽化压力的余裕能量。其大小通常换算到泵轴的基准面上（按泵的结构形式来确定基准面，如图 2-71 所示）。这部分的余裕能量用以补偿从泵进口到叶轮压力最低点 k 之间的各种压力降，以保证不发生气蚀。

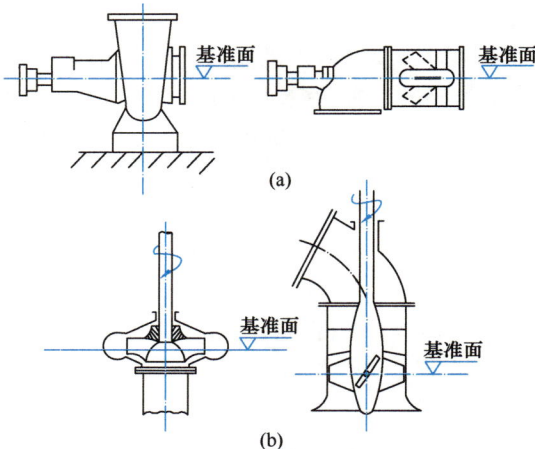

图 2-71 泵基准面的确定

（a）卧式：以通过水泵轴心中心线的水平面为基准面；
（b）立式：以通过叶轮叶片的进水边中心的水准面为基准面

将式（2-142）代入式（2-152）中可得：

$$NPSH_a = \frac{P_a}{\rho g} - \frac{P_{va}}{\rho g} - H_{SS} - \Sigma h_S = h_a - h_{va} - H_{SS} - \Sigma h_S \tag{2-153}$$

式（2-153）的图示形式如图 2-72 所示。因此 $NPSH_a$ 也可理解为：吸入液面上的压头 h_a 在克服吸水管的水头损失 Σh_S，并把液流提高 H_{ss} 后，所剩余超过汽化压头的能量。

3. 泵气蚀余量 $NPSH_r$

由式（2-150），泵气蚀余量的表达式为：

$$NPSH_r = \frac{C_0^2}{2g} + \lambda \frac{W_0^2}{2g} \tag{2-154}$$

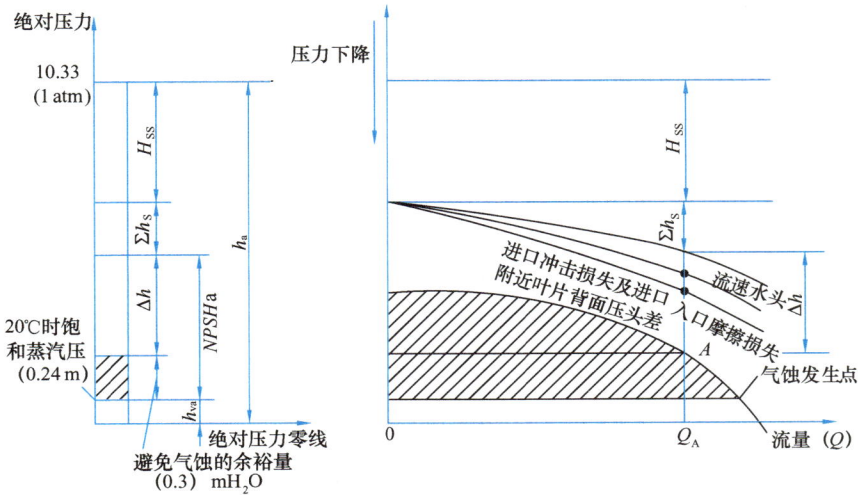

图 2-72　吸入式工作的泵气蚀余量图示

由此可见，$NPSH_r$ 只与泵叶轮进口部分的运动参数（C_0，W_0）有关。因运动参数在一定转速和流量下是由泵几何参数决定的。因此 $NPSH_r$ 是由泵本身结构参数所决定的。对既定的泵，不论何种液体（除黏性很大、影响速度分布外），在一定转速和流量下，流过泵叶轮进口处，因速度大小相同，故均有相同的压力降，即 $NPSH_r$ 相同。$NPSH_r$ 表征泵进口部分的压力降，也就是为了保证泵不会发生气蚀，要求在泵进口处受单位重力作用的液体具有超过气化压力的余裕能量，即要求装置提供的最小装置气蚀余量。$NPSH_r$ 越小，表示泵进口部分的压力降越小，要求装置提供的 $NPSH_a$ 越小，因而泵的抗气蚀性越好。

式（2-154）中绕流系数 λ 与叶片进口前后的速度比值有关。目前，尚无精确计算 λ 值的公式，所以 $NPSH_r$ 也不能通过计算精确地确定。事实上，泵样本中提供的气蚀性能曲线即 $Q\text{-}NPSH_r$ 曲线中的 $NPSH_r$ 由两部分组成：临界气蚀余量 Δh 和避免气蚀的安全余裕量 k，即 $NPSH_r = \Delta h + k$。通常取 $k = 0.3\mathrm{mH_2O}$。Δh 与叶轮进口的流速水头值、叶片进口摩擦损失、叶轮进口冲击损失及进口附近叶片背（水）面的压头差等有关，也就是说，与叶片进口形状、进水道的构造有关，通常是用试验来确定的。Δh 是在临界状态下得出（所谓临界状态是指由于气蚀而不能正常工作的分界点）。显然 Δh 随着流量的增大而增大。因此，$Q\text{-}NPSH_r$ 曲线是一条随着流量增加而上升的曲线，如图 2-70 所示。

如图 2-72 中 Q_A 为该泵的正常工况下的出水量，则在运转过程中，流量大于 Q_A 时，该泵避免产生气蚀的余裕能量越来越小了。在泵站设计中，应充分估计到类似这样的情况，以保证在实际运行中可能出现的大流量情况下，不产生气蚀现象。由上所述可知：泵厂样本中要求的气蚀余量越小，表示该泵的吸水性能越好。

对于式（2-153）还可以用另一形式来表示（以吸水井水位低于泵轴时为例）：

$$NPSH_a = h_a - h_{va} - \left(|H_{ss}| + \Sigma h_s + \frac{v_1^2}{2g} \right) + \frac{v_1^2}{2g}$$

故

$$NPSH_a + H_s = (h_a - h_{va}) + \frac{v_1^2}{2g} \tag{2-155}$$

73

式（2-155）反映了气蚀余量与吸上真空高度之间的关系。工程中防止气蚀的根本方法是在使用中，使 $NPSH_a$ 大于必要的 $NPSH_r$（为安全考虑，在实际工程中，往往要求 $NPSH_a \geqslant NPSH_r + 0.4 \sim 0.6 mH_2O$）。这里，减小泵必要的 $NPSH_r$ 是泵设计和制作方面的问题，对使用者来讲，应在泵装置的合理布置方面多加些考虑，即提高 $NPSH_a$。

综上所述，叶片式泵的吸水过程，是建立在泵吸入口能够形成必要真空值的基础上，此真空值是个须严格控制的条件值，在实际使用中，泵真空值太小，抽不上水，真空值太大，产生气蚀现象。因此，泵装置正确的吸水条件，是以运行中不产生气蚀现象为前提的。使用中应以泵样本中给定的允许吸上真空高度 H_s，或者以泵样本中给定的必要的气蚀余量 $NPSH_r$ 作为限度值来考虑问题。

2.12　离心泵机组的使用与维护

离心泵机组的正确启动、运行与停车是泵站输配水系统安全、经济供水的前提。学会对离心泵机组的操作管理技术与掌握离心泵机组的性能理论，对于从事给水排水工程的技术人员而言都是相当重要的。

2.12.1　启动前的准备工作

泵启动前应该检查一下各处螺栓连接的完好程度，检查轴承中润滑油是否足够、干净，检查出水阀、压力表及真空表上的旋塞阀是否处于合适位置，供配电设备是否完好，然后，进一步进行盘车、灌泵等工作。

盘车就是用手转动机组的联轴器，凭经验感觉其转动的轻重是否均匀，有无异常声响。目的是为了检查泵及电动机内有无不正常的现象，例如转动零件松脱后卡住、杂物堵塞、泵内冻结、填料过紧或过松、轴承缺油及轴弯曲变形等问题。

灌泵就是启动前，向泵及吸水管中充水，以便启动后能在泵入口处造成抽吸液体所必须的真空值。从理论力学可知流体离心力为：

$$J = \rho g W \omega^2 r \tag{2-156}$$

式中　J——转动叶轮中单位体积流体之离心力（N）；

　　　W——液体体积（当 J 为单位体积液体之离心力时，$W=1$）（m³）；

　　　ω——角速度（1/s）；

　　　r——叶轮半径（m）；

　　　ρ——流体密度（kg/m³）。

由式（2-156）可知，同一台泵，当转速一定时，流体的密度 ρ 越大，由于惯性而表现出来的离心力也越大。空气的密度约为水的 1/800，灌泵后，叶轮旋转时在吸入口处能产生的真空值一般为 600mmHg 左右，而如果不灌泵，叶轮在空气中转动，泵吸入口处只能产生 0.75mmHg 的真空值，这样低的真空值，当然是不足以把水抽上来的。

对于新安装的泵或检修后首次启动的泵是有必要进行转向检查的。检查时，两个靠背轮脱开，开动电动机，视其转向与水泵厂规定的转向是否一致，如不一致，可以改接电源的相线，即将 3 根进线中任意对换两根接线，然后接上再试。

准备工作就绪后，即可启动泵。启动时，工作人员与机组不要靠得太近，待泵转速稳定后，即应打开真空表与压力表上的阀，此时，压力表上读数应上升至泵零流量时的空转扬程，表示泵已经上压，可逐渐打开压力闸阀，此时，真空表读数逐渐增加，压力表读数应逐渐下降，配电屏上电流表读数应逐渐增大。启动工作待闸阀全开时，即告完成。

泵在闭闸情况下，运行时间一般不应超过 2～3min，如时间太长，则泵内液体发热，会造成事故，应及时停车。

2.12.2　运行中应注意的问题

（1）检查各个仪表工作是否正常、稳定。电流表上读数是否超过电动机的额定电流，电流过大或过小，都应及时停车检查。引起电流过大，一般是由于叶轮中杂物卡住、轴承损坏、密封环互磨、泵轴向力平衡装置失效、电网中电压降太大等原因。引起电流过小的原因有：吸水底阀或出水闸阀打不开或开启不足、泵气蚀等原因。

（2）检查流量计上指示数是否正常。也可看出水管水流情况来估计流量。

（3）检查填料盒处是否发热、滴水是否正常。滴水应呈滴状连续渗出，才算符合正常要求。滴水情况一般是反映填料的压紧适当程度，运行中可调节压盖螺栓来控制滴水量。

（4）检查泵与电动机的轴承和机壳温升。轴承温升，一般不得超过周围温度为 35℃，最高不超过 75℃。在无温度计时，也可用手摸，凭经验判断，如感到很烫手时，应停车检查。

（5）注意油环，要让它自由地随同泵轴作不同步的转动。随时听机组声响是否正常。

（6）定期记录泵的流量、扬程、电流、电压、功率因素等有关技术数据，严格执行岗位责任制和安全技术操作规程。

（7）泵的停车应先关出水闸阀，实行闭闸停车。然后，关闭真空及压力表上的阀，把泵和电动机表面的水和油擦净。在无供暖设备的房屋中，冬季停车后，要考虑泵不致冻裂。

2.12.3　泵的故障和排除

离心泵常见的故障及排除见表 2-9。

离心泵常见的故障及其排除　　　　　　　　　　　表 2-9

故障	产 生 原 因	排 除 方 法
启动后泵不出水或出水不足	1. 泵壳内有空气，灌泵工作没有做好 2. 吸水管路及填料有漏气 3. 泵转向不对 4. 泵转速太低 5. 叶轮进水口及流道堵塞 6. 底阀堵塞或漏水 7. 吸水井水位下降，泵安装高度太大 8. 减漏环及叶轮磨损 9. 水面产生旋涡，空气带入泵内 10. 水封管堵塞	1. 继续灌水或抽气 2. 堵塞漏气，适当压紧填料 3. 对换一对接线，改变转向 4. 检查电路，是否电压太低 5. 揭开泵盖，清除杂物 6. 清除杂物或修理 7. 核算吸水高度，必要时降低安装高度 8. 更换磨损零件 9. 加大吸水口淹没深度或采取防止措施 10. 拆下清通

续表

故障	产 生 原 因	排 除 方 法
泵开启后不动或启动后轴功率过大	1. 填料压的太死，泵轴弯曲，轴承磨损 2. 多级泵中平衡孔堵塞或回水管堵塞 3. 靠背轮间隙太小，运行中两轴相顶 4. 电压太低 5. 实际液体的相对密度远大于设计液体的相对密度 6. 流量太大，超过使用范围太多	1. 松一点压盖，矫直泵轴，更换轴承 2. 清除杂物，疏通回水管路 3. 调整靠背轮间隙 4. 检查电力，向电路部门反映情况 5. 更换电动机，提高功率 6. 关小出水闸阀
泵机组振动和噪声	1. 地脚螺栓松动或没填实 2. 安装不良，联轴器不同心或泵轴弯曲 3. 泵产生气蚀 4. 轴承损坏或磨损 5. 基础松软 6. 泵内有严重摩擦 7. 出水管存留空气	1. 拧紧并填实地脚螺栓 2. 找正联轴器不同心度，矫直或换轴 3. 降低吸水高度，减少水头损失 4. 更换轴承 5. 加固基础 6. 检查咬住部位 7. 在存留空气处，加装排气阀
轴承发热	1. 轴承损坏 2. 轴承缺油或油太多（使用黄油时） 3. 油质不良，不干净 4. 轴弯曲或联轴器没找正 5. 滑动轴承的甩油环不起作用 6. 叶轮平衡孔堵塞，使泵轴向力不能平衡 7. 多级泵平衡轴向力装置失去作用	1. 更换轴承 2. 按规定油面加油，去掉多余黄油 3. 更换合格润滑油 4. 矫直或更换泵轴的正联轴器 5. 放正游环位置或更换油环 6. 清楚平衡孔上的堵塞的杂物 7. 检查回水管是否堵塞，联轴器是否相碰，平衡盘是否损坏
电动机过载	1. 转速高于额定转速 2. 泵流量过大，扬程低 3. 电动机或泵发生机械损坏	1. 检查电路及电动机 2. 关小闸阀 3. 检查电动机及泵
填料处发热、漏渗水过少或没有	1. 填料压得太紧 2. 填料环装的位置不对 3. 水封管堵塞 4. 填料盒与轴不同心	1. 调整松紧度，使滴水呈滴状连续渗出 2. 调整填料环位置，使它正好对准水封管口 3. 疏通水封管 4. 检修，改正不同心的地方

2.13 轴流泵及混流泵

轴流泵及混流泵都是叶片式泵中比转数较高的一种泵。它们的特点都是属于中、大流量，中、低扬程。特别是轴流泵，扬程一般仅为 $4\sim15m$。在给水排水工程中，例如大型钢厂、火力发电厂、热电站的循环泵站，城市雨水防洪泵站、大型污水泵站以及像引滦入津工程中的一些大型提升泵站等，轴流泵及混流泵的采用都是十分普遍的。

2.13.1 轴流泵的基本构造

轴流泵的外形很像一根水管，泵壳直径与吸水口直径差不多，既可以垂直安装（立式）和水平安装（卧式），也可以倾斜安装（斜式）。图 2-73（a）所示为立式半调（节）式轴流泵的外形图。图 2-73（b）所示为该泵的结构图，其基本部件由吸入管 1，叶轮（包括叶片 2，轮毂 3），导叶 4，泵轴 8，出水弯管 7，上下轴承 5、9，填料盒 12 以及叶片角度的调节机构等组成。

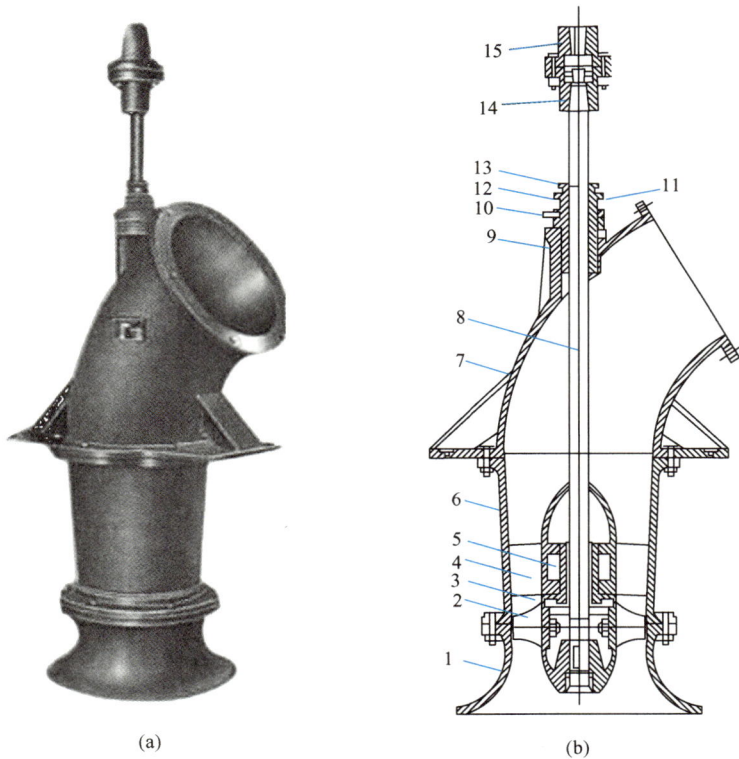

(a)   (b)

图 2-73 立式半调型轴流泵

（a）外形图；（b）结构图

1—吸入管；2—叶片；3—轮毂体；4—导叶；5—下导轴承；6—导叶管；
7—出水弯管；8—泵轴；9—上导轴承；10—引水管；11—填料；12—填
料盒；13—压盖；14—泵联轴器；15—电动机联轴器

（1）吸入管：为了改善入口处水力条件，常采用符合流线形的喇叭管或做成流道形式。

（2）叶轮：是轴流泵的主要工作部件，其性能直接影响到泵的性能。叶轮按其调节的可能性，可以分为固定式、半调式和全调式三种。固定式轴流泵是叶片和轮毂体铸成一体的，叶片的安装角度是不能调节的。半调式轴流泵其叶片是用螺母栓紧在轮毂体上，在叶片的根部上刻有基准线，而在轮毂体上刻有几个相应的安装角度的位置线，如图 2-74 所

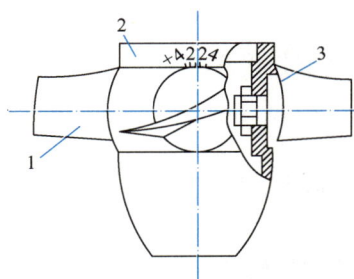

图 2-74　半调式叶片
1—叶片；2—轮毂体；3—调节螺母

示的 $-4°$、$-2°$、$0°$、$+2°$、$+4°$等。叶片不同的安装角度，其性能曲线将不同。根据使用的要求可把叶片安装在某一位置上，在使用过程中，如工况发生变化需要进行调节时，可以把叶轮卸下来，将螺母松开转动叶片，使叶片的基准线对准轮毂体上的某一要求角度线，然后把螺母拧紧，装好叶轮即可。全调式轴流泵就是该泵可以根据不同的扬程与流量要求，在停机或不停机的情况下，通过一套油压调节机构来改变叶片的安装角度，从而改变其性能，以满足使用要求，这种全调式轴流泵调节机构比较复杂，一般应用于大型轴流泵站。

（3）导叶：在轴流泵中，液体运动好像沿螺旋面的运动，液体除了轴向前进外，还有旋转运动。导叶是固定在泵壳上不动的，水流经过导叶时就消除了旋转运动，把旋转的动能变为压力能。因此，导叶的作用就是把叶轮中向上流出的水流旋转运动变为轴向运动。一般轴流泵中有 6～12 片导叶。

（4）轴和轴承：泵轴是用来传递扭矩的。在大型轴流泵中，为了在轮毂体内布置调节、操作机构，泵轴常做成空心轴，里面安置调节操作油管。轴承在轴流泵中按其功能有两种：①导轴承（图 2-73 中 5 和 9），主要是用来承受径向力，起到径向定位作用；②推力轴承，其主要作用在立式轴流泵中，是用来承受水流作用在叶片上的方向向下的轴向推力，泵转动部件重量以及维持转子的轴向位置，并将这些推力传到机组的基础上去。

（5）密封装置：轴流泵出水弯管的轴孔处需要设置密封装置，目前，一般仍常用压盖填料型的密封装置。

2.13.2　轴流泵的工作原理

轴流泵的工作是以空气动力学中机翼的升力理论为基础的。其叶片与机翼具有相似形状的截面，一般称这类形状的叶片为翼型，如图 2-75 所示。在风洞中对翼型进行绕流试验表明，当流体绕过翼型时，在翼型的首端 A 点处分离成为两股流，它们分别经过翼型的上表面（即轴流泵叶片工作面）和下表面（轴流泵叶片背面），然后，同时在翼型的尾端 B 点汇合。由于沿翼型下表面的路程要比翼型上表面路程长一些，因此，流体沿翼型下表面的流速要比沿翼型上表面流速大，相应地，翼型下表面的压力将小于上表面，流体对翼型将有一个由上向下的作用力 P。同样翼型对于流体也将产生一个反作用力 P'，此 P' 的大小与 P 相等，方向由下向上，作用在流体上。

图 2-76 为立式轴流泵工作的示意。具有翼型断面的叶片，在水中作高速旋转时，水流相对于叶片就产生了急速的绕流，如上所述，叶片对水将施以力 P'，在此力作用下，水就被压升到一定的高度上去。从 2.4 节离心泵基本方程的推导过程可知，不论叶片形状如何，方程的形式仅与进出口动量矩有关，也即不管叶轮内部的水流情况怎样，能量的传递都决定于进出口速度四边形，因此，此基本方程不仅适用于离心泵，同样也适用于轴流泵、混流泵等一切叶片泵，故也称叶片泵基本方程。

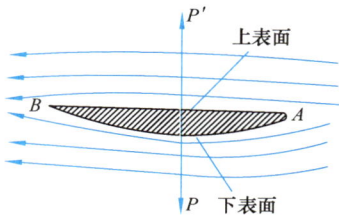

图 2-75　翼型绕流

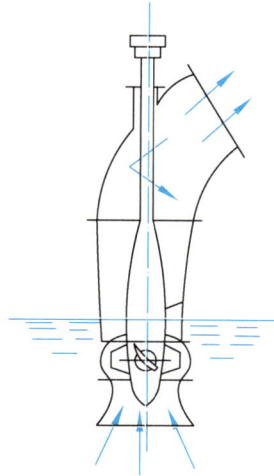

图 2-76　立式轴流工作示意

2.13.3　轴流泵的性能特点

轴流泵与离心泵相比，具有下列性能特点：

（1）扬程随流量的减小而剧烈增大，Q-H 曲线陡降，并有转折点，如图 2-77 所示。其主要原因是，流量较小时，在叶轮叶片的进口和出口处产生回流，水流多次重复得到能量，类似于多级加压状态，所以扬程急剧增大。又回流使水流阻力损失增加，从而造成轴功率增大的现象，一般空转扬程 H_0 约为设计工况点扬程的 1.5～2 倍。

（2）Q-N 曲线也是陡降曲线，当 $Q=0$（出水闸阀关闭时），其轴功率 $N_0=(1.2\sim1.4)N_d$，N_d 为设计工况时的轴功率。因此，轴流泵启动时，应当在闸阀全开情况下来启动电动机，一般称为"开闸启动"。

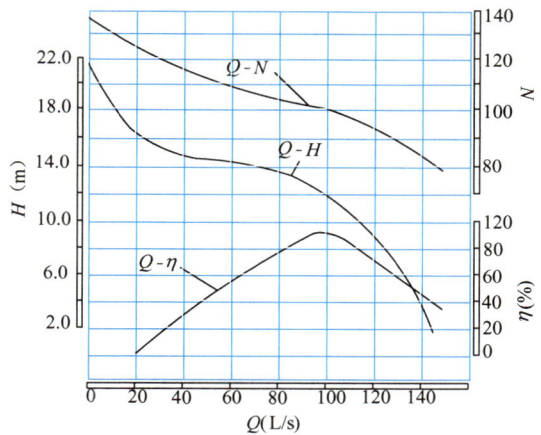

图 2-77　轴流泵特性曲线

（3）Q-η 曲线呈驼峰形。也即高效率工作的范围很小，流量在偏离设计工况点不远处效率就下降很快。根据轴流泵的这一特点，采用闸阀调节流量是不利的。一般只采取改变叶片装置角 β 的方法来改变其性能曲线，故称为变角调节。大型全调式轴流泵，为了减小泵的启动功率，通常，在启动前先关小叶片的 β 角，待启动后再逐渐增大 β 角，这样，就充分发挥了全调式轴流泵的特点。图 2-78 表示同一台轴流泵，在一定转速下，把不同叶片装置角 β 时的性能曲线、等效率曲线以及等功率曲线等绘在一张图上，称为轴流泵的通用特性曲线。有了这种图，可以很方便地根据所需的工作参数来找适当的叶片装置角，或用这种图来选择泵。

（4）在泵样本中，轴流泵的吸水性能，一般是用气蚀余量 Δh_{sv} 来表示的。气蚀余量值由水泵厂气蚀试验中求得，一般轴流泵的气蚀余量都要求较大，因此，其最大允许的吸上真空高度都较小，有时叶轮常常需要浸没在水中一定深度处，安装高度为负值。为了保证在运行中轴流泵内不产生气蚀，须认真考虑轴流泵的进水条件（包括吸水口淹没深度、吸水流道的形状等），运行中实际工况点与该泵设计工况点的偏离程度，叶轮叶片形状的制造质量和泵安装质量等。

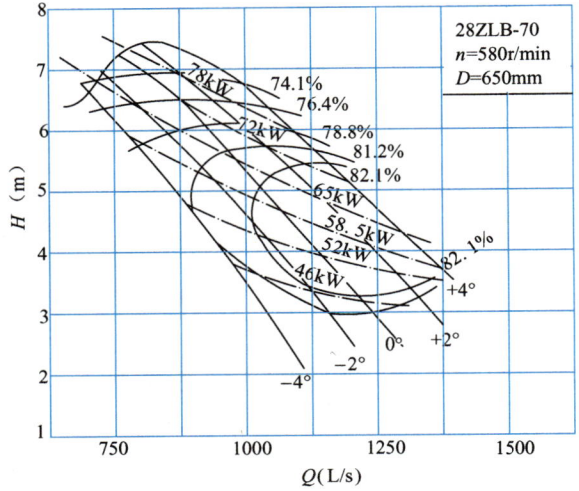

图 2-78　轴流泵的通用特性曲线

（5）轴流泵亦可采用变速调节、不同转速下各性能参数的变化规律满足比例律。

2.13.4　混流泵

混流泵根据其压水室的不同，通常可分为蜗壳式（图 2-79）和导叶式（图 2-80）两种。混流泵从外形上看，蜗壳式与单吸式离心泵相似，导叶式与立式轴流泵相似。其部件也无多大区别，所不同的仅是叶轮的形状和泵体的支承方式。混流泵叶轮的工作原理是介乎于离心泵和轴流泵之间的一种过渡形式，叶片泵基本方程同样适合于混流泵。

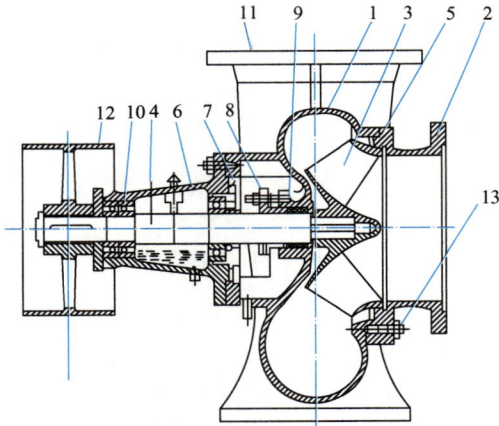

图 2-79　蜗壳式混流泵构造装配图

1—泵壳；2—泵盖；3—叶轮；4—泵轴；5—减漏环；6—轴承盒；7—轴套；8—填料压盖；9—填料；10—滚动轴承；11—出水口；12—皮带轮；13—双头螺栓

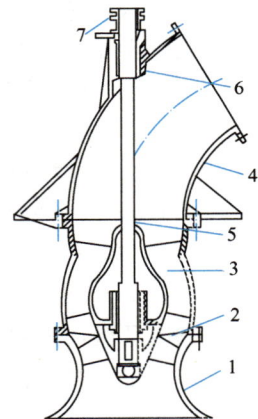

图 2-80　导叶式混流泵结构图

1—进水喇叭；2—叶轮；3—导叶体；4—出水弯管；5—泵轴；6—橡胶轴承；7—填料函

2.14　给水排水工程中常用的叶片泵

叶片泵的构造形式甚多,其分类方法也各不相同。可以从各个角度来提出分类:有卧式的、立式的;有抽升清水的、污水的;有按泵壳的接缝分为水平接缝(中开式)的、垂直接缝(分段式)的;也有单级单吸、单级双吸以及多级分段式的等。但对某一具体型号的泵,往往是采用几个分类名称的组合,而以其中主要的特征来命名。下面介绍给水排水工程中常用的叶片泵。

2.14.1　IS 系列单级单吸式离心泵

它是现行水泵行业首批采用国际标准联合设计的新系列产品,其外形、构造如图 2-81所示。它的特点是:性能分布合理(流量范围为 $6.3\sim400m^3/h$,扬程范围为 $5\sim125m$。用户可选择到比较满意的型号),其次是标准化程度高,泵的效率达到国际水平。IS 型单级单吸式离心泵供输送温度不超过 80℃的清水及物理化学性质类似水的液体。其全系列共29 种基本型。性能和规格比国家已于 1986 年淘汰的 BA 型、B 型系列,无论在性能参数或结构上均有较大的扩展和改进。

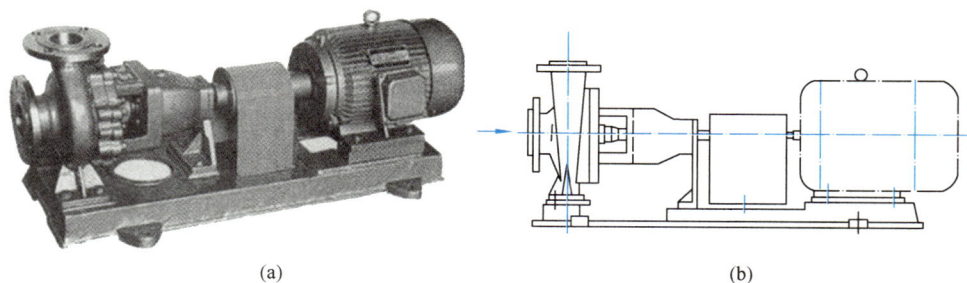

图 2-81　IS 单级单吸式离心泵
(a) 外形图;(b) 结构示意图

型号意义:例如 IS100-65-250A 型
IS——采用 ISO 国际标准的单级单吸清水离心泵;
100——泵吸入直径(mm);
65——泵压出口直径(mm);
250——叶轮直径(mm);
A——叶轮第一次切削(mm)。

2.14.2　Sh(SA)系列单级双吸式离心泵

这种泵在城镇给水、工矿企业的循环用水、农田排灌、防洪排涝等方面应用十分广泛,是给水排水工程中最常用的一种泵。目前,常见的流量为 $90\sim20000m^3/h$,扬程为 $10\sim100mH_2O$。按泵轴的安装位置不同,有卧式和立式两种。图 2-82 所示为 Sh 型单级双吸卧式离心泵图。其型号的意义见 2.3 "离心式清水泵铭牌"。

与 Sh 型泵的结构形式相类似的泵有 SA 型和 S 型泵。它们共同的特点是泵的吸入口

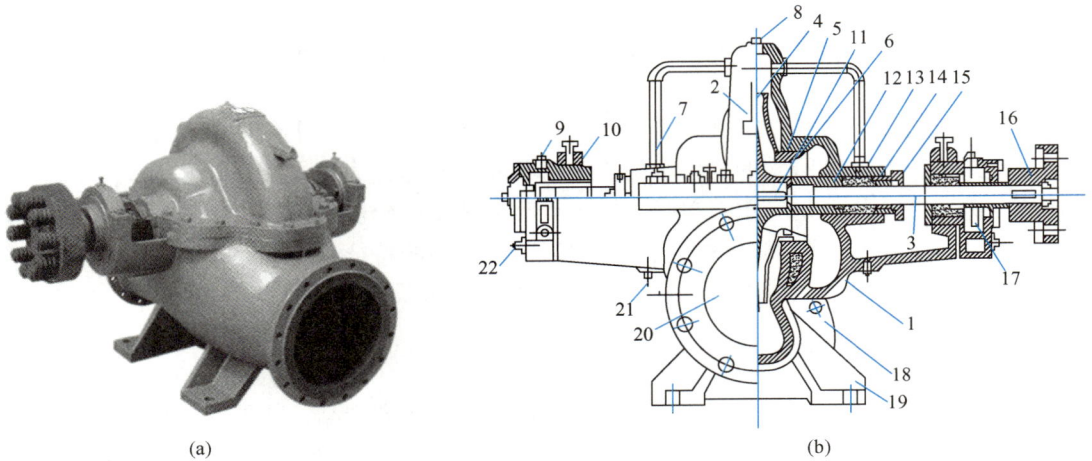

图 2-82　单级双吸卧式离心泵

(a) 外形图；(b) 剖面图

1—泵体；2—泵盖；3—泵轴；4—叶轮；5—叶轮上减漏环；6—泵壳上减漏环；

7—水封管；8—充水孔；9—油孔；10—双列球轴承；11—键；12—填料套；13—填料环；

14—填料；15—压盖；16—联轴器；17—油杯指示管；18—压水管法兰；19—泵座；

20—吸水管；21—泄水孔；22—放油孔

图 2-83　SLA 型立式双
吸离心泵

与压出口均在泵轴心线的下方，检修时只要松开泵盖接合面的螺母，即可揭开泵盖，可将全部零件拆下，不必移动电动机和管路。因此它对于维修来讲，是一种比较合理的结构形式。这类泵的填料盒作用，主要是防止漏气。泵的正常转向一般是从传动方向看去为逆时针方向旋转，在进行泵站机组布置时，也可以根据需要，将这类泵改成反转向，在订购泵时，应向泵厂注明转向的要求。双吸式叶轮由于形状对称，两侧的轴向力互相抵消，一般不需要专设平衡装置。与 SA 型泵类同的另一种泵是 SLA 型立式双吸离心泵（图 2-83）。它是将 SA 型的泵轴改为立式安装，除上下两轴承体内装有向心球轴承外，上端轴承体内还装有止推球轴承，以承受泵的轴向推力及转动部分的质量。

习惯上把这种泵称为"卧式立装"，目的是可使泵房平面面积减小，布置紧凑，但从安装和维修角度讲，它不如卧式泵方便。

2.14.3　D（DA）系列分段多级式离心泵

这种泵相当于将几个叶轮同时安装在一根轴上串联工作。轴上叶轮的个数就代表泵的级数。图 2-84 所示为 100D16A×12 型多级式离心泵的外形图。型号意义：

100——泵吸入口直径（mm）；

D——单吸多级分段式；

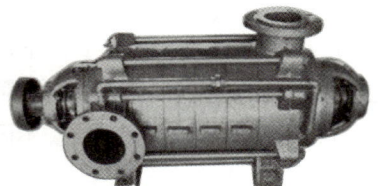

图 2-84　分段多级式离心泵

　　16——单级扬程（mm）；

　　A——同一台泵叶轮被切削；

　　12——泵级数（叶轮数）。

　　多级泵工作时，液体由吸水管吸入，顺序地由前一个叶轮压出进入后一个叶轮，每经过一个叶轮，液体的比能就增加一次，所以，泵的总扬程是按叶轮级数的增加而增加。目前，这类泵扬程在 $100\sim650\text{mH}_2\text{O}$ 高范围内，流量在 $5\sim720\text{m}^3/\text{h}$ 范围内。这类多级泵的泵体是分段式的，由一个前段，一个后段和数个中段所组成，用螺栓连接成一整体。它的叶轮都是单吸式的，吸入口朝向一边。泵壳铸有蜗壳形的流道，水从一个叶轮流入另一个叶轮，以及把动能转化为压能的作用是由导流器来进行的。导流器的构造图如图 2-85（a）所示，它是一个铸有导叶的圆环，安装时用螺母固定在泵壳上。水流通过导流器时，犹如水流流经一个不动的水轮机的导叶一样，因此，这种带导流器的多级泵通常称为导叶式离心泵（又称透平式离心泵）。图 2-85（b）表示泵壳中水流运动的情况。

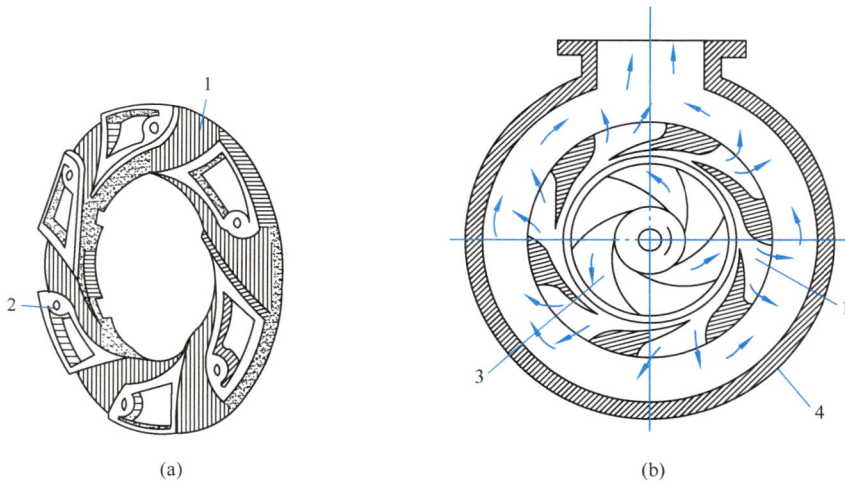

(a)　　　　　　　　　　　(b)

图 2-85　导叶式离心泵

1—流槽；2—固定螺栓孔；3—水泵叶轮；4—泵壳

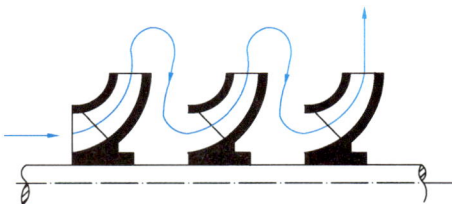

图 2-86　分段多级式离心
泵中液流示意

　　图 2-86 所示为分段多级式离心泵中液流的示意。其轴向推力将随叶轮个数的增加而增大。所以，在分段多级离心泵中，轴向力的平衡是一个不容忽视的问题。为了消除轴向推力，通常在泵最后一级，安装平衡盘装置，如图 2-87 所示。此平衡盘以键销固定于轴上，随轴一起旋转，它与泵轴及叶轮可视为同一个"刚性体"，而泵壳及泵座则视为另一个"刚性体"。当最后一级叶

轮出口的压力水有一部分经轴隙 a 流至平衡盘时，平衡室内有一个 $\overset{\leftarrow}{\Delta P'}$ 的力作用在平衡盘

的内表面上，其值为$\overleftarrow{\Delta P'}=\rho ghA$（$A$为平衡盘的面积），其方向与泵的轴向力$\overrightarrow{\Delta P}$相反。如$\overleftarrow{\Delta P'}$接近$\overrightarrow{\Delta P}$时，对泵轴而言，意味着使它向左位移的力和使它向右位移的轴向力平衡，所以，我们称$\overleftarrow{\Delta P'}$为轴向力的平衡力。在泵运行中，由于泵的出水压力是变化的，因此，轴

向力$\overrightarrow{\Delta P}$也是变化的，当$\overrightarrow{\Delta P}>\overleftarrow{\Delta P'}$时，泵轴及平衡盘向右位移，盘隙$b$变小，泄漏量也变小，但因轴隙$a$是始终不变的，此时，平衡室内就进水多而出水少，平衡室压力ρghA值增大，也即向左的平衡力$\overleftarrow{\Delta P'}$就增大，很快地它增长至$\overleftarrow{\Delta P'}=\overrightarrow{\Delta P}$值时，轴和平衡盘又从右边拉回到原来平衡位置。

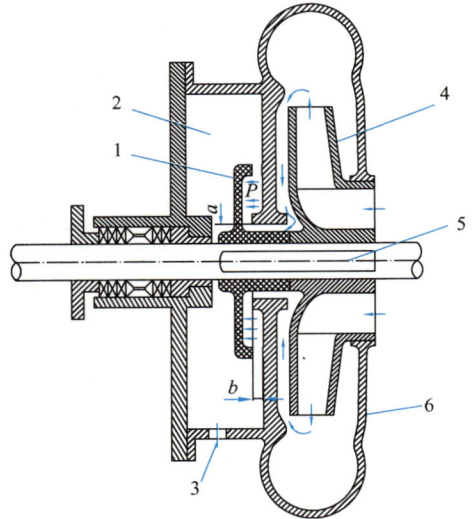

图 2-87　平衡盘
1—平衡盘；2—平衡室；3—同大气孔；
4—泵叶轮；5—键；6—泵壳

分段多级泵中装了平衡盘以后，不论泵工作情况如何变化，在平衡室内一定能自动地使$\overleftarrow{\Delta P'}$调整至与$\overrightarrow{\Delta P}$相等，并且，这种调整是随时地在进行的。在泵运行中，平衡盘始终处于一种动态平衡之中，泵的整个转动部分始终是在某一平衡位置的左右作微小的轴向脉动。一般泵厂在水厂的总装图上，对于装上平衡盘后，轴的窜动量都提有明确的技术要求。这里，轴缝a的作用，主要是造成一水头损失值，以减少泄漏量，盘隙b的作用，主要是控制泄漏量，以保证平衡室内维持一定的压力值。平衡盘直径应适当比泵吸入口直径大一些，以保证$\overleftarrow{\Delta P'}$能与$\overrightarrow{\Delta P}$平衡。轴隙、盘隙、盘径这三者在泵制作的设计中，都需要具体计算。另外采用了平衡盘装置后，就不采用止推轴承，因为止推轴承限制了泵转动部分的轴向移动，使平衡盘失掉自动平衡轴向力这个最大的优点。

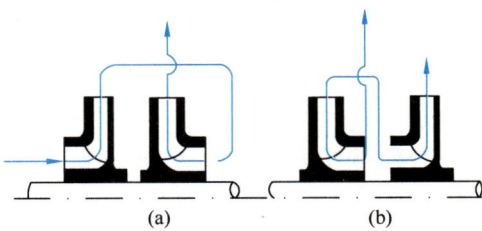

图 2-88　叶轮对称布置
（a）背靠背布置；（b）面对面布置

此外，对多级泵而言，消除轴向力的另一途径是将各个单吸式叶轮作"面对面"或"背靠背"的布置，如图2-88所示。一台四个单吸式叶轮的多级泵，可排成犹如两组双吸式叶轮在工作，这样，可基本上消除由于叶轮受力的不对称性而引起的轴向推力，但是，一般而言，这类布置将使泵的构造较为复杂一些。

2.14.4　管道泵

管道泵也称为管道离心泵，其结构如图2-89所示。该泵的基本构造与离心泵十分相似，主要由泵体、泵盖、叶轮、轴、泵体密封圈等零件组成，泵与电动机共用一个轴、叶轮直接装在电动机轴上。

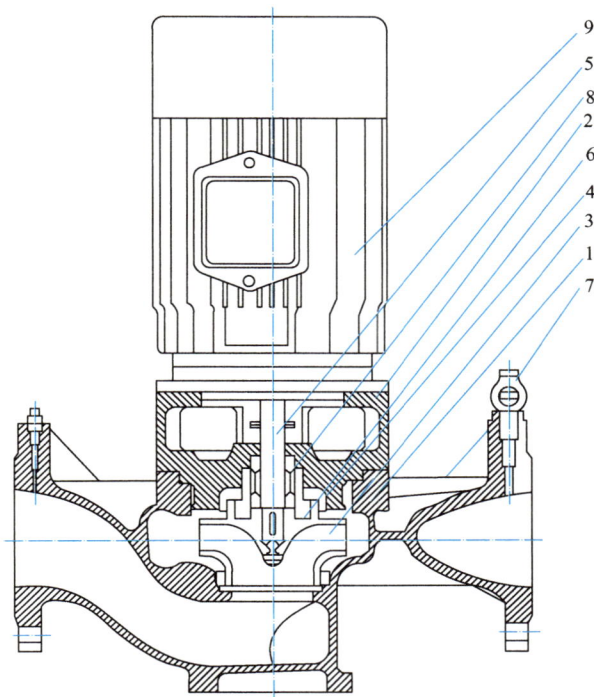

图 2-89　G 型管道泵结构图

1—泵体；2—泵盖；3—叶轮；4—泵体密封环；5—轴；6—叶轮螺母；

7—空气阀；8—机械密封；9—电动机

管道泵是一种比较适合于民用、工业设施的暖通空调系统及给水管道局部加压和家用热水循环应用的泵，它具有以下特点：

（1）泵的体积小、质量轻、进出水口均在同一直线上，可以直接安装在管路上，不需设基础，不需吸水池，安装方便、占地极少。

（2）采用机械密封，密封性能好，泵运行时不会漏水。

（3）泵运行效率相对较高、耗电少、噪声低。

（4）常用的管道泵有 G 型、BG 型两种。

G 型管道泵是立式单级单吸离心泵，适宜于输送低于 80℃，无腐蚀性的清水或物理、化学性质类似清水的液体。该泵可以直接安装在水平或竖直管道中，也可多台泵串联或并联运行，宜作循环水或高楼供水用泵。

G 型管道泵的性能曲线如图 2-90 所示。

BG 型是立式单级单吸离心管道泵，适用于输送温度不超过 80℃的清水、石油产品及其他无腐蚀性的液体，可供城市给水，供暖管道及热水管道中途加压之用。流量范围一般在 $2.5 \sim 25\text{m}^3/\text{h}$；扬程在 $4 \sim 20\text{m}$。

BG 型管道泵的性能曲线如图 2-91 所示。

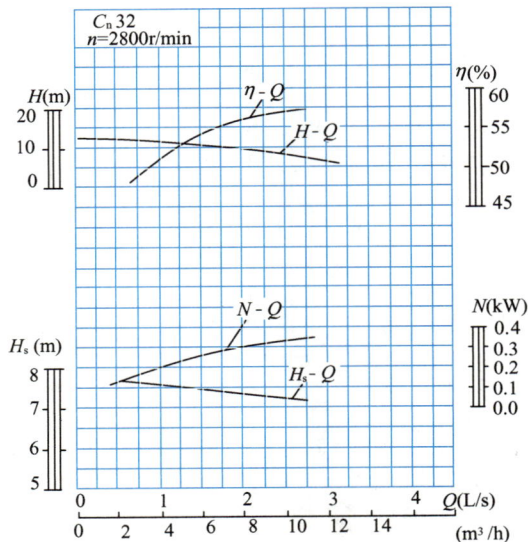

图 2-90 G 型管道泵性能曲线

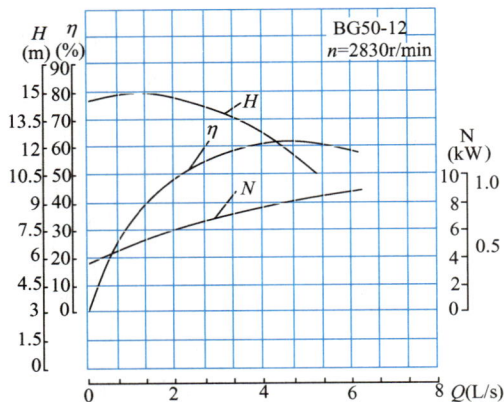

图 2-91 BG 型管道泵性能曲线

2.14.5 不锈钢离心泵

随着管道直饮水工程的发展，其规模已从建筑小区扩展到城市的一个大区，甚至整个城镇。我国已有整个县城统一的管道直饮水的工程实例。输送直饮水的泵一般采用不锈钢离心泵。既有卧式的，又有立式的；既有单级的，又有多级的。

图 2-92 为卧式不锈钢多级离心泵示意图，其为端部（轴向）进水，径向出水。由于生产厂家不同，其流量和扬程范围有所不同。一般而言，流量不大于 $30\text{m}^3/\text{h}$，扬程不大于 $60\sim70\text{m}$。如 MHI 型卧式不锈钢多级离心泵，其流量范围为 $0\sim25\text{m}^3/\text{h}$，扬程范围 $0\sim67\text{m}$。其型号意义说明如下：

泵型：MHI 16 04

MHI——卧式不锈钢多级离心泵；

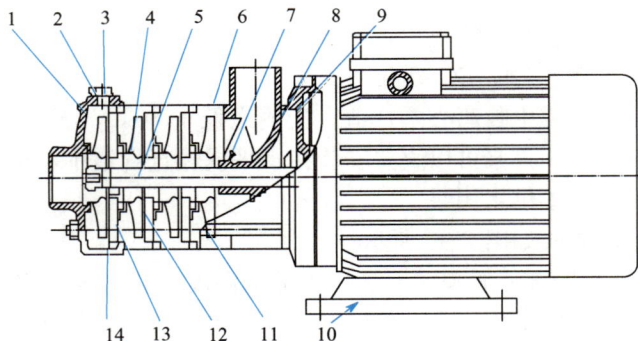

图 2-92 卧式不锈钢泵

1—进水体；2—堵头；3—轴承；4—叶轮；5—轴；6—出水导叶；7—出水体；
8—机械密封；9—电动机端盖；10—底座；11—拉杆；12—导叶；
13—支撑导叶；14—叶轮隔套

16——额定流量，m³/h;

04——叶轮级数。

图 2-93 为立式不锈钢多级离心泵示意图，其结构类似前述管道泵，不同生产企业其流量和扬程范围有所不同。但最大流量可达 200m³/h，扬程可达 300 余米。如 wilo-MVI 型立式不锈钢多级离心泵，其流量范围 0～150m³/h，扬程范围 0～230m，其型号意义如下：

泵型：MVI 95 05

MVI——立式不锈钢多级离心泵；

95——额定流量（m³/h）；

05——叶轮级数。

2.14.6　JD(J)系列深井泵

深井泵是用来抽升深井地下水的。图 2-94（a）所示为常用的 JD 型深井泵的外形图。

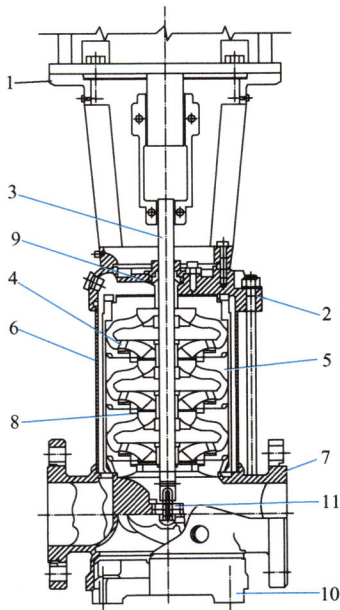

图 2-93　立式不锈钢泵

1—电动机座；2—泵盖；3—轴；
4—叶轮；5—导叶；6—外套筒；
7—泵体；8—滑动轴承；9—机械
密封；10—底座；11—下轴承

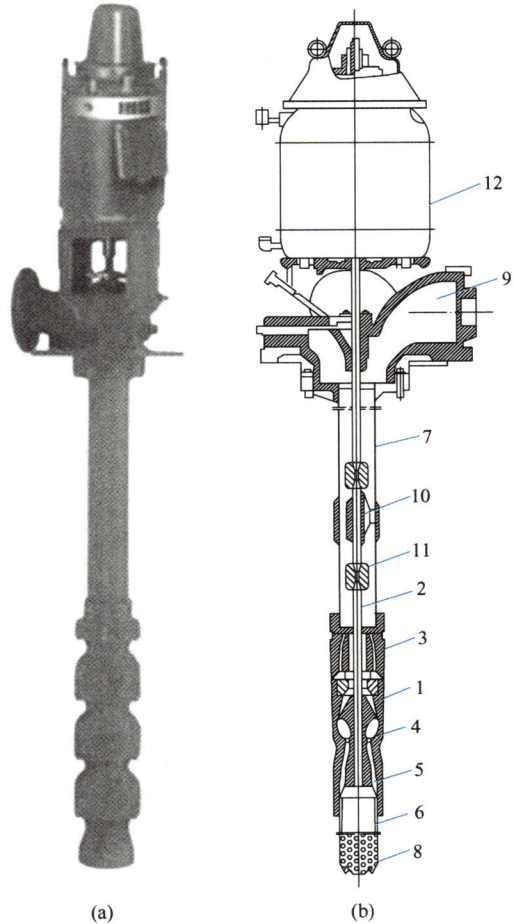

图 2-94　JD 型深井泵构造

（a）外形图；（b）构造图

1—叶轮；2—传动轴；3—上导流壳；
4—中导流壳；5—下导流壳；6—吸
水管；7—扬水管；8—滤水网；9—泵
底座弯管；10—轴承；11—联轴器；
12—电动机

它主要由三部分组成：①包括滤网在内泵的工作部分；②包括泵座和传动轴在内的扬水管部分；③带电动机的传动装置部分等。这类泵实际上是一种立式单吸分段式多级离心泵。

图 2-94（b）所示为 JD 型深井泵的构造剖面。图中叶轮 1 可以有 2～36 个固定于同一根

竖直的传动轴 2 上。泵壳由上导流壳 3、中导流壳 4 与下导流壳 5 三部分组成。叶轮位于中导流壳内，下导流壳是用来连接中壳与吸水管 6，把水流导向叶轮。上导流壳是用来连接中壳与扬水管 7，并把叶轮甩出的水引入扬水管中。吸水管下端连有滤水网 8，用来防止砂石及其他杂物进入泵。泵运行时，水从滤网经下导流壳流道进入叶轮，以逐级增加压力，最后通向扬水管至泵底座弯管 9 排出。工作部分在井内至少要让 2～3 个叶轮浸入动水位以下，而滤水网一方面至少要比最低动水位低 0.5～1.0m，另一方面要离开井底不小于 2m 距离。

传动轴通过扬水管中心并由橡胶轴承 10 支承。整个泵轴系由许多单个短轴，采用联轴器 11 将它联为一整体。所谓短轴就是一定标准长度的单节，其节数根据井的深度来决定，传动轴一般用螺纹联轴节连接。传动装置由立式电动机和电动机座所组成，泵的转动部分和轴向力全部由电动机止推轴承来承受。

型号意义：例如 6JD-28×11 型

6——适用井径为 6in 及 6in 以上；

JD——深井多级泵；

28——额定流量（m³/h）；

11——叶轮级数。

2.14.7 潜水泵

潜水泵的特点是机泵一体化，可长期潜入水中运行。近十余年来，国产潜水泵的更新换代产品，层出不穷，在给水排水工程中应用潜水泵也日见普遍。目前国产的潜水泵，按其用途分，有给水泵和排污泵；按其叶轮形式分，有离心式、轴流式及混流式潜水泵等。

（1）潜水供水泵

常见的型号有 QG（W）、QXG。QG（W）系列潜水供水泵流量范围为 200～12000m³/h，扬程范围 9～60m，功率范围 11～1600kW。315kW 及其以下电动机采用 380V 电压，315kW 以上电动机采用 6kV 或 10kV 电压，为适应用户的不同使用条件，可提供导叶式出水（轴向）和蜗壳式出水（径向）两种泵型。其型号意义说明如下：

500 QG（W）-2400-22-220

500——泵出口直径（排出口径）（mm）；

QG（W）——潜水供水泵。带"W"，表示蜗壳式泵，径向出水；不带"W"表示导叶式泵轴向出水；

2400——流量（m³/h）；

22——扬程（m）；

220——电动机功率（kW）。

QG 型潜水泵出水方向为轴向，其结构如图 2-95

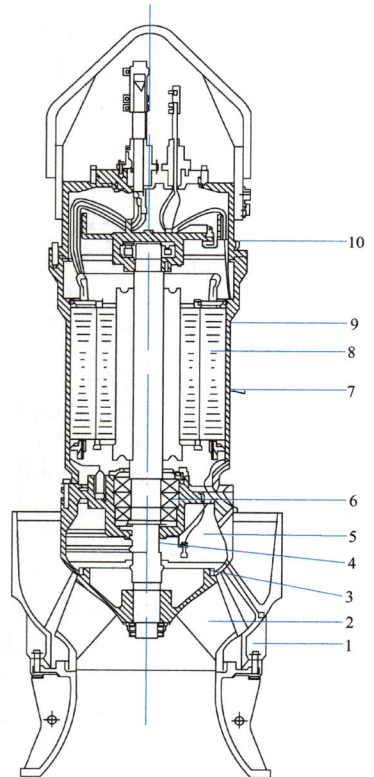

图 2-95 QG 型潜水供水泵结构图
1—防转装置；2—叶轮；3—水力平衡装置；
4—轴密封；5—油室；6—轴承；7—冷却；
8—电动机；9—泵/电动机轴；
10—监测装置

所示，安装方式根据需要采用悬吊式（图 2-96）、钢制井筒式（图 2-97）、混凝土预制井筒式（图 2-98）；QGW 型潜水泵出水方向为径向，其结构如图 2-99 所示，安装方式采用自动耦合式（图 2-100）。

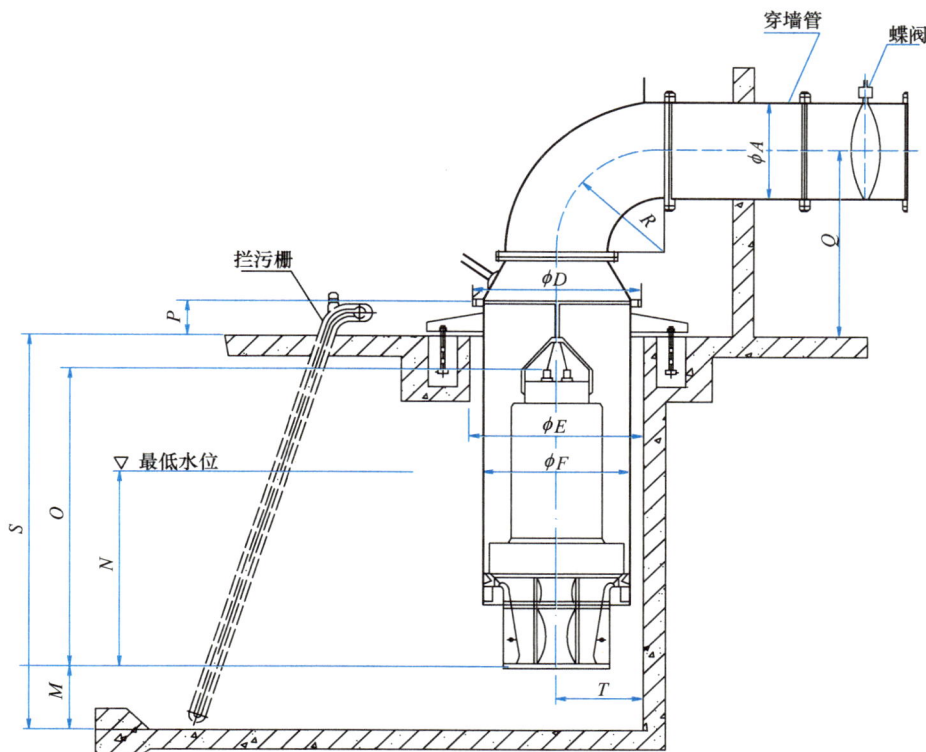

图 2-96　悬吊式安装

QXG 为湿式供水潜水泵，其流量范围为 $200\sim4000m^3/h$，扬程范围 $6.5\sim60m$，功率范围 $11\sim250kW$。QXG 型潜水泵为径向出水，也采用如图 2-100 所示的自动耦合式安装。

（2）潜水轴流泵和混流泵

潜水轴流泵和混流泵常用的型号有 QZ、QH、ZQB、HQB。

QZ 型轴流泵排出口直径 $350\sim1750mm$，单机流量可达 $40000m^3/h$ 左右，其结构如图 2-101所示。QH 型混流泵排出口径 $400\sim900mm$，单机流量可达 $8000m^3/h$，其结构如图 2-102所示，QZ、QH 泵安装方式同前 QG 型潜水供水泵。

ZQB、HQB 型谱图举例如图 2-103 所示。出水口直径由 $350\sim1400mm$。单机流量可超过 20 万 m^3/d。

型号意义，例如 500ZQB-70 型

500——泵出口名义直径（mm）；

　Z——轴流泵（如果是"H"代表混流泵）；

　Q——潜水电泵；

　B——泵叶轮的叶片为半可调式；

　70——泵的比转数代号（即比转数为 700）。

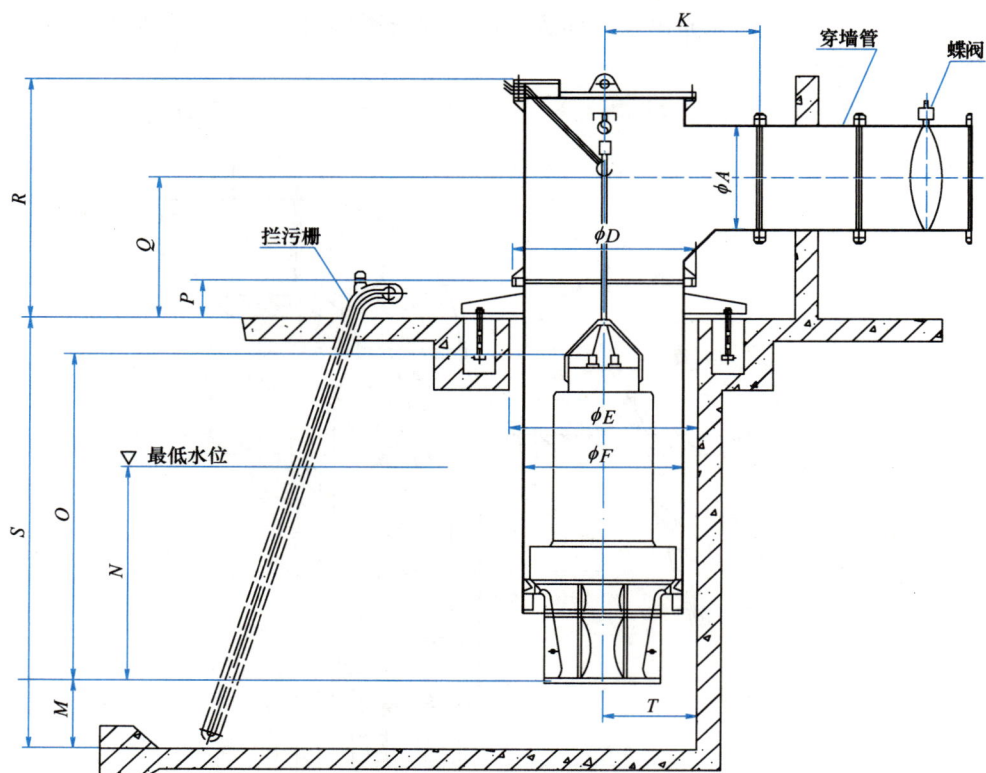

图 2-97　钢制井筒式安装

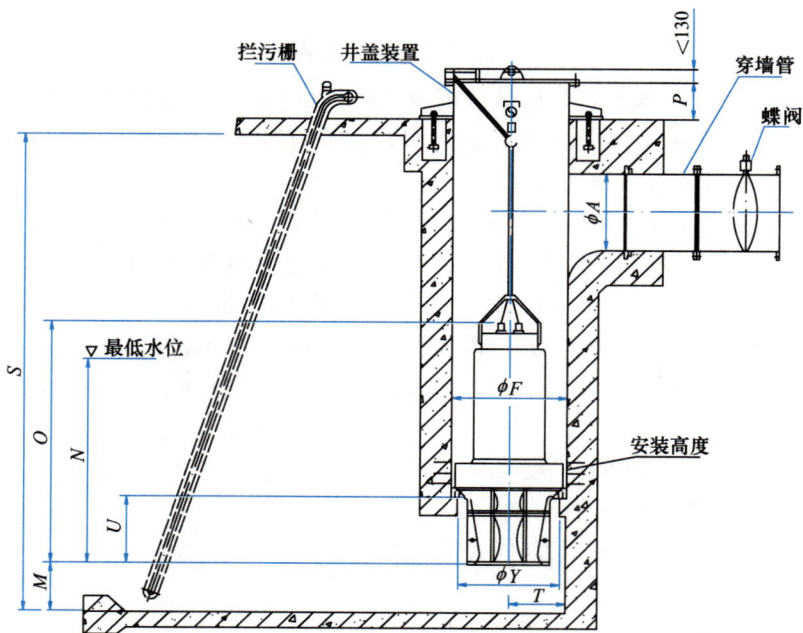

图 2-98　混凝土预制井筒式

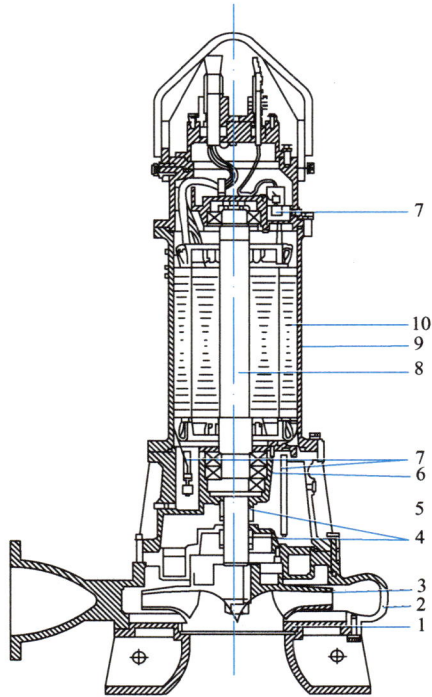

图 2-99　QGW 型潜水供水泵结构图

1—耐磨环；2—泵壳；3—叶轮；4—轴密封；5—油室；6—轴承；
7—监测装置；8—泵/电动机轴；9—冷却；10—电动机

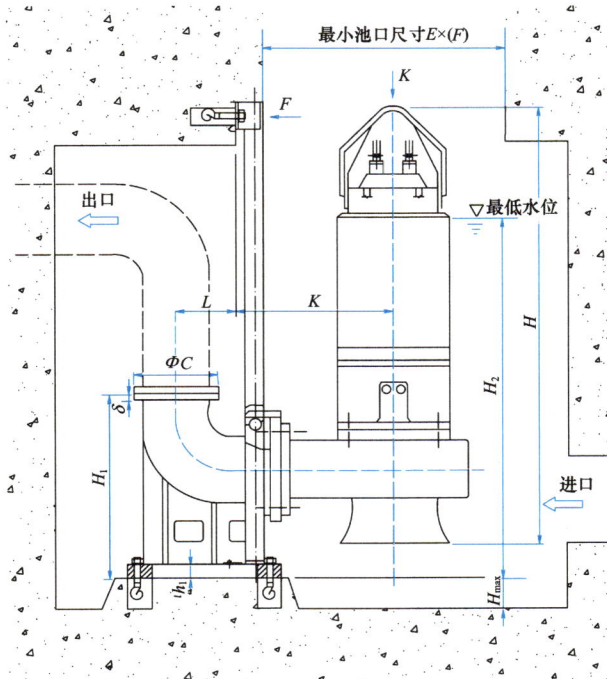

图 2-100　自动耦合式

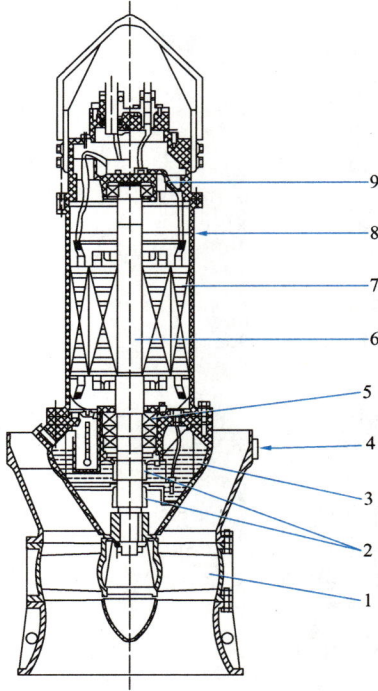

图 2-101　QZ 潜水轴流泵结构图
1—叶轮；2—轴密封；3—油室；4—防转
装置；5—轴承；6—泵/电动机轴；7—电动机；
8—冷却；9—监测装置

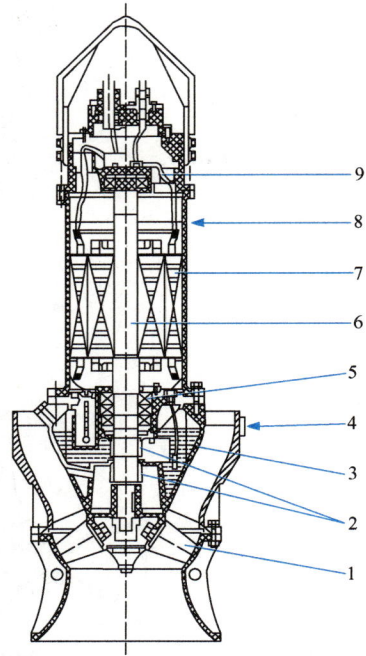

图 2-102　QH 潜水混流泵结构图
1—叶轮；2—轴密封；3—油室；4—防转
装置；5—轴承；6—泵/电动机轴；7—电动机；
8—冷却；9—监测装置

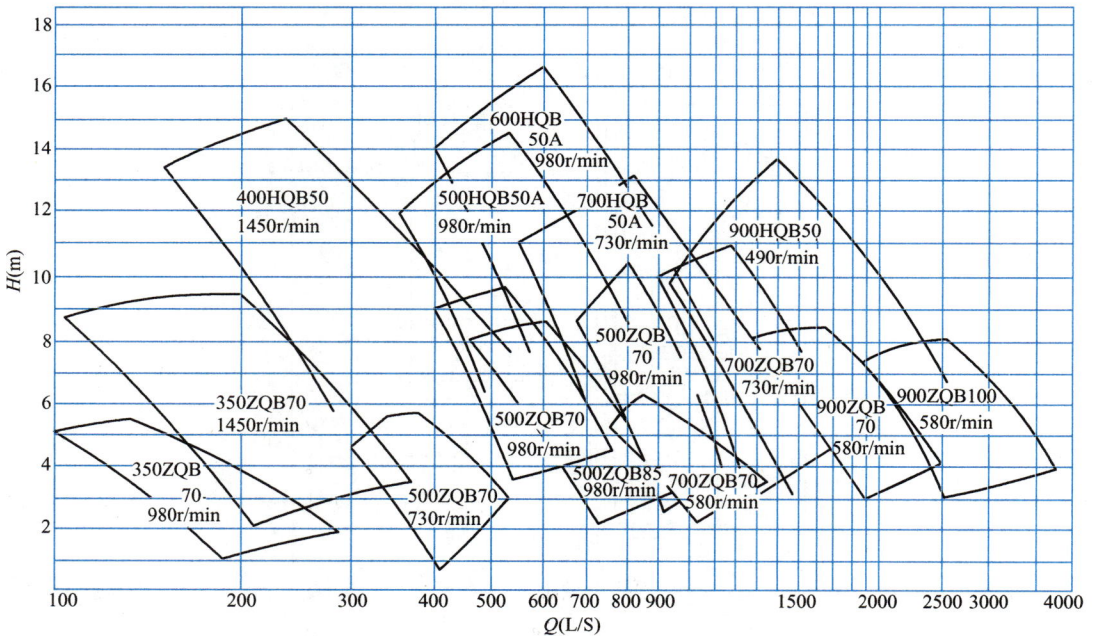

图 2-103　国产潜水轴流泵及混流泵的型谱图

（3）井用潜水泵

井用潜水泵是一种泵与电动机都潜于水中的深井泵。国家标准 GB/T 2816—91 对井用潜水泵的形式和基本参数作了规定。型号意义：200QJ80-55/5

200——机座号，其实就是使用最小井径；

QJ——井用潜水泵；

80——流量（m^3/h）；

55——扬程（m）；

5——叶轮级数。

目前井用潜水泵的流量范围为 5～1800m^3/h，扬程范围为 18～960m，功率范围 100～950kW。

（4）潜水排污泵

QW 系列泵的结构、外型及安装方式均类似于前述 QGW 型供水泵。潜水排污泵常用型号为 QW。该系列泵排出口径 50～600mm，流量范围 18～3750m^3/h，扬程范围 5～60m，功率 5～280kW。其型号意义如下：500QW600-15-160

500——排出口径（mm）；

QW——潜水污水泵；

600——流量（m^3/h）；

15——扬程（m）；

160——电动机功率（kW）。

由于潜水泵是在水中运行的，故其结构上有一些特殊的要求，特别是潜水电动机较一般电动机有特殊要求，有干式、半干式、湿式和充油式电动机等几种类型。

干式电动机系采用向电动机内充入压缩空气或在电动机的轴伸端用机械密封等办法来阻止水或潮气进入电动机内腔，以保证电动机的正常运行。半干式是仅将电动机的定子密封，而让转子在水中旋转。湿式是在电动机定子内腔充以清水或蒸馏水，转子在清水中转动，定子绕组采用耐水绝缘导线，这种湿式电动机结构简单，应用较多。充油式就是在电动机内充满绝缘油（如变压器油），防止水和潮气进入电动机绕组，并起绝缘、冷却和润滑作用。

2.14.8　污水泵、杂质泵

国产常见的 PW 型污水泵，它是卧式单级悬臂式离心泵。它与清水泵的不同处在于：叶轮的叶片少，流道宽，便于输送带有纤维或其他悬浮杂质的污水。另外，在泵体的外壳上开设有检查、清扫孔，便于在停车后清除泵壳内部的污浊杂质。污水泵实际上是杂质泵的一种。在矿山、冶金、化工、电力等部门中，经常需要输送带有杂质液体的泵和泥浆泵、灰渣泵、砂泵等，这类泵统称为杂质泵。

其主要特点是：叶轮、泵体及泵盖等过流部分要求采用耐磨材料。承磨件的耐磨性往往是决定泵使用寿命的关键。此外，泵壳上通常开有清扫孔，以适应经常检查拆洗的要求。有的泵体上方开设有摇臂机构，检修时，进水管可以不动即可开启泵体。对于杂质泵也有采取局部加厚承磨部分的断面来延长使用寿命的。

思 考 题 与 习 题

1. 叶片泵的减漏环设置在何位置？它的设置对泵的性能有何影响？

2. 叶片泵的轴封装置设置在何位置？轴封装置在双吸式叶轮泵和单吸式叶轮泵中的作用是否存在差异？

3. 试分析单吸式叶轮存在轴向力的原因。

4. 如图 2-104 所示的泵装置。泵从一个密闭水箱抽水，输入另一密闭水箱，水箱内的水面与泵轴齐平，试问：

（1）该泵装置的静扬程 $H_{ST}=$？（m）

（2）泵的吸水地形高度 $H_{ss}=$？（m）

（3）泵的压水地形高度 $H_{sd}=$？（m）

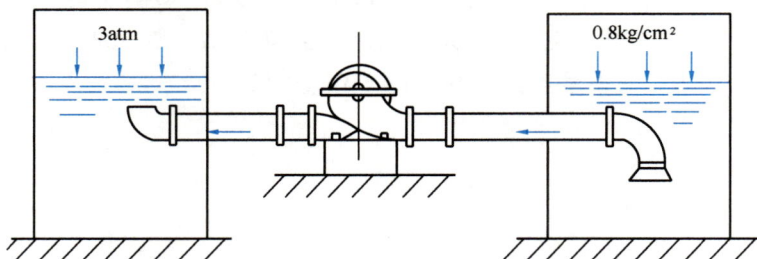

图 2-104　密闭式离心泵装置

5. 三台泵三种抽水装置如图 2-105（a）、（b）、（c）所示。三台泵的泵轴都在同一标高上，其中（b）、（c）装置的吸水箱是密闭的，（a）装置吸水井是敞开的。

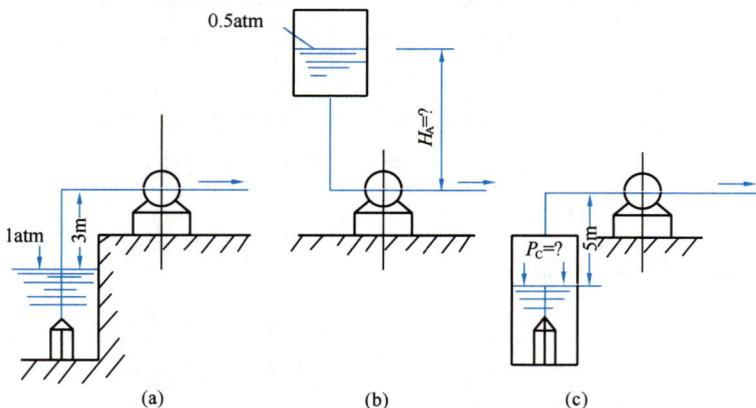

图 2-105　三种抽水装置

试问：

要使 $H_{ss(a)}=H_{ss(b)}=H_{ss(c)}$ 时，则如图 2-105 中 $H_A=$？（m）；$P_c=$？（atm）

6. 如图 2-106 所示的岸边式取水泵房，泵由河中直接抽水输入高地密闭水箱（密闭水箱中的绝对压力为 2atm）中。

已知条件：

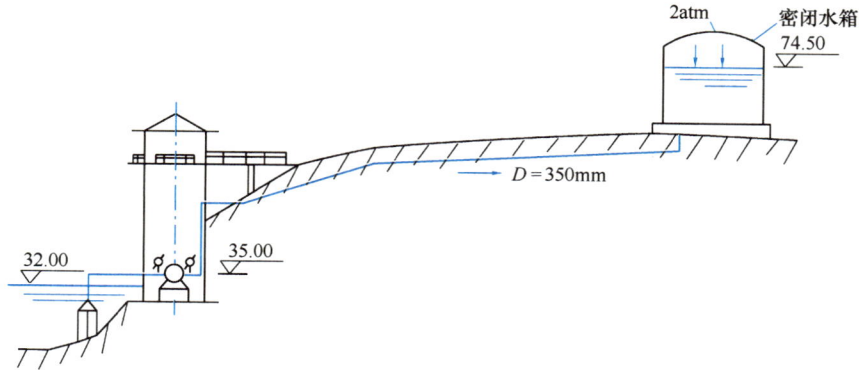

图 2-106　岸边取水泵房

泵流量 $Q=160L/s$，管道均采用铸铁管，吸水及压水管道中的局部水头损失假设各为 1m。

吸水管：管径 $D_s=400mm$，长度 $l_1=30m$；

压水管：管径 $D_d=350mm$，长度 $l_2=200m$；

泵的效率 $\eta=70\%$，其他标高值如图 2-106 所示。

试问：

（1）泵吸入口处的真空表读数为多少 mH_2O？相当于多少 mmHg？相当于真空度为多少？

（2）泵的总扬程 $H=$？

（3）电动机输给泵的功率 $N=$？（kW）

7. 现有一台离心泵装置如图 2-107 所示，试证：

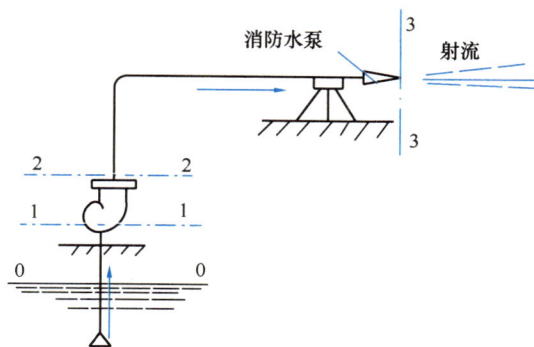

图 2-107　泵喷射出流

该离心泵装置的扬程公式应为：

$$H = H_{ST} + \Sigma h + \frac{v_3^2}{2g}$$

8. 现有离心泵一台，量测其叶轮的外径 $D_2=280mm$，宽度 $b_2=40mm$，出水角 $\beta_2=30°$。假设此泵的转速 $n=1450r/min$，试绘制其 Q_T-H_T 理论特性曲线。

9. 试分析离心泵采用后弯式叶片的理由。

10. 有限叶片的离心泵，其理论扬程比无限叶片离心泵的理论扬程要小，为什么？这是能量损失造成的吗？

11. 后弯式叶片的离心泵，如果因三相电动机相位接错，导致泵的转向与正常转向相反，离心泵性能会发生什么变化？离心泵装置可能会出现什么问题？

12. 定性地描述一下电动机驱动离心泵运行的装置中，会存在哪些能量损失？

13. 一台输送 20℃清水的单级离心泵，在转速 $n=1450r/min$ 时，$H=25.8m$，$Q=170m^3/h$，轴功率 $N=15.7kW$，又知其容积效率 $\eta_v=92\%$，机械效率 $\eta_m=90\%$，求泵的水力效率 η_h。

14. 一台输送清水的离心泵，现用来输送密度为水的 1.3 倍的液体，该液体的其他物理性质可视为与水相同，泵装置均同。试问：

(1) 该泵在工作时，其流量 Q 与扬程 H 的关系曲线有无改变？在相同的工作情况下，泵所需要的功率有无改变？

(2) 泵出口处的压力表读数（MPa）有无改变？如果输送清水时，泵的压力扬程 H_d 为 0.5MPa，此时压力表读数应为多少 MPa？

(3) 如该泵将液体输往高地密闭水箱时，密闭水箱内的压力为 2atm（图 2-108），试问此时该泵的静扬程 H_{ST} 应为多少？

15. 在图 2-109 所示的泵装置上，在出水闸阀前后装 A、B 两只压力表，在进水口处装上一只真空表 C，并均相应地接上测压管。现问：

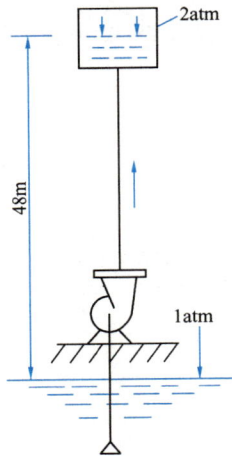

图 2-108

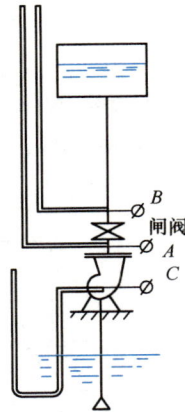

图 2-109 闸阀调节时的压力变化

(1) 闸阀全开时，A、B 压力表的读数及 A、B 两根测压管的水面高度是否一样？

(2) 闸阀逐渐关小时，A、B 压力表的读数以及 A、B 两根测压管的水面高度有何变化？

(3) 在闸阀逐渐关小时，真空表 C 的读数以及它的比压管内水面高度如何变化？

16. 如图 2-110 所示，A 点为该泵装置的极限工作点，其相应的效率为 η_A。当闸阀关小时，工作点由 A 点移至 B 点，相应的效率为 η_B。由图 2-110 可知 $\eta_A < \eta_B$，现问：

(1) 关小闸阀是否可以提高效率？此现象如何解释？

(2) 如何推求关小闸阀后该泵装置的效率变化公式？

17. 某取水工程进行初步设计时。泵的压水管路可能有两种走向，如图 2-111（a）及图 2-111（b）所示。试问：

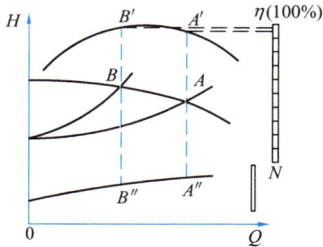

图 2-110　闸阀调节时离心泵
装置工况点的变化

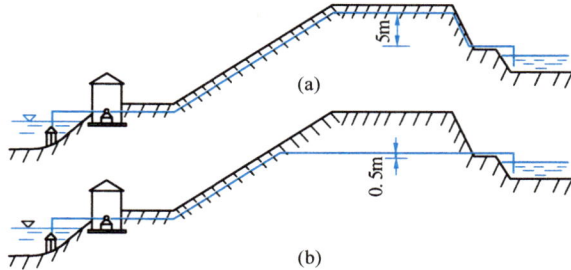

图 2-111　取水泵房管道走向比较

（1）如管道长度、口径、配件等都认为近似相等。则这两种布置，对泵站所需的扬程是否一样？为什么？

（2）如果在图 2-111（a）的布置中，将最高处的管道改为明渠流，对泵工况有何影响？电耗有何变化？为什么？

18. 试用数解法拟合 12Sh-19 型离心泵的 Q-H 特性曲线方程（如图 2-49 所示，$D=290\text{mm}$）。

（1）抛物线法；（2）最小二乘法。

19. 离心泵的 Q-H 曲线方程用 $H=H_x-S_xQ^2$ 表示，仿照式（2-63b）利用最小二乘原理求得 H_x 和 S_x。

20. 试归纳调速运行的优点以及需要注意的事项。

21. 已知转速为 n_0 时离心泵的 Q-H 曲线方程为 $H=H_x-S_xQ^{2\cdot}$，试推导转速变为 n_1 时泵的 Q-H 曲线方程。

22. 比转数 n_s 相同的两台叶片泵，其几何形状一定是相似的吗？

23. 同一台泵，在运行中转速由 n_1 变为 n_2，试问其比转数 n_s 值是否发生相应的变化？为什么？

24. 在产品试制中，一台模型离心泵的尺寸为实际泵的 $\frac{1}{4}$ 倍，并在转速 $n=730\text{r/min}$ 时进行试验。此时量出模型泵的设计工况出水量 $Q_m=11\text{L/s}$，扬程 $H_m=0.8\text{m}$。如果模型泵与实际泵的效率相等。试求：实际泵在 $n=960\text{r/min}$ 时的设计工况流量和扬程。

25. 清理仓库时，找出一台旧的 BA 型泵，从其模糊的铭牌上，可看出：$Q=32\text{L/s}$，$H=50\text{m}$，$n=2900\text{r/min}$，$N=22.9\text{kW}$，$\eta=68.5\%$。试绘制其 Q-H，Q-N，Q-η 性能曲线。

26. 相同一台叶片泵，日本的比转数是中国的 2.12 倍，美国的比转数是中国的 14.16 倍，试予推导。

27. 某循环泵站中，夏季为一台 12Sh-19 型离心泵工作，泵叶轮直径 $D_2=290\text{mm}$，管路中阻力系数 $S=225\text{s}^2/\text{m}^5$，静扬程 $H_{ST}=14\text{m}$。到了冬季，用水量减少了，该泵站须减少 12% 的供水量，为了节电，到冬季拟将另一备用叶轮切小后装上使用。问：该备用叶轮应切削外径百分之几？

28. 如果说，在学本课程前，你对着一台离心泵的铭牌，可以直接说出它能打多少水，扬程是多高。那么，现在对于这个问题，你将如何回答？为什么？

29. 为什么多台离心泵并联后的"等价" Q-H 曲线要比单台泵的 Q-H 曲线平缓一些。

30. 试说明：多级离心泵的 Q-H 曲线相对单级叶轮的 Q-H 曲线来说要"陡降"一些。

31. 试论述 4 台同型号并联工作的泵站，采用一调三定，三调一定或采用两调两定方案作调速运行时其节能效果各有何不同？

32. 某机场附近一个工厂区的给水设施如图 2-112 所示（密闭水箱中液面的绝对压力为 34.3N/cm²）。已知：采用一台 14SA-10 型离心泵工作，转速 $n=1450$r/min，叶轮直径 $D=466$mm，管道阻力系数 $S_{AB}=200$s²/m⁵，$S_{BC}=130$s²/m⁵，试问：

(1) 当泵与密闭压力水箱同时向管路上 B 点的四层楼房屋供水，B 点的实际水压等于保证 4 层楼房屋所必需的自由水头（20mH₂O）时，问 B 点出流的流量应为每小时多少立方米？

(2) 当泵向密闭压力水箱输水时，B 点的出流量已知为 40L/s 时，问泵的输水量及扬程应为多少？输入密闭压力水箱的流量应为多少（以图解法或数解法求之）？

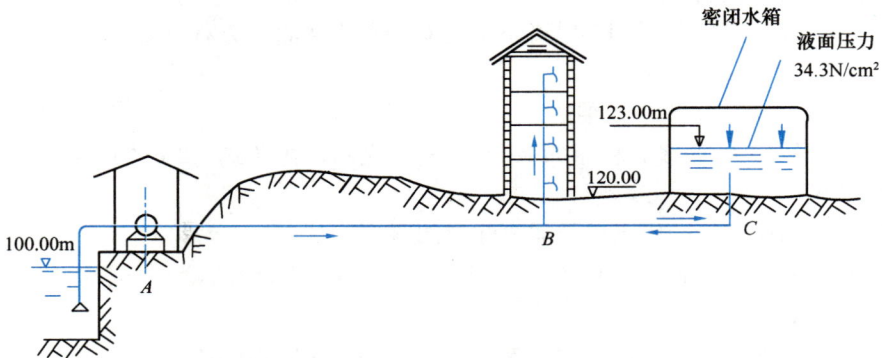

图 2-112　厂区给水设备

33. 如图 2-113 所示两台同型号离心泵向一个水箱供水的装置，设一台泵工作时进水箱的流量为 Q_1，两台泵同时工作时进水箱的总流量为 Q_2，试比较 Q_1 与 $Q_2/2$ 的大小。

34. 如图 2-114 所示离心泵供水装置。已知：离心泵的 Q-H 特性曲线（其方程为 $H=H_x-S_xQ^2$）；各管段阻抗为 S_{AB}、S_{BC}、S_{BD}；压力表 C 的读数为 0.3MPa、压力表 D 的读数为 0.2MPa。

1) 如何了解该装置在运行中的总扬程？

2) 如何通过图解法来判断水箱 C 和水箱 D 是出水还是进水？

3) 用数解法求装置的工况点（列出方程即可）；

4) 若已知离心泵向两个水箱供水，如果压力表 C 读数增大（其他条件不变），那么泵的出水量如何变化？C 水箱的进水量如何变化？D 水箱的进水量如何变化？泵进口处真空表和泵出口处压力表的读数如何变化？

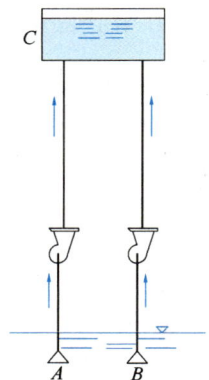

图 2-113　两台离心泵独立向一个水箱供水

5）已知离心泵和水箱 C 联合向水箱 D 供水，如果关小闸阀 F_C（其他条件不变），那么装置的工况点（泵的出水量、C 水箱的出水量、D 水箱的进水量）如何变化？

6）已知离心泵和水箱 C 联合向水箱 D 供水，若运行过程中真空表的读数减小了，请分析一下可能的原因。

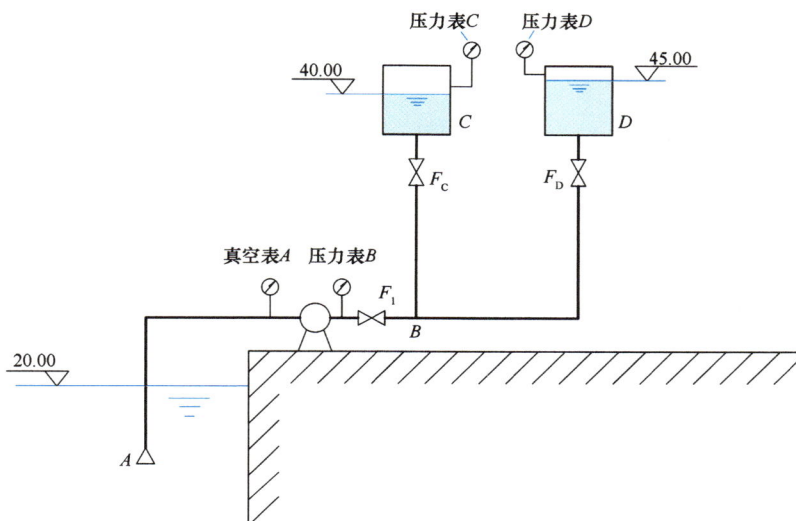

图 2-114 离心泵供水装置

35．24Sh-19 型离心泵的铭牌上注明：在抽升 20℃水温的水时，$H_s=2.5m$。现问：

（1）该泵在实际使用中，是否其泵吸入口的真空表值 H_v，只要不大于 $2.5mH_2O$，就能够保证该泵在运行中不产生气蚀？

（2）铭牌上 $H_s=2.5m$ 是否意味着该泵在叶轮中的绝对压力最低不能低于 $10.33-2.5=7.83mH_2O$？为什么？

36．在离心泵装置中，装置气蚀余量 $NPSH_a$ 与哪些因素有关？如何提高 $NPSH_a$？

37．在离心泵装置中，泵必需气蚀余量 $NPSH_r$ 与哪些因素有关？如果已知 $NPSH_r$，如何求得泵的最大安装高度？

38．试分析离心泵装置在运行过程中不出水或流量小的原因。

39．试分析泵机组产生噪声和振动的原因。

40．试分析离心泵运转时电流超出额定电流的可能原因。

第3章 其他泵与风机

3.1 射 流 泵

射流泵也称水射器。基本结构如图 3-1 所示，由喷嘴 1、吸入室 2、混合管 3 以及扩散管 4 等部分所组成。射流泵构造简单、工作可靠，在给水排水工程中经常应用。

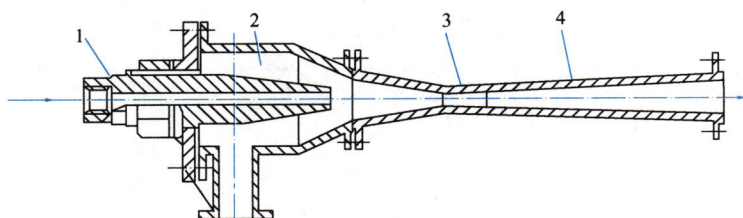

图 3-1　射流泵构造
1—喷嘴；2—吸入室；3—混合管；4—扩散管

3.1.1　工作原理

如图 3-2 所示，高压水以流量 Q_1 由喷嘴高速射出时，连续挟走了吸入室 2 内的空气，在吸入室内造成不同程度的真空，被抽升的液体在大气压力作用下，以流量 Q_2 由管 5 进入吸入室内，两股液体（$Q_1 + Q_2$）在混合管 3 中进行能量的传递和交换，使流速、压力趋于拉平，然后，经扩散管 4 使部分动能转化为压能后，以一定流速由管道 6 输送出去。在图 3-2 中：

H_1——喷嘴前工作液体具有比能（mH_2O）；

H_2——射流泵出口处液体具有比能，也即射流泵的扬程（mH_2O）；

Q_1——工作液体的流量（m^3/s）；

Q_2——被抽液体的流量（m^3/s）；

F_1——喷嘴的断面积（m^2）；

F_2——混合室的断面积（m^2）。

射流泵的工作性能一般可用下列参数表示：

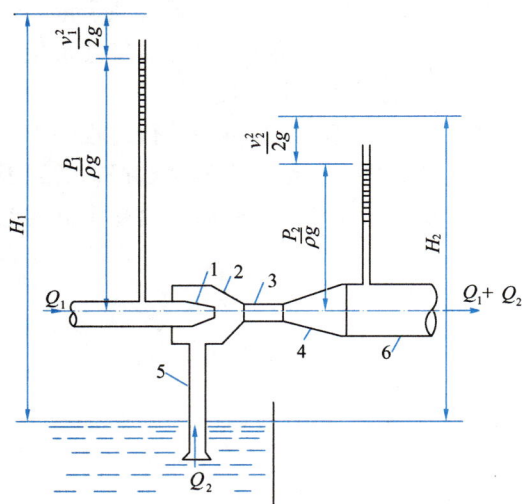

图 3-2　射流泵工作原理
1—喷嘴；2—吸入室；3—混合管；4—扩散管；
5—吸水管；6—压出管

$$流量比\ \alpha = \frac{被抽液体流量}{工作液体流量} = \frac{Q_2}{Q_1}$$

$$压头比\ \beta = \frac{射流泵扬程}{工作压力} = \frac{H_2}{H_1 - H_2}$$

$$断面比\ m = \frac{喷嘴断面}{混合室断面} = \frac{F_1}{F_2}$$

3.1.2　射流泵计算

射流泵的计算通常是按已知的工作流量和扬程，以及实际需要抽吸的流量和扬程来确定射流泵各部分的尺寸。计算常采用试验数据和经验公式来进行。目前，这方面的公式与图表甚多，实际中有时因适用条件的差异，加工精度的不同，使用数据彼此出入还较大。因此，在实用中可按运行情况作适当调整。表 3-1 所示为射流泵效率较高时（达 30% 左右），其参数 α、β、m 之间的关系。

射流泵 α、β、m 参数　　　　　　　　　　　　表 3-1

m	0.15	0.20	0.25	0.30	0.40	0.50	0.60	0.70	0.80	0.90	1.00
α	2.00	1.30	0.95	0.78	0.55	0.38	0.30	0.24	0.20	0.17	0.15
β	0.15	0.22	0.30	0.38	0.60	0.80	1.00	1.20	1.45	1.70	2.00

下面举例说明利用表 3-1 的参数来计算射流泵尺寸的方法。

【例 3-1】如图 3-2 所示，已知抽吸流量 $Q_2 = 5\text{L/s}$，射流泵扬程 $H_2 = 7\text{mH}_2\text{O}$，喷嘴前工作液体所具比能 $H_1 = 33\text{mH}_2\text{O}$。求射流泵各部分尺寸。

【解】（1）工作液体流量 Q_1：

$$\beta = \frac{H_2}{H_1 - H_2} = \frac{7}{33 - 7} = \frac{7}{26} = 0.27$$

查表 3-1 得：流量比 $\alpha = 1.12$，断面比 $m = 0.23$，因此：

$$Q_1 = \frac{Q_2}{\alpha} = \frac{0.005}{1.12} = 0.0045\text{m}^3/\text{s}$$

（2）喷嘴及混合室断面积：

由水力学中管嘴计算公式得知：

$$Q_1 = F_1 \Phi \sqrt{2gH_1}$$

式中　Φ——喷嘴的流量系数，取 $\Phi = 0.95$；

　　　F_1——喷嘴断面积（m^2）。

所以

$$F_1 = \frac{Q_1}{\Phi \sqrt{2gH_1}} = \frac{0.0045}{0.95\sqrt{2 \times 9.8 \times 33}}$$

$$= 0.000186\text{m}^2 = 186\text{mm}^2$$

喷嘴直径　　　　　　$d_1 = 1.13\sqrt{F_1} = 1.13\sqrt{186} = 15.4\text{mm}$

混合管断面积　　　　$F_2 = \frac{F_1}{m} = \frac{186}{0.23} = 807\text{mm}^2$

混合管直径　　　　　$d_2 = 1.13\sqrt{F_2} = 1.13\sqrt{807} = 32\text{mm}$

（3）喷嘴与混合管的间距 l：

一般资料提出：$l = (1 \sim 2)d_1$ 较为合适，这里可取 $l = 16 \sim 30\text{mm}$。

（4）混合管形式及长度 L_2：

混合管有圆柱形和圆锥形两种，经过试验对比，在技术条件相同条件下，圆柱形混合管射流泵的效能普遍优于圆锥形混合管，这是因为前者混合管较长，工作液体与被抽吸液体在其中能充分混合，能量传递也很充分，因而效率较高。本例题采用圆柱形混合管。长度 L_2 根据许多试验资料表明按 $L_2 = (6 \sim 7)d_2$ 较佳，本例题采用 $L_2 = 6d_2 = 6 \times 32 = 192mm$。

（5）扩散管长度 L_3 及扩散管圆锥角 θ：

按实验推荐扩散管圆锥角 θ 以不超过 $8° \sim 10°$ 为佳，扩散管长度 $L_3 = \dfrac{d_3 - d_2}{2\tan\dfrac{\theta}{2}}$

如取 $\theta = 8°$，d_3 取 67mm（公称管径为 70mm），则：

$$L_3 = \frac{67 - 32}{2\tan 4°} = \frac{17.5}{0.0699} = 250mm$$

（6）喷嘴长度 L_1：

收缩圆锥角一般不大于 $40°$，喷嘴的另一端与压力水管相连接。这里 $Q_1 = 4.5L/s$，压力水管管径取 50mm，则：

$$L_1 = \frac{50 - 15}{2\tan 20°} = \frac{17.5}{0.364} = 45mm$$

（7）射流泵效率 η：

$$\eta = \frac{\rho g Q_2 H_2}{\rho g Q_1 (H_1 - H_2)} = \alpha\beta = 1.12 \times 0.27 = 0.3$$

（8）关于吸入室的构造，应保证实现 l 值的调整范围，同时吸水口位于喷口的后方，吸入口处被吸水的流速不能太大，务使吸入室内真空值 $H_s < 7mH_2O$。

3.1.3 射流泵的应用

射流泵优点有：①构造简单、尺寸小、质量轻、价格便宜；②便于就地加工，安装容易，维修简单；③无运动部件，启闭方便，当吸水口完全露出水面后，断流时无危险；④可以抽升污泥或其他含颗粒液体；⑤可以与离心泵联合串联工作从大口井或深井中取水。缺点是效率较低。在给水排水工程中一般用于：

（1）用做离心泵的抽气引水装置，在离心泵泵壳顶部接一射流泵，当泵启动前可用外接给水管的高压水，通过射流泵来抽吸泵体内空气，达到离心泵启动前抽气引水的目的。

（2）在水厂中利用射流泵来抽吸液氯和矾液，俗称"水老鼠"。

（3）在地下水除铁曝气的充氧工艺中，利用射流泵作为带气、充气装置，射流泵抽吸的始终是空气，通过混合管进行水气混合，以达到充氧目的。这种水、气射流泵一般称为加气阀。

（4）在排水工程中，作为污泥消化池中搅拌和混合污泥用泵。近年来，用射流泵作为生物处理的曝气设备及浮净化法的加气设备发展异常迅速。

（5）与离心泵联合工作以增加离心泵装置的吸水高度。如图 3-3 所示，在离心泵的吸水管末端装置射流泵，利用离心泵压出的压力水作为工作液体，这样可使离心泵从深达 $30 \sim 40m$ 的井中提升液体。目前，这种联合工作的装置已常见，它适用于地下水位较深的地区或牧区解决人民生活用水、畜牧用水和小面积农田灌溉用水。

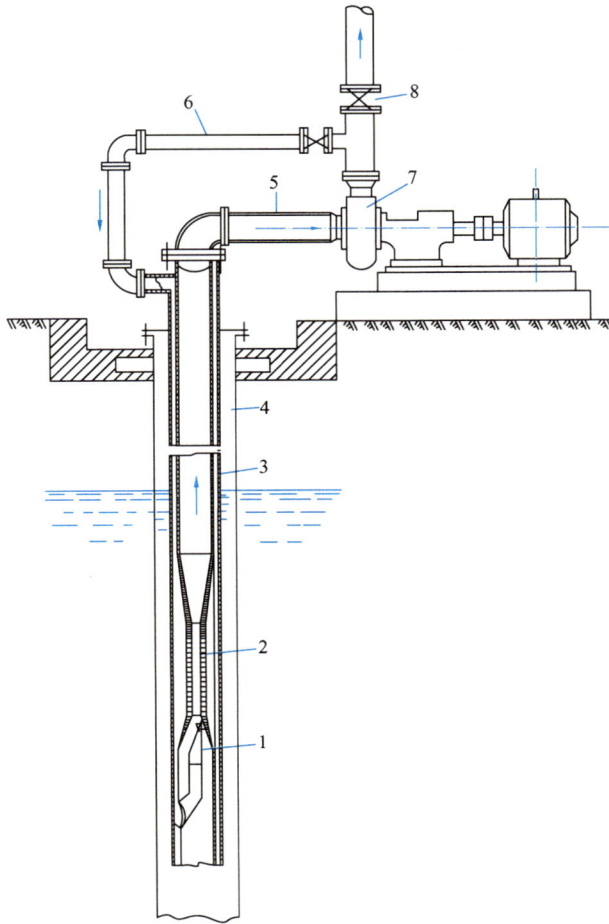

图 3-3　射流泵与离心泵联合工作

1—喷嘴；2—混合管；3—套管；4—井管；5—泵吸水管；

6—工作压力水管；7—泵；8—闸阀

（6）在土方工程施工中，用于井点来降低基坑的地下水位等。

3.2　气　升　泵

气升泵又名空气扬水机。它是以压缩空气为动力来升水、升液或提升矿浆的一种气举装置。其基本构造是由扬水管 1、输气管 2、喷嘴 3 和气水分离箱 4 四个部件组成。构造简单，在现场可以利用管材就地装配。

3.2.1　工作原理

图 3-4 为一个装置气升泵的钻井示意。地下水的静水位为 0-0，来自空气压缩机的压缩空气由输气管 2 经喷嘴 3 输入扬水管 1，于是，在扬水管中形成了空气和水的水气乳

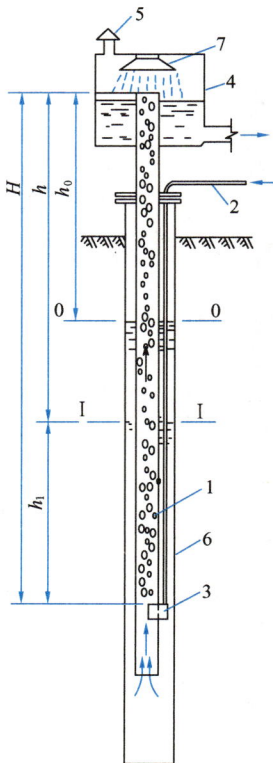

图 3-4　气升泵构造

1—扬水管；2—输气管；3—喷嘴；
4—气水分离箱；5—排气孔；
6—井管；7—伞形钟罩

状液，沿扬水管而上涌，流入气水分离箱 4，在该箱中，水气乳状液以一定的速度撞在伞形钟罩 7 上，由于冲击而达到了水气分离的效果，分离出来的空气经气水分离箱顶部的排气孔 5 溢出，落下的水则借重力流出，由管道引入清水池中。

扬水管中，水之所以被抽升，一般是按连通管原理来解释的。因为，水气乳液的相对密度小于水（一般上升的水气乳液相对密度为 0.15～0.25），相对密度小的液体的液面高，在高度为 h_1 的水柱压力作用下，根据液体平衡的条件，水气乳液便上升至 h 的高度，其等式如下：

$$\rho_w g h_1 = \rho_m g H = \rho_m g (h_1 + h) \tag{3-1}$$

式中　ρ_w——水的密度（kg/m^3）；

　　ρ_m——扬水管内水气乳液的密度（kg/m^3）；

　　h_1——井内动水位至喷嘴的距离，称为喷嘴淹没深度（m）；

　　h——提升高度（m）。

只要 $\rho_w g h_1 > \rho_m g H$ 时，水气乳液就能沿扬水管上升至管口而溢出，气升泵就能正常工作。将式(3-1)移项可得：

$$h = \left(\frac{\rho_w}{\rho_m} - 1\right) h_1 \tag{3-2}$$

由上式可知，要使水气乳液上升至某高度 h 时，必须使喷嘴下至动水位以下某一深度 h_1，并需供应一定量的压缩空气，以形成一定的 ρ_m 值。水气乳液的上升高度 h 越大，其密度 ρ_m 就越小，需要消耗的气量也应越大，而喷嘴下至动水位以下的深度也就应越大。因此，压缩空气量和喷嘴淹没深度是与水气乳液上升高度 h 值直接有关的两个因素。

实际上，根据上述液体平衡条件得到的关系，在运动的气水混合物条件下并不正确。因为，在气升泵中，能量的消耗不仅是把液体从低处提到高处，而且还要克服运动中的阻力和传给液体以动能。质量比水小得多的气泡上升运动是液体能够上升的一个重要原因。但是，气体与液体在管内的混合运动情况是比较复杂的。在许多情况下，需凭借试验数据来分析和解决问题。

式（3-2）中，当 h_1 为常数时，可以作出如图 3-5 所示的升水高度 h 和水气乳液密度 ρ_m 之间的理论关系曲线。如图中实线所示，在 ρ_m 接近于零时，升水高度将趋向于无穷大，当 $\rho_w = \rho_m$ 时，即没有通入空气时，升水高度 h 为零。从试验可知，如果 ρ_m 小到某一个临界值 ρ'_m 时，再减小 ρ_m 就会引起升水高度 h 的减小，这是因为水力阻耗很快增长和空气泡过大使水流发生断裂的缘故。因此，实际的 $h = f(\rho_m)$ 的关系曲线将如图 3-5 上的虚线所示。

根据许多试验结果指出，要使气升泵具有较佳的工作效率 η，必须注意 h、h_1 和 H 三者之间应有一个

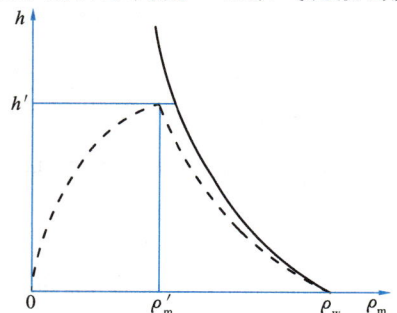

图 3-5　h-ρ_m 曲线

合理的配合关系。h_1 与 H 的关系一般用淹没深度百分数 m 来表示，即：

$$m = \frac{h_1}{H}100(\%) \tag{3-3}$$

根据升水高度 h 选择较佳的 m 值时，可参照表 3-2 所示的试验资料，由表 3-2 可看出：在升水高度很小时，淹没深度大大地超过了升水高度。故气升泵在抽升地下水时，要求井打得比较深，以便满足喷嘴淹没深度的要求。例如：已知抽水高度 $h=30m$，查表 3-2 得 $m=0.7$，代入式（3-3）可求出 $h_1=70m$。也就是说，该装置在升水高度为 30m 时，喷嘴要淹没在动水位以下 70m。

升水高度与较佳 m 值关系　　　　　　　　　　　　表 3-2

升水高度 h（m）	较佳的 m 值（%）	升水高度 h（m）	较佳的 m 值（%）
<40	70～65	90～120	55～50
40～45	65～60	120～180	45～40
45～75	60～55		

3.2.2　气升泵装置总图

图 3-6 为气升泵装置的总图。现以空气流径为序,对各组成部件作一简要介绍。

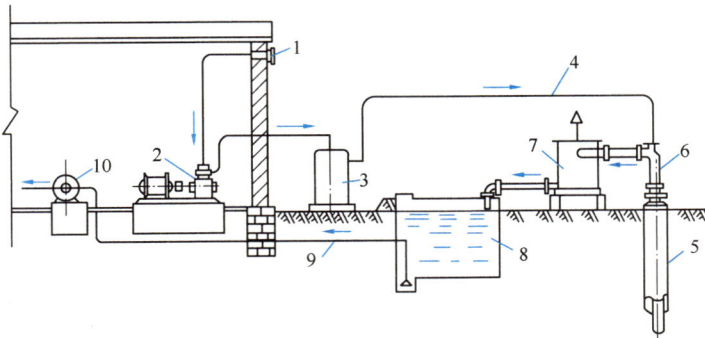

图 3-6　气升泵装置总图
1—空气过滤器；2—空气压缩机；3—风罐；4—输气管；5—井管；
6—扬水管；7—空气分离管；8—清水池；9—吸水管；10—泵

（1）空气过滤器：它是空气压缩机的吸气口，其作用是防止灰尘等侵入空气压缩机内。常用的结构形式是多块油浸穿孔板，以一定的间距排列在框架上，邻板之间的孔眼相互错开，空气穿过前一块的孔眼后就碰到后一块板的油壁上，空气中尘土就被粘在油壁上，这样就达到过滤的目的。一般空气过滤器安装在户外离地 2～4m 高的背阳地方。

（2）风罐：风罐功用是使空气在罐内消除脉动，能均匀地输送到扬水管中去（如往复式空气压缩机的输气量是不均匀的）。另外，风罐还起着分离压缩空气中携带的机油和潮气的作用。考虑到罐内油挥发的气体遇到高温产生爆炸的可能性，风罐应置于室外。风罐构造如图 3-7 所示。风罐容积近似可采取如下值［W 表示空气压缩机风量（m³/min），V 表示风罐容积（m³）］：

风量小于 6m³/min 时：$V=0.2W$（m³）

风量为 6～30m³/min 时：$V=0.15W$（m³）

风量大于 30m³/min 时：$V=0.1W$（m³）

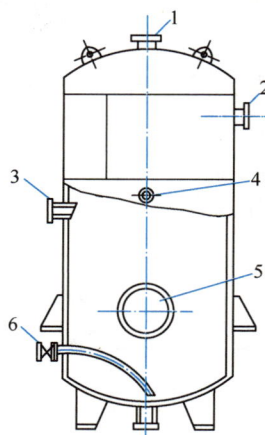

图 3-7 风罐

1—接安全阀；2—接输气管；

3—接进气管；4—接压力表；

5—检查孔；6—排污阀

（3）输气管：管内气流速度不大于 15～20m/s，一般采用 7～14m/s 计算输气管直径。在实际工作压力为 3～8kg/cm² 时，可根据每分钟所需气量值查表3-3来确定输气管直径。

输气管直径的确定　　　　表 3-3

所需气量（m³/min）	直径（mm）
0.17～0.50	15～20
0.50～1.00	20～25
1.00～1.70	25～32
1.70～3.40	32～38
3.40～6.70	38～51
6.70～11.70	51～63
11.70～16.70	63～76
16.70～27.00	76～89
27.00～38.40	89～102
38.40～50.00	102～114
50.00～70.00	114～127

为了排去输气管中的凝结水，管路应向井倾斜，坡度为 0.01～0.05。

（4）喷嘴：喷嘴的作用是扬水管内造成水气乳液。为了使空气与水充分混合，气泡的直径不宜大于 6mm，由于空气不应集中在一处喷出，需设布气管，按布气管与扬水管的布置方式，喷嘴在扬水管中的位置有并列布置、同心布置及同心并列组合式布置三种，如图 3-8 中（a）、（b）、（c）所示。同心布置是一段钻有小孔眼的布气管，长为 1.5～2.0m，下端"焊死"，上端与输气管连接于扬水管中央位置。

一般喷嘴上小孔眼的直径均在 3～6mm 间，小孔是向上倾斜的，这样能使压缩空气向上喷射，升水效果更好。

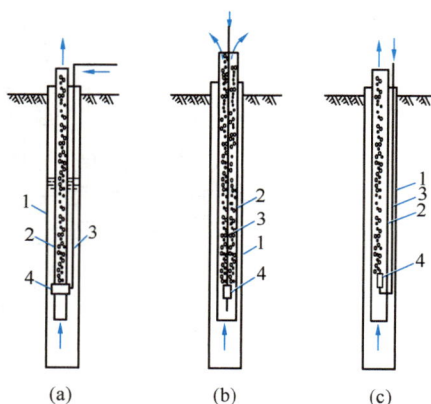

图 3-8 喷嘴布置

（a）并列式；（b）同心式；（c）同心并列式

1—井管；2—扬水管；3—输气管；4—喷嘴

（5）扬水管：扬水管直径过小时，井内水位降落大，抽水量将受到限制；扬水管直径过大时，升水产生间断，甚至不能升水。扬水管直径的决定与水气乳液的流量（即抽水量和气量之和）、流速和升水高度以及布气管的布置形式等因素有关，一般可按水气乳液流出管口前流速 6～8m/s 来计算管径，也可由表 3-4 查得。扬水管长度应比喷嘴的管段底长 3～5m，以免气泡溢出管外。为防止锈蚀，管壁内外应做防锈处理。扬水管与布气管并列布置虽使井孔稍大些，但扬水管直径较同心布置时为小，且扬水管内水头损失也较小，因此，一般较多采用并列布置。

管路作不同形式布置时，直径与流量关系　　　　表 3-4

| 流量
（L/s） | 管　径　（mm） | | | | | |
| | 并 列 布 置 | | | 同 心 布 置 | | |
	扬水管 D	布气管 d	井筒 D_0	扬水管 D	布气管 d	井筒 D_0
1～2	40	12	100	—	—	—
2～3	50	12～20	100	50	12.5	75
3～5	63	20～25	150	63	20	100
5～6	63	20～25	150	75	20	100
6～9	75	25～30	150	88	25	125
9～12	88	25～30	200	100	32	150
12～18	100	30～38	200	125	38	175
18～30	125	38～50	250	150	50～63	200
30～45	150	50～63	300	200	75	250
45～60	175	50～63	350	—	—	—
60～75	200	63～75	350～400	250	88	300
75～120	250	75～88	400～450	300	100	350
120～180	300	88～100	450～500	—	—	—

（6）气水分离箱：气水分离箱的形式很多，常用的是带伞形反射罩的分离箱，如图 3-9 所示。

3.2.3　气升泵计算

气升泵计算包括：求定空气压缩机性能参数和气升泵各部件尺寸。兹分述如下：

1. 求定空气压缩机性能参数

（1）风量（W_2）：气升泵正常工作时，每分钟所需的空气体积（W_1）（m^3/min），可按下列计算（空气体积指的是换算成一个大气压力下的自由空气体积）：

$$W_1 = \frac{QW_0}{60} \ (m^3/min) \qquad (3-4)$$

式中　W_0——提升 1m^3 的水所需之风量，称为空气比流量。对于并列布置的风管，可按式（3-5）计算：

$$W_0 = \frac{h}{\alpha \lg \dfrac{h(K-1)+10}{10}} (m^3/m^3) \qquad (3-5)$$

式中　α——与淹没系数 $K\left(K=\dfrac{H}{h}\right)$ 有关的系数，见表 3-5。

如果是同心布置时，空气的比流量将较并列布置大一些，可将上述 W_0 乘以 1.05～1.20。考虑管路的漏气损失，空气压缩机应生产的风量 W_2 为：

$$W_2 = (1.1 \sim 1.2)W_1 (m^3/min) \qquad (3-6)$$

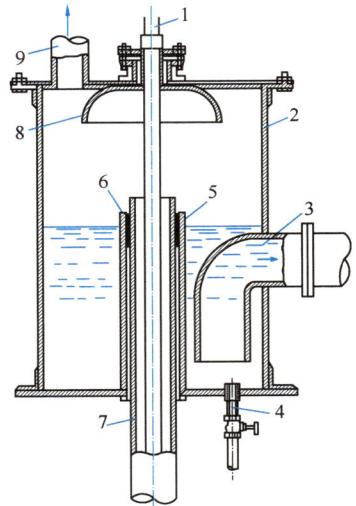

图 3-9　气水分离箱
1—输气管；2—集水箱；3—出水管；
4—放空管；5—外套管；6—填料；
7—扬水管；8—反射钟罩；
9—排气管

（2）风压：气升泵抽水的先决条件之一，是压缩空气的风压要大于从喷嘴至静水位间的水柱压力。此压力称为压缩空气的启动压力 p_1。

淹没系数 K 与 α 关系　　　　　　　表 3-5

K	4.0	3.35	2.85	2.5	2.2	2.0	1.8	1.7	1.55
α	14.3	13.9	13.6	13.1	12.4	11.5	10.0	9.0	7～8

$$p_1 = 0.1\left[(Kh - h_0) + 2\right](\text{atm})^{[①]} \qquad (3\text{-}7)$$

式中　h_0——静水位至扬水管口之间的高差（m）。

气升泵正常运行时的风压称为压缩空气的工作压力 p_2，它等于喷嘴至动水位之间的水柱压力与空气管路内压头损失之和（在空气压缩机距管井不远时压头损失不超过 5m），所以：

$$p_2 = 0.1\left[h(K - 1) + 5\right](\text{atm}) \qquad (3\text{-}8)$$

（3）空气压缩机的实际轴功率（N）：实际轴功率 N 即为发动机实际输向空气压缩机的能量。

即：
$$N = 1.25N_0 \ (\text{kW}) \qquad (3\text{-}9)$$

式中　N_0——空气压缩机的计算轴功率（W），$N_0 = N_1 W_2 P_2$；

　　　　N_1——单位轴功率（kW），其值取决于空气压缩机的工作压力 p_2 值，可参阅表 3-6。

单位轴功率与工作压力关系　　　　　　　表 3-6

工作压力 p_2（atm）	1	2	3	4	5	6	7
单位轴功率 N_1（kW）	1.427	1.400	1.250	1.180	1.100	1.030	0.933

（4）气升泵效率 η：

$$\eta = \frac{\rho g Q h}{1000N} \qquad (3\text{-}10)$$

式中　Q——抽水量（m³/s）；

　　　　h——提水高度（m）。

2. 气升泵各部件尺寸的求定

扬水管、输水管的直径，可按抽水量大小由表 3-4 查出，喷嘴位置可由 $H = Kh$ 来确定。

【例 3-2】如图 3-4 所示的气升泵装置，已知钻井深度为 125m，$h_0 = 30$m，$h = 60$m，$K = 2$，井管直径 250mm，预计抽水流量 $Q = 0.014$m³/s $= 50$m³/h。采用并列布置，试计算该装置的各主要参数值。

【解】（1）风量计算。

当 $h = 60$m 时，

则 $H = Kh = 2 \times 60 = 120$m

---

　① 1atm = 0.101325MPa

压缩空气比流量

$$W_0 = \frac{h}{\alpha \lg \frac{h(K-1)+10}{10}}$$

由表 3-5 查得：$\alpha = 11.5$，则：

$$W_0 = \frac{h}{11.5 \lg \frac{60(2-1)+10}{10}} = 6.2 \text{m}^3/\text{m}^3$$

$$W_1 = \frac{QW_0}{60} = \frac{50 \times 6.2}{60} = 5.2 \text{m}^3/\text{min}$$

所以，空气压缩机风量 $W_2 = 1.2W_1 = 1.2 \times 5.2 = 6.24 \text{m}^3/\text{min}$

（2）风压计算。

压缩空气启动压力

$$p_1 = 0.1[(Kh - h_0) + 2]$$

故

$$p_1 = 0.1[(2 \times 60 - 30) + 2] = 9.2 \text{atm}$$

压缩空气工作压力

$$p_2 = 0.1[h(K-1) + 5]$$

故

$$p_2 = 0.1[60(2-1) + 5] = 6.5 \text{atm}$$

（3）空气压缩机实际轴功率计算。

因为

$$N_0 = N_1 W_2 p_2 \quad (\text{kW})$$

由表 3-6 查得：当 $p_2 = 6.5$ 大气压时，$N_1 = 0.98$（用插入法求得）。

所以：

$$N_0 = 0.98 \times 6.24 \times 6.5 = 40.8 \text{kW}$$

空气压缩机得实际轴功率为：

$$N = 1.25 N_0 = 51 \text{kW}$$

（4）气升泵效率计算。

$$\eta = \frac{\rho g Q h}{1000 N} = \frac{1000 \times 9.81 \times 0.014 \times 60}{1000 \times 51} = 16\%$$

因此，气升泵与深井泵相比，它的效率显然是很低的。然而，其最大的优点是井孔内无运动部件，构造简单，工作可靠，在实际工程中，不但可用于井孔抽水，而且还可用于提升泥浆、矿浆、卤液等。对于钻孔水文地质的抽水试验，石油部门的"气举采油"以及矿山中井巷排水等方面，气升泵的应用常具有独特之处。

3.3　往　复　泵

往复泵主要由泵缸、活塞（或柱塞）和吸、压水阀所构成。它的工作是依靠在泵缸内作往复运动的活塞（或柱塞）来改变工作室的容积，从而达到吸入和排出液体的目的。由于泵缸主要工作部件（活塞或柱塞）的运动为往复式的，因此，称为往复泵。

3.3.1　工作原理

图 3-10 所示为往复泵的工作示意。柱塞 7 由飞轮通过曲柄连杆机构来带动，当柱塞向右移动时，泵缸内造成低压，上端的压水阀 3 被压而关闭，下端的吸水阀 4 便被泵外大气压作用下的水压力推开，水由吸水管进入泵缸，完成了吸水过程。相反，当柱塞由右向

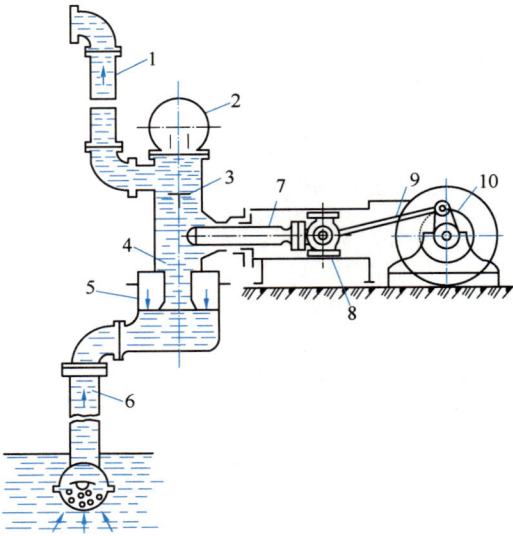

图 3-10 往复泵工作示意
1—压水管路；2—压水空气室；3—压水阀；
4—吸水阀；5—吸水空气室；6—吸水管路；
7—柱塞；8—滑块；9—连杆；
10—曲柄

左移动时，泵缸内造成高压，吸水阀被压而关闭，压水阀受压而开启，由此将水排出，进入压水管路，完成了压水过程。如此，周而复始，柱塞不断进行往复运行，水就间歇而不断地被吸入和排出。活塞或柱塞在泵缸内从一顶端位置移至另一顶端位置，这两顶端之间的距离 S 称为活塞行程长度（也称冲程），两顶端叫作死点。活塞往复一次（即两冲程），泵缸内只吸入一次和排出一次水，这种泵称为单动往复泵。单动往复泵的理论流量（不考虑渗漏时）Q_T 为：

$$Q_T = FSn = \frac{\pi D^2}{4}Sn\,(\mathrm{m^3/min})\quad(3\text{-}11)$$

式中　F——柱塞（或活塞）断面积（$\mathrm{m^2}$）；

　　　n——柱塞每分钟往复次数（次/min）；

　　　S——冲程（m）。

实际上，在往复泵内，吸水阀和压水阀的开关动作均略有延迟现象，有一部分水漏回吸水管和泵缸，另外，由于柱塞、填料盒的不紧密等也造成水漏损和吸入空气，因此，往复泵的实际流量 Q 一定小于理论流量 Q_T，其值可用容积效率 η_v 来表示：

$$Q = \eta_v Q_T\,(\mathrm{m^3/s})\tag{3-12}$$

构造良好的大型往复泵容积效率 η_v 较高，小型往复泵的容积效率 η_v 较低，一般 η_v 约为 85%～99% 之间。

往复泵多采用曲柄连杆作传动机构，由理论力学可知当曲柄作等角速度旋转时，活塞或柱塞的速度变化为正弦曲线，活塞在两个死点时，速度为零，加速度达最大值，在中间位置时，速度最大，加速度为零。由于柱塞断面积 F 为一常数，因此，泵供水量与柱塞速度变化的规律一样，也即按正弦曲线规律变化，如图 3-11（a）所示，由图可知：单动往复泵的出水是极不稳定的。为了改善这种不均匀性，可将三个单动往复泵互成 120°，用一根曲轴连接起来，组成一台三动泵，当曲轴每转一圈，三个活塞（或柱塞）分别进行一次吸入和排出水体，其流量变化如图 3-11（c）所示，出水比较均匀。

图 3-12 所示为双作用往复泵，也称双动泵。在计算时要考虑到活塞杆的截面积 f 对流量的影响。在活塞每往复一次的时间内，双动泵的理论出

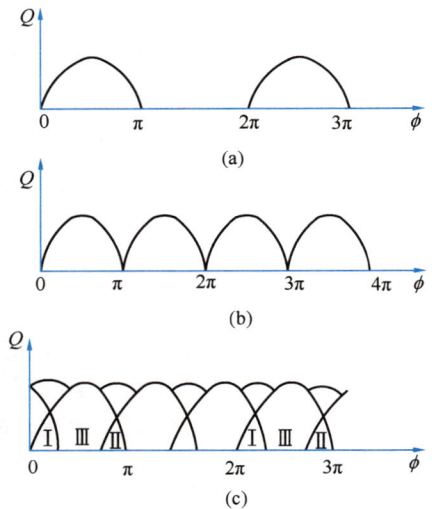

图 3-11 流量变化曲线
（a）为单泵流量曲线；（b）为双泵流量曲线；
（c）为三泵流量曲线

水量为：

$$Q_T = (2F - f)Sn(\text{m}^3/\text{min}) \tag{3-13}$$

其出水量变化曲线图如图 3-11（b）所示。为了尽可能使往复泵均匀地供水，以及减少管路内由于流速变化而造成液体的惯性力作用，一般常在压水及吸水管路上装设密封的空气室，借室内空气的压缩和膨胀作用，来达到缓冲调节的效果。

往复泵的扬程是依靠往复运动的活塞，将机械能以静压形式直接传给液体。因此，往复泵的扬程与流量无关，这是它与离心泵不同的地方。它的实际扬程仅取决于管路系统的需要和泵的能力，即它应该包括水的静扬程高度 H_{ST}，吸、压水管中的水头损失之和（包括出口的流速水头）Σh。

因此：

$$H = H_{ST} + \Sigma h(\text{m}) \tag{3-14}$$

图 3-13 为往复泵的特性曲线图，其扬程与流量无关，理论上应是平行于纵坐标轴 H 的直线，但实际上因液体难免有泄漏，且随泵的扬程增加，泄漏也严重，所以，实际的特性曲线如图 3-13 中的虚线所示。

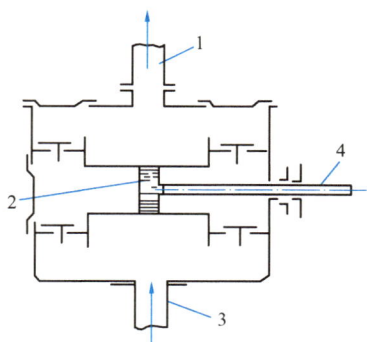

图 3-12　双动泵示意
1—出水管；2—活塞；3—吸水管；
4—活塞杆

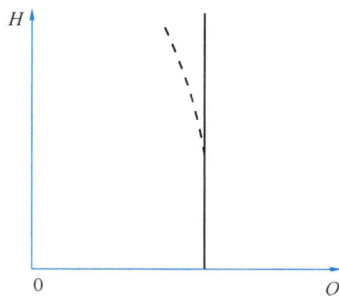

图 3-13　往复泵特性曲线

3.3.2　性能特点和应用

往复泵的性能特点可归结为：①扬程取决于管路系统中的压力、原动机的功率以及泵缸本身的机械强度，理论上可达无穷大值。供水量受泵缸容积的限制，因此，往复泵的性能特点是高扬程、小流量的容积式泵。②必须开闸下启动。如果按离心泵一样在压水闸关闭下启动泵，将使泵或原动机发生危险，传动机构有折断之虞。③不能用闸阀来调节流量。因为关小闸阀非但不能达到减小流量的目的，反而，由于闸阀的阻力而增大原动机所消耗的功率，因此，管路上的闸阀只作检修时的隔离之用，平时须常年开闸运行。另外，由于流量与排出压力无关，因此，往复泵适宜输送黏度随温度而变化的液体。④在给水排水泵站中，如果采用往复泵时，则必须有调节流量的设施，否则，当泵供水量大于用水量时，管网压力将遽增，易引起炸管事故。⑤具有自吸能力。往复泵是依靠活塞在泵缸中改变容积而吸入和排出液体的，运行时吸入口与排出口是相互间隔各不相通的，因此，泵在启动时，能把吸入管内空气逐步抽上排走，因而，往复泵启动时可不必先灌泵引水，具有自吸能力。有的为了避免活塞在启动时与泵缸干磨，缩短启动时间和启动方便，所以，也有在系统中装设底阀的。⑥出水不均匀，严重时可能造成运转中产生振动和冲击现象。

表 3-7 为往复泵与离心泵优缺点的比较，由表可以看出，虽然近代在城市给水排水工程中，往复泵已被离心泵趋于取代，但它在某些工业部门的锅炉给水方面，在输送特殊液体方面，在要求自吸能力高的场合下，仍有其独特的作用。

往复泵与离心泵比较 表 3-7

项　　目	往　复　泵	离　心　泵
流量	较小，一般不超过 $200\sim300\text{m}^3/\text{h}$	很　大
扬程	很高	较低
转数(往复次数)	低，一般小于 400 次/min	很高，常用为 3000r/min
效率	较高	较低
流量调节及计量 适宜输送液体介质	不易调节，流量一般为恒定值，可计量允许黏度较大液体、不宜含颗粒液体	流量调节容易，范围广，要用专门仪表计量，不宜输送黏度较大液体，但可以输送污水等
流量均匀度	不均匀	基本均匀，脉动小
结构	较复杂，零件多	简单，零件少
体积、质量	体积大，质量大	体积小，质量小
自吸能力	能自吸	一般不能自吸，需灌水
操作管理	操作管理不便	操作管理较方便
造价	较高	较低

3.4　螺　旋　泵

螺旋泵也称阿基米德螺旋泵。近代的螺旋泵，在荷兰、丹麦等国应用较早，目前已推广到各国，广泛应用于灌溉、排涝以及提升污水、污泥等方面。

3.4.1　工作原理

螺旋泵的提水原理与我国古代的龙骨水车十分相似。如图 3-14 所示，螺旋泵倾斜放置在水中，由于螺旋泵轴对水面的倾角小于螺旋叶片的倾角，当电动机通过变速装置带动螺旋轴时，螺旋叶片下端与水接触，水就从螺旋叶片的 P 点进入叶片，水在重力作用下，随叶片下降到 Q 点，由于转动时的惯性力，叶片将 Q 点的水又提升至 R 点，而后在重力作用下，水又下降至高一级叶片的底部，如此不断循环，水沿螺旋轴被一级一级地往上提起，最后，升到螺旋泵的最高点而出流。由于螺旋泵提升原理不同于离心泵和轴流泵，因此，它的转速十分缓慢，一般仅在 $20\sim90\text{r}/\text{min}$ 之间。

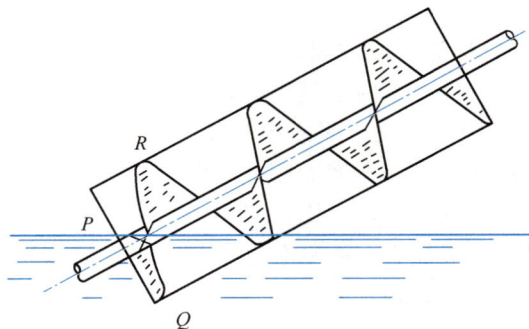

图 3-14　提水原理

3.4.2　螺旋泵装置

螺旋泵装置由电动机 1、变速装置 2、泵轴 3、叶片 4、轴承座 5 和泵外壳 6 等部分所组成，如图 3-15 所示。泵体连接着上下水池，泵壳仅包住泵轴及叶片的下半部，上半部只要安装小半截挡板，以防止污水外溅。泵壳与叶片间，既要保持一定的间隙，又要做到密贴，尽量减少液体侧流，以提高泵的效率，一般叶片与泵壳之间保持 1mm 左右间隙。大中型泵壳可用预制混凝土砌块拼成，小型泵壳一般采用金属材料卷焊制成，也可用玻璃钢等其他材料制作。

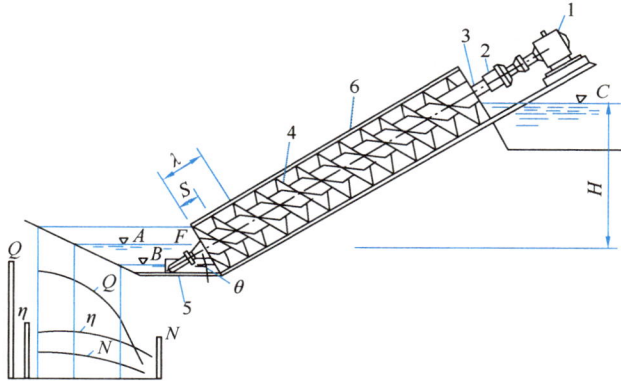

图 3-15　螺旋泵装置

1—电动机；2—变速装置；3—泵轴；4—叶片；5—轴承座；6—泵壳；

A—最佳进水位；B—最低进水位；C—正常出水位；H—扬程；θ—倾角；S—螺距

图 3-15 中的特性曲线表明：当进水水位升高到泵轴上边缘的 F 处，流量为最高值，假如水位继续上升，则泵的流量就不会再增加。不仅如此，由于进水水位增高，叶片在水中作无用的搅拌，螺旋泵的轴功率加大，而效率会下降。

影响螺旋泵效率的参数主要有以下几个：

（1）倾角（θ）：指螺旋泵轴对水平面的安装夹角。它直接影响泵的扬水能力，倾角太大时，流量下降。

（2）泵壳与叶片的间隙：间隙越小，水流失越小，泵效率越高。为了保持微量的间隙，要求螺旋叶片外圆的加工精密，同时，泵壳内表面要求光滑平整。

（3）转速（n）：实验资料表明，螺旋泵的外径越大，转速宜越小，泵外径小于400mm 时，其转速可达 90r/min 左右；外径为 1m 时，转速约 50r/min 为宜；当泵外径达4m 以上时，转速骤降至 20r/min 左右为宜。

（4）扬程（H）：螺旋泵是低扬程泵。扬程低时，效率高；扬程太高时，泵轴过长，挠度大，对制造、运行都不利。螺旋泵扬程一般在 3~6m 左右。

（5）泵直径（D）：泵的流量取决于泵的直径。一般资料认为：泵直径越大，效率越高。泵的直径与泵轴直径之比以 2∶1 为宜；如果比例不当，如叶片直径大，轴径过小时，则由于泵在旋转时产生离心力，被螺旋泵带上的水反而不多，反之，盛水空间小，效率低。

（6）螺距（S）：沿螺旋叶片环绕泵轴呈螺旋形旋转 360°所经轴向距离，即为一个螺旋导程 λ。螺距 S 和导程 λ 的关系为：

$$S = \frac{\lambda}{Z} \tag{3-15}$$

式中　Z——螺旋头数，也即叶片数，一般为 1、2 片至 4 片左右。当 $Z=1$ 时，导程就等于螺距（即 $S=\lambda$）。目前，大型螺旋泵一般采用 1 片；中型采用 1~2 片；小型采用 2~4 片。泵的直径 D 与螺距 S 之比的最佳值为 1。也就是说泵直径为 1m 时，其螺距也宜为 1m。

（7）流量（Q）及轴功率（N）：螺旋泵的流量与螺旋叶片外径 D、螺距 S、转速 n、叶片的扬水断面率 α 有关，见下式：

$$Q = \frac{\pi}{4}(D^2 - d^2)\alpha S n \,(\text{m}^3/\text{min}) \tag{3-16}$$

式中　d——泵轴直径（m）；

　　　D——泵叶轮外径（m）；

　　　S——螺距（m）；

　　　n——转速（r/min）。

轴功率可由 $N = \dfrac{\rho g Q H}{1000\eta}$（kW）来计算。

3.4.3　螺旋泵优缺点

优点：①提升流量大，省电。例如提升高度为 3.5m，流量为 500m³/h，采用螺旋泵只需 7.5kW 电动机，如用其他类型泵，却要配 10kW 的电动机。②螺旋泵只要叶片接触到水面就可把水提升上来，并可按进水位的高度，自行调节出水量，水头损失小，吸水井可以避免不必要的静水压差。③由于不必设置集水井以及封闭管道，泵站设施简单，减少土建费用，有的甚至可将螺旋泵直接安装在下水道内工作。④离心式污水泵在泵前要设帘格，以去处碎片和纤维物质，防止堵塞泵。而螺旋泵因叶片间间隙大，不需要设帘格，可以直接提升杂粒、木块、碎布等污物。⑤结构简单、制造容易。另外由于低速运转，因此，机械磨损小，日常维修简单。⑥离心泵由于转速高，将破坏活性污泥绒絮，而螺旋泵是缓慢地提升活性污泥，对绒絮破坏较小。

缺点：①扬程一般不超过 6~8m，在使用上受到限制。②其出水量直接与进水水位有关，故不适用于水位变化较大的场合。③螺旋泵必须斜装，占地较大些。

3.5　水环式真空泵

水环式真空泵可供抽吸空气或其他无腐蚀性、不溶于水、不含固体颗粒的气体的一种流体机械。被广泛用于机械、石油、化工、制药、食品等工业及其他领域。特别适合于大型泵引水用。

3.5.1　水环式真空泵的构造和工作原理

水环式真空泵由泵体和泵盖组成圆形工作室，在工作室内偏心地装置一个有多个呈放射状均匀分布的叶片和叶轮毂组成的叶轮，如图 3-16 所示。由星状叶轮 1，进气口 3，排气口 4 和水环 2 等组成。叶轮偏心安装于泵壳内。工作时要不断充入一定量的循环水，以保证真空泵工作。工作原理：启动前，泵内灌入一定量的水，叶轮旋转时产生离心力，在离心力的作用下将水甩向四周而形成一个旋转的水环 2，水环上部的内表面与叶轮壳相切，沿顺时针方向旋转的叶轮，在图 3-16 中右半部的过程中，水环的内表面渐渐离开轮壳，各叶片间形成的体积递增，压力随之降低，空气从进气口吸入；在图 3-16 中左半部的过程中，水环的内表面渐渐又靠近轮壳，各叶片间形成的体积减小，压力随之升高，将吸入的空气经排气口排出。叶轮不断旋转，真空泵不断地吸气和排气。

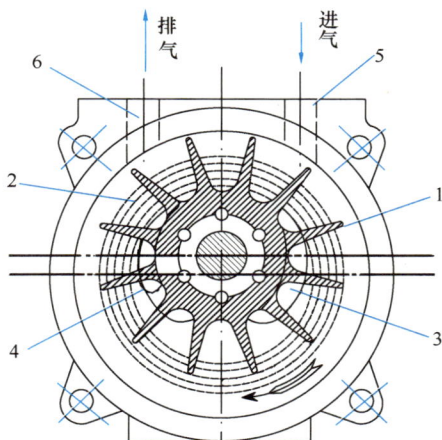

图 3-16　水环式真空泵构造图

1—星状叶轮；2—水环；3—进气口；4—排气口；5—进气管；6—排气管

3.5.2　水环式真空泵的性能

泵站中常用的水环式真空泵主要有 SZ 型、SZB 型和 SZZ 型。其符号的意义：S—水环式；Z—真空泵；B—悬臂式。SZZ 型是电动机与真空泵为直联式，这种泵体积小、质量小、价格低。图 3-17 为 SZB 型真空泵性能曲线图。

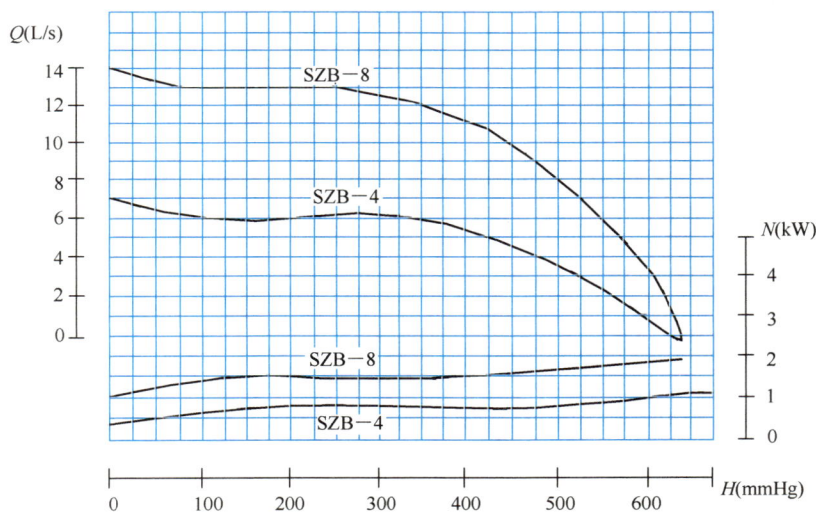

图 3-17　SZB 型真空泵性能曲线

3.5.3　水环式真空泵的选择

当真空泵用于离心泵引水用时，选择真空泵主要依据是根据泵和吸水管所需的抽气量和真空值的大小而定。

抽气量按下式计算：

$$Q_v = K \frac{V_p + V_s}{T} \cdot \frac{H_a}{H_a - H_{ss}}$$ (3-17)

式中　Q_v——真空泵抽气量（m^3/min）；

　　K——漏气系数，一般取 $1.05 \sim 1.10$；

　　V_p——泵站中最大一台泵泵壳容积（m^3），相当于泵吸水口面积乘以吸水口至泵出口压水管第一个阀门的距离；

　　V_s——从吸水池最低水位至泵吸水口的吸水管中的空气容积（m^3），可查表 3-8；

　　H_a——大气压的水柱高度，取 10.33m；

　　H_{ss}——离心泵的安装高度（m）；

　　T——泵的引水时间（min），一般小于 5min，消防泵应小于 3min。

最大真空值 H_v，可由吸水池最低水位至泵最高点的垂直距离计算。如吸水池最低水位至泵最高点的垂直距离为 4m，则 $H_v = \frac{4000}{13.6} = 294mmHg$。

不同管径每米管长空气容积　　　　　　　　　　　　表 3-8

D（mm）	200	250	300	350	400	500	600	800
V_s（m^2/m）	0.031	0.071	0.092	0.096	0.12	0.106	0.282	0.503

依据 Q_v 和 H_v 值查水环式真空泵产品样本，选择适宜的真空泵。一般选用两台（一台工作一台备用）。

3.6　螺　杆　泵

螺杆泵是在泵类产品中出现较晚的一种泵，由于它是利用一根或数根螺杆的相互啮合空间容积变化来输送液体，因此称为螺杆泵。

3.6.1　螺杆泵的分类

螺杆泵的分类方法如下：

1. 按螺杆数目分

（1）单螺杆泵：只有一根螺杆在泵体的内螺纹槽中啮合转动的泵。主要工作机构是一个钢制螺杆和一个具有内螺旋表面的橡胶衬套。

（2）双螺杆泵：在泵内由两个螺杆相互啮合输送液体的泵。主动螺杆和从动螺杆之间用一对齿轮传递转矩。

（3）三螺杆泵：在泵内有三个螺杆相互啮合输送液体的泵。它是螺杆泵中使用最多的一种泵。

（4）五螺杆泵：在泵套内装有五根左、右旋双头螺纹的螺杆（主、从杆螺旋方向相反），螺杆上的轴向力可自行平衡。螺杆齿廓上有一段是渐开线，它起主杆向从杆传递运动的作用。螺杆两端装有滚动轴承，保证螺杆与泵套之间的间隙。

2. 按螺杆吸入方式分

（1）单吸式：液体从螺杆一端吸入，从另一端排出。

（2）双吸式：液体从螺杆两端吸入，从中间排出。

此外，按泵轴位置还可以分为卧式泵和立式泵。

螺杆泵依靠螺杆相互啮合空间的容积变化来输送液体。当螺杆传动时吸入腔一端的密封线连续地向排出腔一端做轴向移动，使吸入腔的容积增大，压力降低，液体在压差作用下沿吸管进入吸入腔。随着螺杆的转动，密封腔内的液体连续而均匀地沿轴向移动到排出腔，由于排出腔一端的容积逐渐缩小，即将液体排出（图3-18）。

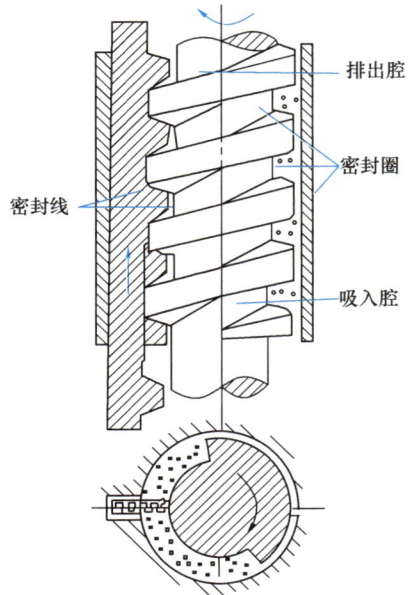

图 3-18　螺杆泵输液原理图

3.6.2　单螺杆泵

单螺杆泵的主要工作部件是偏心螺旋体的螺杆（称转子）和内表面呈双线螺旋面的螺杆衬套（称定子）。其工作原理是当电动机带动泵轴转动时，螺杆一方面绕本身的轴线旋转，另一方面它又沿衬套内表面滚动，于是形成泵的密封腔室。螺杆每转一周，密封腔内的液体向前推进一个螺距，随着螺杆的连续转动，液体螺旋形方式从一个密封腔压向另一个密封腔，最后挤出泵体。螺杆泵是一种新型的输送液体的机械，具有结构简单（图3-19）、工作安全可靠、使用维修方便、出液连续均匀、压力稳定等优点。

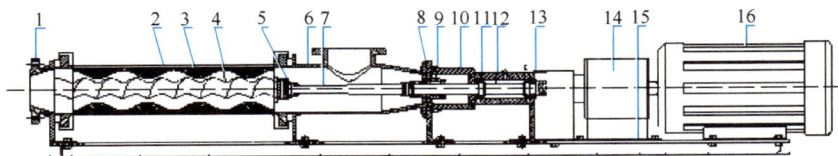

图 3-19　单螺杆泵构造图

1—出料体；2—拉杆；3—定子；4—螺杆轴；5—万向节或销接；6—进料体；7—连接轴；
8—填料座；9—填料压盖；10—轴承座；11—轴承；12—传动轴；13—轴承盖；14—联轴器；
15—底盘；16—电动机

参数如下：

流量：$0 \sim 150 m^3/h$；

扬程：$60 \sim 120 m$；

功率：$0.75 \sim 37 kW$；

转速：$500 \sim 960 r/min$；

口径：$20 \sim 135 mm$；

温度：$-15 \sim 200℃$。

由于转子和定子的特殊几何形状，分别形成单独的密封容腔，介质由轴向均匀推行流动，内部流速低，容积保持不变，压力稳定，因而不会产生涡流和搅动。其流量与转速成正比。每级泵的输出压力为 0.6MPa，扬程 60m（清水），自吸高度一般在 6m，适用于输送介质温度 80℃以下（特殊要求可达 150℃）。

因定子选用多种弹性材料制成，所以这种泵对高黏度流体的输送和含有硬质悬浮颗粒介质或含有纤维介质的输送，有一般泵种所不能胜任的特点。

传动可采用联轴器直接传动，或采用调速电动机、三角带、变速箱等装置变速。这种泵零件少，结构紧凑，体积小，维修简便，转子和定子是泵的易损件。

3.6.3　立式单螺杆泵

立式单螺杆泵特殊的工作形腔能输送介质中含有悬浮的硬、软固体颗粒和长纤维（或固体是多棱尖角、高磨损颗粒）和长纤维或夹带气体的介质（液、固、气三相）。

（1）固体颗粒度大小与各型号泵"转子"偏心距（e）有关。

（2）固体浓度按体积浓度，可达 40%（如粉状微粒可达 70%）。

（3）纤维长度与各型号泵"定子"导程有关，允许最长纤维介质黏度高达 1000000mPa·s（cp）物料可以有效输送。立式单螺杆泵具有自吸引特性：能将液态介质通过管路自吸引上来，高度可达 6～8.5m。

立式单螺杆泵转速和流量是线性关系。泵可定转速而定流量，也可无级调速或多级变速来满足用户各种特性的要求。流量精度高（±1%），可作为计量泵用于实验室、配药、配料等。压力（扬程）与"定子"螺旋导程（T）有关，一个导程（T）输出压力为 0.6MPa（60m 扬程），两个导程输出压力为 1.2MPa（120m 扬程）。根据工况需要任何一种型号都可以制造成立、斜置式、可移小车载式等型的泵。

立式单螺杆泵零件少，结构不复杂，所以拆卸，维修简单。

立式单螺杆泵因"定子"是弹性体而"转子"是金属材质制成，所以泵不可以在无介质状态下干运转而损坏泵的液力部件。

3.6.4　双螺杆泵

双螺杆泵可以输送不含固体颗粒的各种流体介质，甚至黏度极高的糊膏状介质。无论是润滑性或是非润滑性、腐蚀性或是气液多相介质，双螺杆泵都有广泛的通用性和可靠性。

双螺杆泵是外啮合的螺杆泵，它利用相互啮合、互不接触的两根螺杆来抽送液体。其构造如图 3-20 所示。双螺杆泵作为一种容积式泵，泵内吸入室应与排出室严密地隔开。因此，泵体与螺杆外圆表面及螺杆与螺杆间隙应尽可能小些。同时螺杆与泵体、螺杆与螺杆间又相互形成密封腔，保证密闭，否则就可能有液体从间隙中倒流回去。

双螺杆泵可分为内置轴承和外置轴承两种形式。在内置轴承的结构形式中轴承由输送物进行润滑。外置轴承结构的双螺杆泵工作腔同轴承是分开的。由于这种泵的结构和螺杆间存在的侧间隙，它可以输送非润滑性介质。此外，调整同步齿轮使得螺杆不接触，同时将输出扭矩的一半传给从动螺杆。正如所有螺杆泵一样，外置轴承式双螺杆泵也有自吸能力，而且多数泵输送元件本身都是双吸对称布置，可消除轴向力，也有很大的吸高。泵的这些特性使它在油田化工和船舶工业中得到了广泛的应用。外置轴承式双螺杆泵可根据各

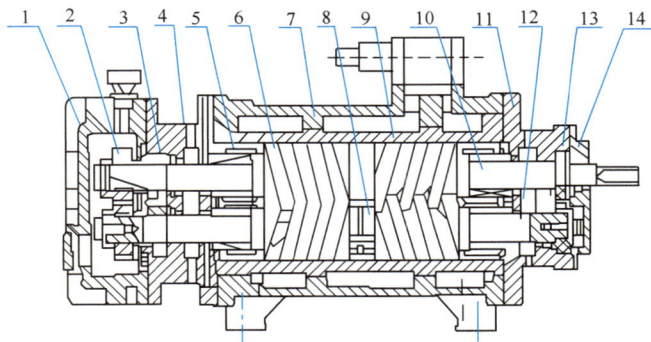

图 3-20　双螺杆泵构造图

1—齿轮箱盖；2—齿轮；3—滚动轴承；4—后支架；5—密封；6—螺套 A.B；7—泵体；
8—调节螺栓；9—衬；10—主动轴；11—前支架；12—从动轴；13—滚动轴承；14—压盖

种使用情况分别采用普通铸铁、不锈钢等不同材料制造。输送温度可达 250℃。泵理论流量可达 2000m³/h。

3.6.5　三螺杆泵

三螺杆泵主要是由固定在泵体中的衬套（泵缸）以及安插在泵缸中的主动螺杆和与其啮合的两根从动螺杆所组成。三根互相啮合的螺杆，在泵缸内按每个导程形成一个密封腔，造成吸排口之间的密封。

泵工作时，由于两从动螺杆与主动螺杆左右对称啮合，故作用在主动螺杆上的径向力完全平衡，主动螺杆不承受弯曲负荷。从动螺杆所受径向力沿其整个长度都由泵缸衬套来支承，因此，不需要在外端另设轴承，基本上也不承受弯曲负荷。在运行中，螺杆外圆表面和泵缸内壁之间形成的一层油膜，可防止金属之间的直接接触，使螺杆齿面的磨损大大减少。

螺杆泵工作时，两端分别作用着液体的吸排压力，因此对螺杆要产生轴向推力。对于压差小于 98N/cm² 的小型泵，可以采用止推轴承。此外，还通过主动螺杆的中央油孔将高压油引入各螺杆轴套的底部，从而在螺杆下端产生一个与轴向推力方向相反的平衡推力。

螺杆泵和其他容积泵一样，当泵的排出口完全封闭时，泵内的压力就会上升到使泵损坏或使电动机过载的危险程度。所以，在泵的吸排口处，就必须设置安全阀。

螺杆泵的轴封，通常采用机械轴封，并可根据工作压力的高低采取不同的形式。三螺杆泵的构造如图 3-21 所示。

3.6.6　螺杆泵的特点

（1）结构简单、零件少、容易拆装。

（2）泵内的泄漏损失比较小，故泵的效率比较高。

（3）被输送的油料在泵内做匀速直线运动，且油料在泵内无旋转、无脉动地连续运动，因此，泵工作时无振动、无噪声、流量稳定。

（4）主动螺杆由电动机（或其他动力）带动旋转，从动螺杆受到排出的压力作用而自

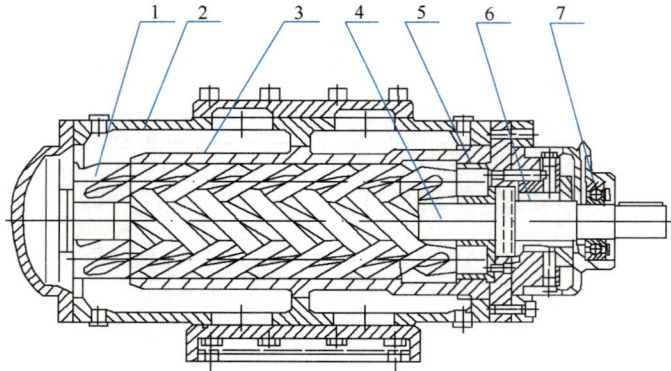

图 3-21　三螺杆泵构造图

1—从杆；2—泵体；3—衬套；4—主杆；5—平衡套；6—机械密封；7—轴承

转，主动螺杆不向从动螺杆传递动力，且主从螺杆之间又附有一层油膜，因此，螺杆之间的磨损极小，所以泵的寿命长。

螺杆泵的类型横截面示意图，见表 3-9。

螺杆泵的横截面及应用举例　　　　　　　　　　　　　表 3-9

类型	螺杆横截面示意图	应用举例	类型	螺杆横截面示意图	应用举例
单螺杆泵		粘胶泵 化工泵 污水泵	三螺杆泵		滑油泵 输油泵 液压泵 燃油泵
双螺杆泵		燃油泵 输油泵 化工泵	五螺杆泵		滑油泵

注：螺杆泵输送液体的温度一般在 80℃ 以下。

3.6.7　螺杆泵的应用

螺杆泵的应用范围较广，在以下各行各业中都有应用：

（1）市政污水处理及环境工程：工业污水、生活污水、含有固体颗粒及短纤维的污泥浊水的输送，特别适用于油水分离器、板框压滤机设备等；

（2）船舶工业：轮底清洗、油水、油渣、油污水等介质输送；

（3）石油工业：输送原油、原油与水的混合物、煤田气和水的混合物、往地层内灌注聚合物等；

（4）医药、日化：各种黏稠浆、乳化液、各种软膏化妆品；

（5）食品罐头行业：各种黏稠淀粉、浓酒糟、粮食制品渣，各种酱类、浆类、固体物浆液；

（6）建筑行业：水泥砂浆、石灰浆、涂料、糊状体的喷涂；

（7）采矿行业：矿井内的固体颗粒、地下水、污浆水；

（8）化学行业：各种悬浮液、油脂、各种胶体浆、各种胶粘剂；

（9）印刷、造纸：高黏度油墨、墙纸的 PVC 高分子塑料糊和各种浓度的纸浆，短纤维浆料；

（10）工业锅炉、电厂的水煤浆输送等。

三螺杆泵在供热设备中用作燃油供应和输送泵；在机械工业中用作液压、润滑和遥控马达泵；在化学石油化工和食品工业中用作装载、输送和供液泵；在船舶上用作输送、增压、燃油喷射和润滑油泵以及船用液压装置泵等。

3.6.8　螺杆泵的安全使用方法

1. 螺杆泵的停车

螺杆泵停车时，应先关闭排出停止阀，并待泵完全停转后关闭吸入停止阀。

螺杆泵因工作螺杆长度较大，刚性较差，容易引起弯曲，造成工作失常。对轴系的连接必须很好对中；对中工作最好是在安装定位后进行，以免管路牵连造成变形；连接管路时应独立固定，尽可能减少对泵的牵连等。此外，备用螺杆在保存时最好采用悬吊固定的方法，避免因放置不平而造成的变形。

2. 螺杆泵的启动

螺杆泵应在吸排停止阀全开的情况下启动，以防过载或吸空。

螺杆泵虽然具有干吸能力，但是必须防止干转，以免擦伤工作表面。

假如泵需要在油温很低或黏度很高的情况下启动，螺杆泵应在吸排阀和旁通阀全开的情况下启动，让泵启动时的负荷最低，直到原动机达到额定转速时，再将旁通阀逐渐关闭。

当旁通阀开启时，液体是在有节流的情况下在泵中不断循环流动的，而循环的油量越多，循环的时间越长，液体的发热也就越严重，甚至使泵因高温变形而损坏，必须引起注意。

3. 螺杆泵的运转

螺杆泵必须按既定的方向运转，以产生一定的吸排。

泵工作时，应注意检查压力、温度和机械轴封的工作。对轴封应该允许有微量的泄漏，如泄漏量不超过 20～30s/滴，则认为正常。假如螺杆泵在工作时产生噪声，这往往是因油温太低，油液黏度太高，油液中进入空气，联轴节失中或泵过度磨损等原因引起。

3.7　隔　膜　泵

隔膜泵是往复泵中较特殊的一种形式。它是靠一隔膜片来回鼓动而吸入和排出液体的，是目前国内外一种新型泵类。隔膜泵传动部分是带动隔膜片来回鼓动的驱动机构。

3.7.1 隔膜泵的组成与分类

隔膜泵一般由执行机构和阀门组成。如果按其所配执行机构使用的动力，隔膜泵可以分为气动、电动、液动三种，即以压缩空气为动力源的气动隔膜泵，以电为动力源的电动隔膜泵，以液体介质（如油等）压力为动力的电液动隔膜泵。另外，按其功能和特性分，还有电磁阀、电子式、智能式、现场总线型隔膜泵等。隔膜泵的产品类型很多，结构也多种多样，而且还在不断更新和变化。一般来说阀是通用的，既可以与气动执行机构匹配，也可以与电动执行机构或其他执行机构匹配。

3.7.2 气动隔膜泵

气动隔膜泵是采用压缩空气为动力源，对于各种腐蚀性液体，带颗粒的液体，高黏度、易挥发、易燃、剧毒的液体，均能予以抽光吸尽。气动隔膜泵其有四种材质：塑料、铝合金、铸铁、不锈钢。隔膜泵根据不同液体介质分别采用丁腈橡胶、氯丁橡胶、氟橡胶、聚四氟乙烯、聚四氯乙烯，以满足不同用户的需要。安置在各种特殊场合，用来抽送各种常规泵不能抽吸的介质，均取得了满意的效果。它主要在陶瓷工业、煤炭工业和环保、废水处理、建筑、排污、精细化工等行业中得到广泛应用。气动隔膜泵的构造如图 3-22 所示。

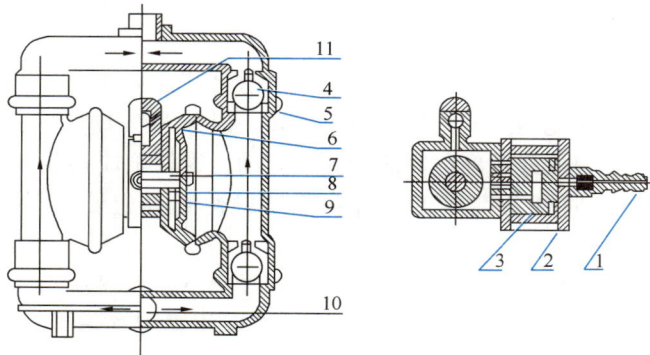

图 3-22　气动隔膜泵构造图

1—进气口；2—配气阀体；3—配气阀；4—圆球；5—球座；6—隔膜片；
7—连杆；8—连杆铜套；9—中间支架；10—泵进口；11—排气口

1. 气动隔膜泵的工作原理

以压缩空气为动力，在泵的两个对称工作腔中，各装有一块有弹性的隔膜，连杆将两块隔膜结成一体，压缩空气从泵的进气接头进入配气阀后，推动两个工作腔内的隔膜，驱使联杆连接的两块隔膜同步运动。与此同时，另一工作腔中的气体则从隔膜的背后排出泵外，一旦到达行程终点，配气机构则自动地将压缩空气引入另一个工作腔，推动隔膜朝相反方向运动，这样就形成了两个隔膜的同步往复运动。每个工作腔中设置有两个单向球阀，隔膜的往复运动，造成工作腔内容积的改变，迫使两个单向球阀交替地开启和关闭，从而将液体连续地吸入和排出。

2. 气动隔膜泵的特点

气动隔膜泵具有以下特点：① 由于用空气作动力，所以流量随背压（出口阻力）的变化而自动调整，适合用于中高黏度的流体。②在易燃易爆的环境中用气动泵可靠且成本低，如燃料、火药输送，因为：第一，接地后不可能产生火花；第二，工作中无热量产生，机器不会过热；第三，流体不会过热因为隔膜泵对流体的搅动最小。③ 在工作恶劣的地方，如建筑工地、工矿的废水排放、由于污水中的杂质多且成分复杂，管路易于堵塞，这样对电泵就形成负荷过高的情况，电动机发热易损。气动隔膜泵可通过含颗粒液体且流量可调，管道堵塞时自动停止。④ 气动隔膜泵体积小易于移动，不需要地基，占地面极小，安装简便经济，可作为移动式物料输送泵。⑤在有危害性、腐蚀性的物料处理中，隔膜泵可将物料与外界完全隔开。⑥可用于输送化学性质比较不稳定的流体，如：感光材料、絮凝液等。这是因为隔膜泵的剪切力低，对材料的物理影响小。⑦无泄漏、能自吸、可空载、不必用电更安全。

3. 气动隔膜泵的应用

由于气动隔膜泵具有以上特点，所以在各行各业中正逐步扩大其使用范围。如：在喷漆、陶瓷业中隔膜泵已占有一定的主导地位，而在其他的一些行业中，像环保、废水处理、建筑、排污、精细化工中也在扩大它的市场份额，并具有其他泵不可替代的地位。该泵可吸各种液体和填料（包括各种剧毒、易燃、易挥发液体和强酸、强碱、强腐蚀液体）；作为各种固液体分离设备的前级送压装置；用该泵为油轮、驳船清仓吸取污水、清洗油垢等。

3.7.3　电动隔膜泵

电动隔膜泵（图 3-23），采用摆线前轮减速机传动，通过曲轴滑块机构带动双隔膜作往复运动，使工作腔容积发生交替变化从而达到将液体不断地吸入和排出。同时，由于隔膜材质取得了突破性的进展，大大地延长隔膜的使用寿命，因此被越来越广泛地替代部分离心泵、螺杆泵来应用于石化、陶瓷、冶金等行业。电动隔膜泵的构造如图 3-24 所示。

图 3-23　电动隔膜泵

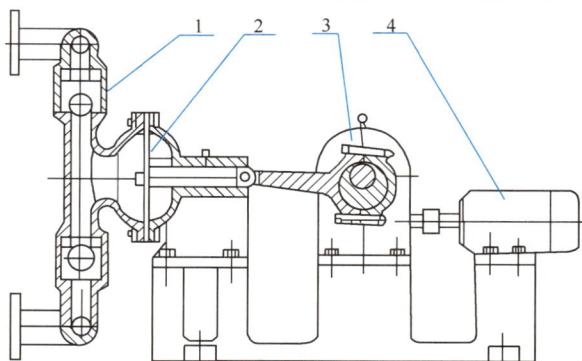

图 3-24　电动隔膜泵构造简图
1—单向球阀（上下四个）；2—柱塞上面的隔膜；
3—减速箱；4—电动机

1. 电动隔膜泵的工作原理

根据图 3-24 可以看出：电动机 4 通过减速箱 3 带动左右两端柱塞上面的隔膜 2 一前一后往复运动。在左右两个泵腔内，装有上下四个单向球阀 1 通过隔膜的运动，造成工作腔内的容积的改变，迫使四个单向球阀交替地开启和关闭，从而将液体不断地吸入和排出。

电动隔膜泵的作用方式只是在选用气动执行机构时才有，其作用方式通过执行机构正反作用和阀门的正反作用组合形成。组合形式有4种即正正（气关型）、正反（气开型）、反正（气开型）、反反（气关型），通过这四种组合形成的隔膜泵作用方式有气开和气关两种。对于隔膜泵作用方式的选择，主要从三方面考虑：工艺生产安全；介质的特性；保证产品质量，经济损失最小。

2. 电动隔膜泵的特点及用途

电动隔膜泵主要特点：①不需灌引水，自吸能力达7m以上。②通过性能好，直径在10mm以下的颗粒、泥浆等均可以毫不费力地通过。③由于隔膜将被输送介质和传动机械件分开，所以介质不会向外泄漏。且泵本身无轴封，使用寿命大大延长。根据不同介质，隔膜分为氯丁橡胶、氟橡胶、丁腈橡胶等，完全可以满足不同用户的要求。④体积小质量轻。由于采用了行星摆线传动结构，故使泵型获得小尺寸，如与同类型泵来比较，其体积质量均下降一半左右。⑤泵体介质流经部分，可根据用户要求，分为铸铁、不锈钢、衬胶、电动机分为普通式、防爆式、调速式。

电动隔膜泵主要运用在以下各方面：

（1）各种剧毒、易燃、易挥发液体；

（2）各种强酸、强碱、强腐蚀性液体；

（3）可输送较高温度（150℃）的介质；

（4）作为各种压滤机前级送压装置；

（5）热水回收及循环；

（6）油罐车、油库、油品装卸；

（7）泵吸泡菜、果酱、土豆泥、巧克力等；

（8）泵吸油漆、树胶、颜料胶粘剂；

（9）各种橡胶、浆乳胶、有机溶剂、填料；

（10）抽吸各种污水及为油轮、驳船清仓吸取仓内污水及剩油。

通过以上的分析，可以很直观地了解到，电动隔膜泵是一种可以在恶劣条件下使用的设备，它的这种特殊性已受到了业界的极大关注。

3.7.4　液压隔膜泵

液压隔膜泵是一种由膜片往复变形造成容积变化，压缩和吸取液体的容积泵。

1. 液压隔膜泵的工作原理

液压隔膜泵的工作原理是用隔膜把柱塞与被送液体隔离开，借助柱塞在缸内往复运动，使腔内油液产生脉动力，带动膜片来回鼓动，即当柱塞向后移动时，液压腔内产生负压，使膜片向后挠曲变形，介质腔也产生负压，此时出口单向阀关闭，进口单向阀打开，介质吸入介质腔内，柱塞至后始点时，吸液过程结束；当柱塞向前移动时，液压腔中的液压油推动膜片向前挠曲变形，介质腔容积减小，压力加大，使进口单向阀关闭，出口单向阀打开，介质排入出口管道，柱塞连续往复运动，泵即可连续输送介质。液压隔膜泵的构造如图3-25和图3-26所示。

图 3-25　液压隔膜泵外部结构
1—液压油箱；2—排气安全阀；3—排出阀组；
4—吸入阀组；5—泵头；6—自动补油阀

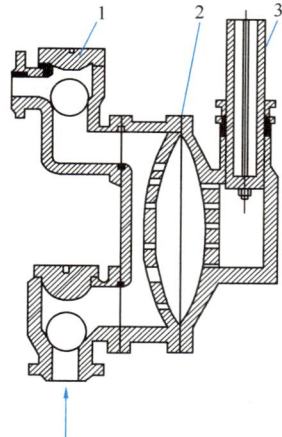

图 3-26　液压隔膜泵结构图
1—泵阀部分；2—隔膜；3—活塞

2. 液压隔膜泵的特点

液压隔膜泵主要特点是：①使用膜片将柱塞与输送介质完全隔离开，实现了输送介质零泄露。②采用了自动机械补油系统，能使隔膜始终在正常状态下工作，防止隔膜被拉伸过度而破裂，延长膜片的使用寿命。自动机械补油系统由排气安全阀、隔膜限位杆（板）、自动补油阀组成。其中，排气安全阀的作用是：在因泵排出压力超过规定值时打开，保护泵头安全；隔膜限位杆（板）可以控制隔膜片的变形挠度，防止隔膜片拉伸过度，同时也防止自动补油阀补油过量。自动补油阀由补油阀阀芯、复位弹簧组成，它能及时补充在柱塞填料泄露、改变行程等原因引起的隔膜腔里的不足油量，使隔膜腔的油量保持正常，它是靠隔膜腔中因油量不足产生的附加瞬时真空造成的阀上阀下压力差，使阀进行动作来补油的。③可任意调节排气安全阀起跳压力，控制泵的最高输出压力，同时也提高了泵的安全系数。

3. 液压隔膜泵的应用

该泵可广泛用于石油、化工、纺织、食品、造纸、原子能技术、电厂、塑料、制药、水厂、环保等工业和科技部门。城市水厂中所采用的液压隔膜泵主要是液压隔膜式计量泵。

该计量泵采用两种调节方式：一是改变泵的柱塞行程长度，可在停机或运行状态进行。计量精度在 ±1％ 以内，用于手动调节的有调量表，千分尺来指示柱塞相对行程值。二是采用变频电动机与变频器组合，改变输入的电源频率调节泵速，改变流量大小。此方法适用于自动、遥控及计算机管理等调节方式。

液压隔膜式计量泵，能够满足大部分水处理化学药品供给过程。该系列计量泵结构紧凑、设计合理，质量轻，尺寸小，不仅可用在各种装置中，还因其完全密封结构，可用在恶劣的环境中，如工厂、户外等。由于城市水厂中所用的混凝剂多为腐蚀性液体，所以多采用液压隔膜式计量泵。该泵投药特点是集计量与投加功能于一体，计量准确，运行平稳，可根据流量信号和水质信号自动进行复合环控制投加，确保水质符合国家标准。

3.8　离心式风机与轴流式风机

风机均属于一般的通用机械。它们广泛地应用于国民经济及国防工业等各部门。供热、工业通风、空调制冷、冲灰除渣、消除烟尘及煤气工程等，都离不开风机。给水排水工程中常用的风机主要为离心式风机和轴流式风机。

3.8.1　离心式风机

1. 离心式风机的种类

离心式风机按其产生的压力不同，可分为三种类型：

（1）低压风机

低压风机如图 3-27 所示，风压小于 981Pa（100mmH$_2$O），一般用于送风系统或空气调节系统。

（2）中压风机

中压风机如图 3-28 所示，风压在 981～2943Pa（100～300mmH$_2$O）范围内，一般用于除尘系统或管网较长，阻力较大的通风系统。

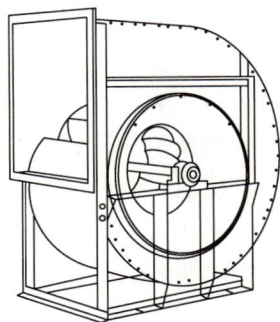

图 3-27　低压离心式通风机　　　　　图 3-28　中压离心式通风机

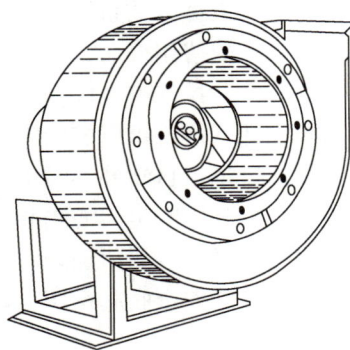

（3）高压风机

高压风机如图 3-29 所示，风压大于 2943Pa（即 300mmH$_2$O）。一般用于锻冶设备的强制通风及某些气力输送系统。

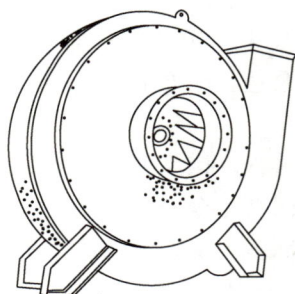

离心式风机输送气体时，其增压范围一般在 9.807kPa（即 1000mmH$_2$O）以下。

离心式风机按其输送气体的性质不同，还可以分为：一般通风机、排尘通风机、锅炉引风机、耐腐蚀通风机、防暴通风机及各种专用通风机。按风机材质不同又可分为：普通钢、不锈钢、塑料以及玻璃钢离心式通风机。

2. 离心式风机的构造

图 3-30 所示为离心式风机的主要结构分解示意图。

图 3-29　高压离心式通风机

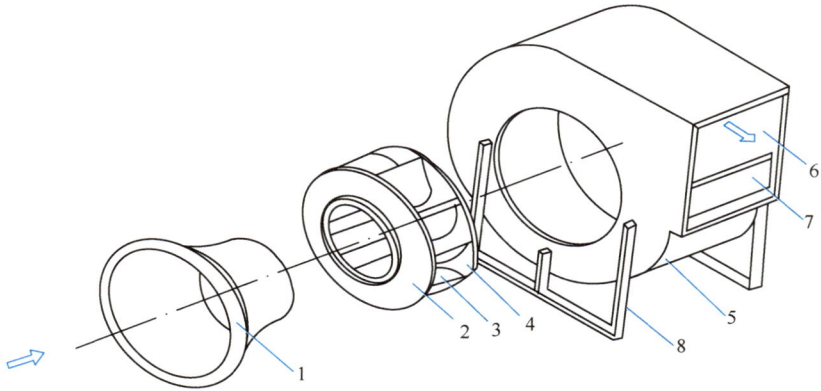

图 3-30　离心式风机主要结构分解示意图

1—吸入口；2—叶轮前盘；3—叶片；4—后盘；5—机壳；

6—出口；7—截流板，即风舌；8—支架

它的主要工作部件是叶轮、机壳、风机轴和吸入口等。

（1）叶轮

叶轮是离心式通风机的主要部件，一般由前盘、后盘和轮毂组成，叶轮的结构参数和几何形状对通风机的性能有着重大的影响。图 3-31 所示为离心式风机叶轮结构参数示意图。

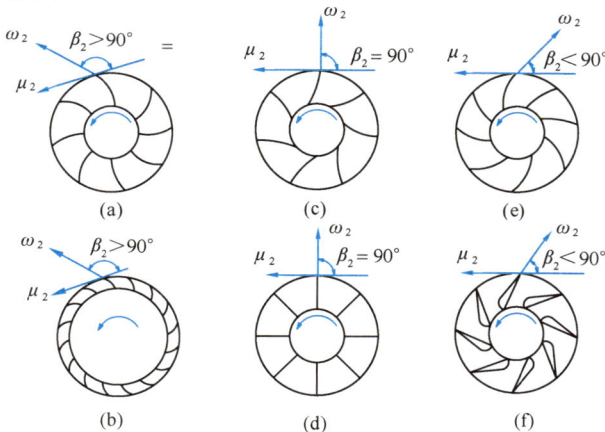

图 3-31　离心式风机叶轮形式

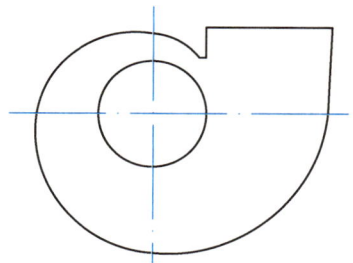

图 3-32　风机壳（蜗壳）

（2）风机壳

离心式风机的机壳与离心泵的泵壳相似，呈螺旋线形，如图 3-32 所示。它的作用是汇集叶轮中甩出来的气体，并将部分动压转换成静压，然后将气体导向出口，蜗壳旋转方向按叶轮旋转做成右旋与左旋两种。其出风口的位置一般表示为如图 3-33 所示。在购买风机时一般应注明出风口的位置。目前研制生产的新型风机的机壳能在一定的范围内转动，以适应用户对出风口方向的不同需要。风机壳可用钢板、塑料板、玻璃钢等材料制成，其断面有方形和圆形两种。一般中、低压风机多呈方形，高压风机则呈圆形。

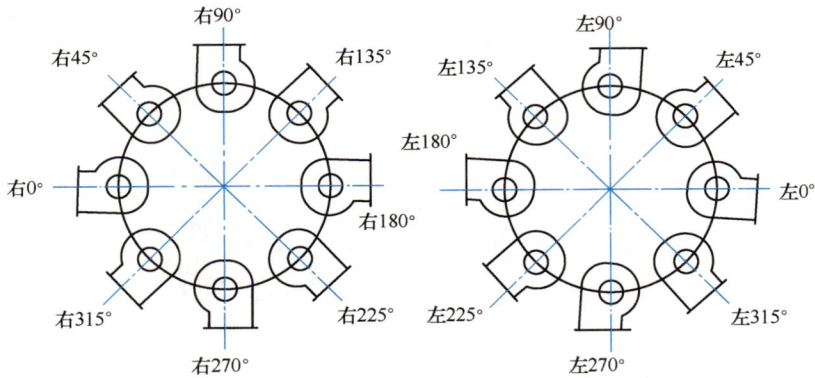

图 3-33　离心式风机机壳出口位置

（3）吸入口

风机的吸入口又称集流器，是连接风机与管路的部件。吸入口的作用是保证气流能均匀地充满叶轮进口截面，降低流动损失。常用的吸入口有圆筒形、圆锥形、圆弧形和双曲线形四种，如图 3-34 所示。吸入口的形状应尽可能符合叶轮进口附近气流的流动状况，以避免漏流及引起的损失。从流动方面比较，则圆锥形比圆筒形要好，圆弧形比圆锥形要好，双曲线形比圆弧形要好。但是双曲线形吸入口加工复杂，一般用于高效通风机上。

（4）支撑与传动方式

风机的支撑包括风机轴、轴承和风机座。我国离心式风机的支撑与传动方式已经定型，共分 A、B、C、D、E、F6 种形式，如图 3-35 所示。A 型风机的叶轮直接固装在风机的轴上；B、C 型与 E 型均为皮带传动，这种传动方式便于改变风机的转速，有利于调节；D、F 型为联轴器传动；E 型和 F 型的轴承分设于叶轮两侧，运转比较平稳，多用于大型风机。

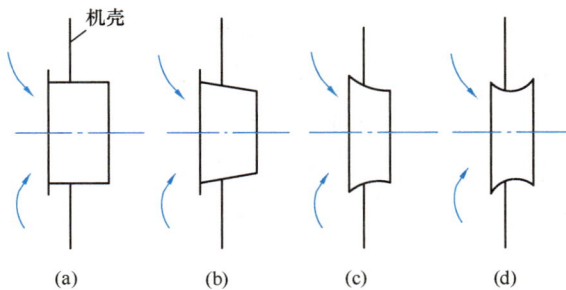

图 3-34　风机吸入口形式示意图
（a）圆筒形吸入口；（b）圆锥形吸入口；
（c）圆弧形吸入口；（d）双曲线性吸入口

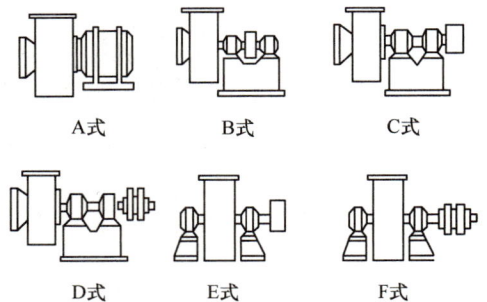

图 3-35　电动机与风机支撑传动方式

3. 离心式风机的工作原理

离心式风机的工作原理与离心泵的工作原理相同，只不过是所输送的介质不同。风机机壳内的叶轮安装在由电动机或其他转动装置带动的传动轴上。叶轮内有些弯曲的叶片，叶片间形成气体通道，进风口安装在靠近机壳中心处，出风口同机壳的周边相切。当电动机等原动机带动叶轮转动对，迫使叶轮中叶片之间的气体跟着旋转，因而产生了离心力，并使流体从叶轮间的出口甩出，被甩出的流体挤入机壳，于是机壳内的流体压强增高，然后经蜗壳形状的风机壳中的流道被导向出口排出。与此同时，叶轮中心处由于流体被甩出而形成真空状态，使得外界流体在大气压强的作用下沿吸入管源源不断地被抽到风机的吸入口，在高速旋转的风机叶轮作用下被甩出风机叶轮而输入压出管道，这样就形成了风机的连续工作过程。

离心式风机的工作过程，实际上是一个把电动机高速旋转的机械能转化为被抽升流体的动能和压能的过程。因此，叶轮是实现机械能转换为流体能量的主要部件。在能量的传递和转化过程中，伴随有许多能量损失，这些能量损失越大，该风机的性能就越差，工作效率就越低。

4. 离心风机的性能

离心风机的基本性能，通常用标准状况条件下的流量、压头、功率、效率、转速等参数来表示。

（1）流量

单位时间内风机所输送的气体体积，称为该风机的流量。以符号"Q"表示，单位为"m^3/s"或"m^3/min"或"m^3/h"。必须指出的是，风机的体积流量是特指风机进口处的体积流量。

（2）风机的压头（或全压）

压头是指单位质量气体通过风机之后所获得的有效能量，也就是风机所输送的单位质量气体从进口至出口的能量增值，用符号 P 表示，单位为"Pa"或"kPa"，但工程上常用"mmH_2O"为单位。

风机的全压定义为风机出口截面上的总压（该截面上动压 $\rho u^2/2$ 与静压之和）与进口截面上的总压之差；风机的动压为风机出、进口截面上气体的动能所表征的压力之差，即出、进口截面上的$(\rho u_2^2 - \rho u_1^2)/2$；风机的静压定义为风机的全压减去风机的动压。

（3）功率

风机的功率通常指风机的输入功率，即由原动机传到风机轴上的功率，也称轴功率，以符号 N 表示，单位为"W"或"kW"。

（4）效率

为了表示输入的轴功率 N 被气体利用的程度，用有效功率与轴功率之比来表示风机的效率，以符号 η 表示：

$$\eta = \frac{N_e}{N} \tag{3-18}$$

η 是评价风机性能好坏的一项重要指标，η 越大，说明风机的能量利用率越高，η 值通常由实验确定。

由式（3-18）可得功率的计算式如下：

$$N = \frac{N_e}{\eta} = \frac{\rho g Q H}{\eta} = \frac{QP}{\eta} \tag{3-19}$$

（5）转速

转速指风机叶轮每分钟的转数，以符号"n"表示，常用的单位是"r/min"。风机的转速一般在 1000～3000r/min，具体可参阅各风机铭牌上所标示的转速值。

此外，风机的性能参数还有比转数 n_s（对此这里不作介绍，有需要了解这方面内容可参考其他资料）。

5. 离心式风机的安装、使用及故障分析

（1）离心式风机的安装、调整和试运行

1）离心式风机安装前应对各机件进行全面检查，机件是否完整；叶轮与机壳的旋转方向是否一致；各机件连接是否紧密、转动部分是否灵活。如发现问题应调整、修好，然后在一些结合面上涂一层润滑脂或机械油，以防生锈造成拆卸困难。

2）安装时的注意事项

① 风机与风管连接时，要使空气在进出风机时尽可能一致，不要有方向或速度的突然变化，更不许将管道质量加在风机壳上。

② 风机进风口与叶轮之间的间隙对风机出风量影响很大，安装时应严格按照图纸要求进行校正，确保其轴向与径向的间隙尺寸。

③ 对用皮带轮传动的风机，在安装时要注意两皮带轮外侧面必须成一直线，否则，应调整电动机的安装位置。

④ 对用联轴器直接传动的风机，安装时应特别注意主轴与电动机轴的同心度，同心度允许误差为 0.05mm，联轴器两端面不平行度允许误差为 0.02mm。

⑤ 风机安装完毕。拨动叶轮，检查是否有过紧或碰撞现象。待总检合格后，方可试运转。

3）风机的试运转

风机的启动和试运转必须在无载荷的情况下进行。待达到额定转速后，逐步将进风管道上的闸阀开启，直至达到额定工况为止，在此期间，应严格控制电流，不得超过电动机的额定值。

（2）风机的操作与维护

1）启动前的准备工作

① 将风机进口管道中的闸阀敞开或关闭；

② 检查风机各部分的间隙尺寸，转动部分与固定部分有无碰撞和摩擦现象。

2）运行中应注意的问题

① 只有在风机设备完好、正常的情况下方可启动运行。

② 运行过程中如发现流量过大，不符合使用要求，或短时间内需要较少的流量时，可利用节流装置进行调整，以达到使用要求。

③ 风机运行过程中应经常检查轴承温度是否正常，轴承温升不得大于 40℃，表温不得大于 70℃。如发现风机剧烈振动、撞击、摩擦声、轴温迅速上升等反常现象时，必须紧急停车，检查并消除存在的问题。

3）风机的维护保养

① 定期清除风机内部积灰、污垢等杂质，并防止锈蚀。

② 除每次检修后必须更换润滑脂外，正常情况下可根据实际情况更换润滑脂。

③ 为了确保人身安全，风机的检修维护必须在停车的情况下进行。

（3）产生风机故障的原因及其排除方法

离心式通风机常见的故障及其原因和排除故障的方法见表 3-10。

离心式风机常见故障分析及其排除方法　　　　表 3-10

故障	产　生　原　因	排　除　方　法
风机剧烈振动	1. 风机主轴与电动机轴不同心或联轴器安装不正 2. 机壳或进风口与叶轮摩擦 3. 基础的刚度不够或不牢固 4. 叶轮铆钉松动或叶轮变形 5. 叶轮轴盘孔与轴配合松动 6. 叶轮、轴承座与支架、轴承座与轴承盖等连接螺栓松动 7. 风机进、出口管道安装不当产生共振脱落 8. 叶片有积灰、污垢、叶片磨损，叶轮上平衡配重脱落叶轮变形及轴弯曲，破坏转子平衡	1. 进行调整重新改正 2. 重新调整，修理摩擦部分 3. 进行基础加固 4. 更换铆钉或叶轮 5. 重新配换 6. 拧紧连接螺母 7. 调整安装，或修理不良管道 8. 清除叶片积灰、污垢、整修叶片、重新校正平衡
轴承温升过高	1. 通风机剧烈振动 2. 润滑脂变质或含有灰尘、污垢等杂质 3. 润滑脂过多，超过轴承座空间的 1/3～1/2 4. 轴承箱盖座连接螺栓预紧力过大或过小 5. 轴与滚动轴承安装歪斜，前后两轴承不同心 6. 滚动轴承损坏或轴弯曲 7. 轴承外圈与轴承座内孔间隙过大，超过 0.1mm	1. 找出振动原因，并予以清除 2. 更换润滑脂（油） 3. 减少润滑脂量 4. 重新调整螺栓预紧力 5. 重新找正 6. 修理或更换轴承 7. 修配轴承座半结合面，并修理内孔或更换轴承座
电动机电流过大或温升过高	1. 开车时进口管道闸阀未关严 2. 流量超过额定值或风管漏气 3. 输送气体密度大于额定值，使压力过大 4. 风机剧烈振动 5. 电动机输入电压过低或电源单相断电 6. 联轴器连接不正，皮圈过紧或间隙不均 7. 皮带轴安装不当，消耗无用功过多 8. 通风机联合工作恶化或管网故障	1. 开车时要关严闸阀 2. 关小节流阀，检查是否漏气 3. 查明原因，如气体温度过低应予以提高，或减小风量 4. 查明振动原因，并予消除 5. 检查电压，电源是否正常 6. 重新调整找正 7. 重新调整找正 8. 调整风机联合工作的工作点，检修管网系统
皮带滑下或跳动	1. 两皮带轮位置彼此不在一中心线上，皮带易从皮带轮上滑下来 2. 两皮带轮距离较近或者皮带过长	1. 调整电动机皮带轮的位置 2. 调整电动机的位置

3.8.2 轴流式风机

给水排水工程中常用的风机除了离心式风机之外，用得较多的还有轴流式风机。

1. 轴流式风机的基本构造

轴流式风机的基本构造如图 3-36 所示；它主要由圆形风筒、钟罩形吸入口、装有扭曲叶片的轮毂、流线形轮毂罩、电动机、电动机罩、扩压管等组成。

轴流式风机的叶轮由轮毂和铆在其上的叶片组成，叶片从根部到梢部常呈扭曲状态或与轮毂呈轴向倾斜状态，安装角一般不能调节。但大型轴流式风机的叶片安装角是可以调节的（称为动叶可调）。调节叶片安装角，就可以改变风机的流量和风压。大型风机进气口上还常常装置导流叶片（称为前导叶），出气口上装置整流叶片（称为后导叶），以消除气流增压后产生的旋转运功，提高风机效率。部分轴流式风机还在后导叶之后设置扩压管（流线形尾罩），这样更有助于气流的扩散，进而使气流中的一部分动压转变为静压，减少流动损失。

轴流式风机的种类很多：只有一个叶轮的轴流式风机叫作单级轴流式风机；为了提高风机压力，把两个叶轮串在同一根轴上的风机称为双级轴流式风机。图 3-36 所示为轴流式风机，其电动机与叶轮同壳安装，这种风机结构简单、噪声小，但由于这种风机的电动机直接处于被输送的风流之中，若输送温度较高的气体，就会降低电动机效率。为了克服上述缺点，工程中采用一种长轴式轴流式风机，如图 3-37 所示。

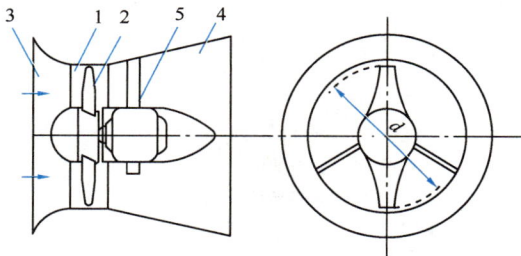

图 3-36　轴流式风机基本构造
1—圆形风筒；2—叶片及轮毂；3—钟罩形吸入口；
4—扩压管；5—电动机及轮毂罩

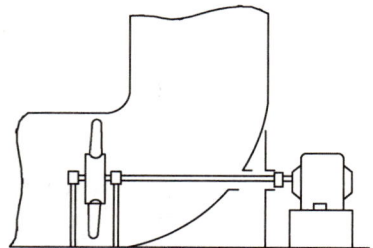

图 3-37　长轴式轴流风机

2. 轴流式风机的工作原理

轴流式风机的叶轮形状与离心风机不同，不是扁平的圆盘，而是一个圆柱体。其叶片有螺旋桨形、机翼形等。当电动机带动叶轮作高速旋转运动时，由于叶片对流体的推力作用，迫使自吸入管吸入机壳的气体产生回转上升运动，从而使气体的压强及流速增高。增速增压后的气体经固定在机壳上的导叶作用，使气体的旋转运动变为轴向运动，把旋转的动能变为压力能而自压出管流出。

3. 轴流式风机的性能特点与运行调节

轴流式风机与离心风机相比，具有流量大、全压低、流体在叶轮中沿轴向流动等特点。轴流式风机的其他特点可归纳为如下几点：

（1）结构紧凑、外形尺寸小、质量轻。

（2）动叶可调轴流式风机的变工况性能好，工作范围大。这是因为动叶片安装角可随着负荷的变化而变化，既可调节流量又可保持风机在高效区运行。图 3-38 表示了轴流式风机与离心风机轴功率的对比。由图可见，在低负荷时，动叶可调轴流式风机的经济性高于机翼形离心风机。

（3）动叶可调轴流式风机的转子结构较复杂，转动部件多，制造、安装要求精度高，维护工作量大。

（4）轴流式风机的耐磨性不如离心风机，轴流式风机比离心式风机噪声大。

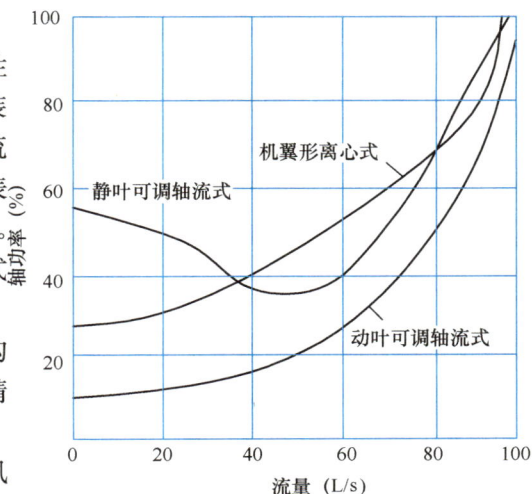

图 3-38　轴流式风机与离心风机轴功率对比

（5）轴流式风机的 Q-H（或 Q-P）曲线呈陡降形，曲线上有拐点，如图 3-39 所示。全压随流量的减小而剧烈增大，当 $Q=0$ 时，其空转全压达到最大值。这是因为当流量比较小时，在叶片的进、出口处产生二次回流现象，部分从叶轮中流出的流体又重新回到叶轮中，并被二次加压，使压头增大。同时，由于二次回流的反向冲击造成的水力损失，致使机器效率急剧下降。因此，轴流式风机在运行过程中适宜在较大的流量下工作。

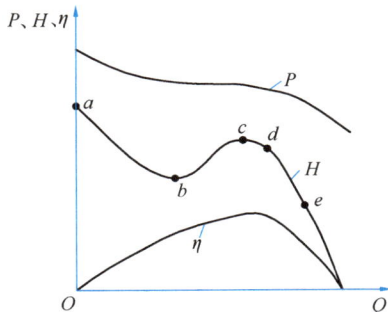

图 3-39　轴流式风机性能曲线

（6）Q-P 曲线为陡降型，当流量 $Q=0$ 时，功率 P 达到最大值。这一点与离心风机正好相反。因此，轴流式风机启动时应当在阀全开的情况下来启动电动机，即"开阀启动"。实际工作中，轴流式风机总会在启动时经历一个低流量阶段，因而在选配电动机时，应注意留出足够的余量。

（7）Q-η 曲线的稳定高效率工作范围很窄。因此，一般轴流式风机均不设置调节阀门来调节流量，以避免进入不稳定工作区运行。

轴流式风机是一种大流量、低压头的风机，从其性能曲线上看，存在着一个较大范围的不稳定工作区（图 3-31 中 Q-H 曲线上 c 点左边的区域），在运行中应注意尽量避开这个区域。因此在考虑轴流式风机的调节方法时，要特别慎重，以满足经济运行和安全运行的两个要求。

一般而言，其调节方法主要有动叶调节、前导叶调节（又称为导向静压调节）、转速调节等。

4. 轴流式风机的使用

（1）轴流式风机的用途

国产的轴流式风机根据压力高低分为低压和高压两类：

1）低压轴流式风机全压小于或等于 490.35Pa；

2）高压轴流式风机全压大于 490.35Pa 而小于 4903.5Pa。

常用的轴流式风机用途有：一般厂房通风换气，冷却塔通风，纺织厂通风换气，凉风用通风，空气调节，锅炉通风，引风，矿井通风，隧道通风用等。

（2）轴流式风机的选用

轴流式风机选型时，主要考虑风机的使用场所与环境条件（如安装位置和传动方式、防尘、防爆、防腐蚀要求等）、所需的风量与风压大小、对噪声与振动的要求、风机的效率等方面要求。如果在使用过程中有工况调节的要求，则应根据需要和条件选用能进行工况调节的轴流式风机，如动叶可调式轴流式风机、可变速调节的轴流式风机、带有静导叶调节的轴流式风机等。

（3）轴流式风机的安装与试运行

轴流式风机的安装应符合国家标准要求。

轴流式风机安装好后，在试运转之前应做以下准备工作：

1）检查电动机转向，检查油位、叶片数量、叶片安装角度、叶片调节装置功能、调节范围等是否符合该风机技术文件的规定；检查风机管道内有无污物、杂物等。

2）叶片可调的风机，应将可调叶片调到设备技术文件规定的启动角度。

3）盘车应无卡阻现象。

4）启动供油装置并运转 2h，其油温和油压均应符合设备技术文件的规定。

在所有检查正常后，即可进行风机的试运转。轴流式风机的试运转应满足下列要求：

1）启动时，各部位应无异常现象，如有异常现象应立即停机，查明原因并予以消除。

2）启动后调节叶片时，其电流不得大于电动机的额定电流值。

3）风机在运行中严禁停留于喘振工况区内。

4）风机滚动轴承正常工作温度不应大于 70℃，瞬间最高温度不应大于 95℃，温升不应超过 55℃；滑动轴承正常工作温度不应大于 75℃。

5）风机轴承振动速度有效值不应大于 6.3×10^{-3} m/s。

6）连续试运转时间不应少于 6h。停机后应检查管道的密封性和叶顶间隙。

5. 轴流式风机的开、停机

根据轴流式风机的性能特点，要求轴流式风机要做到"开阀"开机和停机，以降低其启动和停机时的轴功率。

<h1 style="text-align:center">思 考 题 与 习 题</h1>

1. 简单说明射流泵的工作特点，它在给水排水工程中主要应用于哪些场合？

2. 已知射流泵抽吸流量为 $Q_2 = 10$ L/s，扬程为 8 mH$_2$O，喷嘴前工作液体的压力为 35 mH$_2$O，试确定射流泵各部分尺寸。

3. 与深井泵相比，气升泵的特点体现在哪里？

4. 气升泵计算的目的是什么，简单说明其计算方法和步骤。

5. 试述往复泵的流量及扬程的特点，并说明其在给水排水工程中的应用。

6. 往复泵的工作如图 3-40 所示。已知：活塞直径 $D = 150$ mm，行程长度 $S = 250$ mm，$h = 1.0$ m，压力表的读数为 $P_1 = 0.85$ MPa，真空表的读数为 $P_2 = 76$ mmHg。若驱动活塞运动的曲柄连杆机构的转速为 $n = 200$ r/min。试求该泵的流量，扬程及轴功率（设泵的容积

效率为 $\eta_v = 94\%$，总效率为 $\eta = 75\%$）。

7. 试说明螺旋泵的特点。

8. 某离心泵装置如图 3-41 所示，启动前拟用真空泵引水，已知泵壳内空气容积为 0.4m^3，吸水管管径为 $D = 500\text{mm}$，长度 $L = 4\text{m}$，试选择 SZB 型真空泵。

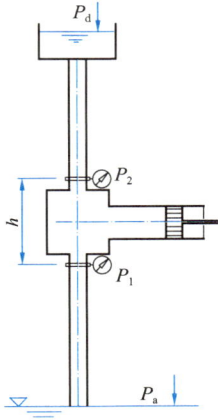

图 3-40　题 6 图

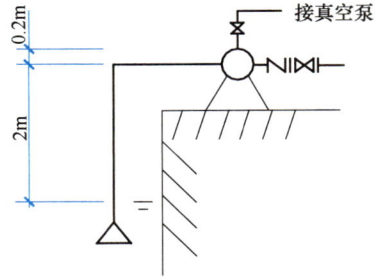

图 3-41　题 8 图

第4章 给 水 泵 站

泵、管道及电动机（简称泵、管、机）三者构成了泵站中的主要工艺设施。为了掌握泵站设计与管理技术，对于泵站中的选泵依据、选泵要点、泵机组布置、基础安装要求、吸压水管管径确定、闸阀布置与管道安装要求以及电动机电器设备的选用等方面的知识，是必需有深入的了解与掌握的。除此以外，对于泵站的节能措施、泵站的监控系统，保证泵、管、机正常运行与维护所必需的辅助设施诸如：计量、引水、起重、排水、通风、减噪、采光、交通以及水锤消除等方面的设备与措施的选用也必须有基本的了解与掌握。本章将对上述内容作分节阐述。

4.1 泵站分类与特点

在泵站的分类中，按照泵机组设置的位置与地面的相对标高关系，泵站可分为地面式泵站、地下式泵站与半地下式泵站；按照操作条件及方式，泵站可分为人工手动控制、半自动化、全自动化和遥控泵站四种。半自动化泵站是指开始的指令是由人工按动电钮使电路闭合或切断，以后的各操作程序是利用各种继电器来控制；全自动化的泵站中，一切操作程序则都由相应的自动控制系统来完成的；遥控泵站的一切操作均由远离泵站的中央控制室进行的。在给水工程中，常见的分类是按泵站在给水系统中的作用可分为：取水泵站、送水泵站、加压泵站及循环泵站四种。

4.1.1 取水泵站（一级泵站）

取水泵站在水厂中也称一级泵站。在地面水水源中，取水泵站一般由吸水井、泵房及闸阀井（又称闸阀切换井）三部分组成。其工艺流程如图 4-1 所示。取水泵站由于它具有靠江临水的特点，所以河道的水文、水运、地质以及航道的变化等都会直接影响到取水泵站本身的埋深、结构形式以及工程造价等。我国西南及中南地区以及丘陵地区的河道，水位涨落悬殊，设计最大洪水位与设计最枯水位相差常达 10～20m 之间。为保证泵站能在最枯水位抽水的可能性，以及保证在最高洪水位时，泵房筒体不被淹没进水，整个泵房的高度常常很大，这是一般山区河道取水泵站的共同特点。对于这一类泵房，一般采用圆形钢筋混凝土结构。这类泵房平面面积的大小，对于整个泵站的工程造价影响甚大，所以在取水泵房的设计中，有"贵在平面"的说法。机组及各辅助设施的布置，应尽可能地充分利用泵房内的面积，泵机组及电动闸阀的控制可以集中在泵房顶层集中管理，底层尽可能做到

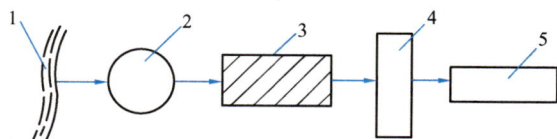

图 4-1 地面水取水泵站工艺流程

1—水源；2—吸水井；3—取水泵房；4—闸阀井
（即切换井）；5—净化厂

无人值班，仅定期下去抽查。

设计取水泵房时，在土建结构方面应考虑到河岸的稳定性，在泵房筒体的抗浮、抗裂、防倾覆、防滑坡等方面均应有周详的计算。在施工过程中，应考虑到争取在河道枯水位时施工，要抢季节，要有比较周全的施工组织计划。在泵房投产后，在运行管理方面必须很好地使用通风、采光、起重、排水以及水锤防护等设施。此外，取水泵站由于其扩建比较困难，所以在新建给水工程时，应充分地认识到它的"百年大计，一次完成"的特点。泵房内机组的配置，可以近远期相结合，对于机组的基础、吸压水管的穿墙嵌管，以及电气容量等都应该考虑到远期扩建的可能性。

在近代的城市给水工程中，由于城市水源的污染、市政规划的限制等诸多因素的影响，水源取水点的选择常常是远离市区，取水泵站是远距离输水的工程设施。因此，对于水锤的防护问题、泵站的节电问题、泵站的监控问题以及远距离沿线管道的检修问题等都是必须注意的。

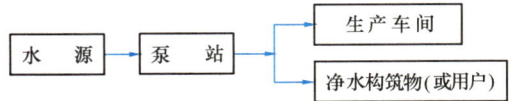

图 4-2　地下水取水泵房工艺流程

对于采用地下水作为生活饮用水水源而水质又符合饮用水卫生标准时，取井水的泵站可直接将水送到用户。在工业企业中，有时同一泵站内可能安有将水输送给净水构筑物的泵，又有直接将水输送给某些车间的泵，其工艺流程如图 4-2 所示。

4.1.2　送水泵站（二级泵站）

送水泵站在水厂中也称为二级泵站，其工艺流程如图 4-3 所示。通常是建在水厂内，它抽送的是清水，所以又称为清水泵站。由净化构筑物处理后的出厂水，由清水池流入吸水井，送水泵站中的泵从吸水井中吸水，通过输水干管将水输往管网。送水泵站的供水情况直接受用户用水情况的影响，其出厂流量与水压在一天内各个时段中是不断变化的。送水泵站的吸水井，它既有利于泵吸水管道布置，也有利于清水池的维修。吸水井形状取决于吸水管

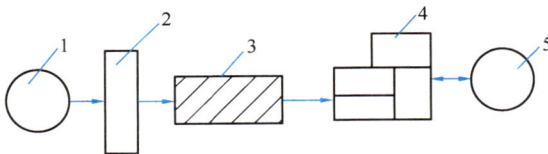

图 4-3　送水泵站工艺流程
1—清水池；2—吸水井；3—送水泵站；
4—管网；5—高地水池（水塔）

道的布置要求，送水泵房一般都呈长方形，吸水井一般也为长方形。

吸水井形式有分离式吸水井和池内式吸水井两种。分离式吸水井如图 4-4 所示，它是邻近泵房吸水管一侧设置的独立构筑物。平面布置一般分为独立的两格，中间隔墙上安装阀门，阀门口径应足以通过邻格最大的吸水流量，以便当进水管 A（或 B）切断时泵房内各机组仍能工作。分离式吸水井对提高泵站运行的安全度有利。池内式吸水井如图 4-5 所示，它是在清水池的一端用隔墙分出一部分容积作为吸水井。吸水井分成两格，图 4-5（a）隔墙上装阀门，图 4-5（b）隔墙上装闸板，两格均可独立工作。吸水井一端接入来自另一只清水池的旁通管。当主体清水池需清洗时，可关闭隔墙上的进水阀（或阀板），吸水井暂由旁通管供水，使泵

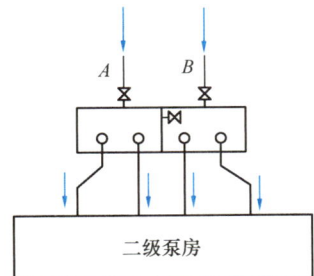

图 4-4　分离式吸水井

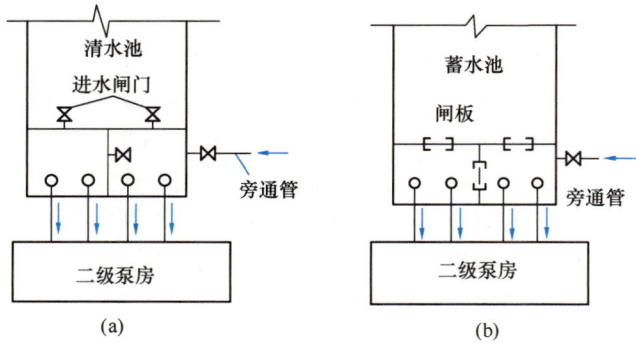

图 4-5　池内式吸水井

房仍能维持正常工作。

　　送水泵站吸水水位变化范围小，通常不超过 3～4m，因此泵站埋深较浅。一般可建成地面式或半地下式。送水泵站为了适应管网中用户水量和水压的变化，必须设置各种不同型号和台数的泵机组，从而导致泵站建筑面积增大，运行管理复杂。因此泵的调速运行在送水泵站中显得尤其重要。送水泵站在城市供水系统中的作用，犹如人体的心脏，通过主动脉以及无数的支微血管，将血液输送到人体的各个部位上去。在无水塔管网系统中工作的送水泵站，这种类比性就更加明显。

4.1.3　加压泵站

　　在城市给水管网面积较大，输配水管线很长，或给水对象所在地的地势很高，城市内地形起伏较大的情况下，通过技术经济比较，可以在城市管网中增设加压泵站。在近代大中型城市给水系统中实行分区分压供水方式时，设置加压泵站已十分普遍。如上海、武汉等特大城市供水区域大，供水距离有的长达 20 多千米，为了保证远端用户的水压要求，在高峰供水时最远端的水头损失达 80m（按管道中平均水力坡降为 4‰计算），加上服务水头 20m，则要求出厂水压达 100mH$_2$O。这样，不仅能耗大，且造成邻近水厂地区管网中压力过高，管道漏失率高，卫生器具易损坏。而在非高峰季节，当用水量降为高峰流量的一半时，管道水头损失可降为 20m 左右，出厂水压只要求 40mH$_2$O 左右。为此，在上海市先后增设了近 25 座加压泵站，使水厂的出厂水水压控制在 35～55mH$_2$O 之间。因此，上海自来水公司的电耗平均为 210kW·h/1000m^3，远远地低于国内平均水平 340kW·h/1000m^3，这是重要原因之一。加压泵站的工况取决于加压所用的手段，一般有两种方式：

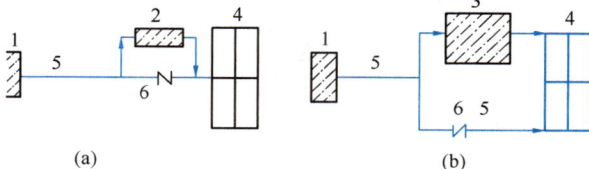

图 4-6　加压泵站供水方式

1—二级泵房；2—增压泵房；3—水库泵站；4—配水管网；
5—输水管；6—止回阀

①采用在输水管线上直接串联加压的方式，如图4-6（a）所示。这种方式，水厂内送水泵站和加压泵站将同步工作，一般用于水厂位置远离城市管网的长距离输水的场合。②采用清水池及泵站加压供水方式（又称水库泵站加压供水方式）。即水厂内送水泵站将水输入远离水厂、接近管网起端处

的清水池内，由加压泵站将水输入管网，如图 4-6（b）所示。这种方式，城市中用水负荷可借助于加压泵站的清水池调节，从而使水厂的送水泵站工作制度比较均匀，有利于调度管理。此外，水厂送水泵站的出厂输水干管因时变化系数 $K_{时}$ 降低或均匀输水，从而使输水干管管径可减小。当输水干管越长时，其经济效益就越可观。

4.1.4　循环泵站

在某些工业企业中，生产用水可以循环使用或经过简单处理后回用时采用循环泵站。在循环系统泵站中，一般设置输送冷、热水的两组泵，热水泵将生产车间排出的废热水，压送到冷却构筑物进行降温，冷却后的水再由冷水泵抽送到生产车间使用。如果冷却构筑物的位置较高，冷却后的水可以自流进入生产车间供生产设备使用时，则可免去冷水泵。有时生产车间排出的废水温度并不高，但含有一些机械杂质，需要把废水先送到净水构筑物进行处理，然后再用泵压回车间使用，这种情况就不设热水泵。有时生产车间排出的废水，既升高了温度又含有一定量的机械杂质，其处理工艺流程如图 4-7 所示。

一个大型工业企业中往往设有好几个循环给水系统。循环水泵站的工艺特点是其供水对象所要求

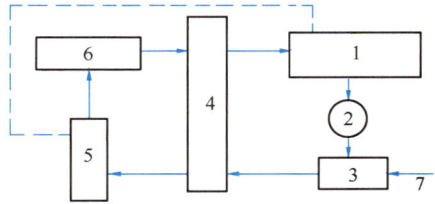

图 4-7　循环给水系统工艺流程
1—生产车间；2—净水构筑物；3—热水井；
4—循环泵站；5—冷却构筑物；
6—集水池；7—补充新鲜水

的水压比较稳定，水量亦仅随季节的气温改变而有所变化，但供水安全性要求一般都较高，因此，泵备用率较大，泵台数较多，有的一个循环泵站冷热水泵可达20～30 台。在确定泵数目和流量时，要考虑到一年中水温的变化，因此，可选用多台同型号泵，不同季节开动不同台数的泵来调节流量。循环泵站通常位于冷却构筑物或净水构筑物附近。

为了保证泵良好的吸水条件和管理方便，最好采用自灌式，即让泵顶的标高低于吸水井的最低水位，因此循环泵站大多是半地下式的。

4.2　泵　的　选　择

4.2.1　选泵的主要依据

选泵的主要依据是所需的流量、扬程以及其变化规律。

（1）一级泵站的设计流量和设计扬程

1）泵站从水源取水，输送到净水构筑物。

为了减小取水构筑物、输水管道和净水构筑物的尺寸，节约基建投资，在这种情况下，通常要求一级泵站中的泵昼夜均匀工作，因此，泵站的设计流量应为：

$$Q_r = \frac{\alpha Q_d}{T} \quad (\text{m}^3/\text{h}) \tag{4-1}$$

式中　Q_r——一级泵站的设计流量（m^3/s）；

$\quad\quad Q_d$——供水对象最高日流量（m^3/d）；

$\quad\quad \alpha$——计及输水管漏损和净水构筑物自身用水而加的系数，一般取 $\alpha = 1.05 \sim 1.1$；

139

T——一级泵站在一昼夜内工作小时数。

2）泵站将水直接供给用户或送到地下集水池。

当采用地下水作为生活饮用水水源，而水质又符合卫生标准时，就可将水直接供给用户。在这种情况下，实际上是起二级泵站的作用。

如送水到集水池，再从那里用二级泵站将水供给用户，则由于给水系统中没有净水构筑物，此时泵站的流量为：

$$Q_r = \frac{\beta Q_d}{T}(m^3/h) \tag{4-2}$$

式中　β——给水系统中自身用水系数，一般 $\beta=1.01\sim1.02$。

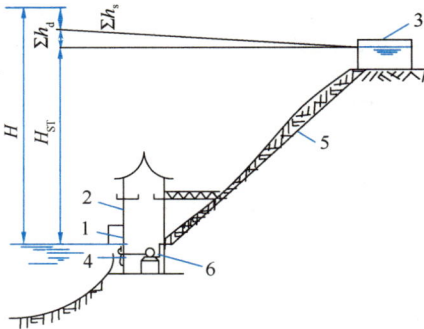

图 4-8　一级泵站供水到净水构筑物的流程
1—吸水井；2—泵站；3—净水构筑物；4—吸水管路；5—压水管路；6—泵

对于供应工厂生产用水的一级泵站，其中泵的流量应视工厂生产给水系统的性能而定，如为直流给水系统，则泵站的流量变化时，可采取开动不同台数泵的方法予以调节。对于循环给水系统，泵站的设计流量（即补充新鲜水量）可按平均日用水量计算。

一级泵站中泵的扬程是根据所采用的给水系统的工作条件来决定的。

当泵站送水至净化构筑物，如图 4-8 所示，或往循环生产给水系统补充新鲜水时，泵站所需的扬程按下式计算：

$$H = H_{ST} + \sum h_s + \sum h_d \tag{4-3}$$

式中　H——泵站的扬程（m）；

　　H_{ST}——静扬程，采用吸水井的最枯水位（或最低动水位）与净化构筑物进口水面标高差（m）；

　　$\sum h_s$——吸压水管路的水头损失（m）；

　　$\sum h_d$——输水管路的水头损失（m）。

此外，计算时还应考虑增加一定的安全水头，一般 1~2m。

当直接向用户供水时，例如用深井泵抽取深层地下水供城市居民或工厂生活饮用水或生产冷却用水时，则泵的扬程为：

$$H = H'_{ST} + H_{sev} + \sum h \tag{4-4}$$

式中　H'_{ST}——水源井中枯水位(或最低动水位)与给水管网中控制点的地面标高差(m)；

　　$\sum h$——管路中的总水头损失（mH_2O）；

　　H_{sev}——给水管网中控制点所要求的最小自由水压，也叫服务水头（mH_2O）。

（2）二级泵站的设计流量和扬程

二级泵站一般按最大日逐时用水变化曲线来确定各时段中泵的分级供水线。分级供水的优点，在于管网中水塔的调节容积远较均匀供水时为小。但是，分级不宜太多，因为分级供水需设置较多的泵，将增大泵站面积，清水池的调节容积也要加大，此外，二级泵站的输水管直径也要相应加大，因为必须按最大一级供水流量来设计输水管道的直径。

通常对于小城市的给水系统，由于用水量不大，大多数采用泵站均匀供水方式，即泵站的设计流量按最高日平均时用水量计算。这样，虽然水塔的调节容积占全日用水量的百分比值较大，但其绝对值不大，在经济上还是合适的。对于大城市的给水系统，有的采取无水塔、多水源、分散供水系统，因此宜采取泵站分级供水方式，即泵站的设计流量按最高日最高时用水量计算，而运用多台同型号或不同型号的泵的组合及调速来适应用水量的变化。对于中等城市的给水系统，应视给水管网中有无水塔以及水塔在管网中的位置而定，可分多种情况通过管网平差后确定。

二级泵站的扬程计算公式类似式（4-4），此时公式中的 H'_{ST} 为管网控制点地面标高与清水池最低水位标高差，$\sum h$ 为泵站至控制点的水头损失。

4.2.2　选泵要点

选泵就是要确定泵的型号和台数。对于各种不同功能的泵站，选泵时考虑问题的侧重点也有所不同，一般可归纳如下：

（1）大小兼顾，调配灵活

众所周知，给水系统中的用水量通常是逐年、逐日、逐时地变化的，给水管道中水头损失又与用水量大小有关，因而所需的水压也是相应地变化的（对于取水泵站来说，泵所需的扬程还将随着水源水位的涨落而变化）。选泵时不能仅仅只满足最大流量和最高水压时的要求，还必须全面顾及用水量的变化。例如某泵站通过一条 3000m 长、500mm 直径的钢管向某用水区供水，吸水井最低水位与用水区地面高差为 1m，供水最不利点所需的服务水头为 6m，泵站至最不利点的水头损失 9.3m。用水区的用水量从最大为 795m³/h 到最小为 396m³/h，逐时变化。按最大工况时的要求选泵，则泵的流量为 795m³/h，由式（4-4）可得扬程为（站内管道水头损失估计为 2m，安全水头为 1.5m）：$H=1+6+9.3+2+1.5=19.8m$。

虽然选用一台 12Sh-19 型泵（流量为 795m³/h，扬程为 20m），即满足要求。但是，就全年供水来说，最大用水量出现的几率并不很多，往往只占百分之几，绝大部分时间，用水量和所需扬程均小于最大工况时。因此，按上述方法选泵，将使泵站在长期运行中造成很大的能量浪费。

在图 4-9 上作出 12Sh-19 泵的 Q-H 曲线和管路特性曲线。在最大用水量时，泵效率较高为 $\eta=82\%$，流量满足要求，扬程也没有浪费。但是在最少用水量（396m³/h）时，管路中所需水压从 20m 减小到 12m，而这时泵的扬程却从 20m 增加至 26m，泵效率也下降到 $\eta=63\%$，即泵实际消耗的能量大大超过管网所需的能量，造成很大的浪费。

设用水量的变化是均匀的，则图 4-9 中斜线画的面积可以表示浪费的能量。实际上由于最大用水量在整个设计期限内出现的几率极低，因此，浪费的能量远较图中斜线部分面积大。

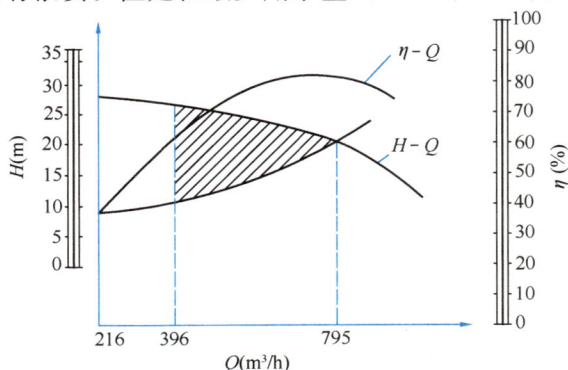

图 4-9　12Sh-19 型泵特性曲线

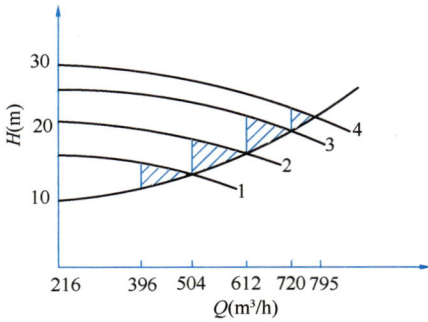

图 4-10　四台不同型号泵 $Q\text{-}H$ 曲线

在上例中，如果选用几台不同型号的泵来供水，如图 4-10 所示，图中曲线 1、2、3、4 代表 4 台性能不同的泵的 $Q\text{-}H$ 曲线。用水量为 396～504 m^3/h，用泵 1 工作；用水量为 504～612m^3/h，用泵 2 工作；用水量为 612～720m^3/h，用泵 3 工作；用水量为 720～795m^3/h，用泵 4 工作，图中的斜线部分面积表示用水量为均匀变化时的能量浪费。显然，比只用一台泵工作的情况浪费的能量少得多。

由此可见，在用水量和所需的水压变化较大的情况下，选用性能不同的泵的台数越多，越能适应用水量变化的要求，浪费的能量越少。例如管网中无调节水量构筑物，扬程中水头损失占相当大比例的二级泵站，其供水压力随用水量的变化而明显地变化。为了节省动力费用，就应根据管网用水量与相应的水压变化情况，合理地选择不同性能的泵，做到大小泵兼顾，在运行中可灵活调度，以求得最经济的效果。这类泵站的工作泵台数往往较多，一般为 3～6 台，甚至更多。当采用 3 台工作泵时，各泵间的设计流量比可采用1:2:2。这样配置的 3 台工作泵可应付 5 种不同的流量变化。当采用六台工作泵时，各泵间的设计流量比可采用 1:1:2.5:2.5:2.5:2.5。这样配置的六台工作泵可应付 14 种不同的流量变化。例如长沙市第三水厂日供水量 20 万 m^3 的送水泵房就是采用这种比例配置，效果甚好。实践表明，泵站的经常运行费用（主要是电费）占水厂制水成本约 50%，甚至更大。根据上海自来水公司的统计，其所属水厂中的五个水厂三十余年的电费支出，即相当于全市自来水企业的大部分投资。

（2）型号整齐，互为备用

从泵站运行管理与维护检修的角变来看，如果泵的型号太多则不便于管理。一般希望能选择同型号的泵并联工作，这样无论是电动机、电器设备的配套与贮备，管道配件的安装与制作均会带来很大的方便。对于水源水位变化不大的取水泵站，管网中设有足够调节容量的网前水塔（或高地水池）的送水泵站以及流量与扬程比较稳定的循环泵站，均可在选泵中采用本要点给予侧重考虑。当全日均匀供水时，泵站可以选 2～3 台同型号的泵并联运行。

上述两个要点，形式上似乎有矛盾，但在实际工程中往往可以统一在选泵过程中。例如选用五台泵的泵站，其流量比一般不会采用 1:2:3:4:5，这样配置的泵，虽然它可应付 15 种工况变化，但是，泵站内泵大小各异，运行管理必然是复杂而不受人欢迎的。如果我们采用 1:2:3:3:3，这样配置的泵可应付 12 种工况变化，它将上述两个要点融合在一起。

（3）合理地用尽各泵的高效段

单级双吸式离心泵是给水工程中常用的一种离心泵（如 Sh 型、SA 型）。它们的经济工作范围（即高效段），一般在 $0.85Q_p$～$1.15Q_p$ 之间（Q_p 为泵铭牌上的额定流量值）。选泵时应充分利用各泵的高效段。

例如：某市已获得的最大日用水量逐时变化曲线如图 4-11 所示。该市管网中无水量调节构筑物，送水泵站向无水塔管网供水。可按下述方式选泵：

1）按最大日平均小时流量的 70％（即 $0.7Q_{日平均时}$）选泵。该选出泵的经济工作范围为：

$$\begin{cases} 0.7Q_{日平均时} \times 0.85 = 0.59Q_{日平均时} \\ 0.7Q_{日平均时} \times 1.15 = 0.81Q_{日平均时} \end{cases}$$

由于平均时的流量占全日流量的 4.17％，则上述的经济工作范围可折算为：

$$\begin{cases} 0.59 \times 4.17\% \times Q_{日} = 2.46\%Q_{日} \\ 0.81 \times 4.17\% \times Q_{日} = 3.38\%Q_{日} \end{cases}$$

2）按最大日平均时流量的 100％（即 $1.0Q_{日平均时}$）选泵，可得经济工作范围为 $(3.54\%Q_{日} \sim 4.6\%Q_{日})$；

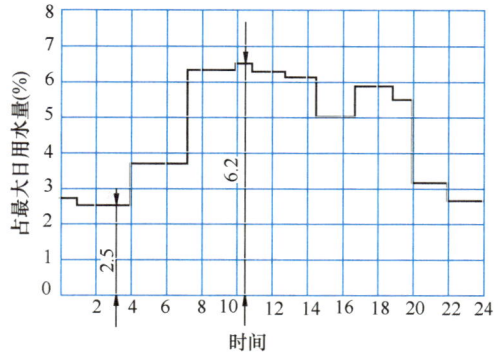

图 4-11　最大日用水量变化曲线

3）按最大日平均小时流量的 130％（即 $1.3Q_{日平均时}$）选泵，可得经济工作范围为 $(4.58\%Q_{日} \sim 6.25\%Q_{日})$。

把上述 1）、2）、3）种情况选出的泵，总体来观察可知：选出的泵可以在 $(2.46\% \sim 6.25\%)Q_{日}$ 范围内经济地工作。

（4）近远期相结合的观点在选泵过程应给予相当的重视。特别是在经济发展活跃的地区和年代，以及扩建比较困难的取水泵站中，可考虑近期用小泵大基础的办法，近期发展采用换大泵轮以增大水量，远期采用换大泵的措施。

（5）大中型泵站需作选泵方案比较。

【例 4-1】 根据给水管网设计资料，已知最高日最高时用水量为 920L/s，时变化系数 K_h 为 1.7，日变化系数 K_d 为 1.3，管网最大用水时水头损失为 11.5m，输水管水头损失为 1.5m，泵站吸水井最低水位到管网中最不利点地形高差为 2m，用水区建筑物层数为 3 层，试进行送水泵站泵的选型设计。

【解】 已知管网要求的服务水头为 16m（由建筑物层数为 3 层而得），假设用水量最大时泵站内水头损失为 2m，考虑 2m 的安全水头，则由式（4-4），可求得泵站的最大扬程为：

$$H = 2 + 16 + 1.5 + 11.5 + 2 + 2 = 35m$$

如图 4-12 所示，根据 $Q=920$L/s 和 $H=35$m，在泵综合性能图上作出 a 点。当 $Q=30$L/s 时（即本泵综合性能图上的坐标原点），泵站内水头损失甚小，此时输水管和配水管网中水头损失也较小，今假定三者之和为 2m，则所需泵的扬程应为：

$$H = 2 + 16 + 2 + 2 = 22m$$

在图 4-12 上作出 b 点。因为该用水区的时变化系数为 1.7，日变化系数为 1.3，所以平均日的平均时用水量应为 416L/s。从图 4-12 可以看出当 $Q=416$L/s 时，在 ab 线上所需扬程为 31m 左右。显然在用水较少的季节，所需扬程将沿 ab 线下降。因此选泵时必须注意节约能量。从图 4-12 找到用一台 20Sh-13 型泵及两台 12Sh-13 型泵并联时，可以满足 a 点用水要求，而且 20Sh-13 及 12Sh-13 单泵运行时的高效段均与 ab 相交，并且分别在 600L/s 及 240L/s 的流量下运行。当 20Sh-13 和一台 12Sh-13 并联运行时，可在 750L/s 流量下与 ab 线相交。因此选用一台 20Sh-13 及两台 12Sh-13，作为第一方案。从图 4-12 还可

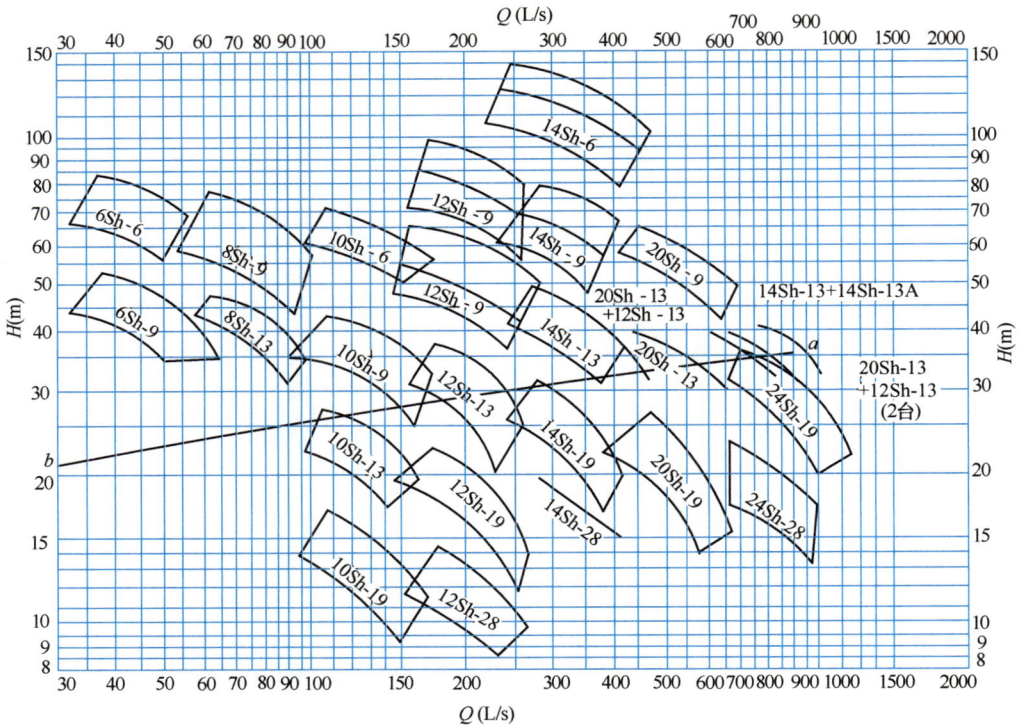

图 4-12　选泵参考特性曲线

以找到用两台 14Sh-13（其中一台用经过切削后的叶轮，即 14Sh-13A）及一台 12Sh-13 并联运行，亦可满足 *a* 点用水要求。并可看出 14Sh-13A 与 12Sh-13 并联及单独运行时与 *ab* 线交于流量为 570L/s、370L/s 及 240L/s，以及一台 14Sh-13 与一台 14Sh-13A 并联运行时与 *ab* 线交于 760L/s。列出分级供水水泵运行表见表 4-1。

　　从表 4-1 可以看出，第一方案能量利用略好于第二方案，特别在出现几率较大时，如 370～750L/s 范围内（这一范围用水量接近于平均用水量），能量浪费较少，而且泵的台数两个方案均相等。因此可采用第一方案。

选 泵 方 案 比 较　　　　　　　　　　　　　　　　表 4-1

方案编号	用水变化范围 （L/s）	运行泵及其 台　数	泵扬程 （m）	所需扬程 （m）	扬程利用率 （%）	泵效率 （%）
第一方案选用 一台 20Sh-13 两台 12Sh-13	750～920	一台 20Sh-13 两台 12Sh-13	40～35	34～35	82～100	80～88 78～82
	600～750	一台 20Sh-13 一台 12Sh-13	39～34	33～34	81～100	82～88 79～86
	460～600	一台 20Sh-13	38～33	31～33	77～100	82～87
	240～460	两台 12Sh-13	42～33	28～31	50～100	69～84
	<240	一台 12Sh-13	>28	<28		<83

方案编号	用水变化范围 （L/s）	运行泵及其 台 数	泵扬程 （m）	所需扬程 （m）	扬程利用率 （%）	泵效率 （%）
第二方案需用 一台 14Sh-13 一台 14Sh-13A 一台 12Sh-13	760～920	一台 14Sh-13 一台 14Sh-13A 一台 12Sh-13	40～35	34～35	82～100	83～75 82～84 78～85
	570～760	一台 14Sh-13 一台 14Sh-13A	40～34	32～34	81～100	83～74 82～83
	370～570	一台 14Sh-13A 一台 12Sh-13	42～32	30～32	71～100	76～82 69～84
	240～370	一台 14Sh-13A	42～30	28～30	80～100	76～78
	<240	一台 12Sh-13	>28	<28		<83

4.2.3 选泵时尚需考虑的其他因素

选泵时尚需考虑的其他因素，有下列几点：

（1）泵的构造形式对泵房的大小、结构形式和泵房内部布置等有影响，因而对泵站造价很有关系。例如，对于水源水位很低，必须建造很深的泵站时，选用立式泵可使泵房面积减小，降低造价。又如单吸式垂直接缝的泵和双吸式水平接缝的泵在泵站内吸、压水管的布置上就有很大不同。

（2）应保证泵的正常吸水条件。在保证不发生气蚀的前提下，应充分利用泵的允许吸上真空高度，以减少泵站的埋深，降低工程造价。同时应避免泵站内各泵安装高度相差太大，致使各泵的基础埋深参差不齐或整个泵站埋深增加。

（3）应选用效率较高的泵，如尽量选用大泵，因为一般而言大泵比小泵的效率高。

（4）根据供水对象对供水可靠性的不同要求，选用一定数量的备用泵，以满足在事故情况下的用水要求：在不允许减少供水量的情况下（例如冶金工厂的高炉与平炉车间的供水），应有两套备用机组；允许短时间内减少供水量的情况下，备用泵只保证供应事故用水量；允许短时间内中断供水时，可只设一台备用泵。城市给水系统中的泵站，一般也只设一台备用泵。通常备用泵的型号可以和泵站中最大的工作泵相同。当管网中无水塔且泵站内机组较多时，也可考虑增设一台备用泵，它的型号和最常运行的工作泵相同。如果给水系统中具有足够大容积的高地水池或水塔时，可以部分或全部代替泵站进行短时间供水，则泵站中可不设备用泵，仅在仓库中贮存一套备用机组即可。

备用泵和其他工作泵一样，应处于随时可以启动的状态。

（5）选泵时应尽量结合地区条件优先选择当地制造的成系列生产的、比较定型的和性能良好的产品。

4.2.4 选泵后的校核

在泵站中泵选好之后，还必须按照发生火灾时的供水情况，校核泵站的流量和扬程是否满足消防时的要求。

就消防用水来说，一级泵站的任务只是在规定的时间内向清水池中补充必要的消防贮备用水。由于供水强度小，一般可以不另设专用的消防泵，而是在补充消防贮备用水时间内，开动备用泵以加强泵站的工作。

因此，备用泵的流量可用下式进行校核：

$$Q = \frac{t\alpha(Q_f + Q') - tQ_r}{t_f} \tag{4-5}$$

式中　Q_f——设计的消防用水量（m^3/h）；

　　　　t——火灾延续时间（h），由《建筑设计防火规范》确定；

　　　　Q'——最高用水日连续最大 t 小时平均用水量（m^3/h）；

　　　　Q_r——一级泵站正常运行时的流量（m^3/h）；

　　　　t_f——补充消防用水的时间，从 24～48h，由用户的性质和消防用水量的大小决定，见《建筑设计防火规范》；

　　　　α——计及净水构筑物本身用水的系数。

就二级泵站来说，消防属于紧急情况。消防用水其总量一般占整个城市或工厂的供水量的比例虽然不大，但因消防期间供水强度大，使整个给水系统负担突然加重。因此，应作为一种特殊情况在泵站中加以考虑。

例如，10 万人口的城镇，一二层混合建筑，其生活用水按 100L/（人·d）计，平均秒流量 $q=116L/s$，设工业生产用水按生活用水量的 30% 计算，为 $Q'=0.3\times116=35L/s$，合计 $\sum Q=151L/s$。消防时，按两处同时着火计，$q_t=60L/s$。可见，几乎使泵站负荷增加 40%。

因此，虽然城市给水系统常采用低压消防制，消防给水扬程要求不高，但由于消防用水的供水强度大，即使开动备用泵有时也满足不了消防时所需的流量。在这种情况下，可增加一台泵。如果因为扬程不足，那么泵站中正常运行的泵，在消防时都将不能使用，这时将另选适合消防时扬程的泵，而流量将为消防流量与最高时用水量之和。这样势必使泵站容量大大增加。在低压制条件下，这是不合理的。对于这种情况，最好适当调整管网中个别管段的直径，而不使消防时泵站扬程过高。

归纳起来，选泵应注意以下几点：

（1）在满足最大工况要求的条件下，应尽量减少能量的浪费；

（2）合理地利用各泵的高效率段；

（3）尽可能选用同型号泵，使型号整齐，互为备用；

（4）尽量选用大泵，但也应按实际情况考虑大小兼顾；

（5）$\sum h$ 值变化大时，则可选不同型号泵搭配运行；

（6）保证吸水条件，照顾基础平齐，减少泵站埋深；

（7）考虑必要的备用机组；

（8）进行消防用水时的校核；

（9）考虑泵站的发展，实行近远期相结合；

（10）尽量选用当地成批生产的泵型。

4.3　泵站变配电设施

给水泵站中的变配电设施基本上相同于一般工矿企业的变配电设施，但在一些具体问题上，有其本身的特点。

4.3.1　变配电系统中负荷等级及电压选择

1. 负荷等级

在给水排水工程中，电力负荷等级根据其重要性和中断供电所造成的损失或影响程度来划分，通常分为三级。

（1）一级负荷：若突然中断供电，停止供水或排水，将造成人身伤亡，或重大设备损坏且长期难以修复，给国民经济带来重大损失或使城市生活发生混乱者，应为一级负荷。如一、二类城市的大型水源泵站和净（配）水厂，大型雨（污）水泵站和污水处理厂，钢铁厂、炼油厂等重要工业企业的供水泵站等均应按一级电力负荷考虑。一级负荷的供电方式，应有两个独立电源供电，按生产需要与允许停电时间，采用双电源自动或手动切换的接线或双电源对多台一级用电设备分组同时供电的接线。独立电源是指若干电源中，任一电源故障或停止供电时，不影响其他电源继续供电。同时，具备下列两个条件的发电厂、变电站的不同母线段均属独立电源：（1）每段母线的电源来自不同的发电机；（2）母线段之间无联系，或虽有联系，但在其中一段发生故障时，能自动断开而不影响另一段母线继续供电。

（2）二级负荷：若突然中断供电，停止供水或排水，将造成较大经济损失或给城市生活带来较大影响，但采用适当措施后能够避免的电力负荷，应为二级负荷。如一、二类城市的中型水源泵站和净（配）水厂，中型雨（污）水泵站和污水处理厂，三类城市的主要水源泵站、净（配）水厂及主要雨（污）水泵站和污水处理厂等。二级负荷的供电方式，应由两回路供电，当取得两回路线路有困难时，允许由一回路专用线路供电。

（3）三级负荷指所有不属一级及二级负荷的电力负荷。例如村镇水厂，只供生活用水的小型水厂等。其供电方式，无特殊要求。

2. 供电电压选择

供电电压应根据工程的总用电负荷、主要用电设备的额定电压、供电距离、当地供电网络现状和发展规划等因素进行技术经济比较，并与当地供电部门协商后确定。一般来说工程用电负荷大，供电距离长，供电电压应相应提高。目前我国公用电力系统可以给用户提供的供电电压一般有 10kV、35kV 和 110kV 三种。

3. 配电电压的确定

内部配电电压的确定与供电电压、主要用电设备额定电压、配电半径、负荷大小和负荷分布有关。

供电电压为 35kV 及以上的工程，其配电电压一般采用 10kV；如厂内额定电压为 6kV 的用电设备的容量超过总容量的 30%，也可考虑 6kV 作为配电电压。供电电压为 10kV 的工程，一般来说应采用 10kV 作为配电电压；当厂内无额定电压为 0.4kV 以上的用电设备，且用电量较小，厂区面积也较小时，也可用 0.4kV 作为配电电压。

对于供电电压为 10kV，厂区面积较大，负荷又比较分散的工程，可采用 10kV 和 0.4kV 两种电压两级配电的方式。即将 10kV 作为一级配电电压，先用 10kV 线路将电力分配到厂内几个负荷相对比较集中的地方，建立各自的 10/0.4kV 配电所，然后用 0.4kV 作为二级配电电压再向下一级用电设备配电。

一般由 380V 电压供电的小型水厂，往往只可能有一个电源。因此，不能确保不间断供水。由 6kV 或 10kV 电压供电的中型水厂，需视其重要程度可由两个独立电源同时供电，或由一个常用电源和一个备用电源供电。6kV 电源可直接配给泵站中的高压电动机。水厂内其他低压用电设备可通过变压器将电压降至 380V。10kV 级的高压电动机产品型号，近年来已开始逐步增多。

4.3.2　泵站中常用的变配电系统

变配电设备是泵站中重要组成之一。工艺工程师掌握有关变配电知识就能够向电气设计人员提出明确的要求和资料，使整个设计更臻完善。图 4-13 所示为 10kV 总变电所（双电源）的接线图。总变电所设有两台主变压器，两台厂变压器。主变压器将 10kV 电压降为 6kV 后进行配电。厂变压器将 10kV 降为 380V 后进行配电。变压器容量均按 6kV（或 380kV）全负荷的 75%～100% 考虑。图 4-13 中每个油开关前后均设置隔离开关。隔离开关主要是在油开关需要检修时起切断电路作用。在高压电路中，隔离开关只能在断路情况下动作，以免带负荷拉闸造成强电弧烧损隔离开关的刀口或烧伤操作人员。泵站中如配用的是 10kV 的高压电动机，则可直接连接。

图 4-14 为 6～10kV 变电所常用接线图。图 4-14（a）适用于一个常用电源，一个备用电源，可以自动切换，中间的隔离开关作检修时切断之用。图 4-14（b）适用于备用电源允许手动切换，切换时可以短时间停电的场合。对于中小型水厂一般均由 6kV 或 10kV 电压以双回路供电，经降压为 380V 后进行配电使用。水厂泵站中应设置变电所，安装两台变压器，每台变压器容量可按水厂最大计算容量的 75% 的备用量选择。

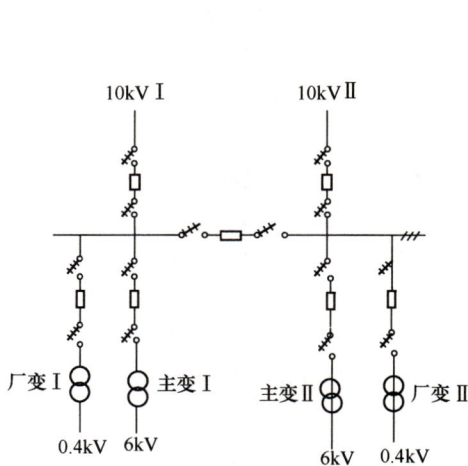

图 4-13　10kV 总变电所接线图

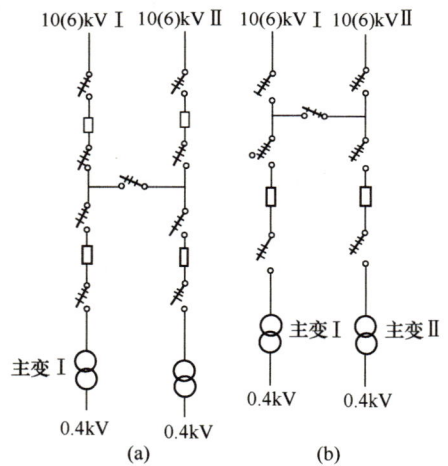

图 4-14　6～10kV 变电所常用接线
（a）双电源自动切换；（b）双电源手动切换

图 4-15 所示为常用的高压配电屏的外形与接线图。图中的油开关是操作用的开关，开关盒内装有变压器油，在接通与断开瞬间，油可起灭弧作用。图中的隔离开关仅起隔离作用。因此在泵闭闸启动过程，应先推上隔离开关（此时电路仍未接通），然后再推上油开关（电路接通），电动机开始旋转。在泵闭闸停车过程则相反，先拉下油开关（电路拉

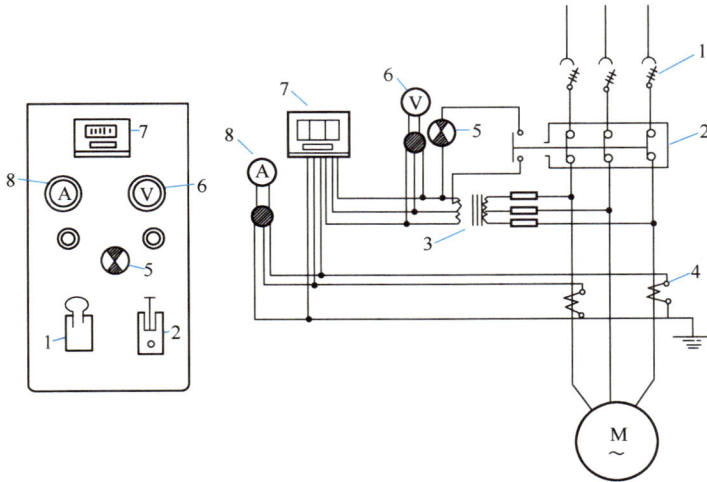

图 4-15　常用高压配电屏

1—隔离开关；2—油开关；3—电压互感器；4—电流互感器；5—指示灯；

6—电压表；7—功率表；8—电流表

断），然后拉下隔离开关。图中 4 为电流互感器，它串联于线路上，由于电动机是三相平衡荷载，一般串接两个电流互感器。图中 3 为电压互感器，并联于主线路上。图 4-16 所示为低压配电屏的接线图，图中电流的量测仍是通过串接的电流互感器来进行的。由于是低压，因此可采用普通的闸刀开关 1 来作为隔离开关。

无论是高压配电还是低压配电，现代都采用由电器开关厂生产的成套设备。成套设备一般称配电屏（又称开关柜）。由专门工厂成批生产的定型产品，是根据不同需要按一定的组合和线路将有关的配电设备（如开关、母线、互感器、测量仪表、保护装置和操作机构等）分别安装在一个铁框里，铁框具有一定的规格尺寸。

采用成套配电装置有很多优点，工作安全可靠，维护方便，施工安装简单，便于移动。而且设备安装紧凑，缩小了建筑体积，各柜的尺寸一致，增加了室内的整洁美观。

开关柜的布置应遵守以下的规定：

（1）开关柜前面的过道宽度应不小于下列数值：

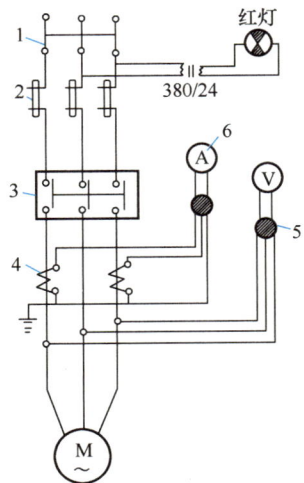

图 4-16　低压配电屏接线图

1—隔离开关；2—熔断器；

3—油开关；4—电流互感器；

5—电压表；6—功率表

低压柜为 1.5m，高压柜为 3.0m。

（2）背后检修的开关柜与墙壁的净距不宜小于 0.8m。

高压配电室长度超过 7m 时应开两个门，对于 GG-10 型高压开关柜，门宽 1.5m，门高 2.5～2.8m。当架空出线时，架空线至室外地坪高度为 4.5m，高压配电室高度为 5m，当在开关柜顶上装有母线联络用的隔离开关时，室内净高应为 4.5m。

低压配电室的门宽为 1.0m，并应考虑以下情况确定其数目：

（1）由低压配电室到泵房要方便；

（2）由低压配电室到高压配电室、变压器室要方便；

（3）要考虑操作的路线，值班人员上下班进出方便。

4.3.3　变电所

变电所的变配电设备是用来接受、变换和分配电能的电气装置，它由变压器、开关设备、保护电器、测量仪表、连接母线和电缆等组成。

1. 变电所的类型选择

变电所大体有以下几种类型：（1）独立变电所。设置于距泵房 15～20m 范围内单独的场地或建筑物内。其优点是便于处理变电所和泵房建筑上的关系，离开人流较多的地方，比较安全。若附近有两个以上的泵房，或有其他容量较大的用电设备，应选用这种形式，其缺点是：离泵房内的电动机较远，线路长，浪费有色金属，消耗电能，且维护管理不便，故在给水排水工程中，一般不宜采用。（2）附设变电所。设置于泵房外，但有一面或两面墙壁和泵房相连。这种形式采用较多。其优点是使变压器尽量靠近了用电设备，同时并不给建筑结构方面带来困难。（3）室内变电所。此种变电所是全部或部分地设置于泵房内部，但位于泵房的一侧，此外变电所应有单独的通向室外的大门。这种类型和第二种相近，只是建筑处理复杂一些，但维护管理却较方便。采用这种形式也较多。

2. 变电所的位置和数目

①变电所的位置应尽量位于用电负荷中心，以最大限度地节约有色金属，减少电耗。②变电所的位置应考虑周围的环境，比如设置在锅炉的上风等。③变电所的位置应考虑布线是否合理，变压器的运输是否方便等因素。④变电所的数目由负荷的大小及分散情况所决定，如负荷大，数量少，且集中时，则变电所应集中设置，建造一个变电所即可，如一级泵房、二级泵房等即是。如负荷小，数量大，且分散时，则变电所也应该分散布置，即应建筑若干个变电所。如深井泵房，井数多，距离远，每个泵站一般只有一台泵，故必要时只好在每个深井泵房旁边设置一套配电设备。⑤根据泵站的发展应考虑变电所有发展的余地。

3. 变电所的布置方案

变电所和泵房的组合布置可以从下述几方面考虑：变电所应尽量靠近电源，低压配电室应尽量靠近泵房；线路应顺直，并尽量短；泵房应可以方便地通向高、低压配电室和变压器室；建筑上应注意与周围环境协调。图 4-17 所示为几种组合布置方案，可供参考。

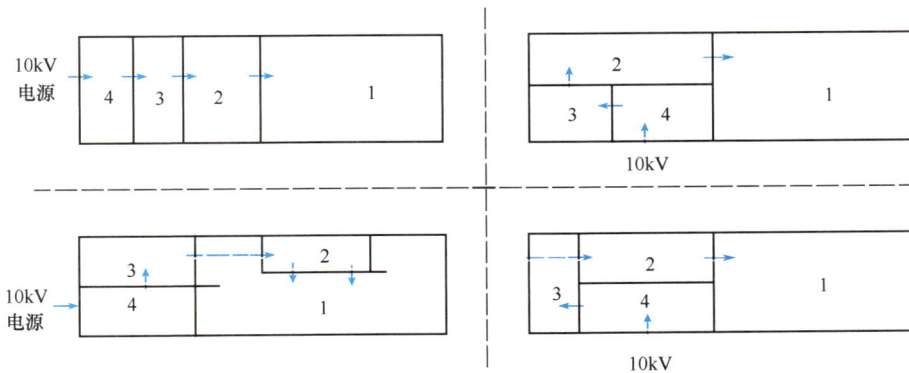

图 4-17 变电所与泵房的组合布置

1—泵房；2—低压配电室（包括值班室）；3—变压器室；4—高压配电室

4.3.4 常用电动机

电动机从电网获得电能，带动泵运转，同时又处于一定的外界环境和条件下工作。因此，正确地选择电动机，必须解决好电动机与泵、电动机与电网、电动机与工作环境间的各种矛盾，并且尽量使投资节省、设备简单、运行安全、管理方便。一般应综合考虑以下四个方面的因素：

（1）根据所要求的最大功率、转矩和转速选用电动机。

电动机的额定功率要稍大于泵的设计轴功率。电动机的启动转矩要大于泵的启动转矩，电动机的转速应和泵的设计转速基本一致。

（2）根据电动机的功率大小，参考外电网的电压决定电动机的电压。

1）电动机容量为 200kW 及以下，应选用低压电动机。

2）供电电源电压为 35kV，电动机容量为 220kW 及以上，推荐选用 6kV 或 10kV 电动机。

3）供电电源电压为 10kV，电动机容量为 220kW 及以上，可以考虑选用 10kV 电动机，以省略 10/6kV 变电环节，降低能耗，简化配电系统接线。

4）容量为 220～355kW 的电动机，有 380V、6kV 及 10kV 三种电压可供选择，应通过技术经济比较确定。技术经济比较内容包括：设备费、土建费及安装费。设备费包括变压器、电动机、电缆及开关设备费等；维护费包括变压器、电动机的年折旧费，尚应计及上述设备及电缆的年运行损耗电费。

（3）根据工作环境和条件决定电动机的外形和构造形式。

不潮湿、无灰尘、无有害气体的场合，如地面式送水泵站，可选用一般防护式电动机；多灰尘或水土飞溅的场合，或有潮气、滴水之处，如较深的地下式地表水取水泵站中，宜选用封闭自扇冷式电动机；防潮式电动机一般用于暂时或永久的露天泵站中。

一般卧式泵配用卧式电动机，立式泵配用立式电动机。

（4）根据投资少，效率高，运行简便等条件，确定所选电动机的类型。

在给水排水泵站中，广泛采用三相交流异步电动机（包括笼型和绕线式），有时也采用同步电动机。

笼型电动机，结构简单，价格便宜，工作可靠，维护比较方便，且易于实现自动控制或遥控，因此使用最多。其缺点是启动电流大，可达到额定电流的4～7倍。但是，由于离心泵是低负荷启动，需要的启动转矩较小，这种电动机一般均能满足要求，在一般情况下，可不装降压启动器，直接启动。对于轴流泵，只要是负载启动，启动转矩也能满足要求。在供电的电力网容量足够大时，采用笼型电动机是合适的。过去常用的型号是 JO_2 系列和 JS 系列，目前，基本以 Y 系列取而代之。

绕线式电动机，适用于启动转矩较大和功率较大的条件下，但它的控制系统比较复杂。绕线式电动机能用变阻器减小启动电流。过去常用的有 JR 或 JRQ 系列，目前，基本以 YR 系列取而代之。

同步电动机价格昂贵，设备维护及启动复杂，但它具有很高的功率因数，对于节约电耗，改善整个电网的工作条件作用很大，因此功率在 300kW 以上的大型机组，利用同步电动机具有很大的经济意义。

永磁同步电动机与传统的电励磁电机相比，其具有结构简单、运行可靠、体积小、质量轻、损耗小、效率高、电机的形状和尺寸可以灵活多样等显著优点；与感应电动机相比，不需要无功励磁电流，可以显著提高功率因数，减少了定子电流和定子电阻损耗，而且在稳定运行时没有转子铜耗，效率比同规格感应电动机可提高 2%～8%。

随着我国在永磁同步电动机的技术理论及生产水平的提高，永磁同步电动机驱动泵的应用会越来越多。

4.3.5　交流电动机调速

交流电动机转速公式如下：

同步电动机

$$n = \frac{60}{P} \cdot f \tag{4-6}$$

异步电动机

$$n = \frac{60f}{P}(1-S) \tag{4-7}$$

式中　n——电动机转速（r/min）；

　　　f——交流电源的频率（Hz）；

　　　P——电动机的极对数；

　　　S——电动机运行的转差率。

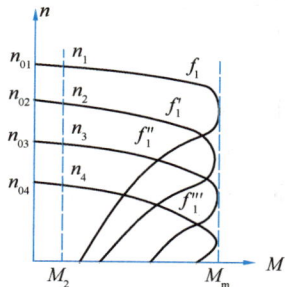

图 4-18　变频调速 n-M 特性

根据式（4-7）可知，调节交流电动机的 f、P 和 S 均可调节转速。因此调节转速的方法可分为如下几种。

1. 变频调速

变频调速既适用于同步电动机也适用于异步电动机，后者用得更为普遍。图 4-18 所示为变频调速电动机的机械特性。从图上可看出：（1）电源频率 f 值改变时，电动机的转速也相应改变。当某一负载转矩为 M_2 时，可得到不同的转速 n。若 $f_1 > f_1' > f_1'' > f_1'''$ 时，则 $n_1 > n_2 > n_3 > n_4$。故调节 f 即调节了 n 值。（2）在某一频率 f 情况下，负载转矩变化时，其转速变化不大，工程上称其机械特性硬（机械特性即转速-转矩特性）。机械特性硬是一优点，表明它稳速精度高。在各种调速方案运行时，电动机的机械特性是不同的，例如后述的调压调速方案，当负载变化引起转矩变化时，其转速波动就较大，就称为机械特性较软。（3）调速过程中电动机转差损耗很小，电动机可以在很小转差率情况下正常运行，效率很高。（4）属于无级调速、调速范围很宽，基本上可以从零赫兹（Hz）平滑调到额定转速，且只要电动机结构条件等允许，还可以从额定转速值上调。

为了使交流电动机供电频率改变，需要一套变频电源。早期的变频电源是采用一整套旋转变频机组来改变电源频率。这套设备不但投资大，效率低，而且稳定性差。随着电力电子技术、计算机技术和控制理论的发展，变频器也得到了快速发展，其在交流效率、可靠性、控制精度和调速范围等方面不断提高。目前，变频调速是交流电动机调速的主要途径。

2. 变极调速

异步电动机旋转磁场同步转速 n_1 与电动机极对数 P 成反比，改变笼型三相异步电动机定子绕组的极对数 P，就改变了同步转速 n_1，实现变极调速。定子绕组产生的磁极对数 p 的改变是通过改变绕组的接线方式得到的。由于只有定子、转子极对数相同时，定子、转子磁势才能在空间相互作用产生电磁转矩，实现能量转换。因此，变极调速要求定子、转子极对数同时改变。这对绕线式电动机是十分困难的。而笼型异步电动机能自动使定子、转子极对数保持相同。所以，变极调速只适用于笼型异步电动机。

变极调速具有操作简单、效率高、运行可靠、节能效果好等优点，但由于转速是成倍率地变化，其调速平滑性差，无法实现"无级"调速，因此应用范围受到限制。

3. 调节转差率

只适用于异步电动机，此时同步转速不变。改变转差率调速方法较多，常用的有：定子调压调速、绕线式异步电动机转子串电阻调速、转子串附加电动势调速（又称串级调速）等。

（1）定子调压调速。当异步电动机的等效电路参数不变时，在相同的转速下，电磁转矩与定子电压的平方成正比，因此，改变定子电压可以改变电动机机械特征的函数关系，从而改变电动机在一定负载转矩下的转速。改变定子电压过去主要采用定子绕组串电抗器来实现，目前已广泛采用晶闸管交流调压线路来实现。

（2）转子串电阻调速。绕线式异步电动机转子回路串入电阻时，同步转速及最大电磁转矩都不变，而转差率随外串电阻的增大而增大，从而实现异步电动机的调速。此种调速方法的优点是设备简单、易于实现、投资小；缺点是低速时损耗很大，运行效率低，同时在低速时，由于机械特性较软，负载变化时静差率大而使调速范围小。

（3）转子串附加电动势调速（串级调速）。在异步电动机的转子回路串入一个三相对称的附加电动势 E，其频率与转子电动势相同，改变 E 的大小和相位，就可以调节电动机的转速。串级调速性能比较好，过去由于附加电动势 E 的获得比较困难，长期以来没能得到推广，近年来，随着晶闸管技术的发展，串级调速有了广阔的发展前景。目前已日益广泛应用于泵与风机的节能调速。

表 4-2 是各种交流调速方案的比较，从表中可看出在诸多的调速方案中，对性能评价高的仍为调同步转速的方案（即变极调速和变频调速两种）。

各种交流调速方式比较表

表 4-2

调速方案	转子串电组	变极调速	调压调速	转差调速	串级调速	变频调速	无换向器电动机调速
调速方式	改变转子电路附加电阻值	改变定子极对数	调节电动机定子电压	采用转差离合器调节激磁电流	调节逆变器逆变角 β	调节供电电源(变频器)频率	(1)调直流电压 U_d (2)调激磁电流 I_m (3)调换流超前角 γ_0
机械特性	$R_{r1}>R_{r2}$	$P=1,\ P=2$	$u_1>u_2$	$I_{r1}>I_{r2}$	$\beta_1<\beta_2<\beta_3$	$f_1>f_2$	$U_{d1}>U_{d2}>U_{d3}$
调速范围（%）	100~50	一般为 3~4 挡	100~80	97~20	100~40	100~0	100~2
电动机效率 η	1-S，差	优	1-S，差	1-S，差	$P_a\rightarrow$电网，高	高	较高
功率因数	优	良好	差	良	差	优	差
节能效果	一般	优①	一般	一般	一般	优	优
快速性	差	快	快	快	快	快	稍差
电动机要求	绕线式电动机	多速笼型电动机	异步电动机均可	滑差电动机	绕线式电动机	交流电动机均可	无换向器电动机
初投资	较省	最省	省	较省	较贵	贵	贵
可靠性	好	好	好	一般	较差	好	好
维护保养	易	最易	易	较易	较难	较难	较难
对电网干扰	无	无	大	无	较大	较大	较大
故障处理	停车处理	停车处理	可投入电网工频	停车处理	停车处理	投入工频市电	停车处理
性能评价	较好	好	较好	较好	较好	最好	好

① 指流量对应于转速时。

4.3.6 泵机组的控制设备

电动机的启动方式有：直接启动和降压启动。

1. 直接启动

利用开关电器将电动机直接接到具有额定电压的电网上的启动方法称为直接启动。直接启动的优点是所需设备少，启动方式简单，成本低，缺点是启动电流大，影响电动机的使用寿命，对电网稳定运行不利，所以大容量的电动机和不能直接启动的电动机都要采用降压启动。

2. 降压启动

（1）Y-Δ 启动：对于正常运行的定子绕组为三角形接法的鼠笼式异步电动机来说，如果在启动时将定子绕组接成星形，待启动完毕后再接成三角形，就可以降低启动电流，减轻它对电网的冲击。这样的启动方式称为星三角减压启动，或简称为星三角启动（Y-Δ 启动）。同任何别的减压启动器相比较，其结构最简单，价格也最便宜。除此之外，星三角启动方式还有一个优点，即当负载较轻时，可以让电动机在星形接法下运行。此时，额定转矩与负载可以匹配，这样能使电动机的效率有所提高，并因之节约了电力消耗。

（2）自耦减压启动：利用自耦变压器的多抽头减压，既能适应不同负载启动的需要，又能得到更大的启动转矩，是一种经常被用来启动较大容量电动机的减压启动方式。自耦变压器降压启动的优点是可以直接人工操作控制，也可以用交流接触器自动控制，经久耐用，维护成本低，适合所有的空载、轻载启动异步电动机使用，在生产实践中得到广泛应用。缺点是人工操作要配置比较贵的自耦变压器箱（自耦补偿器箱），自动控制要配置自耦变压器、交流接触器等启动设备和元件。

（3）软启动器：这是利用了可控硅的移相调压原理来实现电动机的调压启动。它可以实现笼型异步电动机在负载要求的启动特性下无级平滑启动，方便地调节启动电流和启动时间，降低启动电流对电网的冲击，还能直接与计算机实现通信，为智能控制打下了良好的基础。因使用了可控硅元件，可控硅工作时谐波干扰较大，对电网有一定的影响。另外电网的波动也会影响可控硅元件的导通，特别是同一电网中有多台可控硅设备时。因此可控硅元件的故障率较高，因为涉及电力电子技术，对维护技术人员的要求也较高。

（4）变频器启动：变频器是现代电动机控制领域技术含量最高，控制功能最全、控制效果最好的电机控制装置，它通过改变电网的频率来调节电动机的转速和转矩。因为涉及电力电子技术、微机技术，因此成本高，对维护技术人员的要求也高，主要用在需要调速并且对速度控制要求高的领域。

4.4 泵机组的布置与基础

4.4.1 泵机组的布置

泵机组的排列是泵站内布置的重要内容，它决定泵房建筑面积的大小。机组间距以不妨碍操作和维修的需要为原则。机组布置应保证运行安全，装卸、维修和管理方便，管道总长度最短、接头配件最小、水头损失最小并应考虑泵站有扩建的余地。机组排列形式有以下几种。

1. 纵向排列（图 4-19）

纵向排列（即各机组轴线平行单排并列）适用于如 IS 型单级单吸悬臂式离心泵。因为悬臂式泵系顶端进水，采用纵向排列能使吸水管保持顺直状态（图 4-19 中泵 1）。如果泵房中兼有侧向进水和侧向出水的离心泵（如图 4-19 中泵 2 均系 Sh 型泵或 SA 型泵），则纵向排列的方案就值得商榷。如果 Sh 型泵占多数时，纵向排列方案（图 4-19）就不可取。例如 20Sh-9 型泵，纵向排列时，泵宽加上吸压水口的大小头和两个 90°弯头长度共计 3.9m（图 4-20）。如果作横向排列，则泵宽为 4.1m，其宽度并不比纵排增加多少，但进出口的水力条件就大为改善了，在长期运行中可以节省大量电耗。

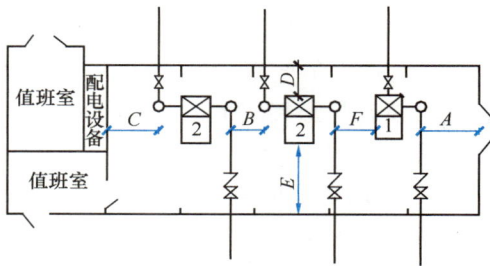

图 4-19　水泵机组纵向排列

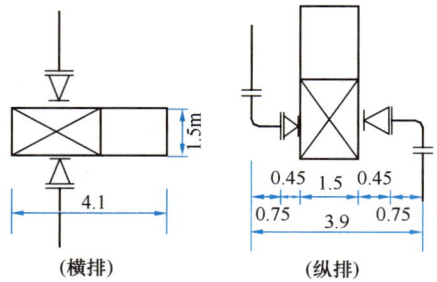

图 4-20　纵排与横排比较
（20Sh-9 型）（单位：m）

图 4-19 所示机组之间各部尺寸应符合下列要求：

（1）泵房大门口要求通畅，既能容纳最大的设备（泵或电动机），又有操作余地。其场地宽度一般用管外壁和墙壁的净距 A 值表示。A 等于最大设备的宽度加 1m，但不得小于 2m。

（2）管与管之间的净距 B 值应大于 0.7m，保证工作人员能较为方便地通过。

（3）管外壁与配电设备应保持一定的安全操作距离 C。当为低压配电设备时 C 值不小于 1.5m，高压配电设备 C 值不小于 2m。

（4）泵外形凸出部分与墙壁的净距 D，须满足管道配件安装的要求，但是，为了便于就地检修泵，D 值不宜小于 1m。如泵外形不凸出基础，D 值则表示基础与墙壁的距离。

（5）电动机外形凸出部分与墙壁的净距 E，应保证电动机转子在检修时能拆卸，并适当留有余地。E 值一般为电动机轴长加 0.5m，但不宜小于 3m，如电动机外形不凸出基础，则 E 值表示基础与墙壁的净距。

（6）管外壁与相邻机组的凸出部分的净距 F 应不小于 0.7m。如电动机容量大于 55kW 时，F 应不小于 1m。

2. 横向排列（图 4-21）

侧向进、出水的泵，如单级双吸卧式离心泵 Sh 型、SA 型采用横向排列方式较好。横向排列虽然稍增长泵房的长度，但跨度可减小，进出水管顺直，水力条件好，节省电耗，故被广泛采用。横向排列的各部尺寸应符合下列要求：

（1）泵凸出部分到墙壁的净距 A_1 与上述纵向排列的第一条要求相同，如泵外形不凸出基础，则 A_1 表示基础与墙壁的净距。

（2）出水侧泵基础与墙壁的净距 B_1 应按水管配件安装的需要确定。但是，考虑泵出水侧是管理操作的主要通道，故 B_1 不宜小于 3m。

（3）进水侧泵基础与墙壁的净距 D_1，也应根据管道配件的安装要求决定，但不小于 1m。

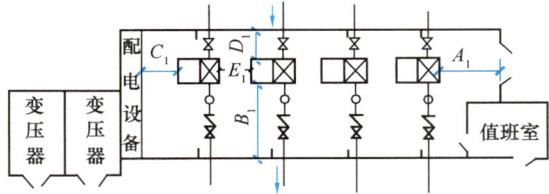

图 4-21　泵机组横向排列

（4）电动机凸出部分与配电设备的净距，应保证电动机转子在检修时能拆卸，并保持一定安全距离，其值要求为：C_1＝电动机轴长＋0.5m。但是，低压配电设备应 $C_1 \geqslant$ 1.5m；高压配电设备 $C_1 \geqslant 2.0$m。

（5）泵基础之间的净距 E_1 值与 C_1 要求相同，即 $E_1＝C_1$。如果电动机和泵凸出基础，E_1 值表示为凸出部分的净距。

（6）为了减小泵房的跨度，也可考虑将吸水阀门设置在泵房外面。

3. 横向双行排列（图 4-22）

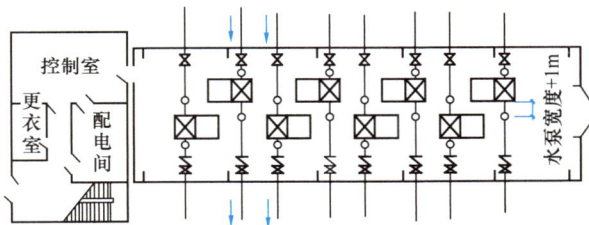

图 4-22　横向双行排列（倒、顺转）

这种排列更为紧凑，节省建筑面积。泵房跨度大，起重设备需考虑采用桥式行车。在泵房中机组较多的圆形取水泵站，采用这种布置可节省较多的基建造价。应该指出，这种布置形式两行泵的转向从电动机方向看去是彼此相反的，因此，在泵订货时应向水泵厂特别说明，以便水泵厂配置不同转向的轴套止锁装置。

4.4.2　泵机组的基础

机组（泵和电动机）安装在共同的基础上。基础的作用是支承并固定机组，使它运行平稳，不致发生剧烈振动，更不允许产生基础沉陷。因此，对基础的要求是：①坚实牢固，除能承受机组的静荷载外，还能承受机械振动荷载；②要浇制在较坚实的地基上，不宜浇制在松软地基或新填土上，以免发生基础下沉或不均匀沉陷。

卧式泵均为块式基础，其尺寸大小一般均按所选泵的安装尺寸所提供的数据确定。如无上述资料，对带底座的小型泵可选取：

基础长度 L＝底座长度 L_1＋(0.2～0.3)m

基础宽度 B＝底座螺孔间距（在宽度方向上）b_1＋(0.2～0.3)m

基础高度 H＝底座地脚螺钉的长度 l_1＋(0.15～0.20)m

对于不带底座的大、中型泵的基础尺寸：

基础长度 L ＝泵和电动机最外端螺孔间距 L_1 ＋(0.4～0.6)m，且不短于泵和电动机总长

基础宽度 B ＝泵或电动机/最外端螺孔间距(取其宽者) B_1 ＋(0.4～0.6)m

基础高度 H ＝地脚螺钉的长度 l_1 ＋(0.15～0.20)m

基础的高度还可用下述方法进行校核。基础重量应大于机组总质量的 2.5～4.0 倍。在已知基础平面尺寸的条件下，根据基础的总质量可以算出其高度。基础高度一般应不小于 50～70cm。基础一般用混凝土浇筑，混凝土基础顶面应高出室内地坪约 10～20cm。

基础在室内地坪以下的深度还取决于临近的管沟深度，不得小于管沟的深度。由于水能促进振动的传播，所以应尽量使基础的底放在地下水位以上，否则应将泵房地板做成整体的连续钢筋混凝土板，而将机组安装在地板上凸起的基础座上。

为了保证泵站的工作可靠，运行安全和管理方便，在布置机组时，应遵照以下规定：

(1) 相邻机组的基础之间应有一定宽度的过道，以便工作人员通行。电动机容量不大于 55kW 时，净距应不小于 0.8m；电动机容量大于 55kW 时，净距不小于 1.2m。电动机容量小于 20kW 时，过道宽度可适当减小。但在任何情况下，设备的突出部分之间或突出部件与墙之间应不小于 0.7m，如电动机容量大于 55kW 时，则不得小于 1.0m。

(2) 对于非水平接缝的泵，在检修时，往往要将泵轴和叶轮沿轴线方向取出，因此在设计泵房时，要考虑这个方向有一定的余地，即泵离开墙壁或其他机组的距离应大于泵轴长度加上 0.25m，为了从电动机中取出转子，应同样地留出适当的距离。

(3) 装有大型机组的泵站内，应留出适当的面积作为检修机组之用。其尺寸应保持在被检修机组的周围有 0.7～1.0m 的过道。

(4) 泵站内主要通道宽度应不小于 1.2m。

(5) 辅助泵（排水泵、真空泵）通常安置于泵房内的适当地方，尽可能不增大泵房尺寸。辅助泵可靠墙安装，只需一边留出过道。必要时，真空泵可安置于托架上。

4.5　吸水管路与压水管路

吸水管路和压水管路是泵站的重要组成部分，正确设计、合理布置与安装吸、压水管路，对于保证泵站的安全运行、节省投资、减少电耗有很大的关系。

4.5.1　对吸水管路的要求

对于吸水管路的基本要求有三点：①不漏气。吸水管路是不允许漏气的，否则会使泵的工作发生严重故障。实践证明，当进入空气时，泵的出水量将减少，甚至吸不上水。因此，吸水管路一般采用钢管，因钢管强度高，接口可焊接，密封性胜于铸铁管。钢管埋于土中时应涂沥青防腐层。当然也有不少泵站采用铸铁管的，但施工时接头一定要严密。②不积气。泵吸水管内真空值达到一定值时，水中溶解气体就会因管路内压力减小而不断逸出，如果吸水管路的设计考虑欠妥时，就会在吸水管道的某段（或某处）上出现积气，形成气囊，影响过水能力，严重时会破坏真空吸水。为了使泵能及时排走吸水管路内的空气，吸水管应有沿水流方向连续上升的坡度 i，一般大于 0.005，以免形成气囊(图 4-23)。为了避免产生气囊，应使沿吸水管线的最高点在泵吸入口的顶端。吸水管的断面一般应大

于泵吸入口的断面，这样可减小管路水
头损失。吸水管路上的变径管宜采用偏
心渐缩管（即偏心大小头），保持渐缩
管的上边水平，以免形成气囊。③不吸
气。吸水管进口淹没深度不够时，由于
进口处水流产生漩涡、吸水时带进大量
空气。严重时也将破坏泵正常吸水。这
类情形，多见于取水泵房在河道枯水位
情况下吸水。为了避免吸水井（池）水
面产生漩涡，使泵吸入空气，吸水管进
口在最低水位下的淹没深度 h 宜大于
（1.0～1.25） D 且不应小于 0.5～
1.0m，如图 4-24 所示。

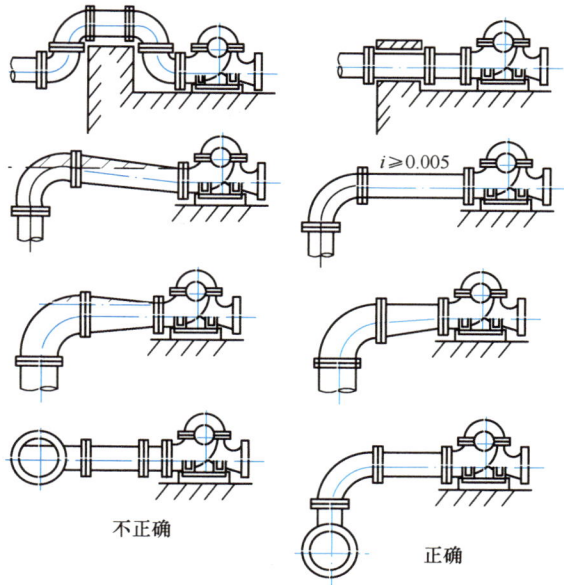

图 4-23　正确和不正确的吸水管安装

　　为了防止泵吸入井底的沉渣，并使
泵工作时有良好的水力条件。喇叭口垂
直布置时，应遵守以下规定：

　　（1）吸水管的进口高于井底不小于
0.8D，如图 4-24 所示。D 为吸水管喇叭口（或底阀）扩大部分的直径，通常取 D 为吸水
管直径的 1.3～1.5 倍。

　　（2）吸水管喇叭口边缘距离井壁不小于（0.75～1.0）D。

　　（3）在同一井中安装有几根吸水管时，吸水喇叭口之间的距离不小于（1.5～2.0）
D。当泵采用抽气设备充水或能自灌充水时，为了减少吸水管进口处的水头损失，吸水管
进口通常采用喇叭口形式。如水中有较大的悬游杂质时，喇叭口外面还需加设滤网，以防
水中杂物进入泵。

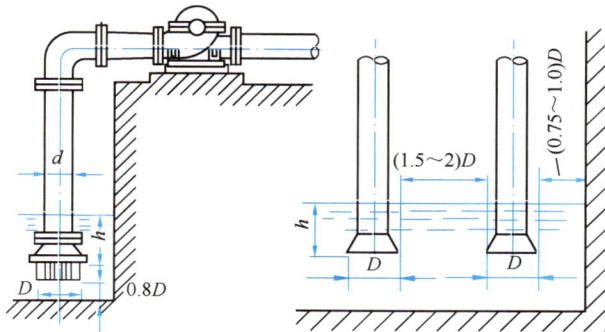

图 4-24　吸水管在吸水井中的位置

　　当吸入喇叭口倾斜或水平布置时，相关要求如图 4-25 所示。

　　当泵从压水管引水启动时，吸水管上应装有底阀。底阀过去一般用水下式，装于吸水
管的末端。底阀的式样很多，它的作用是水只能吸入泵，而不能从吸水喇叭口流出。
图 4-26所示为一种铸铁底阀，在泵停车时，蝶形阀门在吸水管中水压力及本身重力作用下
落座，使水不能从吸水管逆流。底阀上附有滤网，以防止杂物进入泵堵塞或损坏叶轮。实

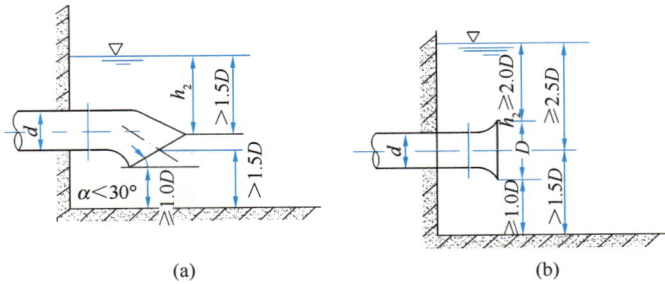

图 4-25　喇叭口倾斜和水平布置

践表明，水下式底阀因胶垫容易损坏，引起底闸漏水，须经常检修拆换，给使用带来不便。为了改进这一缺点，试验成功了水上式底阀，如图 4-27 所示。由于水上式底阀具有使用效果良好，安装检修方便等优点，因而设计中采用者日益增多。水上式底阀使用的条件之一，是吸水管路（图 4-27 中 1 所示）水平段应有足够的长度，以保证泵充水启动后，管中能产生足够的真空值。

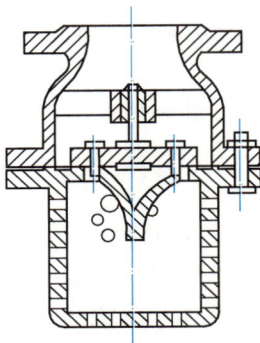

图 4-26　铸铁底阀

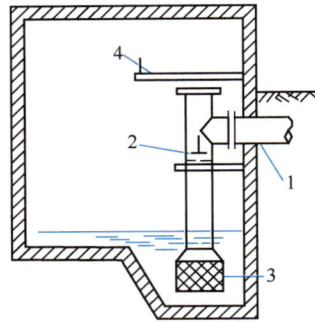

图 4-27　水上式底阀
1—吸水管；2—底阀；
3—滤罩；4—工作台

【例 4-2】设泵安装高度为 4m，底阀距离吸水池中最低水位为 3.5m。试计算该水上式底阀正常工作所需的吸水管水平段 l_1 的长度（m），如图 4-28 所示。

【解】设泵启动前 l_1 段内的压力为 P_1，空气容积为 V_1，垂直段 l_2 内压力为 P_2，空气容积为 V_2。开始启动后，管段 l_1 与 l_2 中的压力为 P。按波义耳定律：$P(V_1+V_2)=P_2 \cdot V_2$。

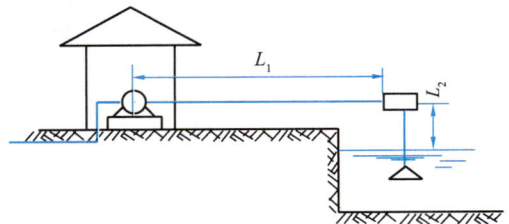

图 4-28　水上式底阀计算示意图

假设忽略水头损失，则因泵的安装高度 $H_{ss}=4m$，得：$P=0.6$atm。又因底阀前后的吸水管径相同，故 V_1 及 V_2 可以用 L_1 及 L_2 来替代。因此：$0.6(L_1+3.5)=1 \times 3.5$ 得：$L_1=2.33m$。

考虑水管内的水头损失和泵填料函不密封漏气以及经过水上式底阀本身的水头损失等，还须乘以修正系数 K，其值见表 4-3。

安装高 H_{ss}（m）	2	3	4	5	6
修正系数 K（表 4-3）					
K 值	1.9	2.1	2.5	3.0	3.7

因此，L_1 段水管长度应为：

$$L_1 = 2.5 \times 2.33 = 5.8\text{m}(取 6\text{m})$$

吸水管中的设计流速建议采用以下数值：

管径小于 250mm 时，为 1.0～1.2m/s；管径为大于等于 250mm 小于 1000mm 时，为 1.2～1.6m/s；管径大于等于 1000mm 时，为 1.5～2.0m/s。

在吸水管路不长且地形吸水高度不很大的情况下，可采用比上述数值大些的流速，如 1.6～2.0m/s。例如泵为自灌式工作时，则吸水管中流速就可适当放大。

4.5.2　对压水管路的要求

泵站内的压水管路经常承受高压（尤其是发生水锤时），所以要求坚固而不漏水，通常采用钢管，并尽量采用焊接接口，但为便于拆装与检修，在适当地点可设法兰接口。

为了安装上方便和避免管路上的应力（如由于自重、受温度变化或水锤作用所产生的应力）传至泵，一般应在吸水管路和压水管路上需设置伸缩节或可曲挠的橡胶接头（图 4-29）。管道伸缩节目前已有多种形式可供选用。为了承受管路中内压力所造成的推力，在一定的部位上（各弯头处）应设置专门的支墩或拉杆。

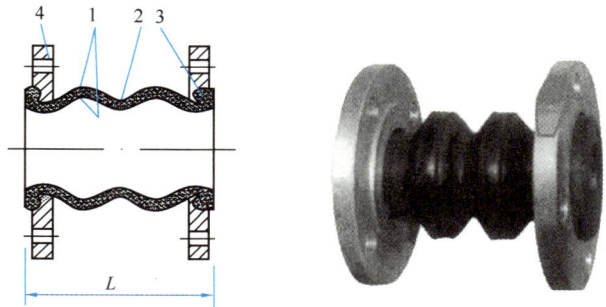

图 4-29　可曲挠双球体橡胶接头
1—主体；2—内衬；3—骨架；4—法兰

在不允许水倒流的给水系统中，应在泵压水管上设置止回阀。一般在以下情况应设置止回阀：

（1）井群给水系统。

（2）输水管路较长，突然停电后，无法立即关闭操作闸阀的送水泵站（或取水泵站）。

（3）吸入式启动的泵站，管道放空以后，再抽真空比较困难。

（4）遥控泵站无法关闸。

（5）多水源、多泵站系统。

（6）管网布置位置高于泵站，如无止回阀时，在管网内可能出现负压。

止回阀通常装于泵与压水闸阀之间，因为止回阀经常损坏，所以当需要检修，更换止回阀时，可用闸阀把它与压水管路隔开，以免水倒入泵站内。这样装的另一个优点是，泵每次启动时，阀板两边受力均衡便于开启。缺点是压水闸阀要检修时，必须将压水管路中的水放空，造成浪费。因此也有的泵站，将此阀放在压水闸阀的后面。这样布置的缺点是当止回阀外壳因发生水锤而损坏时，水流迅速倒灌入泵站，有可能使泵站被淹。故只有水锤现象不严重，且地面式泵站时，才允许这样布置。或者将止回阀装设于泵站外特设的切换井中。图 4-30 所示为法兰连接的旋启式止回阀，通常用于 200～600mm 的管路中。这

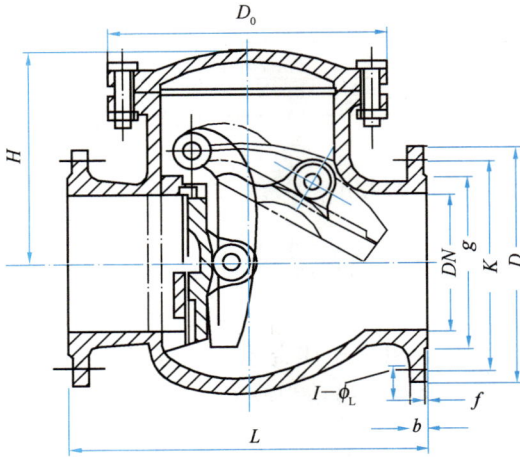

图 4-30　旋启式止回阀

种旋启式止回阀的最大缺点是在它关闭时会产生关阀水锤。目前，已有许多不同形式的止回阀在工程中可供选用。

压水管路上的闸阀，因为承受高压，所以启闭都比较困难。当直径 $D \geqslant 400\text{mm}$ 时，大都采用电动或水力闸阀。

泵站内压水管路采用的设计流速可比吸水管路大些，因为压水管路允许的水头损失较大。又压水管路上管件较多，减少了管件的直径，就可减小它们的质量、造价和缩小泵房的建筑面积。压水管路的设计流速为：

管径小于 250mm 时，为 $1.5\sim2.0\text{m/s}$；管径大于等于 250mm 小于 1000mm 时，为 $2.0\sim2.5\text{m/s}$；管径大于等于 1000mm 时，为 $2.0\sim3.0\text{m/s}$。

上述设计流速取值较给水管网设计中的平均流速要大，因为泵站内压水管路不长，流速取大一点，水头损失增加不多，但可减小管子和配件的直径。

4.5.3　吸水管路和压水管路的布置

如前所述，泵站内吸水管一般没有联络管，如果因为某种原因，必须减少泵吸水管的条数而设置联络管时，则在其上应设置必要数量的闸阀，以保证泵站的正常工作。但是这种情况应尽量避免，因为，在泵为吸入式工作时，管路上设置的闸阀越多，出事的可能性也越大。

图 4-31（a）所示为三台泵（其中一台备用）各设一条吸水管路的情况。泵轴线高于吸水井中最高水位，所以吸水管路上不设闸阀。

图 4-31（b）所示为三台泵（其中一台备用）采用两条吸水管路的布置。在每条吸水管路上装设一个闸阀 1，在公共吸水管上装设两个闸阀 2，在每台泵附近装设一个闸阀 3。当两个闸阀 2 都关闭的时候，水分别由两条吸水管路引向泵 H_1 和 H_3。其他情况运转时（H_1 和 H_2 或 H_2 和 H_3），要开启两个闸阀 2 中的一个。如果闸阀 1 中有一个要修理，则一条吸水管将供应两台泵吸水。

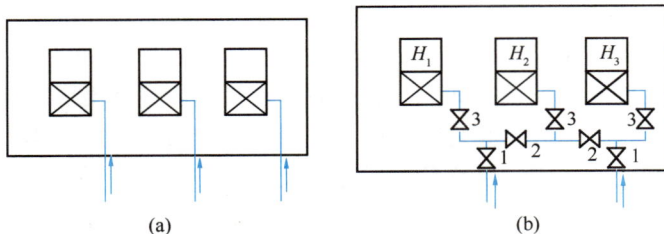

图 4-31　吸水管路的布置

设置公共的吸水管路，虽然缩短了管线的总长度，但却增加了闸阀的数量和横联络管，所以它只适用于吸水管路很长而又不能设吸水井的情况。

一般情况下，为了保证安全供水，输水干管通常设置两条（在给水系统中有较大容积的高地水池时，也可只设一条），而泵站内泵台数常在 2～3 台以上。为此，就必须考虑当一条输水干管发生故障需要修复或工作泵发生故障改用备用泵送水时，均能将水送往用户。

供水安全要求较高的泵站，在布置压水管路时，必须满足：

（1）能使任何一台泵及闸阀停用检修而不影响其他泵的工作。

（2）每台泵能输水至任何一条输水管。

送水泵站通常在站外输水管路上设一检修闸阀，或每台泵均加设一检修闸阀，即每台泵出口设有两个闸阀。这种闸阀经常是开启状态的，只有当修理泵或水管上的闸阀时，才关闭。这样布置，可大大地减少压水总联络管上的大闸阀个数，因而是较安全又经济的办法。

检修闸阀和联络管路上的闸阀，因使用机会很少，不易损坏，一般不再考虑修理时的备用问题，但是，所有常开闸阀，也应定期进行开闭的操作和加油保护，以保持其工作的可靠性。

压水管路及管路上闸阀布置方式的不同，对泵站的节能效果与供水安全性均有紧密联系。从图 4-32 所示的三台泵（两用一备）、两条输水管的两种不同方式布置中可看出，这两种布置共同的特点是：当压水管上任一闸阀 1 需要检修时，允许有一台泵及一条输水管停用，两台泵的流量由一条输水管送出。当修理任一闸阀 2 时，将停用两台泵及一条输水管。这两种方式布置的不同点在于，图 4-32（a）布置可节省两个 90°弯头的配件，并且泵 Ⅰ、泵 Ⅱ 作为经常工作泵，水头损失甚小（水流通过三通时其阻力系数 $\zeta=0.1$），它与图 4-32（b）布置相比较具有明显的节能效果。

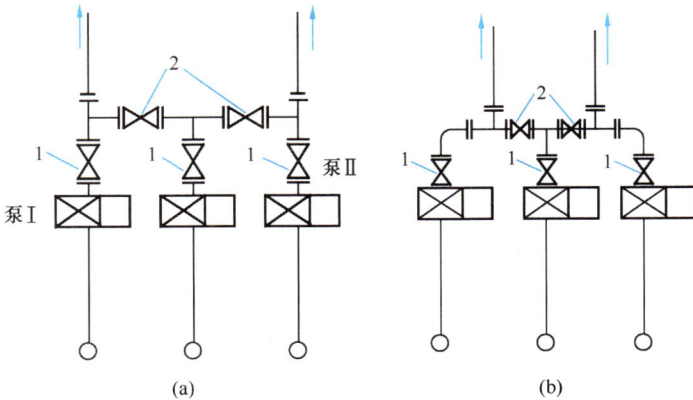

图 4-32 输水管不同方式布置比较

上述这种情况，如果必须保证有两台泵向一条输水管送水时，则应在联络母管 a-b 上要增设两个双闸阀，如图 4-33（b）所示。有时为了缩小泵房的跨度，可将闸阀 1 装在联络母管 a-b 的延长线上，如图 4-33（c）所示。由此可看出，压水管上闸阀的设置，主要是取决于供水对象对于供水安全性的要求，不同要求应有不同的布置方式。

图 4-34 所示为四台泵向两条总压水管供水的布置图，其中一台为备用泵。当闸阀 2 之一要修理时，泵站还有两台泵及一条压水总管可供水，水量下降不多。假设只装一个闸

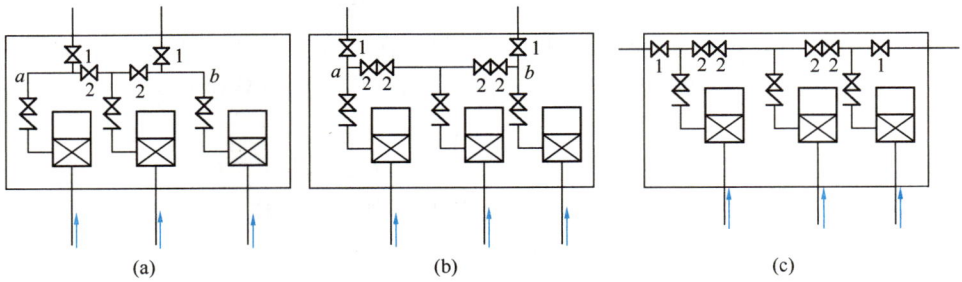

图 4-33　三台泵时压水管路的布置

阀 2，则当修理它时，整个泵站将停止工作。

有时为了减小泵房的跨度，将联络管置于墙外的管廊中或将联络管设在站外，而把联络管上的闸阀置于闸阀井中，如图 4-35 所示。

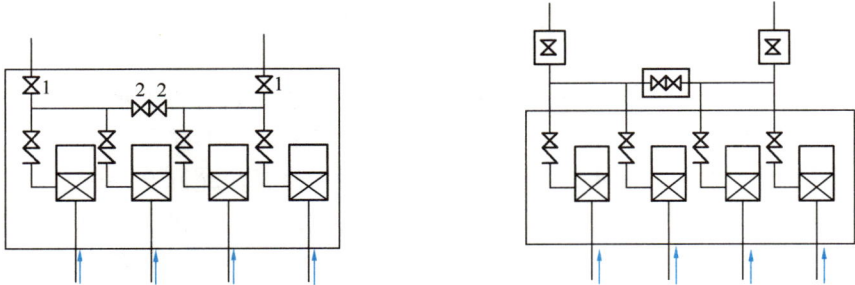

图 4-34　四台泵的压水管路布置图

图 4-35　联络管在站外的压水管路布置

4.5.4　吸水管路和压水管路的敷设

管路及其附件的布置和敷设应当保证使用和修理上的便利。敷设互相平行的管路时，应使管道外壁相距 0.4～0.5m，以便维修人员能无阻地拆装接头和配件。为了承受管路中压力所造成的推力，应在必要的地方（如弯头、三通处）装置支墩、拉杆等，不允许让这些推力传给泵。

管路上必须设置放水口，供放空管路之用。泵站内的水管不能直接埋于土中，视具体情况可以敷设于：①砖、混凝土或钢筋混凝土的地沟中；②机器间下面的地下室中；③泵站地板上。

如吸、压水管直径在 500mm 以下，建议敷设在地沟中或将两者之一敷设在地沟中，以利泵站内的交通。直径大于 500mm 的水管，因不适于安装过多的弯头，宜直进直出，可连同泵一起安装在泵站机器间的地板上，泵吸、压水管安装呈一直线，不设弯头，可节约电耗。当水管敷设在泵站地板上时，应修建跨过管道并能走近机组和闸阀的便桥和梯子。在机组为数不多（不多于 2～3 套）和管路不很长的个别场合，直径大于 500mm 的水管也可以敷设于地沟中。

地沟上应有活动盖板，为了便于安装和检修，从沟底到下管壁的距离不应小于350mm，从管壁到沟的顶盖的距离应不小于 100～200mm。直径在 200mm 以下的水管应敷设在地沟的中间，沟壁与水管侧面的距离应不小于 350mm。直径为 250mm 或更大的水管应不对称地敷设于沟中，管壁到沟壁的距离，在一侧不应小于 350mm，而另一侧应不小于 450mm。沟底应有向集水坑或排水口倾斜的坡度 i，一般为 0.01。

地下式泵站所在地地下水位较高时，不宜采用能通行的管沟或地下室，否则会大大增加泵站的造价。

吸、压水管在引出泵房之后，必须埋设在冰冻线以下，并应有必要的防腐防振措施。如管道位于泵站施工工作坑范围内，则管道底部应做基础处理，以免回填土发生过大的沉陷。

泵站内管道一般不宜架空安装。但地下深度较大的泵房，为了与室外管路连接，有时不得不做架空管道。管道架空安装时，应做好支架或支柱，但不应阻碍通行，更不能妨碍泵机组的吊装及检修工作。不允许将管道架设在电气设备的上方，以免管道漏水或凝露时，影响下面电气设备的安全工作。

4.6　泵站水锤及其防护

4.6.1　停泵水锤

在压力管道中，由于流速的剧烈变化而引起一系列急剧的压力交替升降的水力冲击现象，称为水锤（又叫水击）。

离心泵本身供水均匀，正常运行时在泵和管路系统中不产生水锤危害。一般的操作规程规定，在停泵前需将压水阀门关闭，因而正常停泵也不引起水锤危害。

所谓停泵水锤是指泵机组因突然失电或其他原因，造成开阀停车时，在泵及管路中水流速度发生递变而引起的压力递变现象。

发生突然停泵的原因可能有：

（1）由于电力系统或电气设备突然发生故障，人为的误操作等致使电力供应突然中断。

（2）雨天雷电引起突然断电。

（3）泵机组突然发生机械故障，如联轴器断开，泵密封环被咬住，致使电动机过载，由于保护装置的作用而将电动机切除。

（4）在自动化泵站中由于维护管理不善，也可能导致机组突然停电。

停泵水锤的主要特点是：突然停电（泵）后，泵工作特性开始进入水力暂态（过渡）过程，其第Ⅰ阶段为泵工况阶段。在此阶段中，由于停电主驱动力矩消失，机组失去正常运行时的力矩平衡状态，由于惯性作用仍继续正转，但转速降低（机组惯性大时降得慢，反之则降得快）。机组转速的突然降低导致流量减少和压力降低，所以先在泵站处产生压力降低。这点和水力学中叙述的关阀水锤显然不同。此压力降以波（直接波或初生波）的方式由泵站及管路首端向末端的高位水池传播，并在高位水池处引起升压波（反射波），此反射波由水池向管路首端及泵站传播。由此可见，停泵水锤与关阀水锤的主要区别就在于产生水锤的技术（边界）条件不同，而水锤波在管路中的传播、反射与相互作用等，则和关阀水锤中的情况完全相同。

压力水管中的水，在断电后的最初瞬间，主要靠惯性作用，以逐渐减慢的速度，继续向高位水池方向流动，然后使其流速降至零，但这种状态是不稳定的。在重力水头的作用下，管路中的水又开始向泵站倒流，速度又由零逐渐增大，以后的技术特点，应视在泵出口处有无止回阀而分别出现下述几种情况。

（1）在泵出口处有止回阀的情况（有阀系统）

当管路中倒流水流的速度达到一定程度时，止回阀很快关闭，因而引起很大的压力上升；而且当泵机组惯性小，供水地形高差大时，压力升高也大。

这种带有冲击性的压力突然升高能击毁管路或其他设备。国内外大量的实践证明，停泵水锤的危害主要是因为泵出口止回阀的突然关闭所引起的。

突然停泵后，流量 Q、压头 H、转速 n 和转矩 M 等随时间变化的曲线，称为停泵暂态过程线。图 4-36 是泵出口处设有止回阀的某泵站的停泵暂态过程线，从图中可以看出，水锤增压还是很大的，最高压力几乎达到正常压力的 200%；另一方面，各基本工作参数皆为正值。

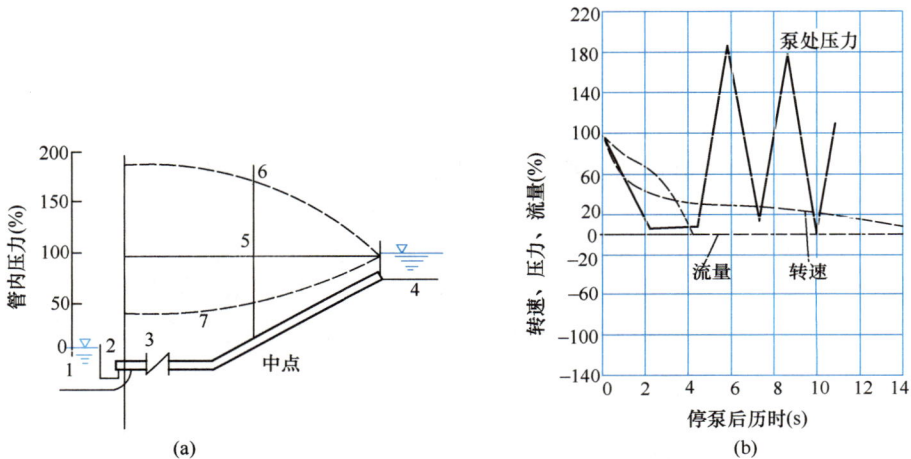

图 4-36　泵站管路纵断面图及停泵水锤暂态过程线

（a）泵站及管路纵断面；（b）停泵水锤暂态过程线

1—吸水池；2—立式泵；3—普通止回阀；4—压水池（高位水池）；5—正常运行时水头
（压力）线（不计摩阻）；6—最高水头（压力线）；7—最低水头（压力）线

（2）在泵出口处无止回阀（无阀系统）

在泵突然断电后的泵工况阶段中，虽然各基本工作参数如流量 Q、水头 H、转速 n 及转矩 M 都是正值，但它们都是随时间而减小，如图4-37所示。由图可知，从开始停泵至流量降到零为泵工况阶段（即图 4-37 中第 Ⅰ 阶段），随后，管路中水又向泵站方向倒流，其流速绝对值由零逐渐增大，但流速的符号是"负"，故流速的代数值是逐渐减小的。由流量等于零至转速降到零这一阶段，称为制动（耗能）工况阶段，即图4-37第 Ⅱ 阶段。因为在泵出口处不设普通止回阀，故水池及管路中的水能持续不断地倒流并对正向转动的泵叶轮施加反向制动力矩，使泵的正向转速不断减小，最后降到零，在此阶段内水倒流，流量为负值，而泵是依惯性做正向转动，故也称为耗能工况阶段。转动的泵叶轮可视为一个局部阻力（它的阻力系数是变化的），因此在泵工况时降低了的压力，在制动工况时又开始回升（图4-37），但其最大的升压值要比有止回阀的情况小得多，这也是近代泵站中不设

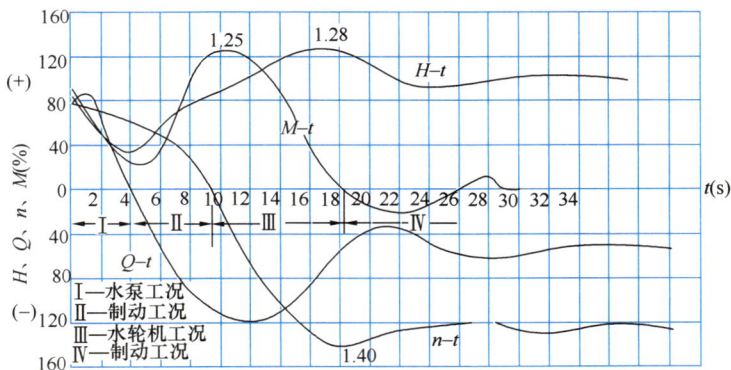

图 4-37 停泵水锤暂态过程线（无止回阀）

注：立式单级离心泵：额定转速 $n_0 = 400 \text{r/min}$；$H_0 = 94.6 \text{m}$；

$Q_0 = 6.1 \text{m}^3/\text{s}$；压力管长 $L = 669 \text{m}$；比转速 $n_s = 115$

止回阀的重要原因之一。

制动工况结束，泵进入第Ⅲ阶段，即水轮机工况阶段。在此阶段初期，倒流流量仍在增大，机组反向的转速也很快增大，最后达到最大反向转速——最大飞逸转速 n_{max}。在此阶段中机组的工作好像空载的水轮机机组，故也称此阶段为逸转水轮机工况阶段。机组达最大飞逸转速时，机轴上转矩 M 为零。在此时刻之前，由于通过泵的倒流流量减少，因而在泵及管路中又引起了压力升高（图4-37），但升压速率较小，最大升压值也不高，在本图中为 $1.28H_0$。从图可概略地看出：转矩 M、水头 H、倒流流量及反向转速等的极大值均发生在水轮机工况阶段。

由转矩 M 为零时刻起泵工作进入第Ⅳ阶段，即另一种状况的制动工况阶段，之后，泵工作的水力暂态（过渡）过程并没有停息，只是由于各种阻尼的影响，使水头的振荡和流速的变化等逐渐衰减下来。

如果管路末端无水池或水池很小，当水倒流时，水管会被泄空，这时泵机组要在变水头（逐渐减小）情况下反转。

如果泵机组惯性很弱，在反向水流到达泵站前，泵机组已停止转动，这时，就不存在制动工况阶段，但应注意，这是指第Ⅲ阶段的制动工况。

（3）泵管路系统中的水柱分离现象和断流（弥合）水锤

不管泵出口处有无止回阀，突然停泵后在泵站及管路内恒发生压力降落。图4-38中给出了两种布管方式及它们的最低压力线 EFR。靠近泵站处压力降较大，而在压水池附近压力降较小。在 $AB'C$ 的布管方式中最低压力线 EFR 标高恒高于管线标高，即在管路内水压力恒大于大气压，而在 ABC 的布管方式中，有很大一段管线标高高于最低压力线标高，即在"1-2"管段内出现了真

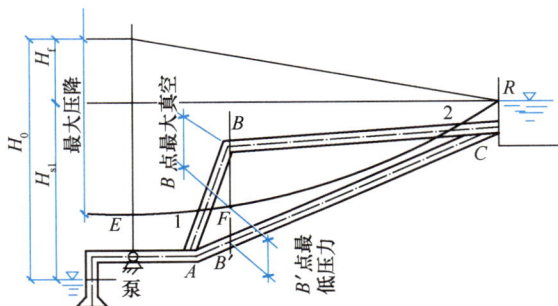

图 4-38 两种布管方式（ABC 及 $AB'C$）

NR—正常运行时压力线；EFR—发生水锤时最低压力线

空，而最大真空值发生在管路膝部 B 点。

当管路中某处的压力降到当时水温的饱和蒸气压以下时，水将发生汽化，破坏了水流的连续性，造成水柱分离（又叫水柱拉断），而在该处形成"空腔段"。当分离开的水柱重新弥合时或"空腔段"重新被水充满时，由于两股水柱间的剧烈碰撞会产生压力很高的"断流（弥合）水锤"。断流弥合水锤的升压值比一般水流连续时水锤的升压要大，危害性也大。因此，在探讨停泵水锤时，必须先判断是否会产生水柱分离现象及其可能发生的地点。

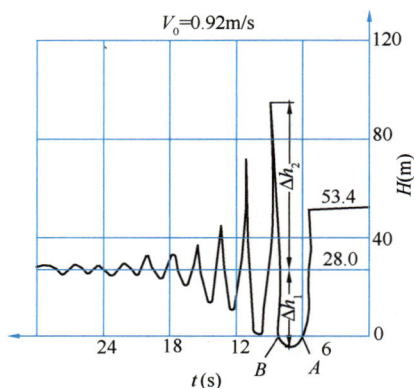

图4-39　断流弥合水锤暂态过程线

水头值超过 $3H_{ST}$。

"水柱分离"不一定都发生在如图4-38所示的陡转点 B 点，在平缓的管路中，由于正常流速过大，机组惯性又小，突然停电后，也可能发生水柱分离现象和断流水锤。

图4-39所示为一水柱分离发生在管路首端的初速 V_0 较小时的断流弥合水锤暂态过程线，它是通过专门实验装置测得的。在该实验装置中，静扬程 $H_{ST}=28.0\text{m}$，用突然关阀代替突然停泵以造成管路中的水柱分离现象。由图3-39可见：在时刻 A 水柱开始分离，出现真空；在时刻 B "空腔段"完全弥合并开始产生断流弥合水锤升压，而最大的水锤升压值 Δh_2 明显地大于最大的降压值 Δh_1，此时最高

4.6.2　停泵水锤防护措施

1. 设置水锤消除器

（1）设下开式水锤消除器，如图4-40所示。泵正常工作时，管道内水压作用在阀板1上的向上托力大于重锤3和阀板1向下的压力，阀板与阀体密合，水锤消除器处于关闭状态。突然停泵时，管道内压力下降，作用于阀板的下压力大于上托力，重锤下落，阀板落于分水锥2中（图中虚线所示位置）从而使管道与排水口4相连通。当管道内水流倒流冲闭止回阀致使管道内压力回升时，由排水口泄出一部分水量，从而水锤压力将大大减弱，使管道及配件得到了保护。

此种水锤消除器的优点是管路中压力降低时发生动作，能够在水锤升压发生之前，打开放水，因而能比较有效地消除水锤的破坏作用。此外，它的动作灵敏，结构简单，加工容易，造价低，工作可靠。缺点是消除器打开后不能自动复位，且在进行复位操作时，容易发生误操作。

消除器的复位工作应先关闸阀把重锤从杆上拿下来，拾起杠杆，插上横销，再加上重锤，开闸阀复位后，还要拔下横销，下次发生

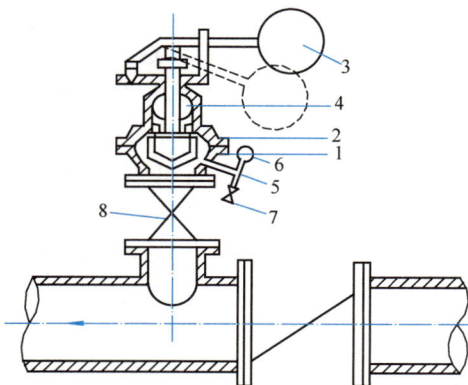

图4-40　下开式水锤消除器

1—阀板；2—分水锥；3—重锤；4—排水口；
5—三通管；6—压力表；7—放气门；8—闸阀

突然停电时，消除器才能再打开。否则，在下次发生突然停电时，消除器将不动作。另外，如果没有关闸阀就把立杆和阀板 1 抬起，往往容易形成二次水锤。

下开式水锤消除器的直径 d 和数目可参考表 4-4 选用。也可利用下述经验公式确定：

$$d = 0.25D$$

式中　D——输水管直径（mm）。

下开式水锤消除器安装注意事项：①必须安装在止回阀下游（以正常水流方向），离止回阀越近越好；②在排水口上应安装比消除器直径大一号的排水管，排水管上最好没有弯头，如有弯头时，最好用法兰弯头，并必须设置支墩；③消除器及其排水管道必须注意防冻；④消除器重锤下面，必须设置支墩，托住重锤，支墩上表面覆以厚木板，以缓冲重锤向下冲击力，重锤下落时杠杆不能直接压在消除器连杆帽上，以免发生倾覆力矩，损坏消除器。

（2）自动复位下开式水锤消除器：图4-41所示为自动复位下开式水锤消除器，它具有普通下开式消除器的优点，并能自动复位。

工作原理是：突然停电后，管道起端产生降压，水锤消除器缸体外部的水经闸阀 9 向下流入管道 8，缸体内的水经单向阀 3 也流入管道 8，此时，活塞 1 下部受力减小，在重锤 5 作用下，活塞下降到锥体内（图中虚线位置），于是排水管 4 的管口开启，当最大水锤压力到来时，高压水经消除器排水管流出，

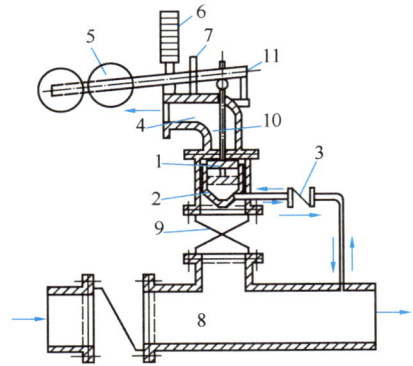

图 4-41　自动复位下开式水锤消除器
1—活塞；2—缸体；3—阀瓣上钻有小孔的单向阀；4—排水管；5—重锤；6—缓冲器；7—保持杆；8—管道；9—闸阀（常开）；10—活塞联杆；11—支点

一部分水经单向阀阀瓣上的钻孔倒流入锥体内（阀瓣上的钻孔直径根据水锤波消失所需时间而定，一般由试验求得），随着时间的延长，水锤逐渐消失，缸体内活塞下部的水量慢慢增多，压力加大，直至重锤复位。为使重锤平稳，消除器上部设有缓冲器 6，活塞上升，排水管口又复关闭，这样即自动完成一次水锤消除作用。

输入管直径与下开式水锤消除器直径　　表 4-4

输水管直径（mm）	方案一		方案二	
	直径（mm）	个数	直径（mm）	个数
300	150	1	200	1
400	150	1	200	1
500	150 或 200	1	200	1
600	200	1	200	1
700	200	1～2	200	1
800	200	2	200	2
900	200	2	200	2
1000	200	2	350	1
1100	200	2	350	1～2

这种消除器的优点是：①可以自动复位；②由于采用了小孔延时方式，有效地消除了二次水锤。

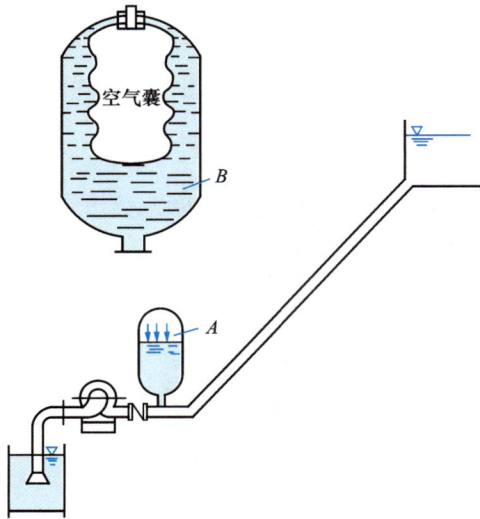

图 4-42　空气缸

A—没有气囊；B—有气囊

2. 设空气缸

图 4-42 所示为管路上装置空气缸的示意。它利用气体体积与压力成反比的原理，当发生水锤，管内压力升高时，空气被压缩，起气垫作用；而当管内形成负压，甚至发生水柱分离时，又可以向管道补水，可以有效地消减停泵水锤的危害。

它的缺点是需用钢材，同时空气能溶解于水，所以还要有空气压缩机经常向缸中补气；如在缸内装橡胶气囊，将空气与水隔开，则可以不用经常补气设备。目前，在国内外已推广采用带橡胶气囊的空气缸。

空气缸的体积较大，对于直径大，线路长的管道可能大到数百立方米，因此，只适用于小直径或输水管长度不大的情况。

3. 采用缓闭阀

缓闭阀有缓闭止回阀及缓闭式止回蝶阀，它们均可用于泵站中来消除停泵水锤。阀门的缓慢关闭或不全闭，允许局部倒流，能有效地减弱由于开闸停泵而产生的高压水锤。压力上升值的控制与阀的缓闭过程有关。图 4-43 所示为液压式缓闭止回阀。它是一种比较理想的分阶段缓闭的设施，安装在泵压水管上可作为闸阀和止回阀两用（即一阀代替两阀作用）。当泵站突然停电时，闸阀借助于重锤及油缸的特性，前 60°蝶阀圆板为快关动作，后 30°为慢关动作，快关和慢关的时间通过计算，可按需要预先调定。这种阀能有效地减小管路系统中水的倒流和消除水锤压力波动，目前国内已有许多水厂泵站采用。

图 4-44 所示为用于管径 600mm 以下的缓闭止回阀。它是普通型旋启式止回阀上面加设一个带阻尼的水缸（或油缸），在泵站突然停电，泵处于开闸停车情况下，该缓闭止回阀在倒流水的冲击下依靠水缸（或油缸）中的阻尼作用形成均匀缓闭。与这种阀类同的另

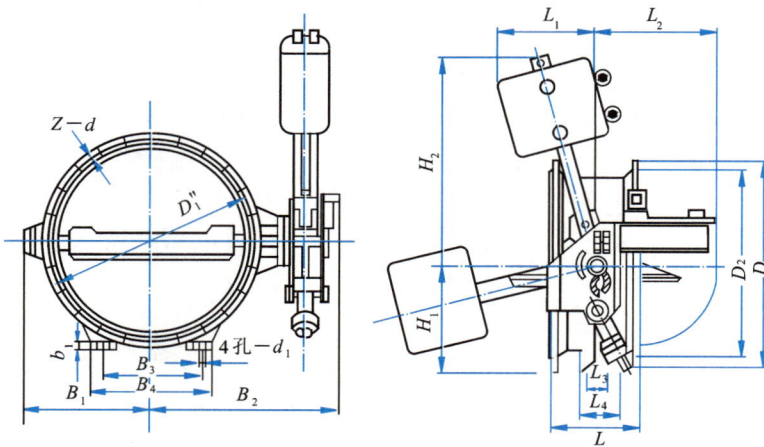

图 4-43　液压式缓闭止回蝶阀

一种"母子止回阀"（图 4-45），该阀在泵开闸停泵过程中，大阀板（母阀）快关，小阀板（子阀）缓闭，它与图 4-44 所示的缓闭止回阀相比较，具有回流量小的优点，可适用于较大口径的管路。

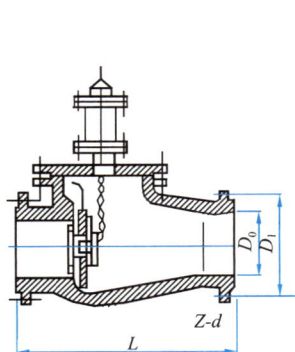

图 4-44　缓闭止回阀

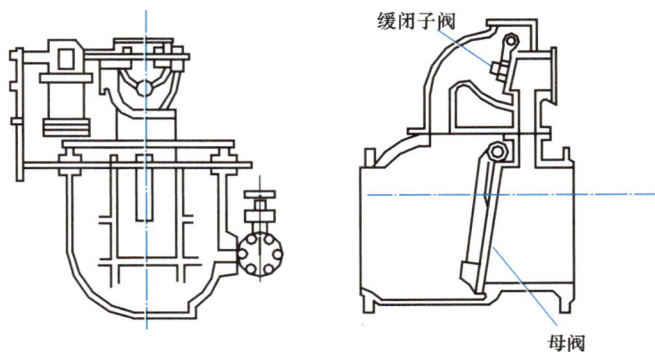

图 4-45　母子止回阀

4. 多功能水泵控制阀

多功能水泵控制阀安装在泵的出口处，替代传统的止回阀及操作闸阀，同时能降低水锤压力。其结构如图 4-46 所示。

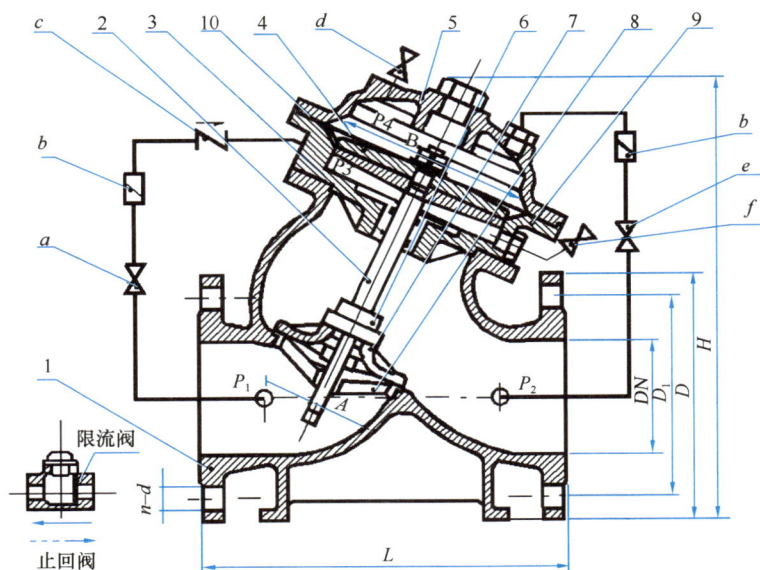

图 4-46　多功能水泵控制阀

1—阀体；2—阀杆；3—O 形密封圈；4—膜片压板；5—阀盖；6—缓闭
阀板；7—主阀板；8—主阀板座；9—膜片座；10—膜片；
a、e—控制阀；b—过滤器；c—微止回阀；d、f—排空阀

多功能水泵控制阀的工作原理如下：

（1）停泵状态，阀板在出口端和隔膜上腔静压作用下完全关闭；

（2）水泵启动时，进水端水压从旁通管传入下腔，主阀板及缓闭阀板在进口端及下腔

水压作用下缓慢开启；

（3）在进水端压力下，阀板上升到最大开口状态，开口高度由流量决定；

（4）停泵瞬间，流量及压力突然降低，主阀板在重力作用下开始向下滑落；

（5）当流量接近于零时，主阀板关闭；主阀板上留有泄流孔以减弱水锤冲击力；主阀板上、下形成压力差，阀门出口水压从旁通管进入上腔推动膜片压板，使下腔水排入阀门进口，缓闭阀板开始缓闭；

（6）缓闭阀板完全关闭泄流孔，阀门回到停泵初始状态。

5. 空气阀

在泵站输水管道中，空气阀的作用主要体现在四个方面：泵启动时管道充水排气、正常运行过程中排除管中析出的微量气体、系统检修放空时进气、水锤防护等。其结构如图 4-47 所示，工作原理如下：

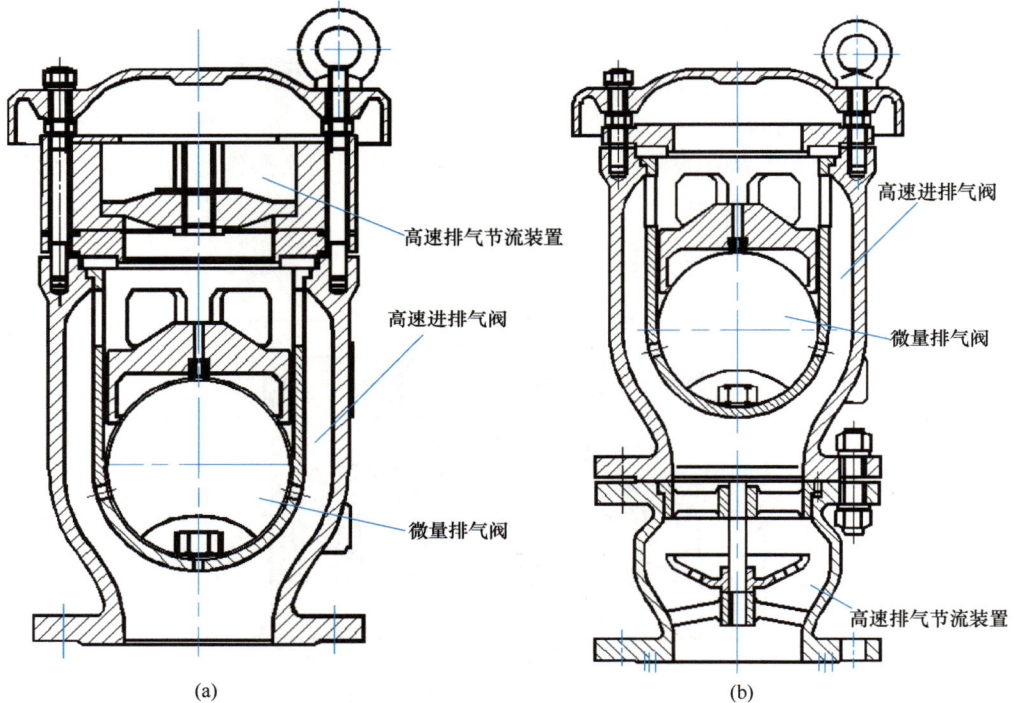

图 4-47　防水锤空气阀
（a）排气节流装置上装式；（b）排气节流装置底置式

（1）管道充水时，随着充水的进行，防水锤空气阀高速、大量排出管内空气。

（2）当充水速度过快时，排气流量和排气压差增大，节流板投入，限制排气速度，截留空气形成缓冲空气囊，使充水速度下降到安全范围内，此时充水和排气继续进行。

（3）当排气压差和流量下降，节流板下落复位。水压和水位上升，浮球和滑动体封闭高速进排气口，实现密封，防水锤空气阀关闭。

（4）满管运行过程中，水中裹挟和析出的空气集聚到空气阀浮球上方，气压增加，迫使水位下降，浮球随水位下落，打开微量排气孔进行微量排气。

（5）微量排气完毕，气压减少水位上升，浮球随水位上浮封堵微量排气孔，再次密封，此后根据气体集聚情况，微量排气孔排气、密封持续进行，实现带压状态下有气即排，排完即关，只排气不排水的功能。

（6）当停泵或管路泄水时，管内水位和水压下降，浮球和滑动体随之下落，打开高速进排气口高速吸气，消除管内真空或负压。

（7）当管路再次充水时，防水锤排气阀高速排出管内空气，当排气过快时，节流板再次投入，减缓水柱弥合速度，高速排气不吹堵，防止空气阀关阀水锤，在管道正常输水过程中，微量排气阀持续工作，排出管路运行中析出的气体。

6. 双向调压塔

对输水干管而言，双向调压塔是一种兼具注水与泄（排）水缓冲式的水锤防护设备，其主要设置目的是：防止压力输水干管中产生负压。一旦管道中压力降低，调压塔迅速向管道补水，以防止管道中产生负压。当管路中水锤压力升高时，它允许高压水流进入调压塔中，从而起到缓冲水锤升压的作用。

双向调压塔（如图 4-48 所示）其构造为一开口的水池——大水柱，装设于输水干管上易于发生水柱分离的高点或折点处，而且该处水头线超出地面不高。当发生突然事故停泵时，它能向管路中补充水，以防止水柱分离，可有效地消减断流弥合水锤升压。

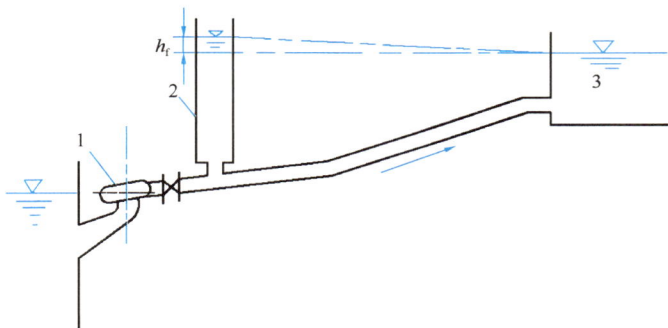

图 4-48　双向调压塔
1—水泵；2—双向调压塔；3—高位水池

双向调压塔有溢流式和非溢流式两种。溢流式的溢流堰口标高可略高于水泵的正常水压。当管路中压力升高时，水自塔顶溢流以维持压力不再升高。

当用调压塔防止产生负压时，应注意：

调压塔应有足够的断面面积，在停止或启动水泵过程中，塔内的水位波动不大。

为了防止产生负压，调压塔应当设置在可能产生负压的管道附近。

调压塔应有足够的高度，在调压过程中不会产生溢流。如无法避免时，应考虑溢流的排水措施。

在调压过程中，为了防止空气进入主干管内，调压塔应该有足够容量，确保在给系统补水过程中塔内仍保持有一定的水量。

双向调压塔消锤功能良好，塔下游的管道不会产生压力升高，只需要考虑泵站与调压塔之间的水锤问题。

双向调压塔一般用于大流量、低扬程的长管道系统，也可结合地形应用于压水管垂直上升的取水泵房中。

双向调压塔结构简单，工作安全可靠，维护工作很少，但在多数情况下由于高度大，造价高而难以采用。

还应指出，由于双向调压塔常修建在泵站附近，事故停泵时水泵出口侧压力降落不太大，所以存在立刻产生倒流和水泵机组反转速度及倒泄流量增大的缺点。

7. 单向调压塔

单向调压塔是防止产生负压（水柱分离）和消减断流弥合水锤过高升压的经济有效、稳妥可靠的停泵水锤防护措施与设备，它在管线中的设置与基本构造（组成）如图 4-49 所示，它的具体结构如图 4-50 所示。

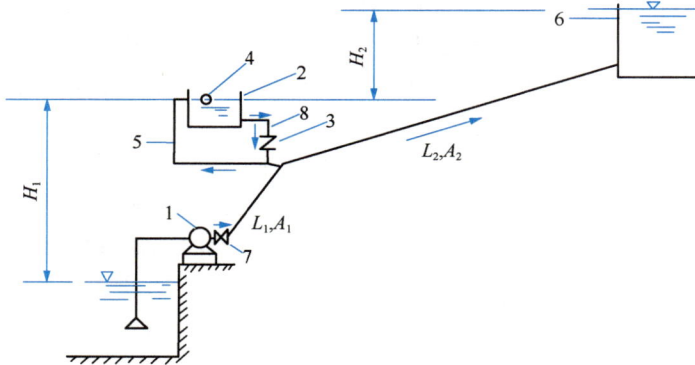

图 4-49　单向调压塔及其组成

1—泵；2—单向调压塔；3—止回阀；4—浮球阀；
5—满水管；6—高位水池；7—出口阀；8—注水管

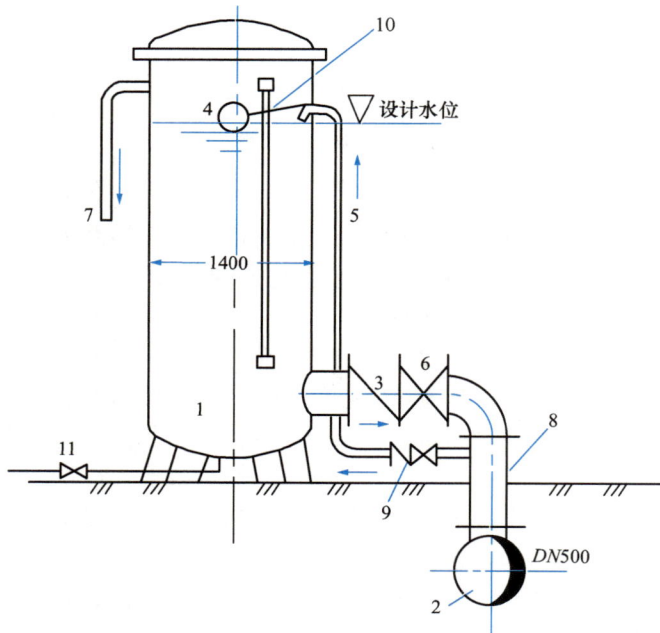

图 4-50　单向调压塔构造（一根注水管）

1—水箱（塔本体）；2—主水管；3—止回阀 DN250；4—浮球；5—满水管；6—闸阀 DN250；
7—溢流管；8—注水管 DN250；9—满水管上止回阀；10—水位计；11—排空管

单向调压塔应当设置于输水干线上容易产生负压和水柱分离的主要特异点处（如主要峰点、膝部折点、驼峰以及鱼背等处）。它的组成部分主要是：体积不很大的水箱或容器、带有普通止回阀的向主干管中注水的注水管以及向调压塔容器中充水的满水管。

注水管上的止回阀（单向阀）只允许塔中水流（注）入主干管中，它是本设备的核心部件，其准确而及时的启闭必须切实得到保证。

水泵正常运行时，注水管上的止回阀处于关闭状态。如果调压塔水箱不满或全空，则通过满水管（这时图 4-50 中止回阀 9 开启）向水箱（容器）充水；当水箱中水位达设计标高时，满水管出口的浮球阀关闭，并自动保持箱内设计正常水位。事故停泵后，当主干管中的水压降到事先设定的数值时，止回阀 3 迅速开启，利用势能差通过注水管将足够流量的水及时地注入主干管中，从而防止了发生负压并控制住泵管系统中的水锤压力振荡与危害。

单向调压塔又称为低位调压塔，其箱中设计水位（初始水位）不需要达到水泵正常工作时的水力坡度线；与双向调压塔相比，其水箱（容器）的安装高度可以大大地降低，而水箱的容积也不很大，故在经济上是节省的。由于单向调压塔具有上述技术与经济方面的优势，所以它在泵站管道系统（特别是远距离输水工程）停泵水锤危害综合防护中得到了广泛的应用。

8. 取消止回阀

取消泵出口处的止回阀，水流倒回时，可以经过泵泄回吸水井，这样不会产生很大的水锤压力，平时还能减少水头损失，节省电耗，但是，倒回水流会冲击泵倒转，有可能导致轴套退扣（轴套为丝接时）。此外，还应采取其他相应的技术措施，以解决取消止回阀后带来的新问题。

国内有关单位对取消止回阀以消除停泵水锤问题，曾做过不少研究和试验。从已有的国内实测资料可知：取消止回阀后，最大停泵水锤升压仅为正常工作压力的 1.27 倍左右，泵机组最大反转速度约为正常转速的 1.24 倍，仅在个别试验中发生过轴套退扣和机轴窜动现象，没有发生机组或其他部件的损坏情况，电气设备也没有发生故障。中南地区许多农灌泵站和部分给水取水泵站采用取消止回阀来消除停泵水锤，取得了良好的效果。泵反转带来的主要问题是：停电后应立即关闭出水闸门，否则大量水回泄，会造成浪费。此外，再开泵时又可能给抽气引水工作带来困难。对于送水泵站若取消止回阀，配水管网由于大量泄水可能使管网内压力大大降低，而在个别高处有可能形成负压，在管网漏水处将外部污染的水吸进管内，使管网受到污染。

总之，泵站中减小停泵水锤危害性的措施是多方面的，而且通常是各有其利弊。由于多功能水泵控制阀及其他缓闭止回阀的应用，现已较少采用水锤消除器或取消止回阀的措施。单一的防护措施往往无法达到理想的效果而常常采取多措施（设备）联用的方案。安全有效的水锤防护方案是建立在正确的数值模拟（水锤计算）基础之上的，并达到《泵站设计规范》GB 50265 及《室外给水设计标准》GB 50013 对水锤最大升压、最低压力允许值、水泵反转速度最大值的限制要求。

4.7　泵站噪声及其消除

4.7.1　噪声的定义

从物理学观点来讲，噪声就是各种不同频率和声强的声音无规律的杂乱组合。从生理学观点讲，凡是使人烦躁的、讨厌的、不需要的声音都叫噪声。它是一种令人烦恼、讨厌、产生干扰、刺激，使人心神不安，妨碍和分散注意力或对人体有危害的声音。

4.7.2　泵站中的噪声源

工业噪声通常可以分为空气动力性、机械性和电磁性噪声 3 种。

空气动力性噪声是由于气体振动产生的，当气体中有了涡流或发生了压力突变时，引起气体的扰动，就产生了空气动力性噪声，例如通风机、鼓风机、空气压缩机等产生的噪声。

机械性噪声是由于固体振动而产生的。在撞击、摩擦、交变的机械应力作用下，机械的金属板、轴承、齿轮等发生振动，就产生了机械性噪声，例如车床、阀件、泵轴承等产生的噪声。

电磁性噪声是指因电磁交替变化而引起的某些机械部件或空间容积振动而产生的噪声。如电动机因其气隙中磁场相互作用产生随时间和空间变化的径向力，使定子铁芯和机座出现同期性径向变形，即发生振动使周围空气脉动而产生噪声；变压器的电磁噪声是由于铁芯在磁场作用下产生磁，致伸缩性振动而引起。

泵站中的噪声源有：电动机噪声、泵和液力噪声（由流出叶轮时的不稳定流动产生）、风机噪声、阀件噪声和变压器噪声等。其中以电动机转子高速转动时，引起与定子间的空气振动而发出的高频声响为最大。

4.7.3　噪声的危害

1. 可以造成职业性听力损失

如果长年累月在强噪声环境下工作，长期持续不断地受强噪声的刺激，日积月累，形成永久性听觉疲劳，会使内耳听觉器官发生器质性病变，称为噪声性耳聋，也称职业性听力损失，它是神经性耳聋的一种，是一种职业病。

噪声性耳聋与噪声强度和频率有关，噪声强度越大，频率越高，噪声性耳聋的发病率越高。噪声性耳聋也与噪声作用的时间长短有关，同样强度的噪声，每天作用 8h 就比每天作用 0.5h 发病率高得多。

一般地说，经常在 90dB（A）（相当于重型汽车、泵房、很吵闹的街道等）以上的噪声环境下长期工作，就有可能发生噪声性耳聋。

一些声源的 A 声级见表 4-5。

2. 噪声引起多种疾病

噪声作用于人们的中枢神经系统，使人的基本生理过程——大脑皮层的兴奋和抑制平衡失调，导致条件反射异常，使人脑血管张力遭到损害。长期作用的结果，就会形成牢固的兴奋灶，累及植物性神经系统，导致病理学影响，产生头疼、脑涨、昏晕、耳鸣、多梦、失眠、心慌和全身疲乏无力等临床症状。这些症状，医学上统称为神经衰弱症，亦称神经官能症。

声源的 A 声级 表 4-5

A 声级 （dB）	声源 （一般距离测点 1～1.5m）	A 声级 （dB）	声源 （一般距离测点 1～1.5m）
10～20	静夜，消声室内	100～110	织布机、电锯
20～30	轻声耳语，很安静的房间	110～120	柴油发动机、球磨机
40～60	普通室内声音	120～130	高射机枪，风铲、螺旋桨飞机
60～70	普通谈话声，较安静的街道	130～140	喷气飞机，风洞， 高压大流量放风，火炮
80	城市街道，收音机，公共汽车内		
90	重型汽车，泵房，很吵的街道	160 以上	火箭，导弹，飞船

噪声还会对人的消化系统和心血管系统造成损害，导致胃病及胃溃疡的发病率增高，使人心跳加快，心律不齐，血管痉挛，血压升高，以致冠心病和动脉硬化的发病率增高等。

3. 噪声影响正常生活

吵闹的噪声影响人们的生活，它妨碍睡眠、干扰谈话，吵得人惶惶不安，烦恼异常。噪声级达到 90dB（A）上，你就是大声喊也听不清了；至于打电话，在 55～60dB（A）就有些困难，到了 85dB（A）就根本听不见了。在水厂内，泵房的布置应离开办公楼远一些。

4. 噪声降低劳动生产率

在嘈杂的环境里，人们心情烦躁，干活容易疲乏，反应也迟钝，所以工作效率降低，而影响工作质量。

由于噪声的心理学作用，分散了人们的注意力，容易引起工伤事故。

4.7.4　泵站内噪声的防治

防治噪声最根本的办法是从声源上治理，即将发声体改造成为不发声体，但是，在许多情况下，由于技术上或经济上的原因，直接从声源上治理噪声往往是很困难的。这就需要采取吸声、消声、隔声、隔振等噪声控制技术。吸声是用吸声材料装饰在泵房间的内表面上或在高噪声房间悬挂空间吸声体，将室内的声音吸掉一部分，以降低噪声。消声可采用消声器，它是消除空气动力性噪声的重要技术措施，把消声器安装在气体通道上，噪声被降低，而气体可以通过。隔声是把发声的物体或者需要安静的场所封闭在一定的空间内，使其与周围环境隔绝，如做成隔声间或隔声罩。隔振是在机组下装置隔振器，使振动不至传递到其他结构体而产生辐射噪声。

目前，有关部门和科研单位正在研究制定噪声容许标准，国际标准化组织（即 ISO 组织）提出的噪声允许标准规定：为了保护听力，每天工作 8h，允许连续噪声的声级为 90dB（A）；为了保证生活和工作环境的安静，使人们不受噪声的干扰，住宅区室外噪声允许标准为 35～45dB（A）；车间（按不同性质）噪声允许标准为 45～75dB（A）。

1. 吸声

如果室内有一个声源，这个声源发出的声波将从墙面、顶棚、地面以及其他物体表面多次反射，反射将使声源在室内的噪声级比同样声源在露天的噪声级高。如果在泵房内表面装饰吸声材料或悬挂空间吸声体，泵房的噪声就会得到一定程度的降低。

声能之所以能够被吸收，是由于吸声材料的多孔性。当声波进入孔隙，引起孔隙中的空气和吸声材料内的小纤维的振动，由于摩擦和黏滞阻力，使相当一部分声能转化为热能被吸收掉。因为吸声材料大都是松软或多孔的，表面富有细孔，孔和孔之间互相连通，并深入到材料内层，这样声波就可以顺利地透入。如玻璃棉、矿渣棉、泡沫塑料、毛毡、石棉绒、棉絮、卡普隆纤维、加气混凝土、吸声砖、木丝板、甘蔗板等，都是较好的吸声材料。

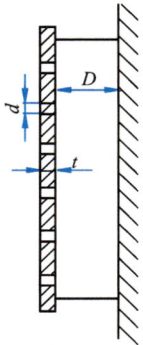

图 4-51 穿孔板共振吸声结构示意图

多孔吸声材料由于疏松多孔的特点，直接用在室内很容易损坏、污染、松散、掉落、积满灰尘，而且也不美观，因此，在实际应用中，常用透气的织物（如玻璃丝布、亚麻布）把吸声材料包好，缝成袋状，装入木框架内，然后在表面加一层窗纱或铅丝网、钢板网罩面，如果有条件，还可以用胶合板、塑料贴面板、纤维板、石棉水泥板等制成的穿孔板罩面。穿孔板的孔眼面积占整个板面积的 20% 以上。

为了提高吸声的效率，通常采用共振吸声的方法，图 4-51 所示为一种共振吸声结构。

每一个共振器都具有一定的固有振动频率 f_0。当外来声波的频率与共振器的固有振动频率相同时，发生共振，此时，振动幅度值最大，空气柱往返于孔径中的速度也最大，摩阻损失也最大，吸收的声能也最多。

$$f_0 = \frac{c}{2\pi}\sqrt{\frac{P}{(t+0.8d)D}} \ (\text{Hz}) \tag{4-8}$$

式中　c——声速（cm/s）；

　　　d——孔径（cm）；

　　　D——腔深（cm）；

　　　t——颈长（板厚）（cm）；

　　　P——穿孔率，穿孔面积与总表面积之比。

穿孔率 P 与孔径 d 及按三角排列的孔心距 l 的关系为：

$$P = \frac{\frac{\pi}{2\sqrt{3}}d^2}{l^2} \tag{4-9}$$

我们可以针对噪声的频谱性质，适当选取穿孔率 P、孔径 d、板厚 t、腔深 D，做成单一的或组合的共振吸声结构，就可以在某一频率或频段得到最大的吸收。

2. 消声

泵房中的消声一般用于单体机组方面，目前国内已生产的水冷式消声电动机，对于消除电动机内空气动力性噪声方面效果较好，可使整个泵房的工作噪声得到较大幅度下降。

3. 隔声

泵房中把泵机组放置在隔声机罩内，与值班人员隔开，或者也可以把值班人员置于隔声性能良好的控制室内，与发声的机组隔开，从而使值班人员免受噪声的危害。后者一般采用较多。与吸声材料相反，隔声结构通常都是密实、沉重的材料如砖墙、钢筋混凝土或钢板、木板等。

4. 隔振

振动是波动的一种形式。水泵机组所产生的振动，传给基础、地板、墙体等，以弹性波的形式沿房屋结构传到泵房内，以噪声的形式出现，这就称为固体噪声。钢筋混凝土、金属板等虽然是隔绝空气声波的良好材料，但它们对固体声波都没有多大程度的减弱。在泵机组和它的基础之间安装橡胶隔振垫，可使振动得到减弱。泵的隔振过去曾采用过砂基础、软木基础、橡胶垫基础和无阻尼的简易弹簧基础等做法。由于或材料来源困难、价格昂贵，或地面需做基坑、安装不便或隔振效果不佳等原因而逐渐不被采用。目前水泵隔振主要采用橡胶隔振垫。可详见全国通用建筑标准设计图给水排水标准图集中关于"水泵隔振基础及其安装"的要求。

4.8 泵站中的辅助设施

4.8.1 计量

为了有效地调度泵站的工作，并进行经济核算，泵站内必须设置计量设施。根据有关调查资料显示，目前我国各地大中型自来水公司大部分使用了电磁流量计和超声流量计，少量使用插入式流量计（涡轮流量计、涡街流量计和均速流量计等），并大量更新为智能化、高精度、多功能的流量仪表。这些流量计的工作原理虽然各不相同，但它们基本上都是由传感器（变能器）和转换器（放大器）两部分组成。传感元件在管流中所产生的微电信号或非电信号，通过变送、转换放大为电信号在液晶显示仪上显示或记录。一般而言，上述代表现代型的各种流量计较之过去在水厂中使用的诸如孔板流量计、文氏管流量计等压差式流量仪表，具有水头损失小、节能和易于远传、显示等优点。随着计算机技术应用，这些计量设施都可具有运算、控制、信号处理、自诊断和通信等功能，使得泵站计量的自动化程度大大提高。

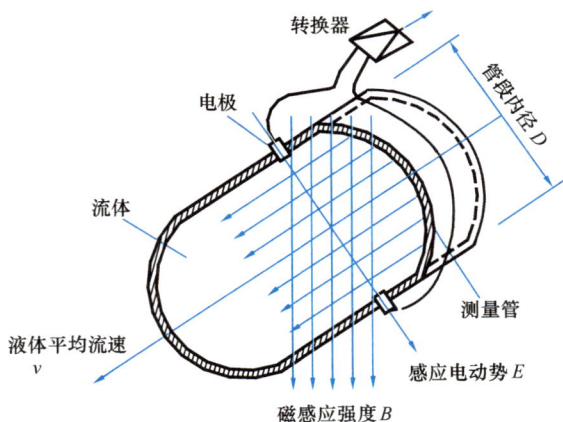

图 4-52 电磁流量计测量原理

1. 电磁流量计

电磁流量计是利用法拉第电磁感应定律制成的流量计，如图 4-52 所示，当被测的导电液体，在测量管内以平均速度 v 切割磁力线时，便产生感应电势。感应电势的大小与磁力线密度和导体运动速度成正比，即：

$$E = kBvD$$

而流量为

$$Q = \frac{\pi}{4} D^2 v$$

可得：

$$Q = \frac{\pi}{4} \frac{E}{kB} D \qquad\qquad (4\text{-}10)$$

式中　E——产生的电动势（V）；

　　　B——磁力线密度（Gs）；

　　　k——系数；

　　　v——液体通过测量管的平均流速（m/s）；

　　　D——测量管内径（m）。

所以当磁力线密度一定时，流量将与产生的电动势成正比。测出电动势，即可算出流量。

图 4-53　电磁流量计

电磁流量计由流量传感器和转换器两大部分组成，外形结构如图 4-53 所示。传感器安装在管道上，把测量管内通过的流量变换为交流毫伏级的信号，通过测量管内置的电极将信号传到转换器，转换器则把信号放大，并转换成 0～10mA 直流电信号输出，与其他自动仪表配套，进行记录指示、调节控制等。

电磁流量计的主要特点是：①其传感器结构简单，工作可靠。②水头损失小，仅是测量管内的沿程水头损失，且不易堵塞，电耗少。③无机械惯性，反应灵敏，可以测量脉动流量，流量测量范围大，低负荷亦可测量，输出信号与流量呈线性关系；测量精度约为 ±1.5％。④安装方便，且与其他大部分流量计相比，前置直管段要求较低。⑤质量轻，体积小，占地少。⑥价格较高，怕潮、怕水浸。

给水泵站中管道管径一般较大，电磁流量计与管道连接时常采用法兰连接，并将传感器和转换器分离，传感器接入管道，转换器装在仪表室或人们易于接近的传感器附近，相距数十到数百米。采用分离型转换器可远离现场恶劣环境，电子部件检查、调整和参数设定就比较方便。国内可以提供产品的口径为 100～3000mm。选用的电磁流量计口径可等于或小于工艺管道直径（由于电磁流量计具有很大的测量范围，所以一般情况下，即使管道中流量很大，也不必选用比管道直径大的流量计），流量计的测量量程应比设计流量大，一般正常工艺流量为量程的 65％～80％，而最大流量仍不超过量程。例如设计管道直径为 700mm，设计流量为 1500m³/h，就可以选用 LD-600 型电磁流量计，其量程范围为 0～2000m³/h。在这种情况下，正常工作时最大流量为最大量程的 75％。目前，除了常用的管道式电磁流量计外，还有插入式电磁流量计，该种流量计除具有管道式电磁流量计的优点外，还能解决大管道安装困难、费用高等缺陷，故具有一定的发展前景。

电磁流量计的安装环境，应选择周围环境温度为 -25～60℃ 范围内，相对湿度在 10％～90％ 范围内。应尽量避免阳光直射和高温的场所，尽量远离大电器设备，如电动机、变压器等，以免引起电磁场干扰。为了保证测量精度，电磁流量计上游要有一定长度直管段，90°弯头、T 形管、同心异径管、全开闸阀后通常认为只要离电极中心线 5 倍直径（5D）长度的直管段，不同开度的阀则需 10D；下游直管段为（2～3）D 或无要求。

对于地下埋设的管道，电磁流量计的传感器应装在钢筋混凝土水表井内。井内有泄水管，井上有盖板，防止雨水的浸淹。电磁流量计的电源线和信号线，分别穿在两根不同套管内敷设，信号线所用的套管必须采用有接地保护的钢管，以避免信号干扰，提高仪表的可靠性和稳定性。为了便于在管道继续流动和传感器停止流动时检查、调整和清洗内壁，传感器最好装在旁路管上；如果管径大于 $1.5\sim1.6\mathrm{m}$ 则应在电磁流量计附近管道上，预置人孔，以便于清洗内壁。在流量计的下游侧安装伸缩接头，以便于仪表的拆装。

2. 超声波流量计

超声波流量计是利用超声波在流体中传播时载上流体流速的信息，通过接收到超声波就可检测流体的流速，从而计算出流量。根据不同的检测原理分类有：①传播时间法；②多普勒效应法；③波束偏移法；④相关法；⑤噪声法。目前实际运用最多的是传播时间法和多普勒效应法，下面分别加以解释。

（1）传播时间式超声波流量计

传播时间法是根据超声波在流体中传播，顺流方向声波传播速度会增大，逆流方向则减小的原理，利用传播速度之差与被测流体流速之间的关系求得流速，故又称传播速度差法。其按照测量具体参数不同，又分为时差法、相位差法和频差法。以时差法为例说明传播时间式超声波流量计的基本工作原理，如图 4-54 所示，在超声波顺流从换能器 1 发送到换能器 2 的传播速度 c 被流体流速 v_m 所增大，即：

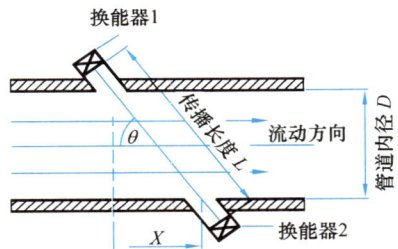

图 4-54　传播时间法测量原理

$$c_{12} = \frac{L}{t_{12}} = c + v_\mathrm{m} \cdot \frac{X}{L} \tag{4-11}$$

反之，超声波逆流从换能器 2 传送到换能器 1 的传播速度被流体所减小，即：

$$c_{21} = \frac{L}{t_{21}} = c - v_\mathrm{m} \cdot \frac{X}{L} \tag{4-12}$$

式（4-11）减式（4-12），并变换之，可得：

$$v_\mathrm{m} = \frac{L^2}{2X}\left(\frac{1}{t_{12}} - \frac{1}{t_{21}}\right) \tag{4-13}$$

由于测量和计算的流速是声道上的线平均流速，而计算流量所需是流体横截面的面平均流速，二者的数值是不同的，其差异取决于流速分布状况。因此，必须对流速分布进行补偿，才能精确地测得流量，即：

$$Q = \frac{v_\mathrm{m}}{K} \cdot \frac{\pi D^2}{4} \tag{4-14}$$

式中　c_{12}、c_{21}——在流动流体中从换能器 1 到换能器 2 和从换能器 2 到换能器 1
　　　　　　的超声波传播速度（m/s）；

　　　t_{12}、t_{21}——从换能器 1 到换能器 2 和从换能器 2 到换能器 1 的传播时间（s）；

　　　　　L——超声波在换能器之间传播路径的长度（m）；

　　　　　X——传播路径的轴向分量（m）；

　　　c——超声波在静止流体中的传播速度（m/s）；

　　v_m——流体通过换能器 1、2 之间声道上线平均流速（m/s）；

　　　Q——管道中通过的流量（m^3/s）；

　　　D——管道内径（m）；

　　　K——流速分布修正系数，即声道上线平均流速 v_m 和面平均流速 v 之比。

时差法与频差法和相差法之间的基本关系见式（4-15）和式（4-16）：

$$\Delta f = f_{12} - f_{21} = \frac{1}{t_{12}} - \frac{1}{t_{21}} \tag{4-15}$$

$$\Delta\Phi = 2\pi f(t_{21} - t_{12}) \tag{4-16}$$

式中　　Δf——频率差；

　　　　$\Delta\Phi$——相位差；

　f_{12}、f_{21}——超声波在流体中的顺流和逆流的传播频率；

　　　　f——超声波的频率。

　　从中可以看出，三种方法在本质上没有太大差别，只是测量参数不同，都可根据检测所得到的 v_m，采用式（4-14）求得流量。

　　传播时间式超声波流量计主要由安装在测量管道上的超声换能器（或由换能器和测量管组成的超声波流量传感器）和转换器组成。换能器和转换器之间由专用信号传输电缆连接，在固定测量的场合需在适当的地方装接线盒。换能器可采用夹装在管道外移动式（夹装式）安装或装入管道的固定式（管段式）安装，如图 4-55 所示，是典型的传播时间法单声道管段式超声波流量计组成图。

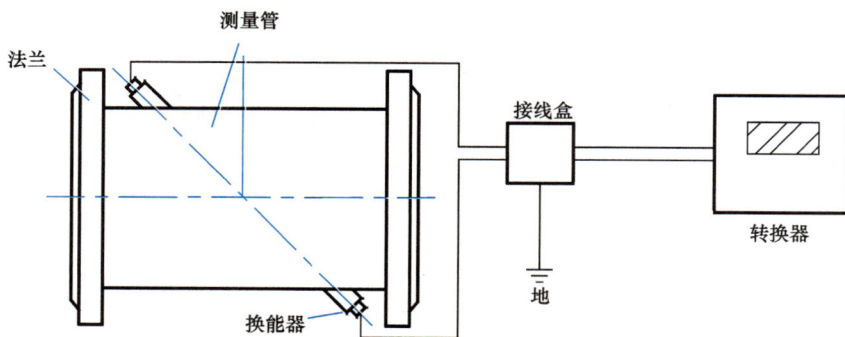

图 4-55　传播时间法单声道管段式超声波流量计

　　传播时间式超声波流量计的主要特点：①可非接触测量，换能器装在管道外部，并可移动。②无流动阻挠测量，无额外压力损失。③造价与管径无关，是较好的大管径流量测量仪器，对管径超过 3m 的测量，超声波流量计是唯一可选品种。④可以在不断流的情况下，对换能器进行维护。⑤电耗少，运行费用低。⑥不能测量悬浮颗粒和气泡超过一定范围的液体。⑦对前置直管段要求较高。⑧其内部构件复杂，价格较高。

　　传播时间式超声波流量计一般较多应用于送水泵站的计量。用于取水泵站时，则要认真分析原水水质状况以及选用的超声波流量计的性能指标。一般适用于原水中的固体悬浮物含量小于 10000mg/L，悬浮物含量过高时会影响测量精度。夹装式安装的流量计由于多采用单声道，故对前置管道要求较长，否则测量精度很难保证，多用于流量计的比对和检测。为保证测量精度，特别是对于中大管径的测量，应该选用多声道超声波流量计并且采用固定管段式安装方式。对于选用带测量管的管段式超声波流量计时，测量管内径必须与管道相同，其差别应在±1‰以内。

传播时间式超声波流量计在安装时主要是对上下游直管段有要求，不同产品都有其特定要求。多声道系统基本要求上游直管段最短长度为 10D，下游为 5D，单声道系统则需要更长的直管段。泵后和 T 形管后对直管段要求更高，如单身道系统需要 50D 以上直管段。安装夹装式流量计还需要考虑管壁材料和厚度、锈蚀状况、衬里材料和厚度，对不符合要求的管段必须进行处理。固定式安装流量计的信号线必须单独由金属穿线管保护，整个系统要做好接地保护和密封防水措施。

（2）多普勒超声流量计

多普勒超声流量计出现于 20 世纪 60 年代末，是利用多普勒效应原理制成的超声波流量计。多普勒效应是指当声源和观察者之间有相对运动时，观察者所感受到的声频率不同于声源所发出的频率，即声音的频率因相对运动而发生了变化，这个频率的变化（多普勒频移）正比于两者之间的相对速度。如图 4-56 所示，换能器 1 向流体发出频率为 f_1 的连续超声波，经照射域内液体中散射体悬浮颗粒或气泡散

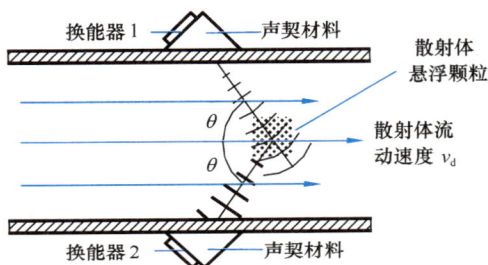

图 4-56　多普勒法测量原理

射，散射的超声波产生多普勒频移 f_d，接收换能器 2 收到频率为 f_2 的超声波，其值为

$$f_2 = f_1 \frac{c + v_d \cdot \cos\theta}{c - v_d \cdot \cos\theta}$$

对上式变换并简化后可得多普勒频移 f_d 正比于散射体流动速度

$$f_d = f_2 - f_1 = f_1 \frac{2v_d \cdot \cos\theta}{c}$$

测定对象确定后，变换上式可得

$$v_d = \frac{c}{2\cos\theta} \cdot \frac{f_d}{f_1}$$

由于所测得的流速是各散射体的速度 v_d，与载体液体管道平均流速数值并不一致，必须用速度分布修正系数 K_d 进行修正，修正后流量公式为：

$$Q = \frac{v_d}{K_d} \cdot \frac{\pi D^2}{4} \tag{4-17}$$

式中　f_1——换能器 1 发送的超声波频率（Hz）；

f_2——换能器 2 接收的超声波频率（Hz）；

f_d——多普勒频移（Hz）；

c——超声波在静止流体中的传播速度（m/s）；

θ——超声波方向与管道轴向夹角；

v_d——散射体的流动速度（m/s）；

Q——管道中通过的流量（m^3/s）；

D——管道内径（m）；

K_d——流速分布修正系数。

因为流体声速是温度的函数，液体温度变化会引起测量误差，所以还要进行温度补偿。由于固体的声速温度变化影响比液体小一个数量级，在换能元件后接入固体材料制成的声契，用声契中的声速取代液体声速。

多普勒超声流量计也具有非接触、无阻挠、维护方便和造价与管径无关等特点，但它不能用来测量清洁液体，需要液体中含有一定的异相，并且在大多数情况下精度不高。

国内外都有过使用多普勒超声流量计测量出厂水的例子，但效果都不佳，经常出现信号丢失，测量误差过大现象。一般认为液体中固体悬浮物含量要大于 $50\sim100mg/L$ 才选用多普勒超声流量计。多普勒超声流量计适合于我国部分地区高浊度原水的计量，它比传播时间法超声波流量计适用悬浮物含量上限高得多，且价格也相对较低。

多普勒超声流量计安装时要根据具体产品型号而定，各厂商产品性能要求差异较大。比如对上下游直管段要求，有些厂商要求长度为传播时间法的 1.5 倍，而另一些厂商认为只需要上下游直管段大于（$3\sim5$）D 即可。多普勒超声波流量计换能器安装时有对称安装和同侧安装两种方式，对称安装适用于中小管径管道和含悬浮颗粒或气泡较少的液体；同侧安装适用于各种管径的管道和含悬浮颗粒或气泡较多的液体。

3. 插入式涡轮流量计

插入式涡轮流量计主要由传感器和转换显示仪表两个部分组成，其测量原理如图 4-57 所示。利用传感器的插入杆将一个小尺寸的涡轮头插到被测管道的某一深处，当流体流过管道时，推动涡轮头中的叶轮旋转，在较宽的流量范围内，叶轮的旋转速度与流量成正比。利用磁阻式传感器的检测线圈内的磁通量发生周期性变化，在检测线圈的两端发生电脉冲信号，从而测出涡轮叶片的转数而测得流量。实验证明，在较宽的流量范围内，传感器发出的电脉冲流量信号的频率与流体流过管道的体积流量成正比，其关系可用式（4-18）表示：

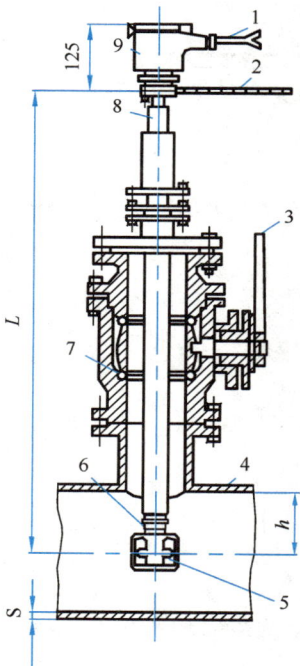

图 4-57　插入式涡轮流量计
1—信号线；2—定位杆；
3—阀门；4—被测管道；
5—涡轮头；6—检测线圈；
7—球阀；8—插入杆；9—放大器

$$Q = \frac{f}{K} \tag{4-18}$$

式中　f——流量信号的频率（次/s）；

　　　K——传感器的仪表常数（次/m^3）；

　　　Q——流过的流量（m^3/s）。

插入式涡轮流量计的主要特点：①高精度，一般为 $\pm0.5\%\sim\pm1\%$，在所有流量计中最为精确；重复性好，短期重复性可达 $0.05\%\sim0.2\%$。②输出脉冲频率信号，适于总量计量及与计算机连接，无零点漂移，抗干扰能力强。③结构紧凑轻巧，安装维护方便，流通能力大。④压力损失较小，价格低，可制成不断流取出型。⑤由于有活动部件，难以长期保持校准特性，需要定期校验。⑥对被测流体的清洁度要求较高，虽可安装过滤器，但会带来投资加大、压损增大和维护量增大的问题。

一般来讲取水泵站中不适合选用插入式涡轮流量计，因为原水中的杂质易阻塞和磨损叶轮。插入式流量计的流量范围选择对其精确度及使用期限有较大的影响。通常将实际最大流量乘以 1.4 作为流量范围的上限流量，将实际最小流量乘以 0.8 作为流量范围的下限流量。目前插入式涡轮流量计适用管径基本在 1000mm 以下，如果仪表口径与工艺管道直径不一致时，可用异径管和等径直管改装管道。从经济性考虑，选用插入式流量计时，其仪表的购置费相对较低，但使用后还需经常投入费用进行校验和更换易损件，以保持其性能；如果安装了过滤器及旁通管等辅助设施，初期投资也相应增加。

插入式涡轮流量计的传感器应安装在便于维修，管道无振动、无强电磁干扰与热辐射影响的场所，安装于室外时要有防雨和防晒措施。管道内流速分布畸变及流态对插入式涡轮流量计影响相当大，进入传感器应为充分发展管流，因此要根据传感器上游侧阻流件类型配备必要的直管段，一般推荐上游直管段长度不小于 20D，下游直管段长度不小于 5D。插入式涡轮流量计在使用中要注意防止流体突然冲击叶轮甚至发生水锤现象损坏叶轮，同时也要防止传感器下游处产生气穴现象。

4. 插入式涡街流量计

涡街流量计又称卡门涡街流量计，它是根据德国学者卡门发现的漩涡现象而研制的测流装置，是 20 世纪 70 年代在流量计领域里崛起的一种新型流量仪表。

卡门的漩涡现象认为：液流通过一个非流线形的障碍挡体时，在挡体两侧便会周期性的产生两列内漩的交替出现的漩涡。当两列漩涡的间距 h 与同列两个相邻漩涡之间的距离 L 之比（图 4-58）满足 $\dfrac{h}{L} \leqslant 0.281$ 时，此时所产生的漩涡是

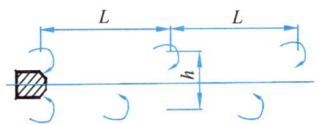

图 4-58 卡门涡街

稳定的，经得起微扰动的影响，称为稳定涡街，因而命名为卡门涡街（Vortex Street）。插入式涡街流量计就是按此原理研制的，图 4-59 所示为此流量计的组成示意图。其主要部件为传感器及转换器等。传感器包括障碍挡体、检测元件，障碍挡体系用不锈钢制成的

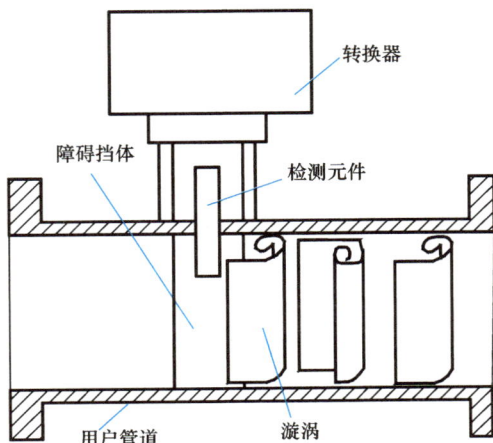

图 4-59 插入式涡街流量计

多棱柱形复合挡体结构，这种复合挡体结构可以产生强烈而稳定的漩涡。由漩涡的频率数 f 与流体的流速 v 成正比，与挡体的特征宽度 d 成反比的关系，可写出式（4-19）：

$$f = ST \frac{v}{d} \tag{4-19}$$

上式中 ST 称为斯特路哈尔数（STROU-HAL），它是雷诺数的函数。又因为 $Q = v \cdot A$，所以可得

$$f = ST \cdot \frac{Q}{A \cdot d}$$

令

$$K = \frac{ST}{A \cdot d}$$

变换可得：

$$Q = \frac{f}{K} \tag{4-20}$$

上式中 K 为流量计的仪表常数。由式（4-20）表明，管道中通过的流量与漩涡频率成正比。

涡街流量计具有结构简单牢固，安装维护方便，价格低廉等特点，但它尚属于发展中的流量计，无论其理论基础或实践经验尚较差，故在实际应用中存在不少问题，特别是用于较大口径时分辨率会下降，目前较多用于 $DN300$ 以下管道。

涡街流量计的仪表口径及规格很重要，要根据工艺参数严格计算选用合适的流量计，安装地点选择也必须严格审定。

5. 均速管流量计

均速管流量计是基于早期毕托管测速原理而来的一种新型流量计。研究始于 20 世纪 60 年代末期，国外称为"阿纽巴"（ANNUBAR）流量计。它主要由双法兰短管、测量体铜棒、导压管及差压变送器、开方器及流量显示、记录仪表等组合而

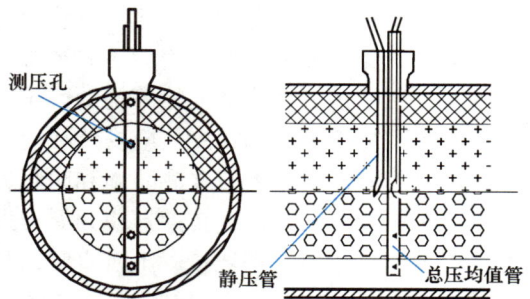

图 4-60　均速管流量计

成，其结构示意如图 4-60 所示。其工作原理是根据流体的动、势能转换原理，综合了毕托管和绕流圆柱体的应用技术制成的。在管道内插入一根扁平光滑的铜棒作为测量体，在其水流方向沿纵向轴线上按一定间距钻有两对或两对以上的测压孔，各测压孔是相通的，传到测量体铜棒中各点的压力值经平均后由总压引出管经传压细管引入差压变送器的高压腔内，在钢棒背向流体流向一侧中央开设一个测压孔（此测压孔与逆流正面的各测压孔在中空铜棒中间是隔开的），它所测得的值代表整个管道截面上的静压。此静压也用传压细管引入差压变送器的低压腔。这样，差压计所测得的差压平方根即反映了测量截面上平均流速的大小。平均流速又与流量成正比，从而可得出式（4-21）：

$$Q = \mu \sqrt{h} \tag{4-21}$$

式中　h——均速毕托管测量压差（m）；

　　　μ——流量系数，出厂前由厂方标定；

　　　Q——流量（m^3/h）。

均速管流量计具有结构简单，制造成本低，安装维护方便，对上游直管段要求低等特点。选用时要根据管道条件和工艺参数严格计算，安装时也根据实际条件合理装配，才能保证测量精度。

4.8.2　引水

泵的工作有自灌式和吸入式两种方式。装有大型泵，自动化程度高，供水安全要求高的泵站，宜采用自灌式工作。自灌式工作的泵外壳顶点应低于吸水池内的最低水位。当泵在吸入式工作时，在启动前必须引水。引水方法可分为两大类，一是吸水管带有底阀；二

是吸水管不带底阀。

1. 吸水管带有底阀

（1）人工引水：将水从泵顶的引水孔灌入泵内，同时打开排气阀。此法只适用于临时性供水且为小泵的场合。

（2）用压水管中的水倒灌引水：当压水管内经常有水，且水压不大而无止回阀时，直接打开压水管上的闸阀，将水倒灌入泵内。如压水管中的水压较大且在泵后装有止回阀时，直接打开送水闸阀引水就不行了，而需在送水闸阀后装设一旁通管引水入泵壳内，如图 4-61 所示。旁通管上设有闸阀，引水时开启闸阀，水充满泵后，关闭闸阀。此法设备简单，一般中、小型泵（吸水管直径在 300mm 以内时）多被采用。

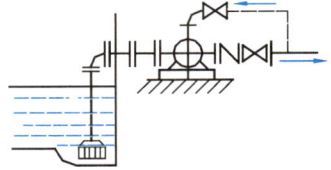

2. 吸水管上不装底阀

（1）真空泵引水：此法在泵站中采用较为普遍，其优点是泵启动快，运行可靠，易于实现自动化。目前使用最多的是水环式真空泵。其构造原理及真空泵的选择详见 3.5 节。

图 4-61　离心泵从压水管引水

泵站内真空泵的管路布置，如图 4-62 所示。图中气水分离器的作用是为了避免泵中的水和杂质进入真空泵内，影响真空泵的正常工作。对于输送清水的泵站也可以不用气水分离器。水环式真空泵在运行时，应有少量的水流不断地循环，以保持一定容积的水环及时带走由于叶轮旋转而产生的热量，避免真空泵因温升过高而损坏，为此，在管路上装设了循环水箱。但是，真空泵运行时，吸入的水量不宜过多，否则将影响其容积效率，减少排气量。

真空管路直径，根据泵大小，采用直径为 $d = 25 \sim 50$mm。泵站内真空泵通常设置两台，一台工作一台备用。两台真空泵可共用一个气水分离器。

（2）水射器引水：图 4-63 所示为用水射器引水的装置。水射器引水是利用压力水通过水射器喷嘴处产生高速水流，使喉管进口处形成真空的原理，将泵内的气体抽走。

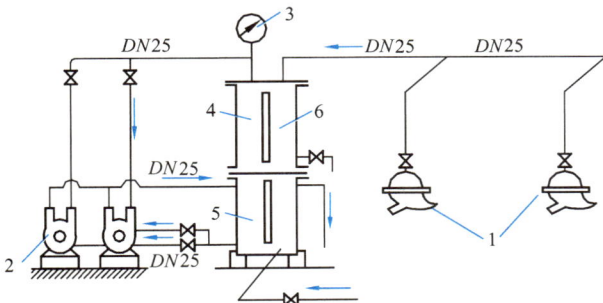

图 4-62　真空泵引水管路系统
1—离心泵；2—水环式真空泵；
3—真空表；4—气水分离器；5—循环水箱；6—玻璃水位计

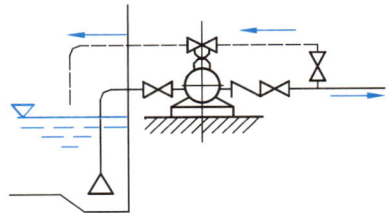

图 4-63　水射器引水

因此，为使水射器工作，必须供给压力水作为动力。水射器应连接于泵的最高点处，在开动水射器前，要把泵压水管上的闸阀关闭，水射器开始带出被吸的水时，就可启动泵。水射器具有结构简单，占地少，安装容易，工作可靠，维护方便等优点，是一种常用的引水设备。缺点是效率低，需供给大量的高压水。

4.8.3　起重

1. 起重设备的选择

泵房中必须设置起重设备以满足机泵安装与维修需要。它的服务对象主要为：泵、电动机、阀门及管道。选择什么起重设备取决于这些对象的重量。

常用的起重设备有移动吊架、单轨吊车梁和桥式行车（包括悬挂起重机）三种，除吊架为手动外，其余两种既可手动，也可电动。

表 4-6 为参照规范给出的起重量与可采用的起重设备类型，可作为设计时的基本依据。泵房中的设备一般都应整体吊装，因此，起重量应以最重设备并包括起重葫芦吊钩质量为标准。选择起重设备时，应考虑远期机泵的起重量。但是，如果大型泵站，当设备质量大到一定程度时，就应考虑解体吊装，一般以 10t 为限。凡是采取解体吊装的设备，应取得生产厂方的同意，并在操作规程中说明，同时在吊装时注明起重量，防止发生超载吊装事故。

2. 起重设备布置

起重设备布置主要是研究起重机的设置高度和作业面两个问题。设置高度从泵房顶棚至吊车最上部分应不小于 0.1m，从泵房的墙壁至吊车的突出部分应不小于 0.1m。

桥式吊车轨道一般安设在壁柱上或钢筋混凝土牛腿上。如果采用手动单轨悬挂式吊车，则无须在机器间内另设壁柱或牛腿，可利用厂房的屋架，在其下面装上两条工字钢，作为轨道即可。

吊车的安装高度应能保证在下列情况下，无阻地进行吊运工作：

（1）吊起重物后，能在机器间内的最高机组或设备顶上越过。

（2）在地下式泵站中，应能将重物吊至运出口。

（3）如果汽车能开进机器间中，则应能将重物吊到汽车上。

泵房的高度大小与泵房内有无起重设备有关。在无吊车设备时，应不小于 3m（指进口处室内地坪或平台至屋顶梁底的距离）；当有起重设备时，其高度应通过计算确定。

其他辅助房间的高度可采用 3m。

深井泵房的高度须考虑下列因素：

（1）井内扬水管的每节长度；

（2）电动机和扬水管的提取高度；

（3）不使检修三脚架跨度过大；

（4）通风的要求。

深井泵房内的起重设备一般用可拆卸的屋顶式三脚架，检修时装于屋顶，适用于手拉葫芦设备。屋顶设置的检修孔，一般为 1.0m×1.0m。

所谓作业面是指起重吊钩服务的范围。它取决于所用的起重设备。固定吊钩配置葫芦，能垂直起举而无法水平运移，只能为一台机组服务，即作业面为一点。单轨吊车其运动轨迹是一条线。它取决于吊车梁的布置。横向排列的泵机组，对应于机组轴线的上空设置单轨吊车梁，纵向排列机组，则设于泵和电动机之间。进出设备的大门，一般都按单轨梁居中设置。若有大门平台，应按吊钩的工作点和最大设备的尺寸来计算平台的大小，并且要考虑承受最重设备的荷载。在条件允许的情况下，为了扩大单轨吊车梁的服务范围，可以采用如图 4-64 所示的 U 形布置方式。轨道转弯半径可按起重量决定，并与电动葫芦型号有关，可见表 4-7。

泵房内起重设备选定	表 4-6
起重量（t）	可采用起重设备形式
<0.5	移动吊架或固定吊钩
0.5～2.0	手动或电动单轨吊车
2.0～5.0	手动或电动桥式行吊
>5.0	电动桥式行车

按起重量定的转弯半径	表 4-7
电动葫芦起重量（t）（CD₁ 型及 MD₁ 型）	最大半径 R（m）
<0.5	1.0
1～2	1.5
3	2.5
5	4.0

U 形轨布置具有选择性。因泵出水阀门在每次启动与停车过程是必定要操作的，故又称操作阀门，容易损坏，检修机会多。所以一般选择出水阀门为吊运对象，使单轨弯向出水闸阀，从而出水闸阀应布置在一条直线上较好。同时，在吊轨转弯处与墙壁或电气设备之间要注意保持一定的距离，以利安全。

桥式行车具有纵向和横向移动的功能，它服务范围为一个面。但吊钩落点离泵房墙壁有一定距离，故沿壁四周形成一环状区域（图 4-65），属于行车工作的死角区。一般在闸阀布置中，吸水闸阀平时极少启闭，不易损坏，可允许放在死角区。当泵房为半地下式时，可以利用死角区域修筑平台或走道，为使设备能起吊，应向前延伸足够的尺寸，以便将设备直接置于汽车上。对于圆形泵房，死角区的大小通常与桥式行车的布置有关。

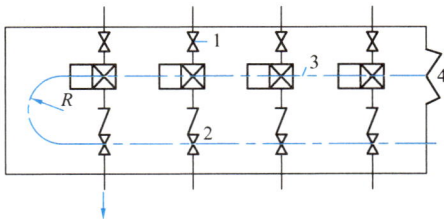

图 4-64　U 形单轨吊车梁布置图
1—进水阀门；2—出水阀门；
3—单轨吊车梁；4—大门

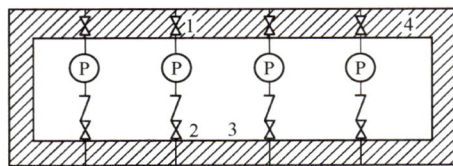

图 4-65　桥式行车工作范围内
1—进水阀门；2—出水阀门；3—吊车边缘
工作点轨迹；4—死角区

4.8.4　通风与采暖

泵房内一般采用自然通风。地面式泵房为了改善自然通风条件，往往设有高低窗，并且保证足够的开窗面积。当泵房为地下式或电动机功率较大，自然通风不够时，特别是南方地区，夏季气温较高，为使室内温度不超过 35℃，以保证操作人员有良好的工作环境，并改善电动机的工作条件，宜采用机械通风。

机械通风分抽风式与排风式。前者是将风机放在泵房上层窗户顶上，通过接到电动机排风口的风道将热风抽出室外，冷空气自然补充。后者是在泵房内电动机附近安装风机，将电动机散发的热气，通过风道排出室外，冷空气也是自然补进。

对于埋入地下很深的泵房，当机组容量大，散热较多时，只采取排出热空气，自然补充冷空气的方法，其运行效果不够理想时，可采用进出两套机械通风系统。

泵房通风设计主要是布置风道系统与选择风机。选择风机的依据是风量和风压。

风量计算有几种方法：

（1）按泵房每小时换气 8～10 次所需通风空气量计算：为此须求出泵房的总建筑容积。设泵房总建筑容积为 V（m^3），则风机的排风量应为 $8V～10V$（m^3/h）。

（2）按消除室内余热的通风空气量计算：

$$L=\frac{Q}{c\rho\,(t_1-t_2)}\ (m^3/h) \tag{4-22}$$

其中

$$Q=nN\,(1-\eta)\ (kJ/s) \tag{4-23}$$

式中　Q——泵房内同时运行的电动机的总散热量（kJ/s）；

c——空气的比热，一般取 $c=10.1kJ/(kg\cdot℃)$；

ρ——泵房外空气的密度，随温度而改变，当 $t=30℃$ 时，$\rho=1.12kg/m^3$；

t_1-t_2——泵房内外空气温度差（℃）；

N——电动机的功率（kJ/s）；

η——电动机的效率，一般取 $\eta=0.9$；

n——同时运行的电动机台数。

风压包括沿程损失和局部损失两部分：

1）沿程损失

$$h_f=l\cdot i\ (mmH_2O) \tag{4-24}$$

式中　l——风管的长度（m）；

i——单位长度风管的损失，根据管道内通过的风量和风速，由通风设计手册查得。

2）局部损失

$$h_l=\sum\zeta\frac{v^2\rho}{2g}\ (mmH_2O) \tag{4-25}$$

式中　ζ——局部阻力系数，查通风设计手册求得；

v——风速（m/s）；

ρ——空气的密度，当 $t=30℃$ 时，$\rho=1.12kg/m^3$。

所以风管中的全部阻力损失为：

$$H=h_f+h_l \tag{4-26}$$

通风机根据所产生的风压大小，分为低压风机（全风压在 100mmH$_2$O 以下），中压风机（全风压在 100～300mmH$_2$O 之间）和高压风机（全风压在 300mmH$_2$O 以上）。

泵房通风一般要求的风压不大，故大多采用低压风机。

泵房中一般采用轴流式风机。其原理与构造详见第 3 章。

一般说来，轴流式风机应装在圆筒形外壳内，并且叶轮的末端与机壳内表面之间的空隙不得大于叶轮长度的 1.5%。如果吸气侧没有风管，则在圆筒形外壳的进风口处须装置边缘平滑的喇叭口。

在寒冷地区，泵房应考虑采暖设备。泵房供暖温度：对于自动化泵站，机器间为 5℃，非自动化泵站，机器间为 16℃。在计算大型泵房供暖时，应考虑电动机所散发的热量，但也应考虑冬季天冷停机时可能出现的低温。辅助房间室内温度在 18℃ 以上。对于小型泵站可用火炉取暖，我国南方地区多用此法，大中型泵站中亦可考虑采取集中供暖方法。

4.8.5　其他设施

1. 排水

泵房内由于泵填料盒滴水、闸阀和管道接口的漏水、拆修设备时泄放的存水以下地沟渗水等，常须设置排水设备，以保持泵房环境整洁和安全运行（尤其是电缆沟不允许积水）。地下式或半地下式泵房，一般设置手摇泵、电动排水泵或水射器等排除积水。地面式泵房，积水就可以自流入室外下水道。另外无论是自流或提升排水，在泵房内地面上均需设置地沟集水（或将水引出）。排水泵也可采用液位控制自动启闭。

2. 通信

目前大多数泵站仍设有值班室，值班室内安装电话机，供通信之用。电话间应具有隔声效果，以免噪声干扰。

3. 防火与安全设施

泵房中防火主要是防止用电起火以及雷击起火两种。起火的可能是用电设备过负荷超载运行、导线接头接触不良、电阻过大发热使导线的绝缘物或沉积在电气设备上的粉尘自燃、短路的电弧能使充油设备爆炸等。在江河边的取水泵房，常常设置在雷击较多的地区，泵房上如果没有可靠的防雷保护设施，便有可能发生雷击起火。

雷电是一种大气放电现象，它是由带有不同电荷的云层放电所产生的。在放电过程中发生强烈的电光和巨响，产生强大的电流和电压。电压可达几十万至几百万伏，电流可达几千安。雷电流的电磁作用对电气设备和电力系统的绝缘物质影响很大。泵站中防雷保护设施常用的是避雷针、避雷线及避雷器三种。

避雷针是由镀锌铁针、电杆、连接线和接地装置所组成（图 4-66）。落雷时，由于避雷针高于被保护的各种设备，它把雷电流引向自身，承受雷电流的袭击，于是雷电先落在避雷针上，然后通过针上的连接线流入大地使设备免受雷电流的侵袭，起到保护作用。

避雷线作用类同于避雷针，避雷针用以保护各种电气设备，而避雷线则用在 35kV 以上的高压输电架空线路上，如图 4-67 所示。

避雷器的作用不同于避雷针（线），它是防止设备受到雷电的电磁作用而产生感应过电压的保护装置。图 4-68 所示为阀型避雷器外形。其主要组成有两部分：一是由若干放

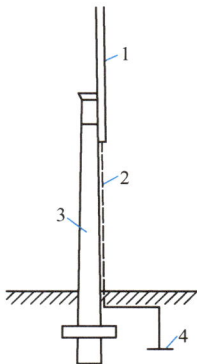

图 4-66　避雷针
1—镀锌铁针；2—连接线；3—电杆；4—接地装置

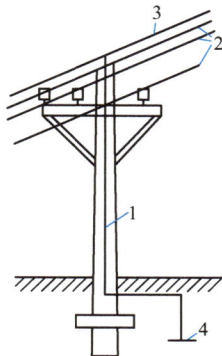

图 4-67　避雷线
1—避雷线；2—高压线；3—连接线；4—接地装置

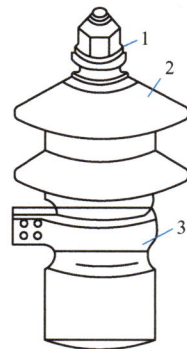

图 4-68　阀型避雷器
1—接线端头；2—瓷质外壳；3—支持夹

电间隙串联而成的放电间隙部分，通常叫火花间隙，一是用特种碳化硅做成的阀电阻元件，外部用瓷质外壳加以保护，外壳上部有引出的接线端头，用来连接线路。避雷器一般是专为保护变压器和变电所的电气设备而设置的。

泵站安全设施中除了防雷保护外，还有接地保护和灭火器材的使用。

接地保护是接地线和接地体的总称。当电线设备绝缘破损，外壳接触漏了电，接地线便把电流导入大地，从而消除危险，保证安全（图 4-69）。图 4-70 所示为电器的保护接零。它是指电气设备带有中性零线的装置，把中性零线与设备外壳用金属线与接地体连接起来。它可以防止变压器高低压线圈间的绝缘破坏时而引起高压电加于用电设备，危及人身安全的危险。330V/200V 或 220V/127V，中性线直接接地的三相四线制系统中的设备外壳，均应采用保护接零。三相三线制系统中的电气设备外壳也均应采用保护接地设施。

泵站中常用的灭火器材有四氯化碳灭火器、二氧化碳灭火器、干粉灭火器等。

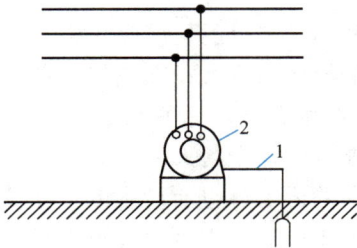

图 4-69　保护接地
1—接地线；2—电动机外壳

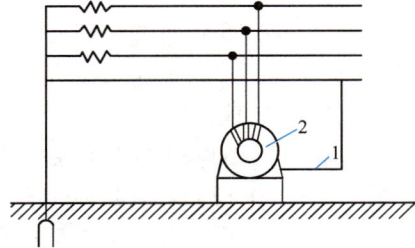

图 4-70　保护接零
1—零线；2—设备外壳

4.9　给水泵站的节能

城市供水企业是用电大户，而给水泵站机泵的耗电占到了整个供水系统耗电的 95%～98%，因此在建设节约型社会的大环境中，泵站节能具有十分重要的意义，应成为发展过程中永恒的主题。

泵站节能效果取决于泵系统的总效率 η，总效率可近似为电动机效率 η_D、水泵效率 η_B、传动装置效率 η_C、调速装置效率 η_T、管路效率 η_G 等的乘积，即

$$\eta = \eta_D \eta_B \eta_C \eta_T \eta_G$$

要降低泵站能耗就必须在泵站的设计、运行、管理等各个环节提高上述各种效率。

4.9.1　给水泵站的节能设计

泵站的选泵依据是流量、扬程及其变化规律。对取水泵站而言，这个变化规律体现为供水量的逐日变化、水源水位的逐日逐时变化，对送水泵站及加压泵站而言，主要体现在用水量的逐日逐时变化。而实际上，由于基础资料的缺乏，这些变化规律是难以掌握的，传统的设计方法大多只顾及满足最不利工况点的要求，以至所选泵机组对泵站的工况变化适应性较差，造成能量的浪费。

泵站的节能设计，就是在满足现行有关规范的条件下，为了适应日后运行中实际工况的变化，在设计阶段就根据当时的技术经济条件，考虑适当的节能措施进行设计，以使泵

站的运行达到安全、高效的目标。这些节能措施包括：泵型的合理选择、调速装置的采用、切削叶轮、管道经济管径的确定、低能耗阀件的采用等。

水泵选型是泵站节能的基础，为此应建立各种泵型的数据库，存储泵的型号、流量、扬程、轴功率、配用功率、效率、进出口径、转速、气蚀性能、安装尺寸、生产厂家等信息。经多种方案的技术经济比较，最后选定优质、高效的泵及其组合。当泵站的工况变化幅度很大时（如水源水位涨落幅度大时，取水泵站的扬程变化就很大；用水量变化大的城市，其送水泵站流量变化就大），泵的组合也难以达到节能的要求，此时，就必须采用调速或切削叶轮的方式。下面主要就考虑调速装置后的选泵方法作一简单说明。

（1）考虑调速装置后的选泵原则

1）为适应各种工况变化，宜采用调速泵与定速泵联合运行。

2）仍以最不利工况作为选泵依据，即调速泵以额定转速与定速泵联合运行时，应满足最大用水时的流量和扬程要求。当流量减少时，可通过关停泵或降低调速泵的转速来适应工况的变化。

3）在绝大多数的工况下，定速泵与调速泵均应工作在高效范围内。这是选择调速装置的基本出发点。

4）调速泵一般不宜上调。下调时，其转速不能过低，否则效率会下降。而且，当转速下降到一定程度时，由于其 Q-H 性能曲线下移过多，零流量时的静态扬程小于定速泵的工作扬程，导致调速泵出水受阻，调速泵不能与定速泵并联运行。调速泵的转速一般控制在其额定转速的 50% 左右。

5）当考虑调速装置后，泵站内的泵型号一般不超过两种。调速泵应按主力泵考虑，其台数以两台为宜，以使调速泵经常处于高效范围内运行，并可避免定速泵的频繁启、停。

（2）选泵方法

设有一送水泵站，已知最高日最大时供水量为 Q，经管网平差后相应的泵站扬程为 H_p，现考虑变速调节后进行选泵：

选用调速泵两台，其额定转速时设计工况点流量为 Q_1；选用定速泵 n 台，其额定转速时设计工况点流量为 Q_2。为适应泵站工况点的变化（流量的变化），泵的开启情况见表4-8。

调速泵站泵的工作情况　　　　　　　　　　　　　　　表 4-8

工况	I	II	III	IV
流量	$Q_{min} \sim Q_1$	$Q_1 \sim (Q_1+Q_2)$	$(Q_1+Q_2) \sim (2Q_1+Q_2)$	$(2Q_1+(n-1)Q_2) \sim (2Q_1+nQ_2)$
开泵情况	一调	一调一定	两调一定	两调 n 定
调速泵最小流量	Q_{min}	Q_1-Q_2	$Q_1/2$	$Q_1-Q_2/2$

注：Q_{min} 为管网最小用水量。

对于工况 I，从理论上讲，调速泵的最小流量为 Q_{min}，当 Q_{min} 较小时，调速泵的最小流量就比较小，要求调速泵的转速就比较低，很可能使其效率降低太多。为了保持泵的高效率，据许多文献报道，调速泵的流量一般不宜低于其额定流量的一半，即 $Q_1/2$。因此，对于工况 I，当流量处于 $Q_1/2 \sim Q_1$ 的范围时，采用变速调节；当流量小于 $Q_1/2$ 时，调速泵的转速不再降低，而是辅以闸阀进行调节。

对于工况Ⅱ，要求 $Q_1-Q_2\geqslant Q_1/2$，即

$$Q_1\geqslant 2Q_2 \tag{4-27}$$

对于工况Ⅲ，已经满足调速泵的最小流量（$Q_1/2$）大于等于其额定流量一半的要求。

对于工况Ⅳ，只要式（4-27）满足，恒有 $Q_1-Q_2\geqslant Q_1/2$。因此，式（4-27）就成为选泵的控制条件之一，通常情况下，取 $Q_1=2Q_2$。

工况Ⅳ的最大流量 $2Q_1+nQ_2$ 应大于等于管网最大日最大时流量 Q。

由于送水泵站一般实行出口恒压控制，故泵的扬程基本不变，即 $H=H_p$。

表 4-8 已覆盖了泵站的流量变化范围，因此，选泵的控制条件为：

$$\begin{cases} 2Q_1+nQ_2=Q \\ Q_1=2Q_2 \\ H=H_p \end{cases} \tag{4-28}$$

式中　Q——最大日最大小时管网流量；

　　　H_p——泵站出口设定压力；

　　　Q_1——调速泵在额定转速时设计工况点的流量；

　　　Q_2——定速泵设计工况点的流量；

　　　H——定速泵和调速泵的扬程；

　　　n——定速泵的台数。

式（4-28）中，Q、H_p 已知，待求的是 Q_1、Q_2、n 及 H，尚缺一个方程。实际选泵时，先给出几个 n 值，获得相应的几个方案，再结合泵样本及参数，经技术经济比较后确定最佳方案。

如果调速泵与定速泵选用同一种型号，则泵站开泵情况见表 4-9。

调速泵与定速泵同型号时泵站的开启情况　　　　表 4-9

工况	Ⅰ	Ⅱ	Ⅲ	Ⅳ
流量范围	$Q_{min}\sim Q_1$	$Q_1\sim 2Q_1$	$2Q_1\sim 3Q_1$	$(n+1)Q_1\sim(2+n)Q_1$
开泵情况	一调	两调	两调一定	两调 n 定
调速泵最小流量	Q_{min}	$Q_1/2$	$Q_1/2$	$Q_1/2$

此时，选泵的控制条件为

$$\begin{cases} (2+n)\,Q_1=Q \\ H=H_p \end{cases} \tag{4-29}$$

选泵方法与前述相同。

选泵后，应核定表 4-10 或表 4-11 中的各个工况时泵（包括调速泵与定速泵）是否工作在高效区内，若未工作在高效区内，则应重新选泵。

（3）算例

已知某供水泵站，其最大日最大时供水量为 $Q=1.8\text{m}^3/\text{s}$，经管网平差后，相应的泵站出口压力（从清水池水面算起）为 $H_p=33.5\text{m}$。

1）选用不同型号的泵

方案一：设 $n=1$，则根据式（4-28），可求得 $Q_2=0.36m^3/s$，$Q_1=0.72m^3/s$，$H=33.5m$。由（Q_2，H）选用一台定速泵 14Sh-13A；由（Q_1，H）选用两台调速泵 24Sh—19。

方案二：设 $n=2$，则根据式（4-28），可求得 $Q_2=0.3m^3/s$，$Q_1=0.6m^3/s$，$H=33.5m$。由（Q_2，H）选用两台定速泵 14Sh-13A；由（Q_1，H）选用两台调速泵20Sh—13。

方案三：设 $n=3$，则根据式（4-28），可求得 $Q_2=0.257m^3/s$，$Q_1=0.514m^3/s$，$H=33.5m$。由（Q_2，H）选用三台定速泵 12Sh-13A；由（Q_1，H）选用两台调速泵 20Sh-13。

比较以上三种方案，可知方案二为好，即选用两台定速泵 14Sh-13A，两台调速泵20Sh-13。

2）选用同型号泵

方案一：设 $n=1$，则根据式（4-29），可求得 $Q_1=0.6m^3/s$，$H=33.5m$。选用 3 台20Sh-13（一台定速，两台调速）。

方案二：设 $n=2$，则根据式（4-29），可求得 $Q_1=0.45m^3/s$，$H=33.5m$。如果仍选用 Sh 型泵，只能选四台 20Sh-13（两台定速，两台调速）。

很显然方案二与方案一比较是很不合理的，因此，采用方案一。

究竟是选用两台定速泵 14Sh-13A 与两台调速泵 20Sh-13，还是选用三台同型号的20Sh-13 泵（两调一定）呢？从泵站的布置及管理的角度来说，当然是后者较好。

泵站中的吸、压水管及输水管管径的大小对泵站节能也有较大影响。管径越大，水头损失就越小，泵站的运行费用就越低。但管径增大又会使管路的投资增加。因此必须根据泵站运行费用和管路投资之和为最小的原则来确定管径，此管径称之为经济管径。

此外，泵站设计时，还应考虑电动机及配电系统的节能，其主要措施是选用高效的电动机。我国分别于1982年、1992年、2003年定型生产 Y 系列、Y2 系列、Y3 系列电动机，2005年定型生产 YX3 系列高效电动机，2010年定型生产 YE3 系列超高效电动机，2012年开始研发 YE4 系列超高效电动机。Y 系列电动机效率平均值仅为 87.3%，YX3 系列电动机效率平均值为 90.3%，YE3 系列电动机效率平均值为 91.7%。从节约能源、保护环境出发，高效率电动机是国际发展趋势。我国对电动机的能效限定值制定了相应的国家标准：《中小型三相异步电动机能效限定值及能效等级》GB 18613、《高效三相笼型异步电动机能效限定值及能效等级》GB 30254。凡是达不到国标强制要求的产品，将不能继续生产和销售。

4.9.2　给水泵站的节能运行与改造

已经建成的给水泵站绝大多数是传统设计方法的产物，且基本上采用定速泵的运行方式。如取水泵站其设计流量是按最大日平均时流量来确定的，设计扬程是根据水源设计枯水位来确定，而在实际当中，最大日流量 Q_{dmax} 一般出现在夏季，而此时作为水源的江河正处于汛期，泵的静扬程最小；水源枯水位一般出现在冬季，而此时用水量都相对较少。也就是说现行设计规范中所要求的设计流量 Q_{dmax} 与设计扬程 H_{max} 一般是不可能同时出现的，因而据此选出的泵是超出了实际要求的，造成运行时的能量浪费。再如送水泵站是根据最大日最大时流量及其对应的扬程来选泵的，而一年当中，实际出现这种工况的时间是相当有限的，大多数时间机组的容量高出实际工况的要求。因此，无论是取水泵站还是送水泵站在运行中必须辅以各种管理手段才能保证泵站的高效运行。

取水泵站的流量一般是恒定的，而扬程随着水源水位的变化而变化。因此，一般采用"恒流量变压力"的控制方式。可通过调速、切削叶轮等节能措施来达到此目的。对于水位变幅较大的取水泵站有时可考虑在洪水位期间减少一台泵运行。

送水泵站的工况变化比取水泵站更频繁、更复杂。对于多泵站的城市输配水系统，各个送水泵站的流量和压力必须由供水企业的调度中心通过优化调度来决定，是随时变化的。但为了控制方便，目前常常采用"变流量恒压力"方式来控制泵的运行，这种控制方式在非最大用水工况时，存在能量浪费。因此宜采用"变流量变压力"方式。要达到"变流变压"的目的，就需要通过泵的组合、调速来实现。

当实际工况与泵站的设计工况相差很远时，泵站的改造是必要的。另外，由于机泵的老化以及新型节能设备的出现，也对泵站提出了改造的要求。

我国工业和信息化部会根据能效要求逐年公布一批淘汰的机电产品名单，也提出了替代这些机电产品的新型号，其目的是逐步以节能型的机泵来替代效率低的机泵产品。在一些供水历史较长的供水企业中，役龄在 20 年以上的机泵设备，所占比例不小，这些设备中，有的因年限过久，机械磨损大，效率低下，有的因本身质量原先就不够完善，经过长期运行，质量方面弱点就暴露无遗，对于这样的供水企业，应从经济效益和供水安全性出发，提出更新改造计划和措施。

1. 电动机

电动机运行中的效率是否达到额定值，完全由负荷率的大小决定。正确配套的泵机组，其电动机的负荷率应是大于 0.8 以上。如果电动机容量过大，负载太低，不仅会因为电动机效率低而增加电动机的能量损耗，而且还会因为电动机的功率因数 $\cos\varphi$ 降低而增加输电线路和变压器的损耗。若出现负荷率低时应立即追查原因，如管道情况有否变化、供水情况是否正常、泵是否正常等，若其他一切正常，则应更换电动机。从负荷率看，电动机更新改造的基本条件之一是当负荷率低于 0.5 时，可以认为泵与电动机匹配不当，有大马拉小车现象。在其他情况正常的前提下，应调整电动机的容量。

此外，电动机使用时间长了，首先表现在绝缘性能的降低。所以决定电动机更换的第二个条件是电动机绝缘性的低劣。它的判断是：（1）绝缘性能低劣的电动机在停机 24h 后，定子绕组对地绝缘电阻，低压电动机降至 $0.5\text{M}\Omega$ 以下，高压电动机每千伏工作电压绝缘电阻值降至 $1\text{M}\Omega$ 以下；（2）绕组主绝缘明显变脆，历年绝缘试验时，漏电流呈明显上升趋势。解决此类问题的方案可以是：列出计划更换新型号电动机或者更换定子全部绕组。有的地区，更换全部定子绕组的代价与购买一台电动机相当，则解决方案只有前者。

在供水企业的生产过程中，有些设备的电动机容量在 155kW 以内，它们大多是老产品系列，效率不高。对于这类电动机，可以订出改造计划，在一定时期内更换为节能型的电动机。

2. 泵

在进行给水泵站的设计时，对泵的选型应十分慎重，选用效率较高的泵。但是即使这样，由于实际运行工况的变化，也会出现高效泵低效运行的结果。供水企业十分重视泵的运行，制定出制度，定期对泵的性能进行测定。决定泵是否应更新改造的条件是：

（1）定期测定泵的性能，主要是 Q-H 性能和 Q-η 性能。若实测的结果与原始记录（或样本）相差很多时，在无其他不正常的情况下，则应该更换叶轮。

（2）水泵制造厂应根据国家的标准制造出合格的泵。工业和信息化部根据我国实际情况，制订了泵应有的效率要求：《清水离心泵能效限定值及节能评价值》GB 19762—2007，有关参数见表 4-10～表 4-12。

对于单级离心泵、多级离心泵，在规定允许使用的流量范围内，其效率应不低于表 4-10、表 4-11 的要求。

n_s＝120～210 的单级离心泵允许最低效率　　　　　　表 4-10

Q（m³/h）	5	10	15	20	25	30	40	50	60	70	80
η（%）	56	62	65.2	67.4	68.9	70	71.8	72.9	73.8	74.5	75
Q（m³/h）	90	100	150	200	300	400	500	600	700	800	900
η（%）	75.6	76	77.8	78.8	80	81	81.7	82.2	82.7	83	83.3
Q（m³/h）	1000	1500	2000	3000	4000	5000	6000	7000	8000	9000	10000
η（%）	83.7	84.6	85.2	86	86.6	87	87.2	87.5	87.7	87.9	88

n_s＝120～210 的多级离心泵允许最低效率　　　　　　表 4-11

Q（m³/h）	5	10	15	20	25	30	40	50	60	70	80
η（%）	53.4	57.4	59.8	61.5	62.8	63.9	65.5	66.9	67.9	68.9	69.5
Q（m³/h）	90	100	150	200	300	400	500	600	700	800	900
η（%）	70.3	70.9	73.3	74.9	77.2	78.6	79.5	80.2	80.8	81.1	81.5
Q（m³/h）	1000	1500	2000	3000							
η（%）	81.9	82.8	83.1	83.5							

流量大于 10000m³/h 的单级离心泵其效率应不小于 88%。

表 4-10、表 4-11 是比转数 n_s 为 120～210 的效率值。比转数 n_s 不在此范围时的修正系数见表 4-12。

n_s＜120 或 n_s＞210 的单级、多级离心泵允许的最低效率的修正系数　　　表 4-12

n_s	20	25	30	35	40	45	50	55	60	65	70	75	80	85
$\Delta\eta$（%）	32	25.5	20.6	17.3	14.7	12.5	10.5	9.0	7.5	6.0	5.0	4.0	3.2	2.5
n_s	90	95	100	110	120～210	220	230	240	250	260	270	280	290	300
$\Delta\eta$（%）	2.0	1.5	1.0	0.5	0	0.3	0.7	1.0	1.3	1.7	1.9	2.2	2.7	3.0

长轴离心深井泵在规定允许使用的流量范围内，其允许的最低效率见表4-13。

$n_s=110\sim210$ 的深井泵允许的最低效率   表 4-13

Q (m^3/h)	5	10	18	30	50	80	130
η (%)	48.5	56.0	60.5	63.5	66.0	67.5	68.8
Q (m^3/h)	160	210	340	550	900	1000	1500
η (%)	69.8	70.2	71.5	72.0	72.3	72.5	72.7

上述 η (%) 是比转数 $n_s=110\sim210$，当比转数 $n_s>210$ 时的修正系数见表4-14。

$n_s>210$ 的深井泵允许最低效率的修正系数   表 4-14

n_s	220	230	240	250	260	270	280	290	300
$\Delta\eta$ (%)	0.15	0.40	0.70	0.95	1.30	1.70	2.00	2.50	3.00

对于混流泵和轴流泵，国家尚未制订效率的最小范围，供水企业可依据制造厂给出的性能曲线进行对照。如运行中的泵效率低于表 4-13 所列出的值，或者低于制造厂所给出的性能指标时，则应更换效率较高的泵。

对于采用调节出水阀来控制管网压力的，说明泵的选型与当前水量供应的情况十分不匹配，应该根据实际情况更换泵型号或者采用调速技术来改善此类供水情况。城市供水的特点是供水量随时间、季节有较大的变化。若流量的变化与季节有明显的关系，则可以更换合适的叶轮以满足流量变化的需要。取用地下水的深井泵，若地下水位的变化已经超出深井泵的范围，则需列入更新改造计划。

4.10　给水泵站 SCADA 系统

SCADA（Supervisory Control And Data Acquisition）系统即监控与数据采集系统是将先进的计算机技术、工业控制技术、通信技术有机地结合在一起，既具有强大的现场测控功能，又具有极强的组网通信功能，是自动化领域广泛应用的重要系统之一。泵站 SCADA 系统的主要作用是对泵站运行的各种参数进行实时采样，将采样数据进行实时处理并形成科学的运行方案，向控制机构发出指令，对泵站实施调节控制。给水泵站 SCA-DA 系统的建设是城市智慧供水的必要条件，是保障泵站安全、高效运行的必要措施。

4.10.1　泵站 SCADA 系统的功能

泵站 SCADA 系统应具有如下的基本功能：

（1）数据实时采集。对泵站需要了解其运行参数，掌握其运行工况。需要实时采集的数据有泵站出水压力、流量、流量累积、电动机电流、电压、有功电度、无功电度、水池（或水源）水位、原水浊度、各泵运行时间、闸阀开启状态等信息。

（2）数据实时传输。所有采集到的数据由现场发射设备发送后，由通信网络及时传送到调度中心的接收设备上，接收设备再将采集到的检测数据传输到调度中心的 SCADA 服务器。

（3）信息实时处理。检测到的数据（信息）通过软件系统进行实时处理，服务生产需要，其功能包括：

1）设备参数实时显示；

2）设备参数超限报警；

3）历史数据查询；

4）参数变化趋势分析；

5）泵站生产报表（日、月、年）；

6）历史数据存储；

7）用水量逐时变化分析；

8）调度方案生成及下达。

（4）控制远程执行。接受调度中心下达的控制命令，及时向远程监控站发送指令来控制相关设备的运行，从而实现泵站的科学调度。控制功能应达到：

1）开、停机自动控制；

2）事故停机实时控制；

3）机组运行最优控制。

一个现代的泵站 SCADA 不但具有调度和过程自动化的功能，也具有管理信息化的功能，而且向着决策智能化方向发展，这为泵站的安全运行、优化调度提供了强有力的保障。

4.10.2　给水泵站 SCADA 系统的组成

城市给水泵站 SCADA 系统是城市给水管网 SCADA 系统的重要组成部分。现代 SCADA 系统一般采用多层体系结构，多由设备层、控制层、调度层、信息层等构成。

（1）设备层

设备层的设备一般安装于被控生产过程的现场。典型的设备是各类传感器、变送器和执行器，他们将生产过程中的各种物理量转换为电信号（一般变送器）或数字信号（现场总线变送器）送往控制层，或者将控制层输出的控制量（电信号或者数字信号）转换成机械位移，带动调节机构，实现对生产过程的控制。因此设备层的设备是生产状态与信息的直接感知者，是控制的最终实施者。

（2）控制层

控制层往往设有多个控制站，每个控制站与相应的设备层连接，接受设备层提供的生产过程状态信息，按照一定的控制策略计算出所需的控制量并送回设备层（即发出执行指令）；同时还将所接收的状态信息进行一些必要的转换和处理之后送到其他控制站和上层的调度层。

控制层各个控制站之间连成控制网络，以实现数据交换。当给水泵站 SCADA 系统作为给水管网 SCADA 系统的一部分建设时，取水泵站、送水泵站、加压泵站均作为给水管网 SCADA 系统的一个控制站。控制层一般由可编程控制器（PLC）或远方终端（RTU）组成。

（3）调度层

调度层一般设有监控站（操作员站）、维护站（工程师站）、数据站（服务器）、通信站等，往往由多台计算机联成的局域网构成。

监控站是操作员与操作系统相互交换信息的人机接口。通过监控站，操作员可以监视生产设备的运行情况，读出每一个过程变量的数值或状态，判断每个控制回路是否工作正常，并且可随时进行手动或自动控制方式的切换，修改给定参数，调整控制量，操作现场设备，以实现对生产过程的干预。另外，还可打印各种报表。为了实现上述功能，监控站一般由一台具有较强图形功能的微机以及相应的外部设备组成。

维护站是为了控制工程师对控制系统进行配置、组态、调试、维护所设置的工作站，通过它可实时修改监控站及控制层的数据与软件程序。维护站的另一个作用是对各种设计文件进行归类和管理。因此，维护站一般由一台 PC 机配置一定数量的外部设备所组成。

数据站的主要任务是存储过程控制的实时数据、实时报警、实时趋势等与生产密切相关的数据，同时进行事故分析、性能优化计算、故障诊断等。

通信站主要用来与外界系统进行通信。如给水泵站的 SCADA 系统与供水企业的 MIS、供水管网 GIS 的通信等。

（4）信息层

提供全球范围信息服务与资源共享，包括与供水企业内部网络共享信息。信息层可以通过广域网（如国际互联网）将 SCADA 系统的所有信息发布到全球范围内，也可在世界任何地方进行远程调度与维护。

由于取水泵站、送水泵站往往属于某个水厂的管理范围，因此泵站 SCADA 系统的控制层、调度层可以与水厂过程控制系统的监控层合并建设。图 4-71 为某水厂过程监控系统的示意图。该控制系统采用集散型控制（Disturbed Control System）方式。所谓集散型控制就是"指挥权集中、控制权分散"。它具有如下一些特点：

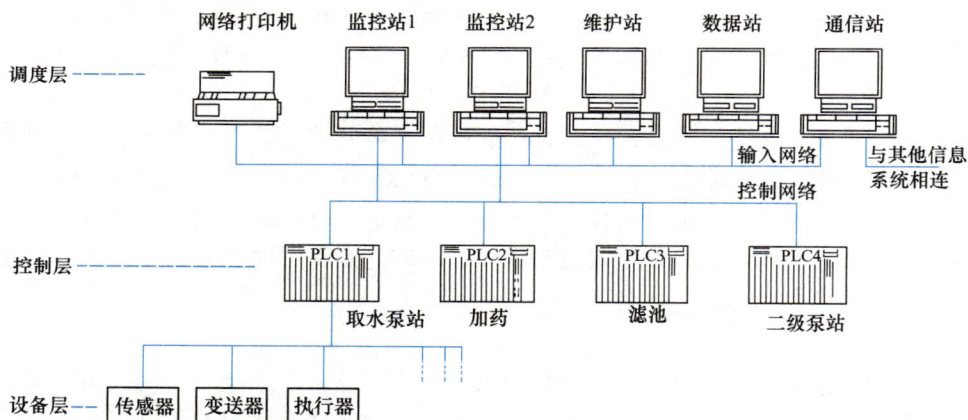

图 4-71　泵站（水厂）SCADA 系统

1）集中管理、分散控制。它可在中控室对车间的各种设备进行控制和管理，又能在车间控制室通过控制器对车间设备进行控制，还可以在现场就地控制，以避免集中式控制系统存在的危险性，即主机一发生故障，整个控制系统就会停止运转。当调度网络发生故障时，不会影响控制层各控制站的控制功能，当某个控制站故障时，操作员可就地对设备进行控制。

2）可使操作调试人员从就地控制、车间控制逐步过渡到中央控制。调试安装方便，利于操作。

3）可维护性好，维修方便。检修系统中任一部分，不会影响其他部分的自动运行。

4.10.3　给水泵站 SCADA 系统的技术基础

SCADA 系统应用的不断普及，得益于其基础技术 3C＋S（Computer、Communication、Control、Sensor）近年来的快速发展，全面了解这些技术的发展，有利于 SCADA 系统应用水平的提高。

（1）计算机（Computer）技术

近些年来，计算机技术飞速发展，强大的硬件平台支持着不断更新的视窗操作系统和网络技术，能够完成大型的控制和信息处理任务，为构建高性能的 SCADA 系统创造了条件。

在 SCADA 系统中，计算机主要用作调度主机和数据服务器。近来国内外许多厂家都推出了基于 Windows 的 For SCADA 的组态软件。这些软件平台上可以完成与调度相关的数据采集，提供了多种控制或智能设备通信的驱动程序、动态数据交换（DDE）等功能，便于实现数据处理、数据显示和数据记录等工作，具有良好的图形化人机界面（MMI），具备趋势分析和控制功能。计算机的网络功能为 SCADA 系统与供水企业其他信息系统的一体化提供了条件。

（2）通信（Communication）技术

SCADA 系统设计是否合理，通信技术与设备的选择十分重要。

SCADA 系统中的通信主要表现在以下几个方面：

1）设备底层的通信。即检测仪表、执行设备等的通信。底层设备数字化，以替代传统的电流或电压信号连接。数字化设备之间的通信多采用串行通信，如 RS232C，RS485、RS422 等，而 USB（Universal Serial Bus）是高效率、即插即用、热切换的接口通信协议，具有良好的应用前景。

2）控制层的通信。即控制设备与计算机，或控制设备之间的通信。这些通信多采用标准的测控总线技术，要根据控制设备的选型确定通信协议，也要求控制设备选型尽量统一，以便于维护管理。

3）调度层的通信。这是计算机之间的网络通信，实现计算机网络互联与扩展。目前采用最多的是工业以太网。

4）设备层与控制层之间的通信

传统的控制系统，现场设备与控制器的连接是一对一的 I/O 连线。随着现场设备的数字化以及现场总线技术的发展，设备层与控制层之间可通过现场总线连接成通信网络，实现两者之间的通信。

5）控制层与调度层的通信

控制层与调度层的通信可采用有线通信和无线通信两种方式。

无线通信技术包括微波通信、短波通信、双向无线寻呼等，应用最多的是超短波 200MHz 的通信。当前正在发展的 GPRS 或 CDMA 通信传输技术将成为 SCADA 系统数据通信的首选方案。

有线通信可以利用公共数据网进行，或通过电话、电力线进行载波通信，但成本非常高，只有短距离或要求高可靠性时采用。

6）调度层与信息层的通信

这也是计算机之间的网络通信，将 SCADA 联入 Internet，不但可以享受公共网络的廉价服务，而且可以将控制与管理信息漫游到全世界，实现全球资源共享。

（3）控制（Control）技术

控制设备为 SCADA 系统的下位机，是泵站调度执行系统的组成部分。目前常用的控制设备有工控机（IPC）、可编程逻辑控制器（PLC）、远方终端（RTU）等多种类型。

IPC 其本质还是计算机，具有大容量和高速数据处理能力，其软件十分丰富，有理想的界面。随着现场设备的数字化及与控制设备通信连接技术的发展（如 USB），IPC 的应用可能会不断增加。

PLC 是易安装、易编程、可靠性高的技术产品，能提供高质量的硬件、较强功能的软件平台，能与现场设备方便连接，特别适于逻辑控制和计时、计数等，多数产品还适用于复杂计算和闭环调节控制，因而，尤其适用于泵站的控制。

RTU 是介于 IPC 和 PLC 的产品，它既有 IPC 强大的数据处理能力，又具备 PLC 方便可靠的现场设备接口，特别是远程通信能力比较强，RTU 适于在 SCADA 系统完成较大型的或远程的控制任务。

（4）传感（Sensor）技术

在 SCADA 系统的现场设备层，安装有许多传感器，完成数据采集任务。

传感器可分为智能型和非智能型两类。非智能型完成电量的标准化信号转换和非电量的理化数据向标准化电量信号转换。智能型传感器除完成上述非智能传感器的工作之外，还具有上、下限报警设置、自诊断与校准、数据显示、简单数字逻辑控制等功能。最新的智能传感器大都具有某种现场总线功能，可以与 SCADA 的上位计算机（监控站）或下位控制单元通信。

在泵站 SCADA 系统中常用的传感器主要有：水位、压力、流量、温度、湿度、电压、电流、功率、电度、功率因素以及接近开关、限位开关、水位开关、继电器等。传感器在 SCADA 系统数量相对较大，类型也很多，其可靠性是 SCADA 系统长期稳定工作的关键。

4.10.4 给水泵站 SCADA 系统的发展趋势

（1）20 世纪 90 年代以前的实时监控系统都是封闭式的，系统的升级非常困难。随着计算机 RISC 技术、图形化人机界面技术、网络技术、操作系统的标准化技术的发展，"开放系统"的概念逐渐被计算机厂商和用户接受，系统的升级和扩容问题能得到较好的解决。

（2）泵站控制软件方面，采用通用组态软件开发也将成为必然。组态软件是一种监控系统开发工具，由它开发的监控系统可以适用于一大类被监控对象，用户只需利用系统软件提供的工具，通过简单的组态工作，即可构成所需监控软件的功能。

（3）人工智能和物联网技术对泵的监测和故障诊断技术发展的影响。首先，基于人工智能技术的进展，故障诊断算法正从以数值计算与信号处理为核心的诊断技术，向以知识处理和知识推理为核心的诊断技术发展。而物联网技术的普及，使基于云平台的泵组远程监测和诊断技术得到推广应用。同时，基于边缘计算概念的远程监测与诊断技术也在近年得到发展，这种方法将泵现场监测诊断和云平台处理有机结合，是远程监测和故障诊断发展的一种新趋势。

（4）应用软件的开发。充分利用 SCADA 系统的检测数据，应用专家系统、模糊决策、神经网络等新技术开发出辅助调度和管理决策软件，以实现泵站的故障诊断、优化调度。

（5）信息系统的集成。SCADA 系统应与供水企业的其他信息系统如 GIS、MIS 等集成，共享信息，避免"信息孤岛"等现象的出现。

随着 SCADA 系统的完善，包含远程监测、智能诊断、能效评估、智能调控的泵全生命周期运行管理技术的应用使管理逐步实现智能化。这为供水企业安全供水、降低成本、改善服务水平提供了重要的技术保障。

4.11　给水泵站的土建要求

4.11.1　一级泵站

如前所述，地面水源取水泵站，往往建成地下式的。

地下式一级泵站由于"临水深埋"，在结构上要求承受土压和水压，泵房筒体和底板要求不透水，有一定的自重以抵抗浮力，这就大大增加了基建投资。因此，对于地下式泵房应尽可能缩小其平面尺寸，以降低其工程造价。在地质条件允许时，一级泵房多采用沉井法施工，因此，大都采用圆形结构。其缺点是布置机组及其他设备时，不能充分利用建筑面积，此外，安设吊车也有一定困难。因此，有时泵房地下部分是椭圆形，而地上部分做成矩形。泵房筒体的水下部分用钢筋混凝土结构，水上部分可用砖砌。泵房底板一般采取整体浇筑的混凝土或钢筋混凝土底板，并与泵机组的基础浇成一体。为了减小平面尺寸有时也采用立式泵。配电设备一般放在上层以充分利用泵房内空间。压水管路上的附件，如止回阀、闸阀、水锤消除器及流量计等一般设在泵房外的闸阀井（或称切换井）。这样，不仅可以减小泵房建筑面积，而且当压水管道损坏时，水流不至向泵房内倒灌而淹没泵房。泵站与切换井间的管道应敷设于支墩或钢筋混凝土垫板上，以免不均匀沉陷。泵站与吸水井分建时，吸水管常放在钢筋混凝土暗沟内，暗沟上应留出入的人孔，暗沟的尺寸，应保证工人可以进入检查、处理漏水漏气事故，当需要换管子时，可以通过人孔，把管子取出来。暗沟与泵房连接处应设沉降缝，以防不均匀沉降而导致管道破裂。

泵房内壁四周应有排水沟，水汇集到水坑中，然后用排水泵抽走。排水泵的流量可选用 $10\sim30L/s$，其扬程由计算确定。

一级泵站由于抽的是未经处理的原水，因此，一般需要另外接入自来水作为泵机组的水封用水。

地下式泵站中，上下垂直交通可设 $0.8\sim1.2m$ 宽的坡度为 1：1 或稍小于该坡度的扶梯，每两个中间平台之间不应超过 20 级踏步。站内一般不设卫生间、贮藏室，为防止火灾，泵站内外要考虑灭火设备。

地下式一级泵站扩建时有一定困难，所以在第一次修建时，即应考虑将来的扩建问题，通常泵房一次建成，设备分期安装。泵站内机器间的电力照明按每平方米地板面积 $20\sim25W$ 计算。

泵站的大门，应比最大设备外形尺寸大 0.25m。对于特别笨重的设备应预先留出安装孔。为了保证泵房内有良好的照明，应在泵房的纵墙方向开窗，窗户面积最好大于地板面积的 1/4。

在泵房附近没有修理厂时，应在泵房内留出 $6\sim10m^2$ 的面积，作为修理和放置备用零件。

图 4-72 所示为某化工厂地下式取水泵房实例。泵房内设 14Sh-13A 型泵四台（三台工作，一台备用），由于河中最低水位低于泵轴线标高，但常水位却高于泵轴线标高，故仅设 SZ-2 型真空泵两台（一台工作一台备用），作为最不利情况下启动泵之用。因泵房较深，仅筒体高度即达 13m，为了改善工人工作环境和电动机工作条件，设置轴流风机一台。为便于安装和检修机组及各种设备，安设起重量为 2t、跨度为 9m 的手动单轨吊车一台。此外，为排除机器间内积水，设置卧式排水泵一台。沿泵房内壁设宽 1.2m 的扶梯，

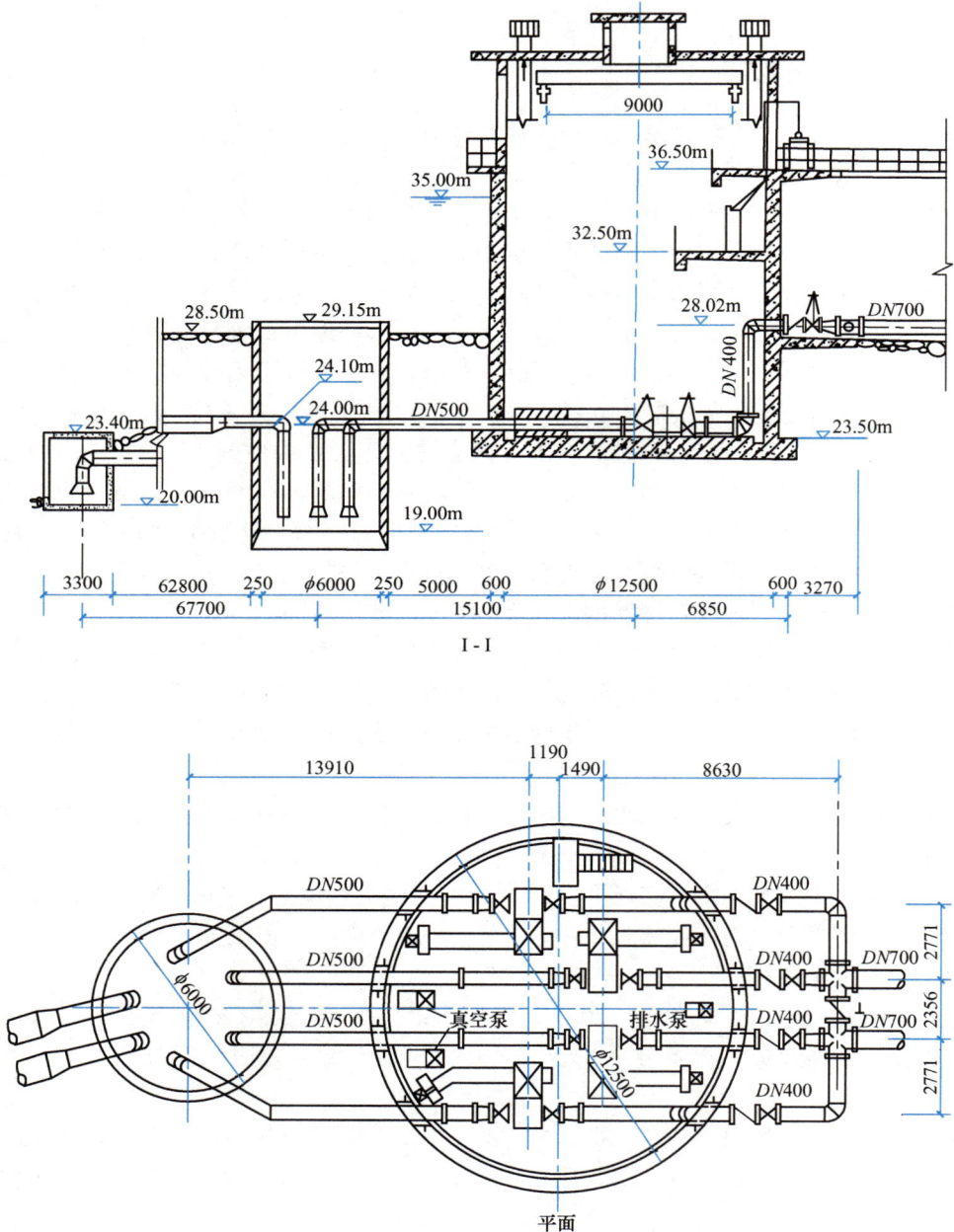

图 4-72　卧式泵地下式取水泵房（集水井与机器间分建）

以便值班人员上下。

图 4-73 为某城以地表水为水源的取水泵房，集水井与机器间合建，设计枯水位高于泵轴标高，为自灌式。4 台泵出水管在泵房内连接切换成两条输水管（近期仅敷设一条，远期再增加一条）。

图 4-74 为地埋式矩形取水泵房，纵向布置为进水室、吸水室、机器间。进水室设有格网，机器间共有 10 台机组，双排布置，吸水室顶板承压，其上层为变配电间、变频控制室、值班室等。

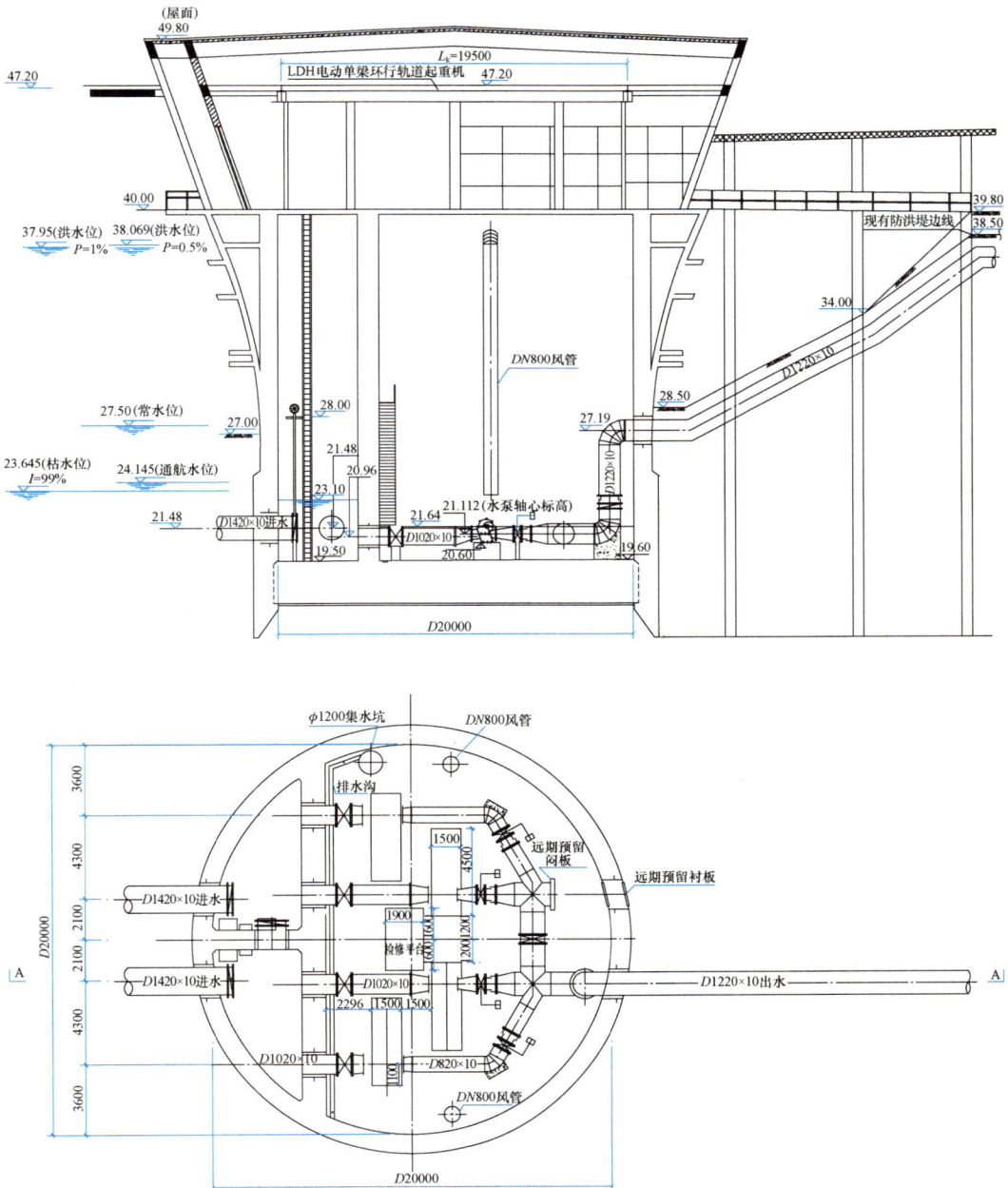

图 4-73　地下式取水泵房（集水井与机器间合建）

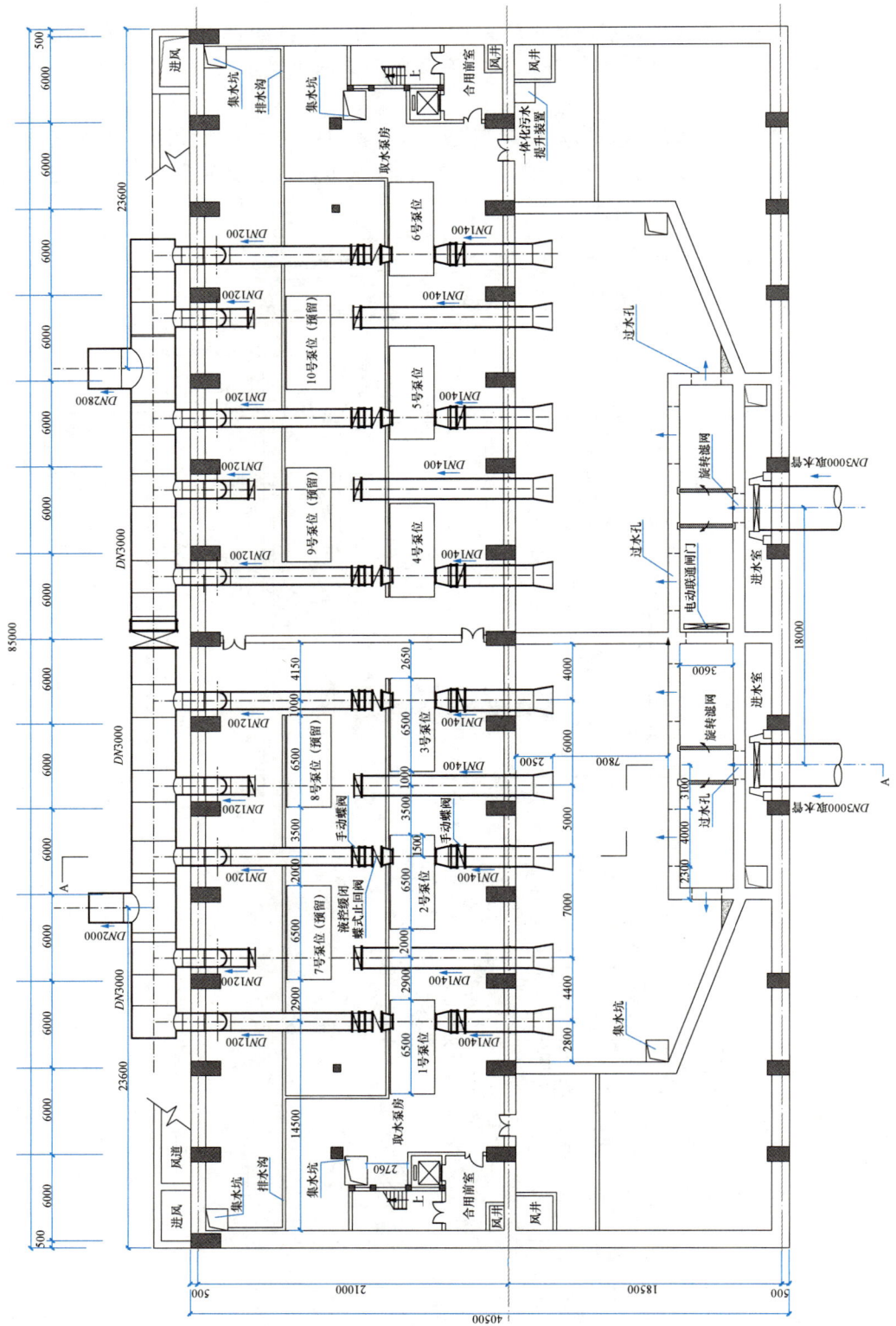

图 4-74（a） 地埋式矩形取水泵房平面图

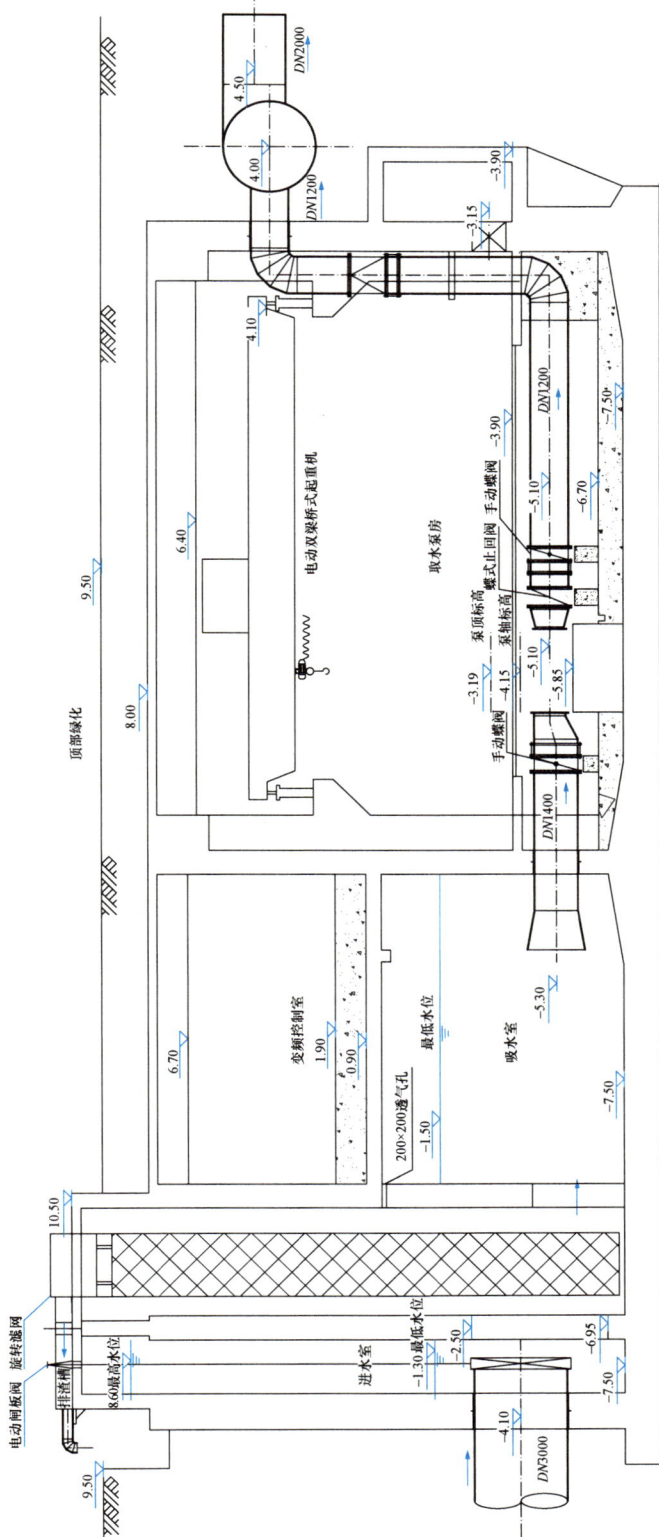

图 4-74（b）　地埋式矩形取水泵房剖面图

　　图 4-75 所示为采用立式泵的地下式取水泵站实例。泵站由泵房本体、栈桥、护岸三部分构成。泵房为箱形结构，纵向间隔为集水井、转动机器间。竖向布置有机器间和操作平台。

　　图 4-76 为设有 4 台 QG 型潜水供水泵的取水泵站实例，采用钢制井筒式安装。由于潜

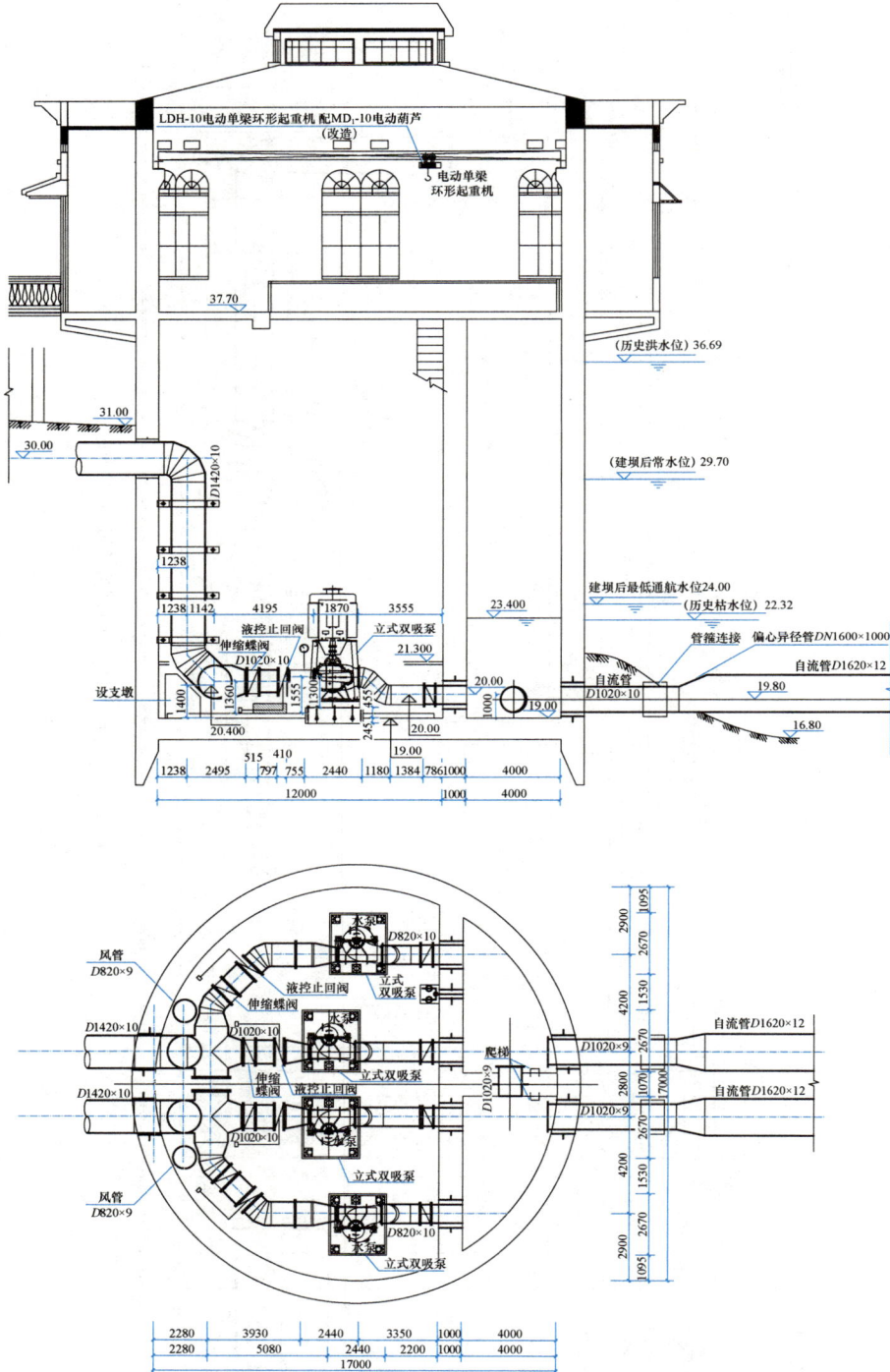

图 4-75　立式泵的地下式取水泵房

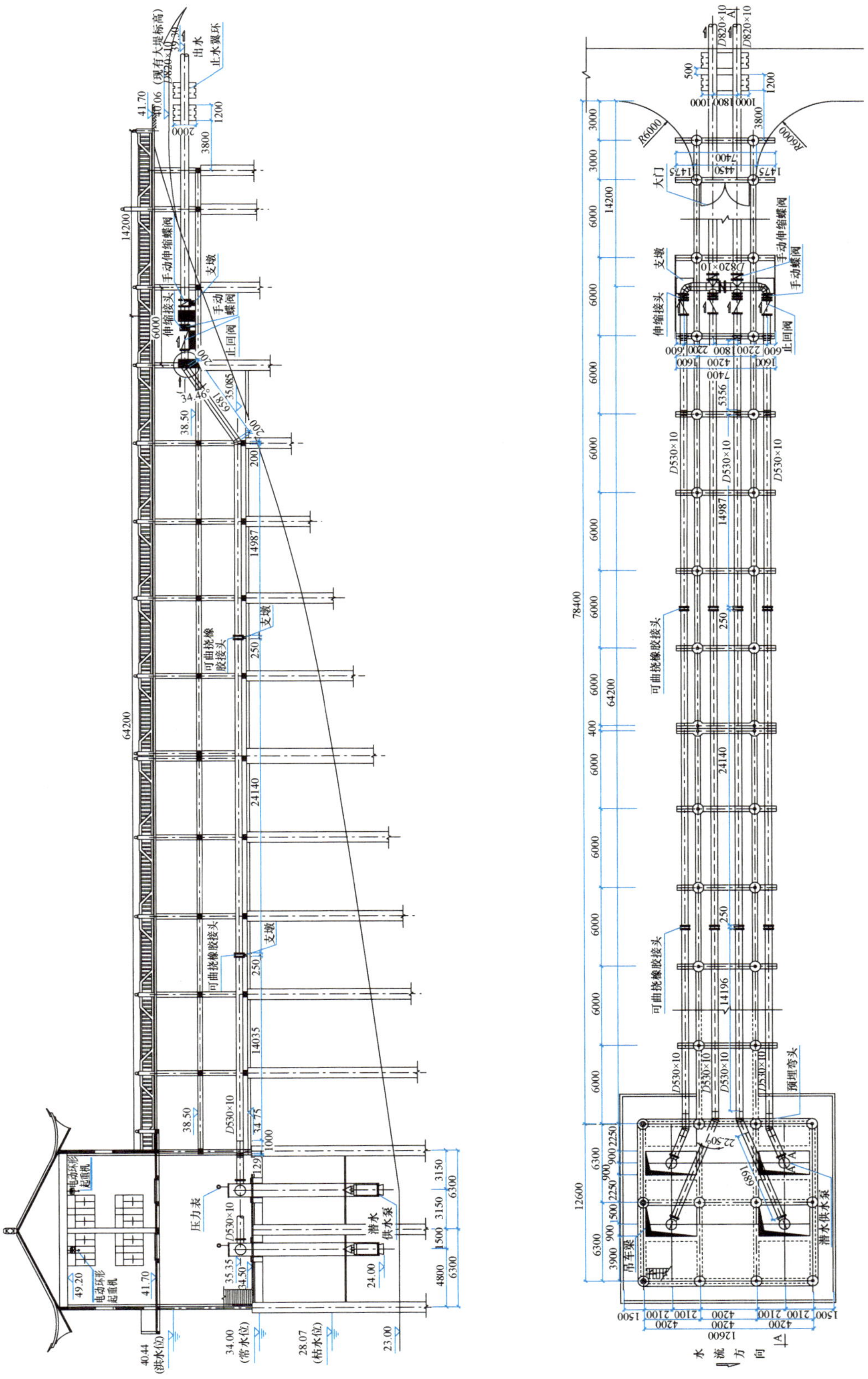

图 4-76 潜水供水泵取水泵房布置图

水泵的采用，泵站土建大为简化，土建投资较传统泵站节约 60% 左右，对于水源水位涨落大的水源取水尤为合适。

4.11.2　二级泵站

二级泵站的工艺特点是泵机组较多，占地面积较大，但吸水条件较好。因此大多数二级泵站建成地面式或半地下式。

地面式的优点是施工方便，造价较低和运行条件较好。在半地下式的泵站内，启动泵比较方便。

若泵房地坪标高低于室外排水管标高时，则应设置抽水设备。

二级泵站由于机组台数较多，因而附属的电气设备及电缆线也较多。在进行工艺设计时，应结合土建与供电要求一并考虑。但是，对于二级泵站，土建造价相对地比经常电能耗费小，因此，在设计二级泵站时，要着重注意工艺上的要求和布置。土建结构应保证满足工艺布置的要求。

二级泵房属于一般的工业建筑，常用的是柱墩式基础，墙壁用砖砌筑于地基梁上，外墙可以是一砖、一砖半或二砖厚，根据当地气候的寒暖而定。为了防潮，墙身用防水砂浆与基础隔开。对于装有桥式吊车的泵房，墙内须设置壁柱。机组运行时，由于振动而发生很大噪声，影响工人健康，为此，首先应保证机组安装的质量，同时要把机组与基础连接好，如有必要亦可采取消声措施。在管道穿过墙壁处采用柔性穿墙套管也可减少噪声的传播。泵房设计还应考虑抗震和人防要求。从抗震角度出发，泵房最好建成地下式或半地下式的。如果地下水位很高，施工困难或受其他条件限制，不能修建地下式时，也可设计成地面式泵房，但必须尽量做到：平、立面简单，体形规整，不做局部突出的建筑。泵站内还应有水位指示器，当清水池或水塔中水位最高或最低时，便可自动发出灯光或音响信号。

泵站内外应设置灭火设施或消火栓，以扑灭可能的火灾。泵站内应设电话机，供联络用，如电话机设在机器间内，则应做成隔声的电话间。

图 4-77 所示为设有 5 台双吸离心泵的半地下式二泵房的平面布置图，吸水井与机器间分建，高低压配电室、控制室、值班室等设于泵房一侧。5 台泵（1 号、2 号泵供高区，另 3 台泵供低区）成横向单行排列。这样布置便于沿泵房纵向设置单梁式吊车，吸水管道与压水管道直进直出，可减少水头损失，节省电耗。高区供水泵与低区供水泵出水管通过联络管连接（中间用闸阀隔开，闸阀处于常闭状态）。清水池高水位时自灌引水，低水位时真空泵引水。机器间地板向吸水侧有 0.005 的坡度，沿墙内侧设有排水沟，集水坑设于泵房一角，潜水泵排水。

4.11.3　循环泵站

循环泵站的两个显著特点是：

（1）泵站的流量和扬程比较稳定，一般可选用同型号的泵并联工作。

（2）对供水的安全性要求较高，特别是一些大型的冶金厂和电厂，即使极短时间内中断供水也是不允许的。

（3）站内常装有热水泵，为改善泵的吸水条件，应采用自灌式工作，故泵站埋设较深。

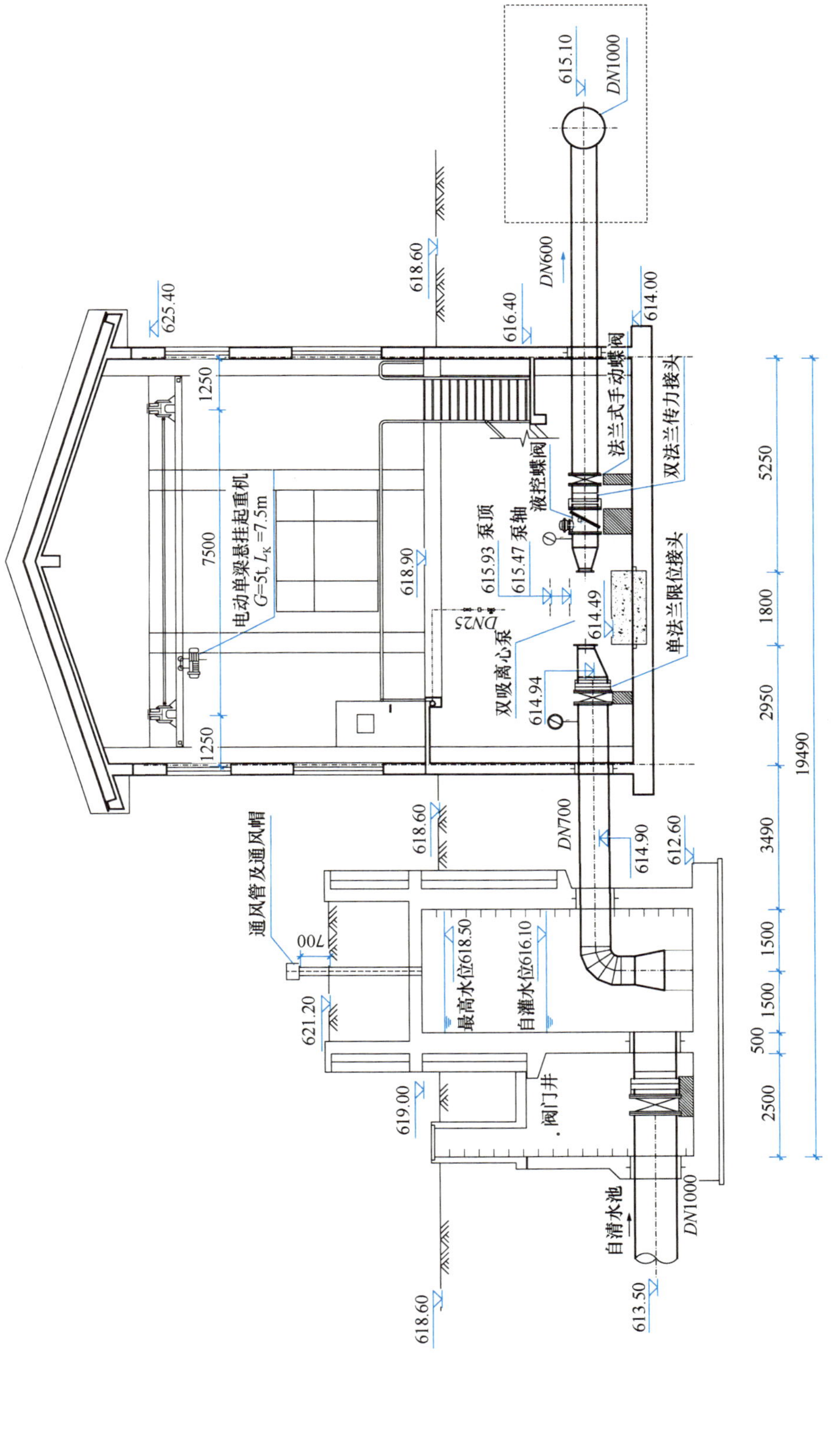

图 4-77 (a)　二泵房剖面图

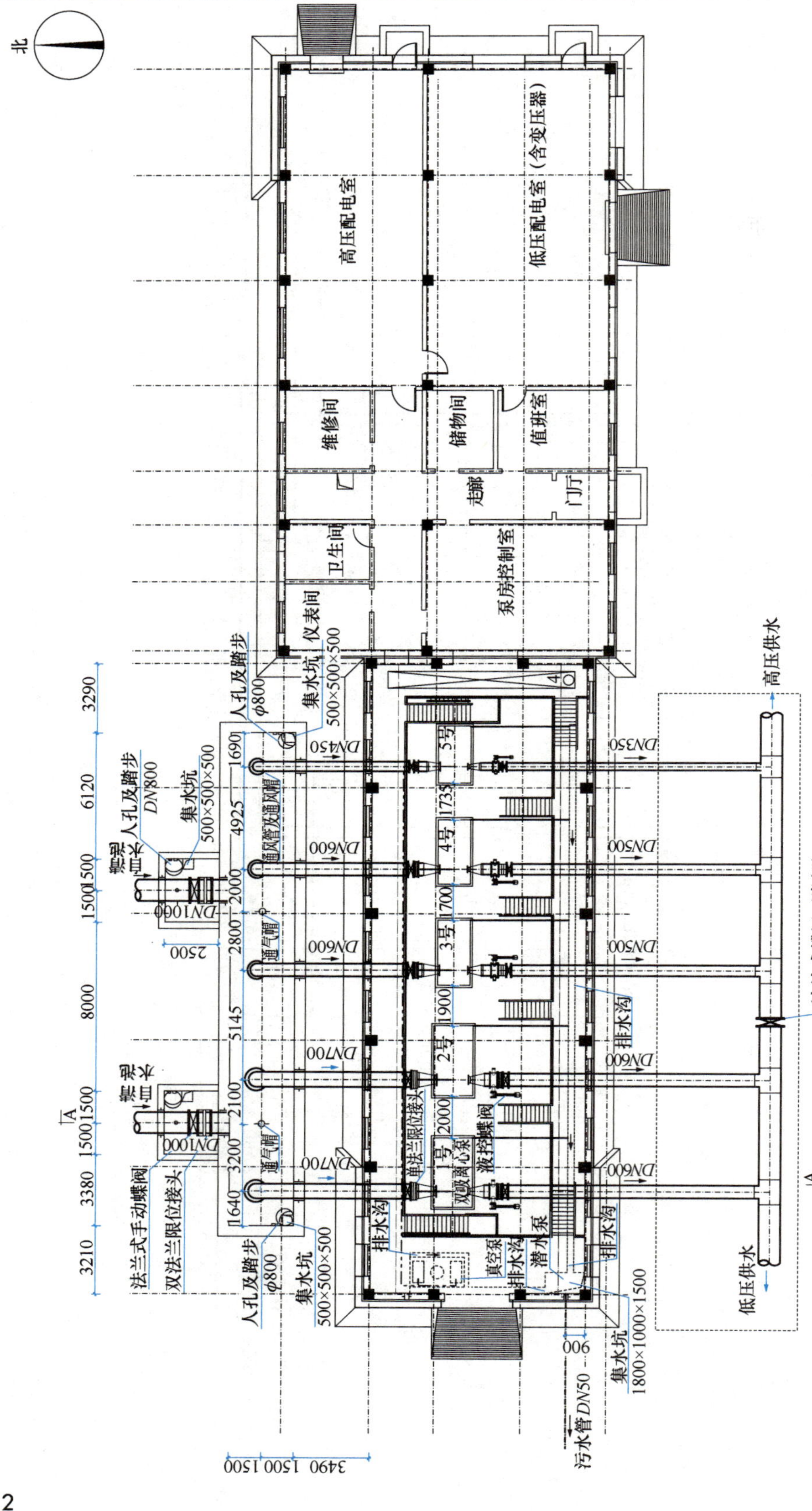

图 4-77 (b) 二泵房平面布置图

因此，在选泵和布置机组时，必须考虑有必要的备用率和安全供水措施。

循环泵站中有冷、热水两种泵。当条件允许时，应尽量利用废热水本身的余压直接送到冷却构筑物上去冷却，这样，便可省去一组热水泵机组，只需设置冷水泵机组，因而使泵站布置大为简化。

设有冷水及热水泵机组的循环泵房，在平面上常有以下几种布置形式：

（1）机组横向双行交错排列布置，如图 4-78（a）所示。此布置形式适用于机组较多，泵都是相同转向的情况下。优点是布置紧凑，泵房跨度较小。缺点是吸水管与压水管均须横向穿过泵房，增加管沟或管桥设施。

（2）图 4-78（b）与图 4-78（a）的布置基本相同。其特点是冷热水泵都有正、反两种转向，冷热水吸水池可以设在泵房的同一侧。

（3）机组纵向双行排列布置，如图 4-78（c）所示。此布置形式适用于机组较多的情况。其特点是管道布置在泵房两侧，不需横穿泵房，因此，通道比较宽敞，便于操作检修。缺点是泵房跨度较大。

（4）机组纵向单行排列布置，如图 4-78（d）

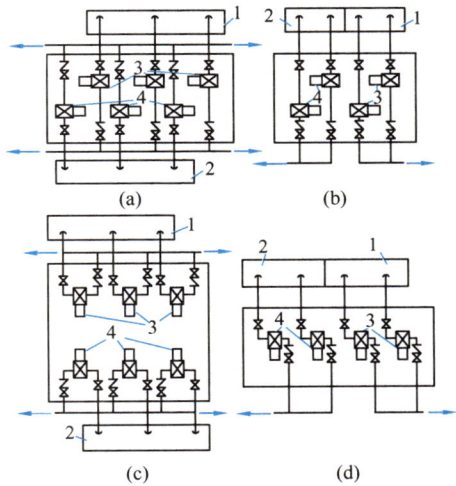

图 4-78　循环泵房布置
1—热水池；2—冷水池；3—热水泵组；
4—冷水泵组

所示。此布置形式适用于机组较少的情况。冷水池与热水池可以布置在泵房的同一侧或者分开布置在泵房的两侧。亦可采取泵机组轴线位于同一直线的单行顺列，则管道的水力条件较好，但泵房长度较大。

有些大型工厂的循环泵站，泵机组多达十几台、几十台，往往采用几种形式的综合布置。这要根据生产工艺流程的布局，对泵站的要求以及地形地质条件等具体情况，经多方案的技术经济比较后确定。

4.11.4　深井泵站

深井泵站通常由泵房与变电所组成。深井泵房的形式有地面式、半地下式和地下式三种。不同结构形式的泵房各有其优缺点。地面式的造价最低，建成投产迅速；通风条件好，室温一般比半地下式的低 5~6℃；操作管理与检修方便；室内排水容易；泵电动机运行噪声扩散快，音量小；但出水管弯头配件多，不便于工艺布置，且水头损失较大。半地下式比地面式造价高；出水管可不用弯头配件，便于工艺布置，且水力条件好，可稍节省电耗及经常运行费用，人防条件较好；但通风条件较差，夏季室温高；室内有楼梯，有效面积缩小；操作管理、检修人员上下、机器设备上下搬运均较不便；室内地坪低，不利排水；泵电动机运转时，声音不易扩散，声量大；地下部分土建施工困难。地下式的造价最高，施工困难最多，防水处理复杂；室内排水困难；操作管理、检修工作不便；但人防条件好；抗震条件好；因不受阳光照射，故夏季室温较低。

实践表明：以上三种形式，以前两种为好。

深井泵房平面尺寸一般均很紧凑，因此选用尺寸较小的设备对缩小平面尺寸有很大意义。设计时应与机电密切配合，选择效能高、尺寸小、占地少的机电设备。

此外，深井泵房设计，还应注意泵房屋顶的处理，屋顶检修孔的设置以及泵房的通风、排水等问题。

（1）一般深井泵站

当用深井泵提升地下水时，泵浸于水中，电动机设于井上，一台泵即为一个独立泵站。

图4-79及图4-80所示为深井泵提升地下水的半地下式泵房。泵压水管直接接出，无弯头配件，故水力条件较好。该泵房的立式电动机1装在井口的机座上，泵将井水抽送到水塔或清水池，以便供给用户。在泵压水管路2上，除了设置闸阀3和止回阀4外，为了便于施工及检修，还安装了一个伸缩接头5。

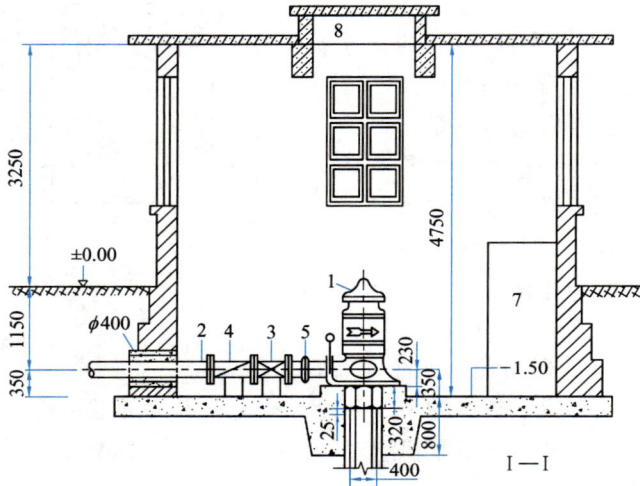

图 4-79　半地下式深井泵房（剖面）

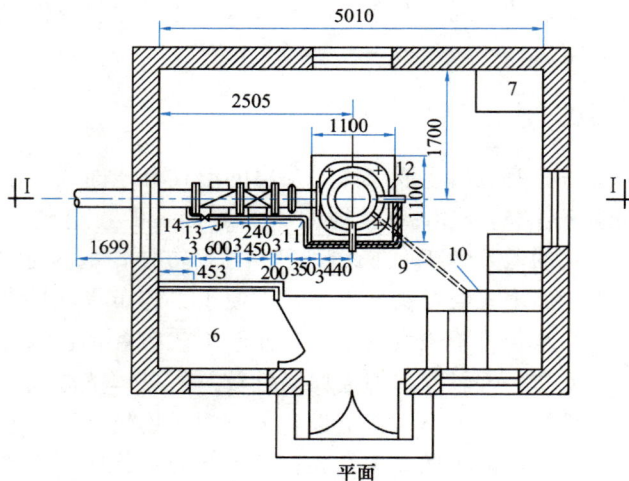

图 4-80　半地下式深井泵房（平面）

1—立式电动机；2—压水管；3—闸阀；4—止回阀；5—活箍；6—消毒间；7—低压配电盘；8—吊装孔；
9—排水管；10—集水坑；11—预润水管；12—预润水阀门；13—放水嘴；14—检修闸阀

泵房进口左侧为消毒间 6，消毒间靠近窗户，以利通风。泵站内的墙角处设置配电用的低压配电盘 7，配电盘应远离窗户，以防雨水淋入。

泵房屋顶开有安装泵机组和修理泵机用的吊装孔 8，当进行修理工作时，在吊装孔上可装设起重设备。

深井泵填料函的排出水经 $\phi25$ 排水管 9 流至集水坑 10，然后用手摇泵排除。

从止回阀后的压水管路上，引出一根 $\phi13$ 的预润水管 11 与深井泵的预润孔相接，当管井中水位较低，井水位以上露出的深井泵主轴轴承较多，且深井泵停止运转 30min 后启动时，可将预润水管阀门 12 打开，以便在泵启动前引压水管内的水润滑主轴轴承。预润水管上有供取水样和放空管内存水的放水嘴 13 及供修理泵和放水嘴时使用的检修闸阀 14。

为了测量井中水位，还要装设水位计。由于小型深井泵站系"一井一泵"，设置分散管理不便，故一般应设置中心调度室，实行集中遥控。

当用潜水泵取集地下水时，由于电动机和泵一起浸在水下，在井口上仅有出水弯管，因此无须每井单独设立泵房，而可以在地下蓄水池附近设一集中控制间来管理很多向此蓄水池供水的潜水泵。这时配电设备及启动开关均可设在控制间内。

潜水泵要求在井下挂得直，在泵外壳和井筒之间要有 5mm 以上的空隙。潜水泵不应触及井底，否则机组承受扬水管的重量，引起损坏，同时抽出的水质也受影响。

（2）大型深井泵站（湿式竖井泵站）

当地下水源岩性很好，储量充沛，涌水量大，但埋藏较深时，或在山区河流取集地面水时，可以采取"一井多泵"的方法，即在一个大口径钢筋混凝土井筒内，设置若干台深井泵或潜水泵取水。我国西南地区一些水厂和工厂自备水源采用这种方式取水取得了一定效果。

4.12　给水泵站的工艺设计

4.12.1　设计资料

设计泵站所需资料，可分为两部分：

1. 基础资料

基础资料对设计具有决定性作用和不同程度的约束性。它往往不能按照设计者的意图与主观愿望任意变动，是设计的主要依据。主管部门对设计工作的主要指示、决议、设计任务书、有关的协议文件、工程地质、水文与水文地质、气象、地形等，都属于这类资料。共有：

（1）设计任务书。

（2）规划、人防、卫生、供电、航道、航运等部门同意在一定地点修建泵站的正式许可文件。

（3）地区气象资料：最低、最高气温，冬季采暖计算温度，冻结平均深度和起止日期，最大冻结层厚。

（4）地区水文与水文地质资料：水源的洪水位、常水位、枯水位资料，河流的含砂量、流速、风浪情况等，地下水流向、流速、水质情况及对建筑材料的腐蚀性等。

（5）泵站所在地附近地区一定比例的地形图。

（6）泵站所在地的工程地质资料，抗震设计烈度资料。

（7）用水量、水压资料以及给水排水制度。

（8）泵站的设计使用年限。

（9）电源位置、性质、可靠程度、电压、单位电价等。

（10）与泵站有关的给水排水构筑物的位置与设计标高。

（11）泵样本，电动机和电器产品目录。

（12）管材及管配件的产品规格。

（13）设备材料单价表，预算工程单位估价表，地方材料及价格，劳动工资水平。

（14）对于扩建或改建工程，还应有原构筑物的设计资料、调查资料、竣工图或实测图。

2. 参考资料

参考资料仅供参考，不能作为设计的依据，如各种参考书籍，口头调查资料，某些历史性记录及某些尚未生产的产品目录等，都属于这一类，共有：

（1）地区内现有泵站的运行情况调查资料，泵站形式，建筑规模和年限，结构形式，机组台数和设备性能，历年大修次数，曾经发生的事故及其原因分析和解决办法，冬季采暖，夏季通风情况，电源或其他动力来源等。

（2）地区内现有泵站的设计图、竣工图或实测图。

（3）地区内已有泵站的施工方法和施工经验。

（4）施工中可能利用的机械和劳动力的来源。

（5）其他有关参考资料。

4.12.2 泵站工艺设计步骤和方法

泵站工艺设计步骤和方法分述如下：

（1）确定设计流量和扬程。

（2）初步选泵和电动机或其他原动机，包括选择泵的型号，工作泵和备用泵的台数。由于初步选泵时，泵站尚未设计好，吸水、压水管路也未进行布置，水流通过管路中的水头损失是未知的，所以这时泵的全扬程不能确切知道，只能假定泵站内管道中的水头损失为某一个数值。一般在初步选泵时，可假定此数为2m左右。

根据所选泵的轴功率及转数选用电动机。如果机组由水泵厂配套供应，则不必另选。

（3）设计机组的基础。在机组初步选好后，即可查泵及电动机产品样本，查到机组的安装尺寸（或机组底板的尺寸）和总重量，据此可进行基础的平面尺寸和深度的设计。

（4）计算泵的吸水管和压水管的直径。

（5）布置机组和管道。

（6）精选泵和电动机。根据地形条件确定泵的安装高度。计算出吸水管路和泵站范围内压水管路中的水头损失，然后求出泵站的扬程。如果发现初选的泵不合适，则另行选泵。根据新选的泵的轴功率，再选用电动机。

（7）选择泵站中的附属设备。

（8）确定泵房建筑高度。泵房的建筑高度，取决于泵的安装高度、泵房内有无起重设备以及起重设备的型号。

（9）确定泵房的平面尺寸，初步规划泵站总平面。机组的平面布置确定以后，泵房（机器间）的最小长度 L 也就确定了，如图 4-81 所示：a 为机组基础的长度；b 为机组基础的间距；c 为机组基础与墙的距离。查有关材料手册，找出相应管道、配件的型号规格、大小尺寸，按一定的比例将泵机组的基础和吸水、压水管道上的管配件、闸阀、止回阀等画在同一张图上，逐一标出尺寸，依次相加，就可以得出机器间的最小宽度 B，如图 4-82 所示。

L 和 B 确定后，再考虑到维修场地等因素，便可最后确定泵站机器间的平面尺寸大小。

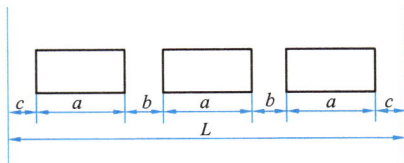

图 4-81　机器间长度 L
a—机组基础长度；b—机组基础的间距；
c—机组基础与墙的距离

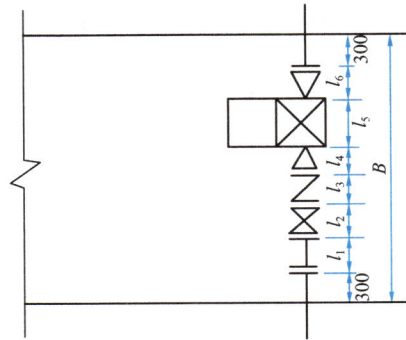

图 4-82　机器间宽度 B
l_1、l_2、l_3、l_4、l_6—短管甲、闸阀、止回阀、
水泵出口短管、进口短管的长度；
l_5—机组基础的宽度

泵站的总平面布置包括变压器室、配电室、机器间、值班室、修理间等单元。

总平面布置的原则是：运行管理安全可靠，检修及运输方便，经济合理，并且考虑发展余地。

变电配电设备一般在泵站的一端，有时也可将低压配电设备置于泵房内侧。

泵房内装有立式泵或轴流泵时，配电设备一般装设在上层或中层平台上。

控制设备一般设于机组附近，也可以集中装置在附近的配电室内。

配电室内设有各种受配电柜，因此应便于电源进线，且应紧靠机组，以节省电线，便于操作。配电室与机器间应能通视，否则，应分别安装仪表及按钮（切断装置），以便当发生故障时，在两个房间内，均能及时切断主电路。

由于变压器发生故障时，易引起火灾或爆炸，故宜将变压器室设置于单独的房间内，且位于泵站之一端。

值班室与机器间及配电室应相通，而且一定要靠近机器间，且能很好通视。

修理间的布置应便于重物（如设备）的内部吊动及向外运输，因此，往往在修理间的外墙上开有大门。

进行总平面布置时，尽量不要因为设置配电间而把泵房跨度增大。

（10）向有关工种提出设计任务。

（11）审校、会签。

（12）出图。

（13）编制预算。

4.12.3 泵站的技术经济指标

泵站的技术经济指标包括单位水量基建投资，输水成本和电耗三项，取决于泵站的基建总投资、年运行费用、年总输水量和生产管理水平。这几项指标，在设计泵站时，可作为方案技术经济比较的参考，而在泵站投产运行以后，则是改进经营管理，降低输水成本和节约电耗的主要依据。

泵站的基建总投资 C，包括土建、配管、设备、电气照明等。初步设计或扩大初步设计时，按概算指标进行计算，施工图设计阶段按预算指标计算，工程投产后按工程决算进行计算。

泵站的年运行费用 S，包括以下几项：

（1）折旧及大修费 E_1。

（2）电费 E_2，全年的电费可按下式计算：

$$E_2 = \frac{\sum Q_i H_i T_i}{1000 \eta_p \eta_m \eta_n} \rho g a \quad (\text{元}) \tag{4-30}$$

式中　Q_i——一年中泵站随季节变化的平均日输水量（m³/s）；

H_i——相应于 Q_i 的泵站输水扬程（m）；

T_i——泵站在（Q_i，H_i）工况下工作小时数（h）；

ρ——水的密度，取 $\rho=1000$kg/m³；

η_p——泵效率（%）；

η_m——电动机效率（%）；

η_n——电网的效率（%）；

a——每 1kW·h 电的价格（元/kW·h）；

g——重力加速度，（m/s²）。

（3）工资福利费 E_3：取决于劳动组织与劳动定员以及职工的平均工资水平。

（4）经常养护费 E_4。

（5）其他费用 E_5。

即：
$$S = E_1 + E_2 + E_3 + E_4 + E_5 \tag{4-31}$$

故单位水量基建投资 c 为：

$$c = \frac{C}{Q} \quad (\text{元/m}^3) \tag{4-32}$$

式中　Q——为泵站设计日供水量（m³/d）。

输水成本 s 为：
$$s = \frac{S}{\sum Q} \tag{4-33}$$

式中　$\sum Q$——为泵站全年的总输水量（m³）。

在泵站日常运行中，电耗大小是衡量其是否正常经济运行的重要指标之一。通常电耗 e_c 以每抽送 1000m³ 的水所实际耗费的电能（kW·h）来表示，即

$$e_c = \frac{E_c}{Q} \times 1000 \quad (\text{kW·h}) \tag{4-34}$$

式中 E_c——泵站在一昼夜（或一段时间）内所耗费的电能（kW·h），可以从泵站内的
电表中查得；

Q——泵站在一昼夜（或一段时间）内所抽送的水量（m^3），可从流量计中查得。

而泵站运行的理论电耗或叫比电耗（即将 $1000m^3$ 的水提升 1m 高度所耗费的电能）可用下式计算：

$$e'_c = \frac{Q'H'\rho g}{1000 \times 3600 \eta_p \eta_m} = \frac{1000 \times 1 \times 1000 \times 9.81}{1000 \times 3600 \eta_p \eta_m} = \frac{2.72}{\eta_p \eta_m \eta_n} \quad (kW \cdot h)$$

设取 $\eta_p \eta_m \eta_n = 0.68$，则

$$e'_c = \frac{2.72}{0.68} = 4.03 kW \cdot h$$

泵站中实际的比电耗应按每台机组在不同运行状态下（即在一定的流量和扬程下连续运行若干小时）分别进行计算。把实际的比电耗与理论比电耗进行比较，便可看出每台泵是否在最经济合理的状态下运行。从而可以改进泵的工作和设法提高其工作效率。

4.12.4 取水泵站工艺设计举例

【例 4-3】 卧式离心泵取水泵站设计实例

某厂新建水源工程近期设计水量为 $150000m^3/d$，要求远期发展到 $300000m^3/d$，采用固定式取水泵房用两条直径为 1400mm 的自流管从江中取水。水源洪水位标高为 39.070m（1%频率），常水位标高为 27.903m，枯水位标高为 24.623m（97%频率）。净水厂反应池前配水井的水面标高为 68.10m，自流取水管全长 58m，泵站到净水厂的输水干管全长 2640m，图 4-83 所示为某取水泵站枢纽布置图，试进行泵站工艺设计。

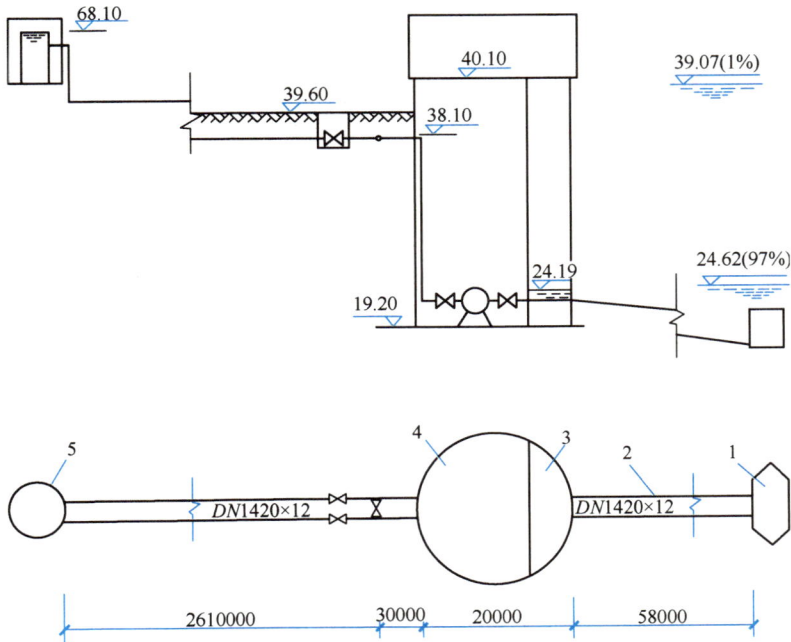

图 4-83　某取水泵站枢纽布置（单位：mm）
1—箱式取水头部；2—取水自流管；3—吸水间；4—机器间；5—净化厂配水井

1. 设计流量的确定和设计扬程估算

(1) 设计流量 Q

考虑到输水干管漏损和净水厂本身用水，取自用水系数 $\alpha=1.05$，则

近期设计流量为 $Q=1.05\times\dfrac{150000}{24}=6562\mathrm{m^3/h}=1.82\mathrm{m^3/s}$

远期设计流量为 $Q'=1.1\times\dfrac{300000}{24}=13125\mathrm{m^3/h}=3.64\mathrm{m^3/s}$

(2) 设计扬程 H

1) 泵所需静扬程 H_{ST}

水源水体百年一遇洪水位标高为 39.070m，常水位为 27.903m，枯水位为 24.623m；厂区配水井的水面标高为 68.10m。

取水头部和泵房距离约为 58m。根据远期规模设计流量，拟设置自流管道 2 根 $D1420\times12$ 钢管。当一条输水管检修时，另一条通过 70% 流量，即 $Q=9843.75\mathrm{m^3/h}$，管道流速 $v=1.77\mathrm{m/s}$，水力坡度 $i=0.00218$。从取水头部到泵房吸水间的沿程水头损失为 $0.00108\times58=0.126\mathrm{m}$；局部水头损失计算见表 4-15。

局部水头损失计算表　　　　　　　　　　表 4-15

序号	名称	规格	计算公式 $\xi\times v^2/(2g)$	损失(m)
①	格栅水头损失			0.1
②	进水口	$DN1400$	$0.5\times1.77^2/(2\times9.8)$	0.045
③	弯头	$DN1400\times30°$	$4\times0.55\times1.77^2/(2\times9.8)$	0.351
④	出水口	$DN1400$	$0.69\times1.77^2/(2\times9.8)$	0.40
⑤	局部总水头损失			0.506

故取水头部至取水泵房吸水井总水头损失为：$0.126+0.506=0.632\mathrm{m}$。则吸水井中洪水位水面标高为 38.438m，常水位水面标高为 27.271m，枯水位水面标高为 23.991m。

已知自来水水厂厂区混合池标高为 68.10m，则泵站所需净扬程 H_{ST} 为：

洪水位时，$H_{ST}=68.10-38.438=29.662\mathrm{m}$；

常水位时，$H_{ST}=68.10-27.271=40.829\mathrm{m}$；

枯水位时，$H_{ST}=68.10-33.991=44.109\mathrm{m}$。

2) 原水输水干管中的水头损失 $\sum h$

设采用两条 $\varPhi1420\times12$ 钢管并联作为原水输水管。按远期流量，当一条检修，另一条通过 70% 流量，即 $Q=9843.75\mathrm{m^3/h}=2.73\mathrm{m^3/s}$，查水力计算表得管内流速 $v=1.77\mathrm{m/s}$，$i=0.00218$，所以 $\sum h=0.00218\times2640\times1.1=6.33\mathrm{m}$（式中 1.1 为局部损失而加大的系数）。

3) 泵站内管路中的水头损失 h_p（粗估为 2.00m）

故泵设计扬程为（另取安全水头 2.00m）：

洪水位时，$H_{洪}=29.662+6.33+2.0+2.0=39.992\mathrm{m}$；

常水位时，$H_{常}=40.829+6.33+2.0+2.0=51.159\mathrm{m}$；

枯水位时，$H_{枯}=44.109+6.33+2.0+2.0=54.439\mathrm{m}$。

2. 初选泵和电动机

根据设计流量和扬程，拟选用两种不同型号的离心泵并联工作：大泵 CS700-700G（A 泵：$Q=7600\sim7100\sim6640\text{m}^3/\text{h}$，$H=48\sim55\sim58\text{m}$；配套电动机型号：YSP6301-6，10kV 水冷式电动机，电动机功率 1400kW），小泵 600S75G（B 泵：$Q=4100\sim3560\sim3330\text{m}^3/\text{h}$，$H=46\sim55\sim58\text{m}$；配套电动机型号：YSP560-6，10kV 水冷式电动机，电动机功率 710kW）。近期安装 3 台小泵，2 台工作，1 台备用，远期将 1 台小泵置换成 1 台大泵并再新增 1 台大泵，1 大 2 小 3 台工作，1 台大泵与 2 台小泵互为备用。为适应水源水位变化，一台大泵和一台小泵变频。

3. 机组基础尺寸的确定

（1）CS700-700G 泵机组基础尺寸

查泵与电动机样本，计算出大泵 CS700-700G 泵机组基础平面尺寸为 6200mm×2200mm，机组总重量 $W=W_p+W_m=73575+88192=161767\text{N}$。

基础深度 H 可按下式计算：

$$H=\frac{3.5W}{L\times B\times\rho\times g}$$

式中　L——基础长度，$L=6.2\text{m}$；

　　　B——基础宽度，$B=2.2\text{m}$；

　　　ρg——基础所用材料的重度，对于混凝土基础，$\rho g=23520\text{N/m}^3$。

故　　　　　　　　　$H=\dfrac{3.5\times161767}{6.2\times2.2\times23520}=1.76\text{m}$

基础实际深度连同泵房底板在内，应为 5.53m。

（2）600S75G 泵机组基础尺寸

600S75G 泵泵机组基础平面尺寸为 4100mm×1400mm，机组总重量 $W=W_p+W_m=42674+68474=111148\text{N}$。

基础深度 H 可按下式计算：

$$H=\frac{3.5W}{L\times B\times\rho\times g}$$

式中　L——基础长度，$L=5.2\text{m}$；

　　　B——基础宽度，$B=2.0\text{m}$；

　　　ρg——基础所用材料的重度，对于混凝土基础，$\rho g=23520\text{N/m}^3$

故　　　　　　　　　$H=\dfrac{3.5\times111148}{4.1\times1.4\times23520}=2.88\text{m}$

基础实际深度连同泵房底板在内，应为 5.78m。

4. 机组与管道布置

如图 4-84 所示，为了布置紧凑，充分利用建筑面积，将四台机组交错并列布置成两排，两台为正常转向，两台为反常转向，在订货时应予以说明。每台泵有单独的吸水管、压水管引出泵房后两两连接起来。泵出水管上设有蝶式水力控制阀和手动蝶阀，吸水管上设蝶式偏心半球阀。为了减少泵房建筑面积，闸阀切换井设在泵房外面，两条 DN1400 的输水干管用 DN1400 手动蝶阀连接起来，每条输水管上各设切换用的手动蝶阀一个。

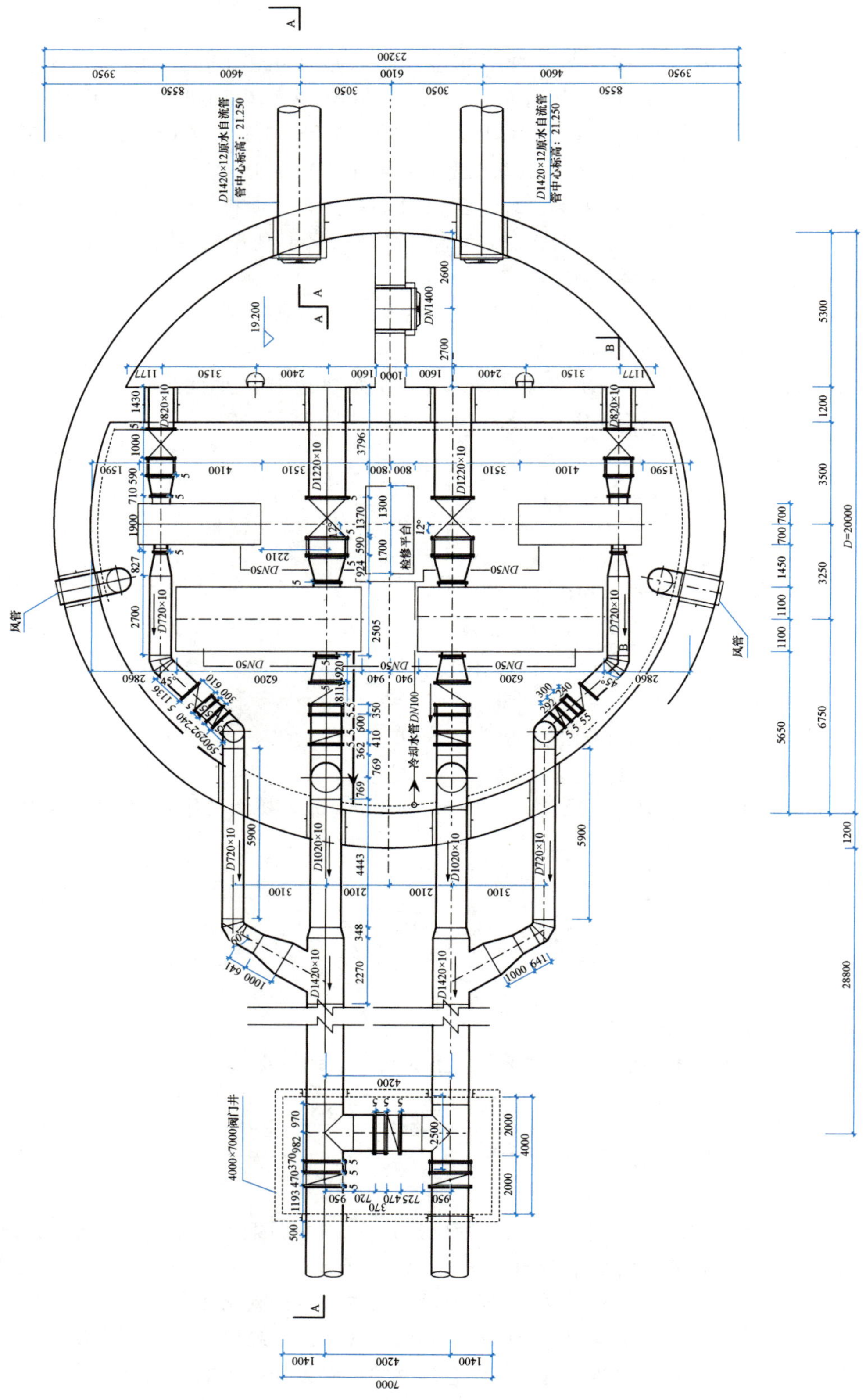

图 4-84(a)

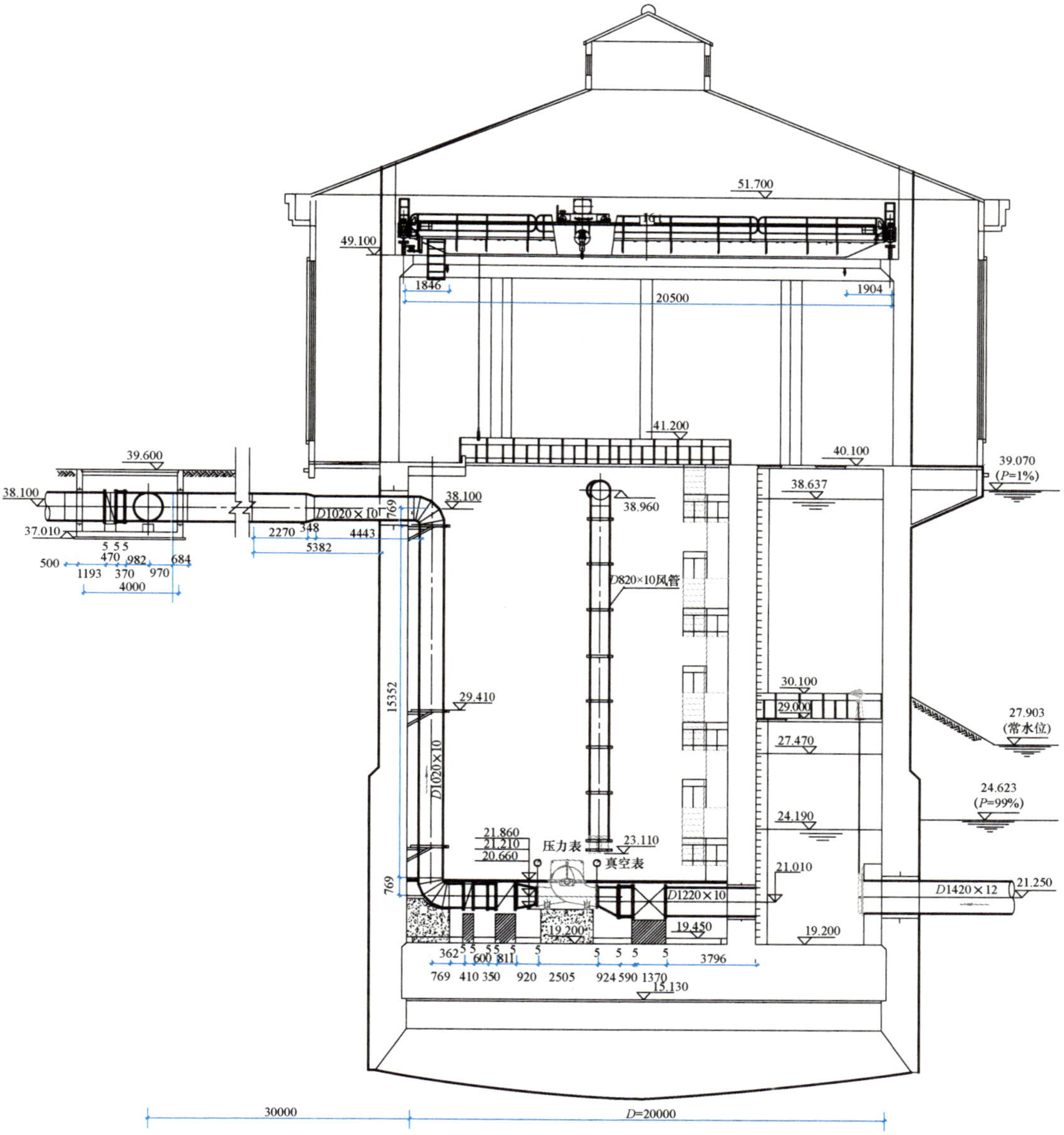

A-A 剖面图

(b)

图 4-84（b）

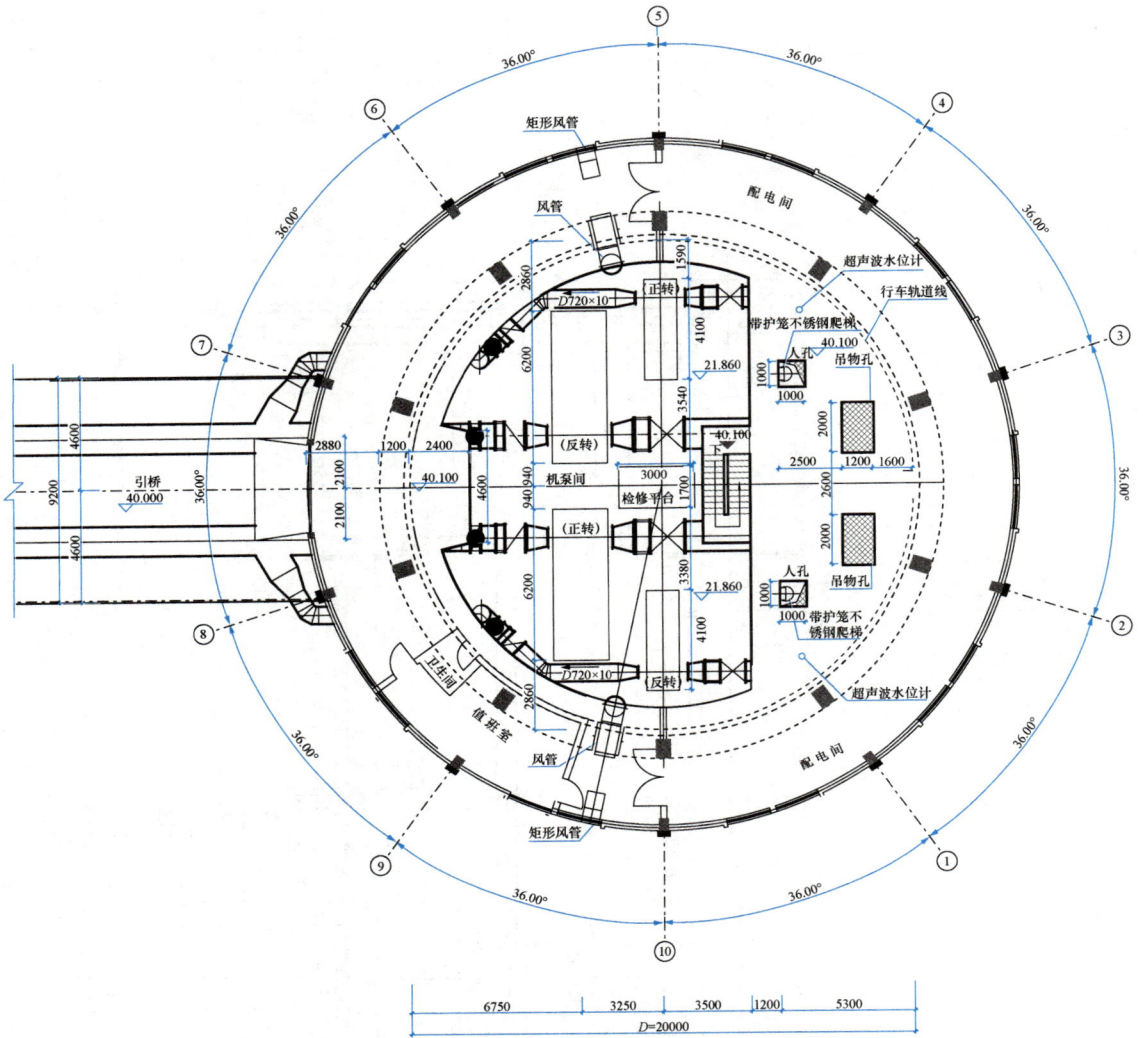

图 4-84（c）

5. 吸水管路与压水管路计算

远期总的设计流量为 13125m³/h，根据前述泵的组合情况，初步拟定大泵设计流量为小泵设计流量的两倍，因此大泵设计流量为 13125/2＝6562.5m³/h，小泵设计流量 13125/4＝3281.25m³/h。

每台泵有单独的吸水管与压水管。水力计算示意图如图 4-85 所示。

（1）CS700-700G 泵吸水管路与压水管路计算

Q＝6562.5m³/h＝1.82m³/s。吸水管：采用 $D1220\times10$ 钢管，流速 v＝1.61m/s，i＝2.186×10⁻³；压水管：采用 $D1020\times10$ 钢管，流速 v＝2.32m/s，i＝5.75×10⁻³。

1）吸水管路水头损失 $\sum h_s$

$$\sum h_s = \sum h_{fs} + \sum h_{ls}$$

$$\sum h_{fs} = l \times i = 3.796 \times 2.186 \times 10^{-3} = 0.008\text{m}$$

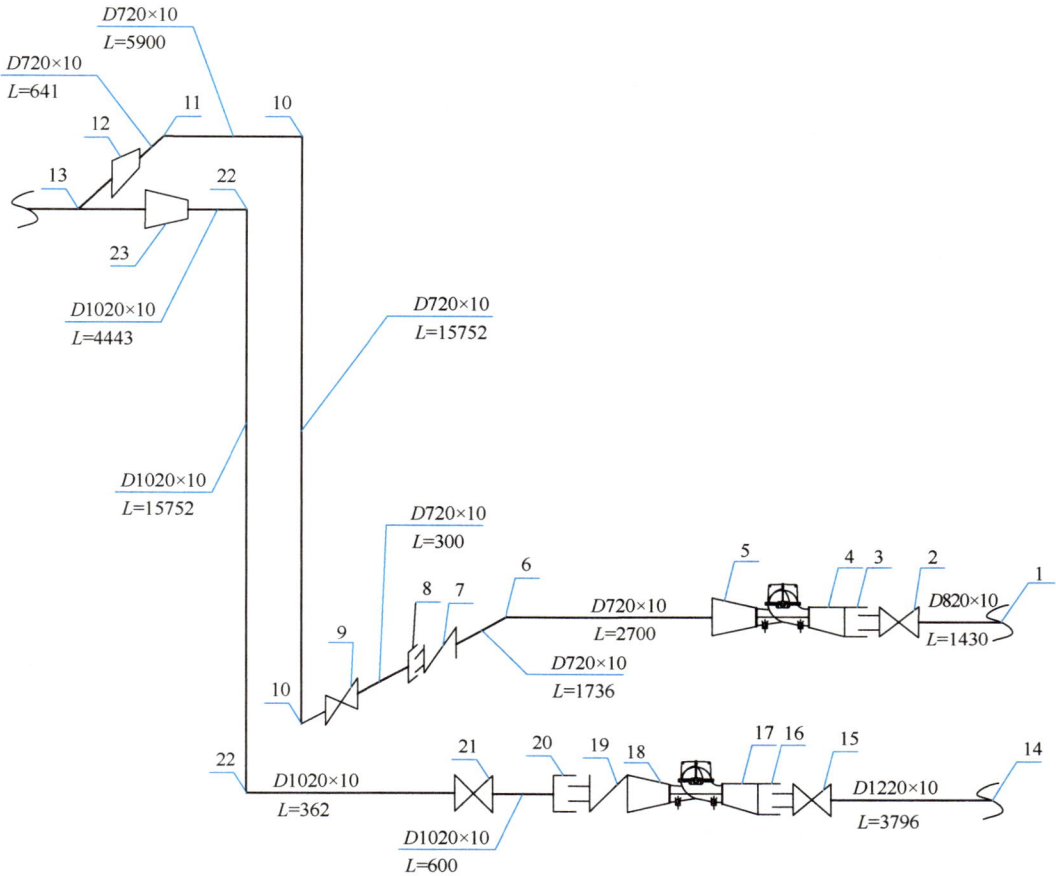

图 4-85　计算路线图

$$\sum h_{ls} = (\xi_{14} + \xi_{15} + \xi_{16} + \xi_{17}) \frac{v_1^2}{2g}$$

式中　ξ_{14}——吸水管进口，$\xi_{14} = 0.5$；

　　　ξ_{15}——$DN1200$ 手动闸阀（常开），$\xi_{15} = 0.05$；

　　　ξ_{16}——伸缩节 $DN1200$，$\xi_{16} = 0.21$；

　　　ξ_{17}——偏心渐缩管 $DN1200 \times 800$，$\xi_{17} = 0.2$。

$$\sum h_s = \sum h_{fs} + \sum h_{ls} = 0.008 + (0.5 + 0.05 + 0.21 + 0.2) \times \frac{1.61^2}{2 \times 9.8} = 0.135 \text{m}$$

2）压水管路水头损失 $\sum h_d$

$$\sum h_d = \sum h_{fd} + \sum h_{ld}$$

则，$\sum h_{fd} = (0.6 + 0.362 + 15.352 + 4.0) \times 5.75/1000 = 0.117 \text{m}$

$$\sum h_{ld} = \xi_{18} \frac{v_2^2}{2g} + (\xi_{19} + \xi_{20} + \xi_{21} + 2 \times \xi_{22} + \xi_{23} + \xi_{13}) \frac{v_3^2}{2g}$$

式中　ξ_{18}——渐放管 $DN1000 \times 700$，$\xi_{18} = 0.32$；

　　　ξ_{19}——$DN1000$ 多功能水泵控制蝶阀，$\xi_{19} = 0.30$；

　　　ξ_{20}——$DN1000$ 伸缩接头，$\xi_{20} = 0.21$；

ξ_{21}——$DN1000$ 手动蝶阀，$\xi_{21} = 0.30$；

ξ_{22}——$DN1000$ 钢制 $90°$弯头，$\xi_{22} = 1.08$；

ξ_{23}——渐放管 $DN1000 \times 1400$，$\xi_{23} = 0.24$；

ξ_{13}——$DN1400$ 钢制斜三通，$\xi_{13} = 0.55$；

则，$\sum h_d = \sum h_{fd} + \sum h_{ld} = 0.117 + 0.32 \times \dfrac{4.73^2}{2g} + (0.3 + 0.21 + 0.3 + 2 \times 1.08 + 0.24 +$

$0.5) \times \dfrac{2.32^2}{2g} = 1.59\text{m}$

大泵在泵站内管路水头损失为：

$$\sum h = \sum h_s + \sum h_d = 0.135 + 1.59 = 1.725\text{m}。$$

由此，大泵吸压水管的摩阻系数 $S_A = 1.725/1.82^2 = 0.52\text{s}^2/\text{m}^5$。

(2) 600S75G 泵吸水管路与压水管路计算

$Q = 3281.25\text{m}^3/\text{h} = 0.91\text{m}^3/\text{s}$。吸水管：采用 $D820 \times 10$ 钢管，流速 $v = 1.81\text{m/s}$，$i = 4.69 \times 10^{-3}$；压水管：采用 $D720 \times 10$ 钢管，流速 $v = 2.36\text{m/s}$，$i = 9.52 \times 10^{-3}$。

1) 吸水管路水头损失 $\sum h_s$

$$\sum h_s = \sum h_{fs} + \sum h_{ls}$$

$$\sum h_{fs} = l \times i = 1.43 \times 4.69 \times 10^{-3} = 0.007\text{m}$$

$$\sum h_{ls} = (\xi_1 + \xi_2 + \xi_3 + \xi_4) \dfrac{v_1^2}{2g}$$

式中　ξ_1——吸水管进口，$\xi_1 = 0.5$；

ξ_2——$DN800$ 手动闸阀（常开），$\xi_2 = 0.05$；

ξ_3——伸缩节 $DN800$，$\xi_3 = 0.21$；

ξ_4——偏心渐缩管 $DN1000 \times 800$，$\xi_4 = 0.2$。

$$\sum h_s = \sum h_{fs} + \sum h_{ls} = 0.007 + (0.5 + 0.05 + 0.21 + 0.2) \times \dfrac{1.81^2}{2 \times 9.8} = 0.16\text{m}$$

2) 压水管路水头损失 $\sum h_d$

$$\sum h_d = \sum h_{fd} + \sum h_{ld}$$

则，$\sum h_{fd} = (2.7 + 1.736 + 0.3 + 15.752 + 5.203) \times 9.52/1000 = 0.245\text{m}$

$$\sum h_{ld} = \xi_5 \dfrac{v_2^2}{2g} + (\xi_6 + \xi_7 + \xi_8 + \xi_9 + \xi_{10} + \xi_{11} + \xi_{12} + \xi_{13}) \dfrac{v_3^2}{2g}$$

式中　ξ_5——渐放管 $DN700 \times 400$，$\xi_5 = 0.32$；

ξ_6——$DN700$ 钢制 $45°$弯头，$\xi_8 = 0.51$；

ξ_7——$DN700$ 多功能水力控制蝶阀，$\xi_7 = 0.30$；

ξ_8——$DN700$ 伸缩接头，$\xi_8 = 0.21$；

ξ_9——$DN700$ 手动蝶阀，$\xi_9 = 0.30$；

ξ_{10}——$DN700$ 钢制 $90°$弯头，$\xi_{10} = 1.02$；

ξ_{11}——$DN700$ 钢制 $60°$弯头，$\xi_{11} = 0.55$；

ξ_{12}——渐放管 $DN700\times1200$，$\xi_{12}=0.27$；

ξ_{13}——$DN1200$ 钢制斜三通，$\xi_{13}=0.5$；

则，$\sum h_d = \sum h_{fd} + \sum h_{ld} = 0.245 + 0.32 \times \dfrac{7.24^2}{2g} + (0.51 + 0.3 + 0.21 + 0.3 + 2\times1.02$

$+ 0.55 + 0.27 + 0.5) \times \dfrac{2.36^2}{2g} = 2.423\text{m}$

小泵在泵站内管路水头损失为：

$$\sum h = \sum h_s + \sum h_d = 0.16 + 2.423 = 2.583\text{m}。$$

由此，小泵吸压水管的摩阻系数 $S_B = 2.583/0.91^2 = 3.12\text{s}^2/\text{m}^5$。

（3）水泵并联供水复核

由于泵房内为两种不同型号水泵，泵房内水头损失不一样，故不能直接按照等扬程下流量叠加的原理进行水泵曲线的并联。需要将泵特性曲线减去泵站内部水头损失进行调整。

根据所选水泵的设计流量扬程，可计算得到泵的特性曲线方程为

大泵（CS700-700G）：$H = 90.36 - 9.520\times Q^2$

小泵（600S75G）：$H = 81.45 - 27.25\times Q^2$

吸压水管水头损失可表示为

大泵（CS700-700G）：$H_{损失} = 0.52\times Q^2$

小泵（600S75G）：$H_{损失} = 3.12\times Q^2$

由此，扣除泵站内水头损失后（折引后）的泵特性曲线为

大泵（CS700-700G）：$H = 90.36 - 10.04\times Q^2$

小泵（600S75G）：$H = 81.45 - 30.37\times Q^2$

扣除泵房内水头损失后，枯水位时装置所需要的扬程为 $H_枯 = 44.109 + 6.33 + 2.0 = 52.439\text{m}$。

将 $H = 52.439\text{m}$ 代入上述折引后的泵特性曲线方程得到两泵的供水量分别为：

大泵（CS700-700G）：$Q_A = 1.94\text{m}^3/\text{s} = 6984\text{m}^3/\text{h}$

小泵（600S75G）：$Q_B = 0.98\text{m}^3/\text{s} = 3528\text{m}^3/\text{h}$

由此可知，采用 1 大 2 小的泵并联工作时，供水量为 $7020 + 2\times3528 = 14040\text{m}^3/\text{h}$，略大于远期设计流量 $13125\text{m}^3/\text{h}$；采用 2 台小泵并联工作时，供水量为 $2\times3528 = 7056\text{m}^3/\text{h} > 6562.5\text{m}^3/\text{h}$，略大于近期设计流量。因此所选泵组是合适的。

6. 泵房结构形式

取水泵房临江边建设。泵房筒体为圆形，钢筋混凝土结构，内径 $D = 20\text{m}$。为便于沉井施工，将泵房机器间底板与吸水间底边设置在同一标高上，因而水泵启动方式为自灌式引水启动。泵房与吸水井合建，吸水井分两格，以便检修需要。为防护停泵水锤，在水泵压水管上，安装多功能水力控制阀。取水泵房和岸边以栈桥相连，栈桥下侧布置原水输水管线。

7. 泵房筒体高度计算

按照大泵计算泵房筒体高度。

已知吸水间最低动水位标高为 24.335m，根据室外排水设计规范，为保证吸水管的正

常吸水，取大泵吸水管的中心标高为 21.010m，（吸水管上缘在最低水位时淹没深度为 $24.190-21.010-D/2=2.57m$），吸水间底板标高取 19.200m，吸水管悬空高度为：$21.010-19.200-D/2=1.20m$，满足《室外给水设计标准》GB 50013—2018 的要求（淹没水深 $F=1.8\sim2.0D$，悬空高度 $F=1\sim1.25D$）。根据《室外给水设计标准》GB 50013—2018，当泵房在江河边时，泵房操作平台为设计最高水位加浪高再加 0.5m 安全高度。在此考虑 0.5m 的浪高，则泵房操作平台高度取 $39.070+0.5+0.5=40.070m$，取 40.10m。故泵房筒体高度为：

$$H=40.100-19.200=20.90m$$

8. 附属设备的选择

（1）起重设备

最大起重物为功率 1400kW 的电动机，质量 $W=9580kg$，最大起吊高度为 $20.90+2.0=22.90m$，（其中 2.0m 是考虑操作平台上汽车的高度）。据此，选用电动单梁环形轨道起重机（起重量 16t，单梁，跨度 20m，起吊高度 24m）。

（2）引水设备

水泵为自灌式工作，故无需引水设备。

（3）排水设备

由于泵房较深，故采用电动泵排水。沿泵房内壁设 200mm 宽的排水沟，将水汇集到集水坑内，然后用泵排放至水源水体下游当中。取水泵房的排水量考虑 25m³/h，排水泵的净扬程按 20m 考虑，排水管采用 DN100 的 PVC-U 塑料管，水头损失取 2.0m，故排水泵总扬程取 22m。选用两台潜污泵（$Q_1=25m³/h$，$H=22m$，$N=4.0kW$），一用一备。

（4）通风设备

由于与泵配套的电动机为水冷式，故无需专用通风设备进行空气冷却，但由于泵房筒体较深，仍选用风机进行换气通风。考虑每小时通风换气 3 次，设置两台轴流风机，则单台通气量为：$(11+20.90)\times20^2\times\pi/4\times3/2=14476m³/h$。选用 T-35-7.1 型轴流风机（转速 960r/min，安装角度 $\alpha=25°$，送风量 $=14498m³/h$，风压 $=125Pa$，功率 $=0.75kW$）管径选用 $D820\times10$ 钢管。

（5）计量设备

泵房两根压力出水管上各安装一个电磁流量计，用于实时记录水泵输水情况。

（6）水质监测设备

泵房内设置一台浊度仪和一台 pH/T 计，用于监测输水浊度、pH 以及温度的变化情况。

9. 泵房建筑高度确定

泵房建筑高度的计算如图 4-86 所示。根据所选泵型及配套电动机，泵

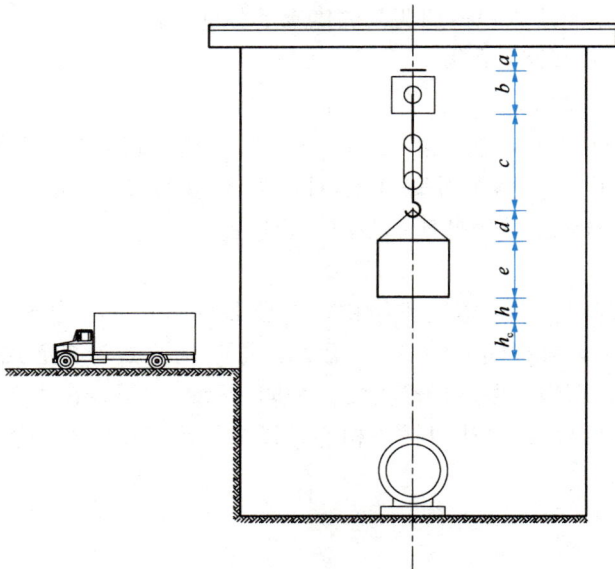

图 4-86 取水泵房建筑高度计算简图

房最高设备为电动机，高为 2.180m，宽为 2.555m。

泵房地面以上高度：

$$H_1 = a + b + c + d + e + h + h_c$$

$$= 0.500 + 1.800 + 0.700 + 1.2 \times 2.555 + 2.180 + 0.300 + 2.000$$

$$= 10.55m, 取 11m$$

式中　a——泵房屋面梁底与起重机最高部位之间的间距（m）；

　　　b——行车梁高度（m）；

　　　c——行车梁底至起重钩中心的最小距离（m）；

　　　d——起重绳的垂直长度（m），对于水泵为 $0.85x$，对于电动机为 $1.2x$，x 为起重部件的宽度；

　　　e——最大一台水泵或电动机的高度（m）；

　　　h——吊起物底部与卡车底板的距离（m），取 0.3m；

　　　h_c——卡车底板至汽车平台的距离（m），在此考虑 2.0m。

泵房上层室内地坪标高为 40.10m，则泵房屋面梁底标高应不小于 51.10m（40.100＋11＝51.10m）。

10. 泵房平面尺寸的确定

根据泵机组、吸水与压水管道的布置条件以及排水泵机组和通风机等附属设备的设置情况，从给水排水设计手册及国家标准图集查出有关设备和管道配件的尺寸，通过计算，求得泵房内径为 20m。

【潜水供水泵取水泵站实例】

某厂新建水源工程近期设计水量为 100000m³/d，要求远期发展到 250000m³/d，采用固定式取水泵房，用两条 $\phi1420 \times 14$ 的钢制自流管从江中取水。自流管全长 44m。水源洪水位标高为 44.00m（1% 频率），枯水位标高为 29.82m（97% 频率），常水位标高为 33.96m。净化场反应池前配水井的水面标高为 69.85m，泵站切换井至净化场反应池前配水井的输水干管全长为 600m，试进行泵站工艺设计。

1. 设计流量的确定和设计扬程估算

（1）设计流量 Q

考虑输水干管漏损和净化场本身用水，取自用水系数 $\alpha = 1.08$，则

近期设计流量　$Q = 1.08 \times \dfrac{100000}{24}$ m³/h ＝ 4500m³/h ＝ 1.25m³/s

远期设计流量　$Q = 1.08 \times \dfrac{250000}{24}$ m³/h ＝ 11250m³/h ＝ 3.125m³/s

（2）设计扬程

1）泵所需静扬程 H_{ST}。通过取水部分的计算，可知在最不利情况下（即一条自流管检修，另一条自流管通过 70% 的设计流量时），自流管的水头损失为 0.31m，此时吸水间中最高水位标高为 44－0.31＝43.69m，最低水位标高为 29.82－0.31＝29.51m，泵所需静扬程 H_{ST} 为：

洪水位时：$H_{ST} = 69.85 - 43.69 = 26.16m$

枯水位时：$H_{ST}=69.85-29.51=40.34m$

2）原水输水干管中的水头损失$\sum h$。设采用两条$\phi1220\times12$钢管并联作为原水输水管，当一条输水管检修时，另一条输水管应通过70%的设计流量，即$Q=0.70\times3.125m^3/s=2.19m^3/s$，查水力计算表得管内流速$v=1.93m/s$，$i=0.0031$，所以$\sum h=1.1\times0.0031\times600m=2.05m$（式中1.1为局部损失而加大的系数）。

3）泵站内管路中的水头损失h_p，粗估为2.00m，另取2.00m的安全水头。

故泵设计扬程为：

设计洪水位时：$H_{min}=26.16+2.05+2.00+2.00=32.21m$

设计枯水位时：$H_{max}=40.34+2.05+2.00+2.00=46.39m$

2. 初选泵机组

拟选用潜水供水泵，近期三台 500QG2000－50－400（$Q=1800\sim2300m^3/h$，$H=52\sim54m$)，两台工作，一台备用；远期增加三台同型号泵：总计六台 500QG2000－50－400，五台工作一台备用。

根据泵型号及机组布置要求，六台泵呈单行排列（近期只安装三台泵的位置），如图 4-87、图 4-88 所示。

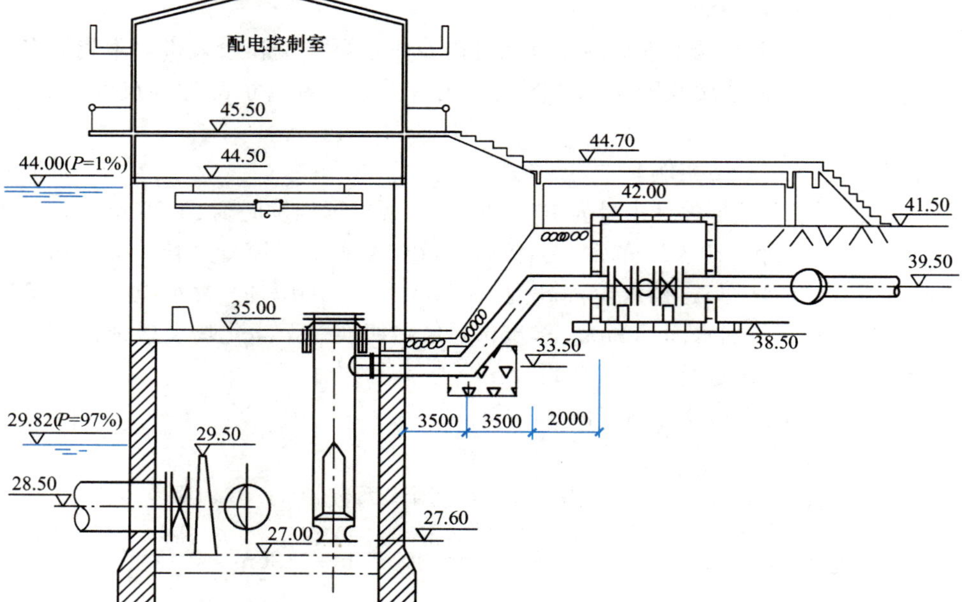

图 4-87　潜水供水泵取水泵房剖面图

3. 压力管路计算

每台泵有单独的压水管，然后在切换井内相互连接。

已知每台泵的流量为$Q_1=\dfrac{3.125}{5}m^3/s=0.625m^3/s=2250m^3/h$，采用$DN620\times10$钢管，则$v=2.15m/s$，$i=0.0093$。

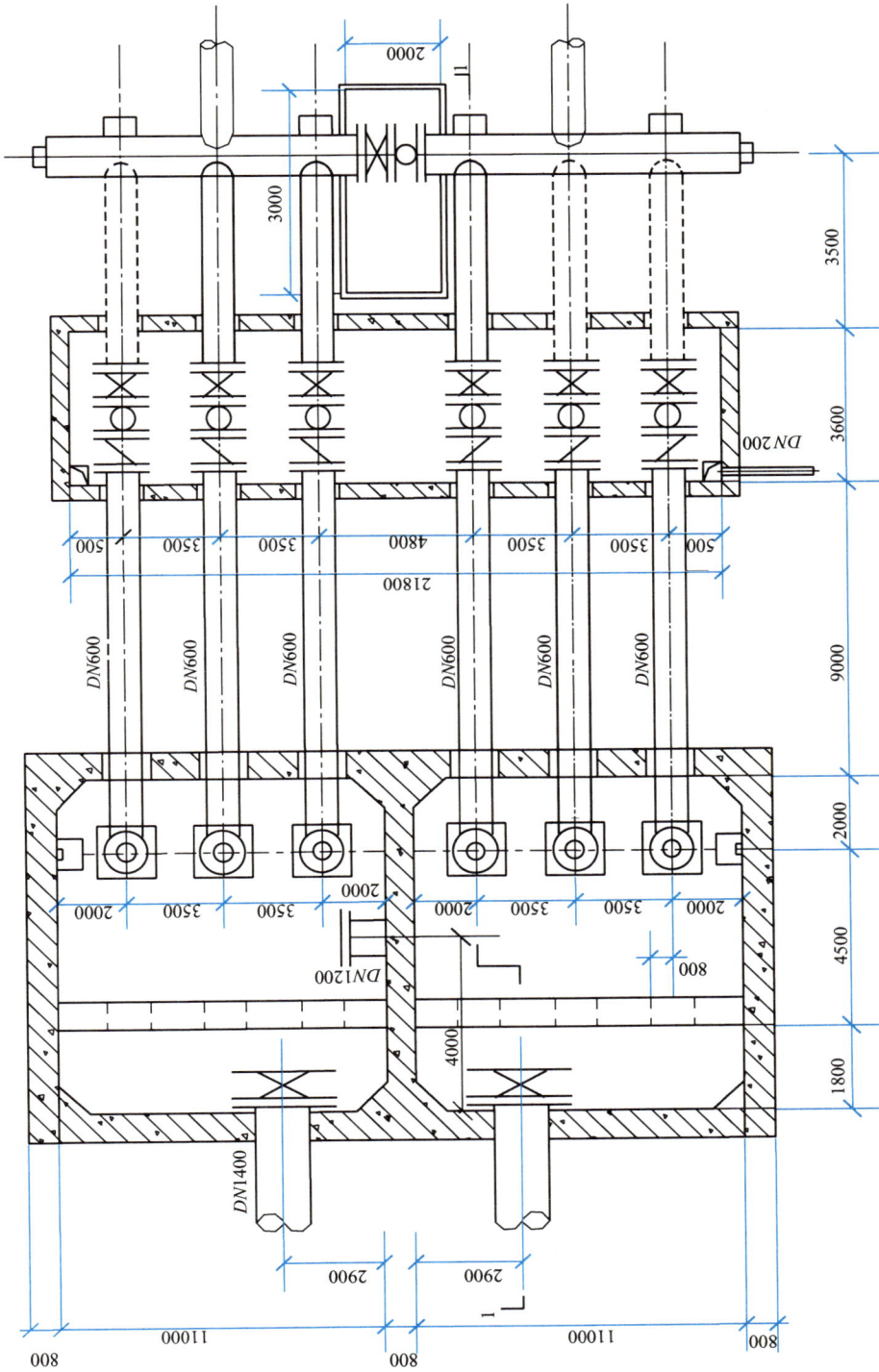

图 4-88　潜水供水泵取水泵房平面图

231

4. 管道布置

如图 4-87、图 4-88 所示，压水管引出后，在切换井内相互连接起来。每条压水管均设有液控蝶阀和手动蝶阀各一个，手动蝶阀作为检修用。两条 $\phi1200$ 的输水干管用 $DN1200$ 蝶阀连接起来，每条输水管上各设切换用的 $DN1200$ 蝶阀一个。

5. 泵房筒体高度计算

泵吸水口距底板的距离要求为 0.5m（查机组样本），最小淹没深度要求为 1.8m，因此，吸水井底板距吸水井中最低水位的距离至少为 2.3m。已知吸水井中最低水位为 29.51m，则底板标高不高于 29.51m－2.3m＝27.21m，现取 27.00m。

为安装检修方便，安装机组的底板标高宜高于常水位以上 1.00m 左右，并满足安装要求（吸水井底板至机器间的距离要求至少为 2.7m），现常水位为 33.96m，故及其间底板的标高可取为 35.00m。

机器间的地板上部可做成框架式敞开建筑，操作平台标高应高于设计洪水位（44.00m）＋浪高，取为 45.50m。

6. 附属设备的选择

（1）起重设备　最大起重物为 500QG2000-50-400 潜水供水泵，质量 6620kg，最大起吊高度为 45.50m－35.00m＝10.50m，跨度为 8m。选用 LH 型电动葫芦双梁式起重机（起重量 10t，起吊高度 12m，跨度 7.5～22.5m）。

（2）其他设备　因为是潜水泵房，不必安装排水、通风等设备，又由于在送水泵房安装流量计统一计量。故取水泵房不再设流量计。

7. 泵房平面尺寸及建筑高度根据机组呈单排布置的特点及距离要求

泵房采用矩形，其尺寸为 22800mm×8300mm。泵房电器设备及控制仪表均设在操作平台以上的建筑物内，其建筑高度为 5m。

4.12.5　送水泵站工艺设计举例

某县城送水泵站工程近期设计规模为 50000m³/d，远期设计规模为 100000m³/d。配水管网系统用水时变化系数为 1.4。经管网水力计算，要求：最大小时用水量时泵站出口压力为 40mH₂O。

根据水厂总图设计，送水泵站出口侧地面标高为 194.00m，吸水井最高水位标高为 194.55m，最低水位标高为 190.55m。

1. 吸水井设计

吸水井分 2 格，最高水位标高 194.55m，最低水位标高 190.55m。

（1）吸水喇叭口直径 D 的选择

喇叭口直径 $D \geqslant (1.25 \sim 1.5)d$，已知 $d=600mm$，故取 $D=900mm$，即：喇叭口尺寸 $DN900mm \times DN600mm$。

（2）池深计算

悬空高度 h_1 一般为 $(0.6 \sim 0.8)D$，$h_1 = 540 \sim 720$ 取 700mm。

淹没水深 h_2 一般 $\geqslant (1.0 \sim 1.25)D$ 且不小于 $0.5 \sim 1.0m$，$h_2 \geqslant 900 \sim 1125$，

取 1200mm。

吸水井池底标高为 190.55－0.70－1.20＝188.65m。

吸水井最高水位 194.55m，取超高 0.3m，顶板厚 0.2m，则吸水井顶板标高为 195.05m。

（3）吸水井长度

喇叭口中心线与侧墙距离一般≥1.5D＝1350mm，取 1500mm。

吸水喇叭口间净距一般为（1.5～2.0)D，则吸水喇叭口中心线间距一般≥(2.5～3.0)D＝2250～2700mm；综合考虑水泵基础间的间距要求，吸水喇叭口中心线间距取 4000mm。

吸水井长度为 2×1500＋4×4000＋5300＝24300mm。

（4）吸水井宽度

吸水喇叭口中心线到后墙距离≥(0.8～1.0)D＝720～900mm 左右，取 1200mm。

吸水喇叭口中心线至吸水井进口垂直距离一般≥3D＝2700mm，取 2800mm；则吸水井净宽为 1200＋2800＝4000mm。

2. 设计流量 Q

设计时变化系数为 1.40，则最大时

近期设计流量为 $\qquad Q_{近}＝1.40×50000m^3/d＝2916.7m^3/h$

远期设计流量为 $\qquad Q_{远}＝1.40×100000m^3/d＝5833.3m^3/h$

3. 设计扬程 H

根据管网水力计算结果，送水泵房出口压力要求为 40m，吸水井最低水位低于泵站出口侧地面 3.45m，考虑泵站内部水头损失 2m、安全水头 2m。则所需水泵扬程为 $H＝40＋3.45＋2＋2＝47.45m$。

4. 水泵机组选择

根据近远期设计流量和扬程，选用两种型号双吸式离心泵并联工作：

A 泵：$Q＝979～1632～2040m^3/h$，$H＝56～45～34m$，$NPSH_r＝6.9m$，$n＝1480r/min$；配套电机 Y315M-4，250kW，380V；机组基础 $L×B＝2800×1200$。

B 泵：$Q＝378～630～775m^3/h$，$H＝58～52～46m$，$NPSH_r＝4.2m$，$n＝1480r/min$；配套电机 Y280M-4，132kW，380V；机组基础 $L×B＝2500×1100$。

近期拟安装 4 台水泵机组（2A2B，一台 A 泵变频）：最大用水时 1A2B 运行、1A 备用或 2A 运行、2B 备用；其他时段通过泵的组合并结合变频调速进行控制。

远期时改所有 B 泵改为 A 泵，并增加二台 A 泵，即布置 6 台 A 泵（其中两台变频），最大用水时 4A 运行、2A 备用；其他时段通过泵的组合并结合变频调速进行控制。

5. 吸压水管设计

A 泵：

（1）吸水管

流量 $Q＝1460m^3/h$，采用 $DN600$ 钢管，则 $v＝1.43m/s$，$1000i＝3.9$。吸水管水头损失计算见表 4-16 和表 4-17。

吸水管局部水头损失 Σh_{ls} 表 4-16

序号	名称	规格	计算公式 $\xi \times v^2/(2g)$	损失（m）
1	喇叭口	$DN900 \times 600$	$0.25 \times 1.39^2/(2 \times 9.8)$	0.025
2	弯头	$DN600 \times 90°$	$1.01 \times 1.39^2/(2 \times 9.8)$	0.10
3	手动蝶阀	$DN600$	$0.30 \times 1.39^2/(2 \times 9.8)$	0.03
4	双法限位伸缩接头	$DN600$	$0.21 \times 1.39^2/(2 \times 9.8)$	0.021
5	偏心异径管	$DN600 \times 400$	$0.20 \times 4.05^2/(2 \times 9.8)$	0.167
合计				0.342

吸水管沿程水头损失 Σh_{fs} 表 4-17

序号	流量(m³/h)	管径(mm)	1000i	长度(m)	水头损失(m)
1	1460	$DN600$	3.9	5.248	0.02
2	1460	$DN600$	3.9	1.184	0.004
合计					0.024

A 泵吸水管总水头损失为：$\Sigma h_s = \Sigma h_{fs} + \Sigma h_{ls} = 0.342 + 0.024 = 0.366$m。

（2）压水管

流量 $Q = 1460$m³/h，采用 $DN500$ 钢管，则 $v = 1.99$m/s，$1000i = 10.2$；压水管水头损失计算见表 4-18 和表 4-19。

压水管局部水头损失 Σh_{ld} 表 4-18

序号	名称	规格	计算公式 $\xi \times v^2/(2g)$	水头损失(m)
1	同心渐扩管	$DN300 \times 500$	$0.29 \times 5.74^2/(2 \times 9.8)$	0.49
2	止回阀	$DN500$	$1.80 \times 2.07^2/(2 \times 9.8)$	0.39
3	双法传力伸缩接头	$DN500$	$0.21 \times 2.07^2/(2 \times 9.8)$	0.16
4	电动蝶阀	$DN500$	$0.30 \times 2.07^2/(2 \times 9.8)$	0.06
5	三通	$DN1200 \times 500$	$(1.50 \times 0.36^2 + 0.7 \times 2.07^2)/(2 \times 9.8)$	0.16
6	三通	$DN1200 \times 500$	$(1.50 \times 0.72^2 + 0.7 \times 2.07^2)/(2 \times 9.8)$	0.19
7	三通	$DN1200 \times 500$	$(1.50 \times 1.08^2 + 0.7 \times 2.07^2)/(2 \times 9.8)$	0.24
8	三通	$DN1200 \times 500$	$(1.50 \times 1.44^2 + 0.7 \times 2.07^2)/(2 \times 9.8)$	0.31
9	手动蝶阀	$DN1200$	$0.30 \times 1.44^2/(2 \times 9.8)$	0.03
合计				2.03

压水管沿程水头损失 Σh_{fd} 表 4-19

序号	流量(m³/h)	管径(mm)	1000i	长度(m)	水头损失(m)
1	1460	DN500	10.2	0.602	0.006
2	1460	DN500	10.2	4.364	0.044
3	1460	DN1200	0.133	3.022	0
4	2920	DN1200	0.468	4.322	0.002
5	4380	DN1200	1.0	3.022	0.003
6	5840	DN1200	1.732	1.000	0.002
合计					0.057

A 泵压水管水头损失为：$\Sigma h_d = \Sigma h_{fd} + \Sigma h_{ld} = 2.03 + 0.057 = 2.087$m。

A 泵吸、压水管总水头损失为：$\Sigma h = \Sigma h_s + \Sigma h_d = 0.366 + 2.087 = 2.453$m。

B 泵：

远期换成 A 泵，管道及预埋件按远期布置，因此吸压水管与 A 泵相同。

6. 水泵复核

泵站实际所需扬程为 $H = 40 + 3.45 + 2.453 + 2 = 47.903$m。在流量为 1460m³/h 时，A 泵能提供的扬程约为 47.9m，刚能满足要求，所选 A 泵合理。

7. 水泵安装高度复核

A 泵必需气蚀余量为 $NPSHr = 6.9$m，A 泵安装高度为 $H_{ss} = 1.113$m，根据公式(2-153)，A 泵装置的汽蚀余量 $NPSH_a$ 为

$$NPSHa = \frac{P_a}{\rho g} - \frac{P_{va}}{\rho g} - H_{ss} - \Sigma h_s = H_a - H_{va} - H_{ss} - \Sigma h_s$$

$$= 10.33 - 0.24 - 1.113 - 0.366 = 8.611\text{m}$$

由此 $NPSH_a - NPSH_r = 8.611 - 6.9 = 1.711$m，故 A 泵的安装高度为 1.113m 时不会造成泵的气蚀。

8. 真空引水装置选择

吸水池最低水位低于泵轴高度，因此需设置真空装置。

抽气量计算：

$$W = K \frac{V_P + V_S}{T} \frac{H_a}{H_a - H_{ss}} \ (\text{m}^3/\text{min})$$

式中 V_S——吸水管内空气容积(m³)；$V_S = 3.14 \times 0.6 \times 0.6 \times 9.533/4 = 2.69$m³；

V_P——泵壳内空气容积，大约等于吸入口面积乘以水泵吸入口至出水管第一个阀门距离(m³)；$V_P = 3.14 \times 0.4 \times 0.4 \times 1.09/4 = 0.55$m³；

H_{ss}——水泵安装高度(m)；

H_a——大气压的水柱高度，取 10.33m；

T——水泵充水时间，不宜超过 5min；

K——漏气系数，取 1.05～1.10。

$$W = 1.10 \times \frac{2.69 + 0.55}{5} \times \frac{10.33}{10.33 - 1.113} = 0.8 \text{m}^3/\text{min};$$

最大真空值 $H_v = 192.4$（泵顶标高）$- 190.55$（吸水池最低水位）$= 1.85 \text{mH}_2\text{O} = 136 \text{mmHg}$

选用 SK-1.5 真空泵（最大抽气量 1.5m³/min）两台，一用一备。

9. 风机选择

水泵间采用机械通风，换气按 10 次/h 考虑。

风量 $Q = 35 \times 9 \times 15 \times 10 = 47250 \text{m}^3/\text{h}$

设置 8 台 T35-11-4-25° 轴流风机，单台风量 7560m³/h，功率 = 1.1kW，转速 2900rpm。

10. 泵房起重及高度计算

1) 起重机选择

泵房室内地坪标高为 194.30m，最大水泵质量 1120kg，电机质量 1550kg。选用 1 台电动单梁桥式起重机，起重量 3t，跨度 6m，起升高度 12m，配套 CD1 型电动葫芦。

2) 泵房高度

根据所选泵型及配套电机，泵房最高设备为电机，高为 1.035m，宽为 1.572m。

泵房地面以上高度 $H_1 = n + a_2 + c_2 + d + e + h + h_c$
$$= 0.300 + 0.630 + 0.939 + 1.2 \times 1.572 + 1.035 + 0.300 + 1.500$$
$$= 6.37 \text{m}$$

泵房地面以上高度 H_1 取 7.00m。

式中　n——泵房屋面梁底与起重机最高部位之间的间距（m）；

　　　a_2——行车梁高度（m）；

　　　c_2——行车梁底至起重钩中心的距离（m）；

　　　d——起重绳的垂直长度（m）；

　　　e——最大一台水泵或电机的高度（m）；

　　　h——吊起物底部与卡车底板的距离（m）；

　　　h_c——卡车地板至汽车平台的距离（m）。

泵房上层室内地坪标高为 194.30m，则泵房屋面梁底标高为 $194.30 + 7.00 = 201.30$m。送水泵房布置如图 4-89 所示。

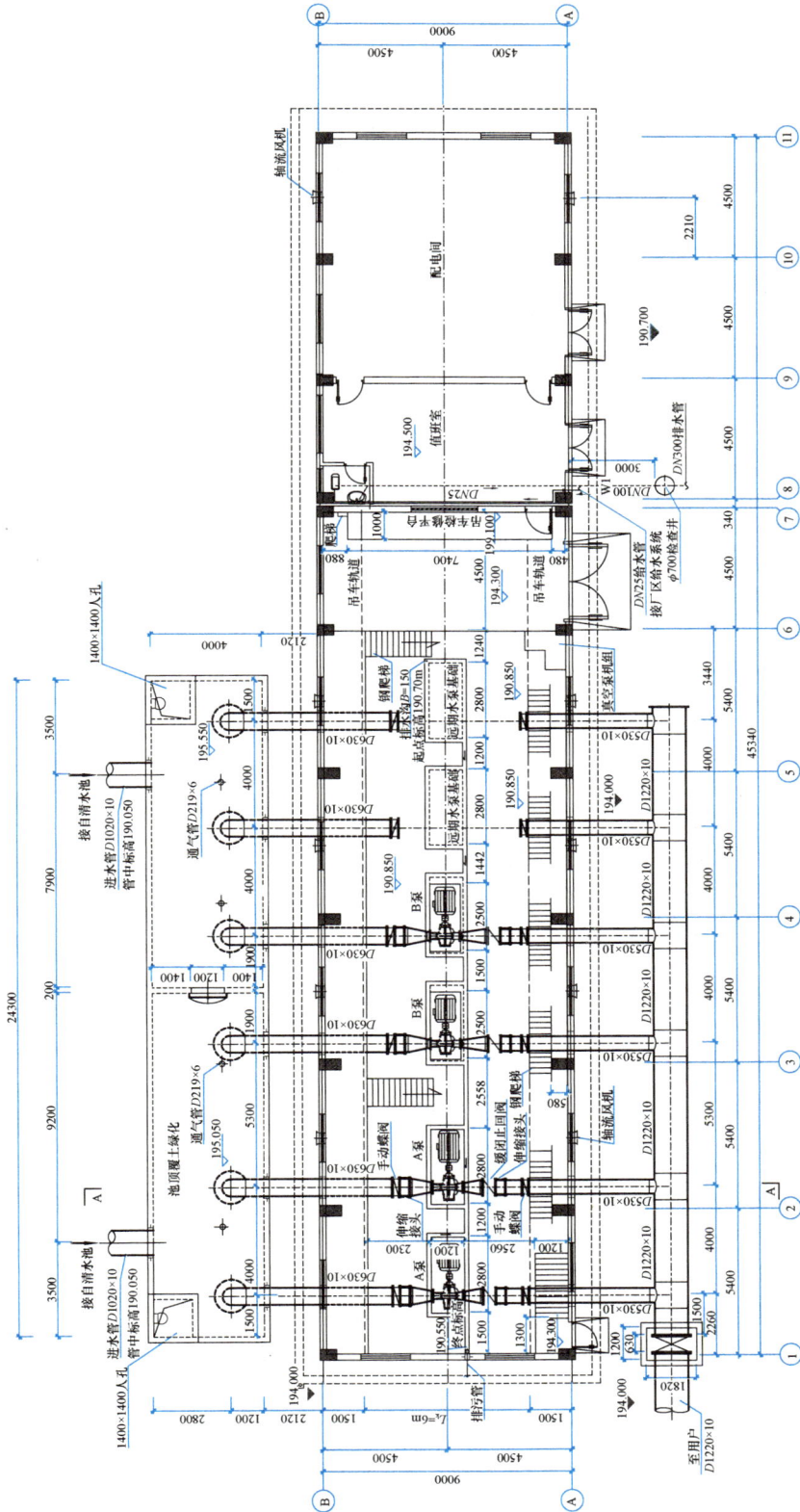

平面布置图

图 4-89(a)　送水泵房平面图

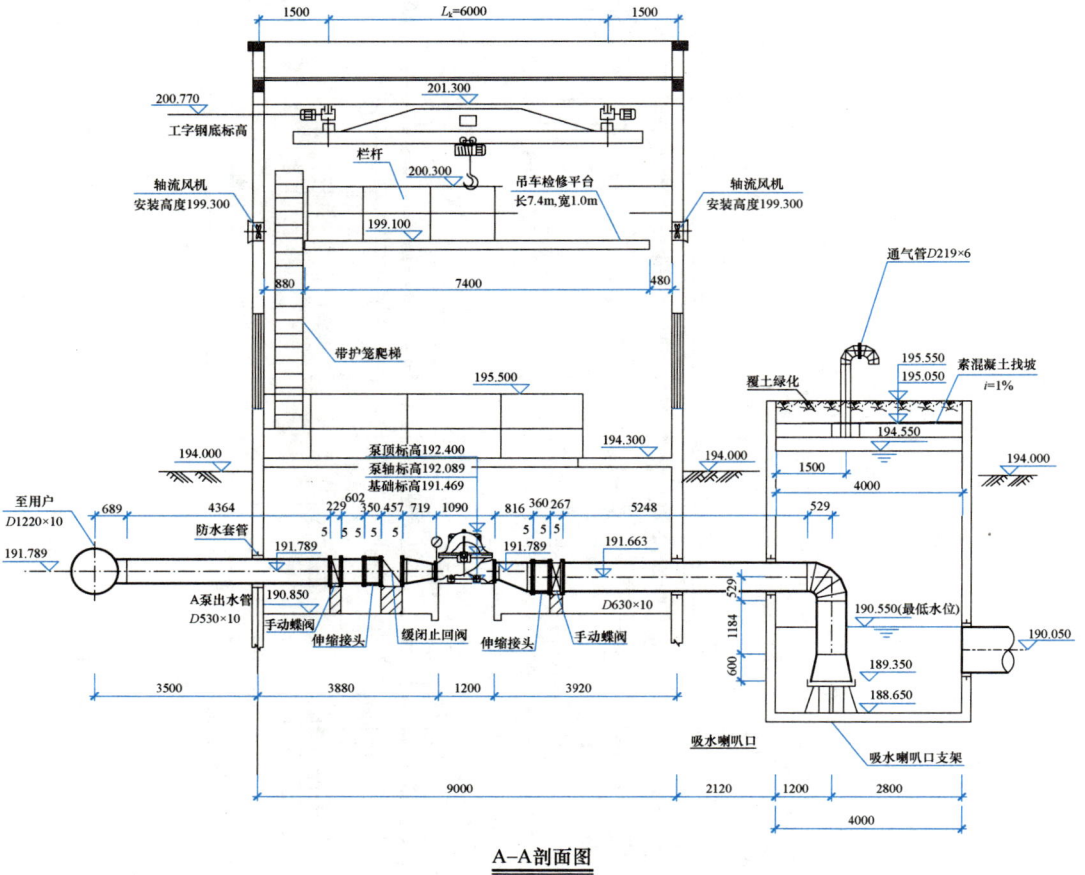

A—A剖面图

图 4-89(b)　送水泵房剖面图

思 考 题 与 习 题

1. 试比较取水泵站与送水泵站的工艺、土建结构的特点。

2. 取水泵站一般按最大日平均时流量供水。不同季节，水源水位在不断变化，此时可通过哪些调节方式来达到这个目的，并比较这些调节方式的优缺点。

3. 送水泵站常常采用"恒压变流量"的供水方式，即恒定出水压力，供水量随用户用水量的变化而改变。试说明可通过哪些措施来达到"恒压变流量"的目的，并分析各种措施的节能效果。

4. 某城市取水泵站近期设计流量为 $10000\mathrm{m}^3/\mathrm{d}$，远期为 $20000\mathrm{m}^3/\mathrm{d}$。设计枯水位时所需扬程为 41m，洪水位时所需扬程为 29m，试提供几种选泵方案并进行比较（以选 Sh 型泵为例）。

5. 建设给水泵站 SCADA 系统的目的是什么？

6. 与设置普通止回阀相比，取消止回阀为什么能消减水锤压力？取消止回阀后要进行停泵水锤计算，其目的是什么？

7. 为防止停泵水锤，离心泵压水管上常采用缓闭止回阀，试说明其原理。

8. 双向调压塔在水锤防护中起何作用？说明其原理。

9. 单向调压塔在水锤防护中起何作用？说明其原理，与双向调压塔比较，其优势体现在什么地方。

10. 对于泵站输水管道中可能出现的"断流弥合水锤"，可采取哪些防护措施？

11. 取水泵站向自来水厂供水，布置输水管时要注意一些什么问题。

12. 说明电磁流量计的工作原理及应用时需要注意的问题。

13. 说明超声波流量计的工作原理及应用时需要注意的问题。

14. 泵站中常用的起重设备有哪些，根据什么来选择起重设备。

15. 说明泵站中噪声的来源，如何消除？

16. 离心泵装置中吸水管积气会对泵的工作产生什么影响？

17. 离心泵吸水管上的大小头一般是选用偏心的，为什么？压水管上的大小头是选用偏心的还是同心的？

18. 一般而言，泵站中吸压水管的流速值比配水管网中管道的流速要大一点，为什么？

19. 比较取水泵站采用离心卧式泵与潜水供水泵的优缺点。

20. 简述泵机组改造的前提条件。

21. 综述给水泵站节能的综合措施。

第5章 排水泵站

5.1 排水泵站的分类与特点

5.1.1 组成与分类

排水泵站的工作特点是它所抽升的水是不干净的，一般含有大量的杂质，而且来水的流量逐日逐时都在变化。

排水泵站的基本组成包括：机器间、集水池、格栅、辅助间，有时还附设有变电所。机器间内设置泵机组和有关的附属设备。格栅和吸水管安装在集水池内，集水池还可以在一定程度上调节来水的不均匀性，以使泵能较均匀工作。格栅作用是阻拦水中粗大的固体杂质，以防止杂物阻塞和损坏泵，因此，格栅又叫拦污栅。辅助间一般包括贮藏室、修理间、休息室和厕所等。

排水泵站按其排水的性质，一般可分为污水（生活污水、生产污水）泵站、雨水泵站、合流泵站和污泥泵站。

按其在排水系统中的作用，可分为中途泵站（或叫区域泵站）和终点泵站（又叫总泵站）。中途泵站通常是为了避免排水干管埋设太深而设置的。终点泵站就是将整个城镇的污水或工业企业的污水抽送到污水处理厂或将处理后的污水进行农田灌溉或直接排入水体。

按泵启动前能否自流充水分为自灌式泵站和非自灌式泵站。

按泵房的平面形状，可以分为圆形泵站和矩形泵站。

按集水池与机器间的组合情况，可分为合建式泵站和分建式泵站。

按采用的泵特殊性又有潜水泵站和螺旋泵站。

按照控制的方式又可分为人工控制、自动控制和遥控三类。

5.1.2 排水泵站的基本类型及特点

排水泵站的类型取决于进水管渠的埋设深度、来水流量、泵机组的型号与台数、水文地质条件以及施工方法等因素。选择排水泵站的类型应从造价、布置、施工、运行条件等方面综合考虑。下面就几种典型的排水泵站说明其优缺点及适用条件。

图 5-1 为合建式圆形排水泵站，装设卧式泵，自灌式工作。适合于中、小型排水量，泵不超过四台。圆形结构受力条件好，便于采用沉井法施工，可降低工程造价，泵启动方便，易于根据吸水井中水位实现自动操作。缺点是：机器内机组与附属设备布置较困难，当泵房很深时，工人上下不便，且电动机容易受潮。由于电动机深入地下，需考虑通风设施，以降低机器间的温度。

若将此种类型泵站中的卧式泵改为立式离心泵（也可用轴流泵），就可避免上述缺点。

但是，立式离心泵安装技术要求较高，特别是泵房较深，传动轴甚长时，须设中间轴承及固定支架，以免泵运行时传动轴发生振荡。由于这种类型能减少泵房面积，降低工程造价，并使电气设备运行条件和工人操作条件得到改善，故在我国仍广泛采用。

图 5-2 为合建式矩形排水泵站，装设立式泵，自灌式工作。大型泵站用此种类型较合适。泵台数为四台或更多时，采用矩形机器间，在机组、管道和附属设备的布置方面较为方便，启动操作简单，易于实现自动化。电气设备置于上层，不易受潮，工人操作管理条件良好。缺点是建造费用高。当土质差，地下水位高时，因不利施工，不宜采用。

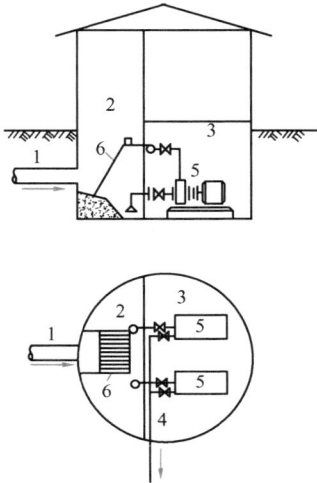

图 5-1　合建式圆形排水泵站

1—排水管渠；2—集水池；3—机器间；
4—压水管；5—卧式污水泵；6—格栅

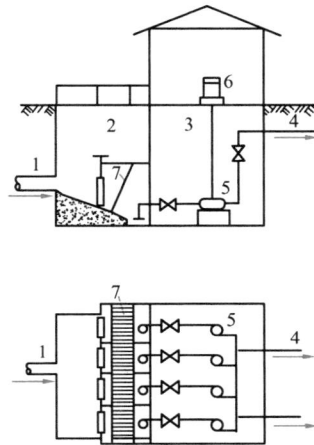

图 5-2　合建式矩形排水泵站

1—排水管渠；2—集水池；3—机器间；
4—压水管；5—立式污水管；6—立式
电动机；7—格栅

图 5-3 为分建式排水泵站。当土质差、地下水位高时，为了减少施工困难和降低工程造价，将集水池与机器间分开修建是合理的。将一定深度的集水池单独修建，施工上相对

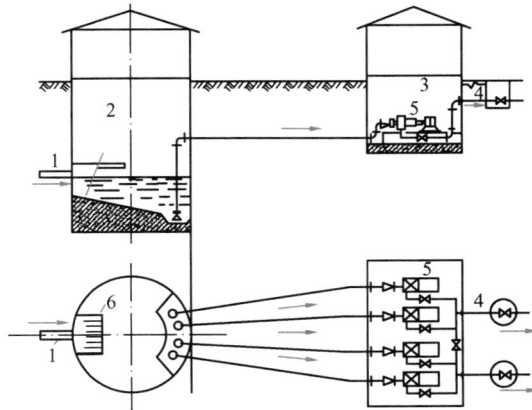

图 5-3　分建式圆形排水泵站

1—排水管渠；2—集水池；3—机器间；4—压水管；5—水泵机组；6—格栅

容易些。为了减小机器间的地下部分深度，应尽量利用泵的吸水能力，以提高机器间标高。但是，应注意泵的允许吸上真空高度不要利用到极限，以免泵站投入运行后吸水发生困难。因为在设计当中对施工时可能发生的种种与设计不符情况和运动后管道积垢、泵磨损、电源频率降低等情况都无法事先准确估计，所以适当留有余地是必要的。

分建式泵站的主要优点是，结构上处理比合建式简单，施工较方便，机器间没有污水渗透和被污水淹没的危险。它的最大缺点是要抽真空启动，为了满足排水泵站来水的不均匀，启动泵较频繁，给运行操作带来困难。

合建式排水泵站当机器间中泵轴线标高高于集水池中水位时（即机器间与集水池的底板不在同一标高时），泵也要采用抽真空启动。这种类型适应于土质坚硬，施工困难的条件，为了减少挖方量而不得不将机器间抬高。在运行方面，它的缺点同分建式一样。实际工程中采用较少。

图 5-4 所示为螺旋泵站布置。污水由来水管，进入螺旋泵的水槽内，带动螺旋泵的电动机及有关的电气设备设于机器间 3 内，污水经螺旋泵提升后进入出水渠 5，在渠道起端设置格栅 4。

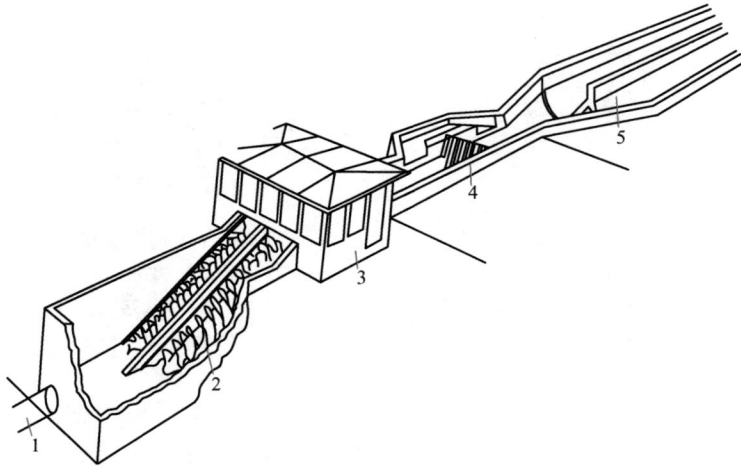

图 5-4 螺旋泵站布置

1—来水管；2—螺旋泵；3—机器间；4—格栅；5—出水渠

采用螺旋泵抽水可以不设集水池，不建地下式或半地下式泵房，节约土建投资。螺旋泵抽水不需要封闭的管道，因此水头损失较小，电耗较省。

由于螺旋泵螺旋部分是敞开的，维护与检修方便，运行时不需看管，便于实行遥控和在无人看管的泵站中使用，还可以直接安装在下水道内提升污水。

螺旋泵可以提升破布、石头、杂草、罐头盒、塑料袋以及废瓶子等任何能进入泵叶片之间的固体物。因此，泵前可不必设置格栅。格栅设于泵后，在地面以上，便于安装、检修与清除。

使用螺旋泵时，可完全取消通常其他类型污水泵配用的吸水喇叭管、底阀、进水和出水闸阀等配件和设备。

螺旋泵还有一些其他泵所没有的特殊功能：例如用在提升活性污泥和含油污水时，由于其转速慢，所以不会打碎污泥颗粒和絮凝体。用于沉淀池排泥，能使沉淀污泥起一定的浓缩作用。

但是，螺旋泵也有其本身的缺点：受机械加工条件的限制，泵轴不能太粗太长，所以扬程较低，一般为 3~6m，国外介绍可达 12m。因此，不适用于高扬程、出水水位变化大或出水为压力管的场合。在需要较大扬程的地方，往往采用二级或多级抽升的布置方式。它和其他泵不同，是斜装的，由于体积大，占地面积也大，耗钢材也较多。此外，螺旋泵在敞开布置的情况下，泵运行时，由于污水被搅动而有臭气逸出。

随着各种国产潜水泵质量的不断提高，越来越多的新建或改建的排水泵站都采用了各种形式的潜水泵，包括排水用潜水轴流泵、潜水混流泵、潜水离心泵等，其最大的优点是不需要专门的机器间，将潜水泵直接置于集水井中，但对潜水泵尤其是潜水电动机的质量要求较高。

图 5-5 所示为潜水泵站布置，将集水井与机器间合建，使用潜水电泵，将潜水泵机组 1 直接置于集水井 2 中，甚至可以采用开放式泵房，不需上部结构和固定吊车，机组结构紧凑，泵直接吸水，水经泵出口从原水管口排出。

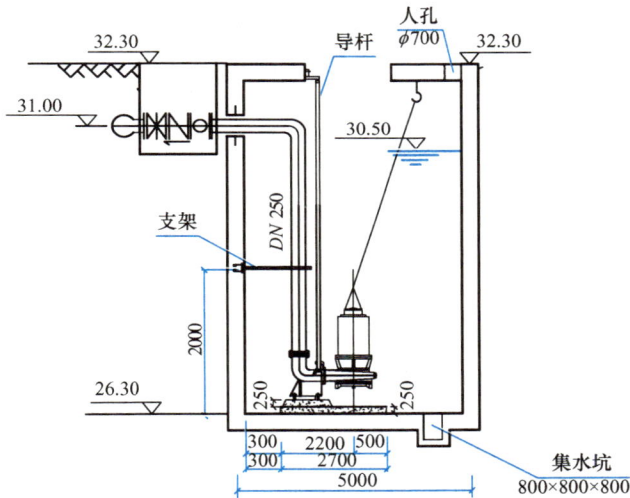

图 5-5 潜水泵排水泵站

近几年一体化排水泵站应用日益增多，图 5-6 为其示意图。这种泵站高度集成了泵站筒体、压力管道、检修平台、检修爬梯、格栅过滤装置、耦合系统、泵提升系统、通风装置、防滑井盖、照明系统、控制柜等，因为泵站全部埋于地下，确保外形美观，与周边环境相协调，且可大幅度节约土建施工周期和工程成本，降低整体投资。

在工程实践中，排水泵站的类型是多种多样的。例如：合建式泵站，集水池采用半圆形，机器间为矩形；合建椭圆形泵站；集水池露天或加盖；泵站地下部分为圆形钢筋混凝土结构，地上部分用矩形砖砌体等。究竟采取何种类型，应根据具体情况，经多方案技术经济比较后决定。根据我国设计和运行经验，凡泵台数不多于四台的污水泵站和三台或三台以下的雨水泵站，其地下部分结构采用圆形最为经济，其地面以上构筑物的形式，必须与周围建筑物相适应。当泵台数超过上述数量时，地下及地上部分都可采用矩形或由矩形组合成的多边形；地下部分有时为了发挥圆形结构比较经济和便于沉井施工的优点，也可以采取将集水池和机器间分开为两个构筑物的布置方式，或者将泵分设在两个地下的圆形

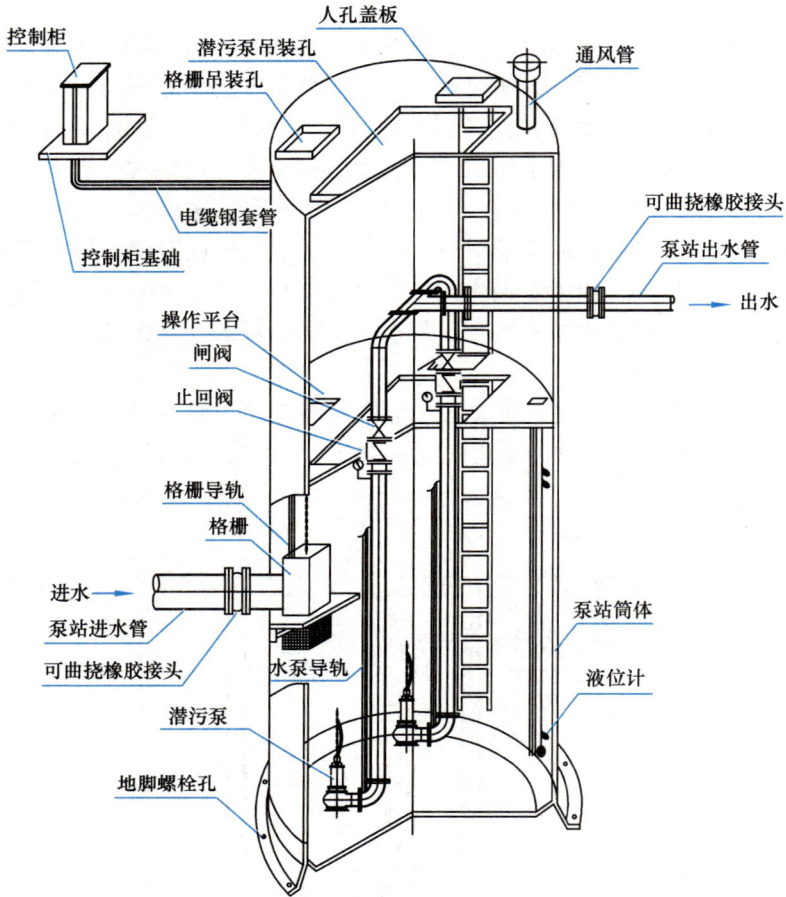

图 5-6　一体化排水泵站示意图

构筑物内，地上部分可以处理为矩形或腰圆形。这种布置适用于流量较大的雨水泵站或合流泵站。对于抽送会产生易燃易爆和有毒气体的污水泵站，必须设计为单独的建筑物，并应采用相应的防护措施。

5.2　污水泵站的工艺设计

5.2.1　泵的选择

1. 泵站设计流量的确定

城市的用水量是不均匀的，因而排入管道的污水流量也是不均匀的。要正确地确定泵的出水量及其台数以及决定集水池的容积，必须知道排水量为最高日中每小时污水流量的变化情况。而在设计排水泵站时，这种资料往往是不能得到的。因此，排水泵站的设计流量一般均按最高日最高时污水流量决定。一般小型排水泵站（最高日污水量在 5000m³ 以下），设1～2套机组；大型排水泵站（最高日污水量超过 15000m³）设 3～4 套机组。

2. 泵站的扬程

泵站扬程可按下式计算

$$H = H_{ss} + H_{sd} + \sum h_s + \sum h_d \ (m) \tag{5-1}$$

式中　　H_{ss}——吸水地形高度（m），为集水池内最低水位与水泵轴线之高差；

　　　　H_{sd}——压水地形高度（m），为泵轴线与输水最高点（即压水管出口处）之高差；

　$\sum h_s$ 和 $\sum h_d$——污水通过吸水管路和压水管路中的水头损失（包括沿程损失和局部损失）。

应该指出，由于污水泵站一般扬程较低，局部损失占总损失比例较大，所以不可忽略不计。

考虑污水泵在使用过程中因效率下降和管道中因阻力增加而增加的能量损失，在确定泵扬程时，可增大 1～2m 安全扬程。

因为泵在运行过程中，集水池中水位是变化的，因此所选泵在这个变化范围应处于高效段，如图 5-7 所示。当泵站内的泵超过两台时，在选择泵时应注意不但在并联运行时，而且在单泵运行时都应在高效段内，如图 5-8 所示。

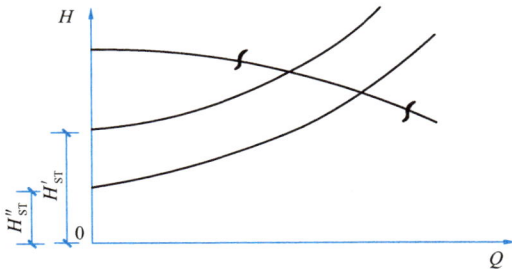

图 5-7　集水池中水位变化时泵工况

H'_{ST}—最低水位时扬水池地形高度；

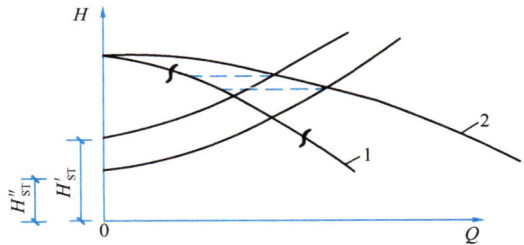

H''_{ST}—最高水位时扬水地形高度

图 5-8　泵并联及单独运行时工况

1—单泵特性曲线；2—两台泵并联特性曲线

所以选用工作泵的要求是在满足最大排水量的条件下，减少投资，节约电耗，运行安全可靠，维护管理方便。在可能的条件下，每台泵的流量最好相当于 1/2～1/3 的设计流量，并且以采用同型号泵为好。这样对设备的购置，设备与配件的备用，安装施工，维护检修都有利。但从适应流量的变化和节约电能考虑，采用大小搭配较为合适。如选用不同型号的两台泵时，则小泵的出水量应不小于大泵出水量的 1/2；如设一大两小共三台泵时，则小泵的出水量不小于大泵出水量的 1/3。污水泵站中，一般选择立式离心污水泵；当流量大时，可选择轴流泵；当泵房不太深时，也可选用卧式离心泵。

对于排除含有酸性或其他腐蚀性工业废水的泵站，应选择耐腐蚀的泵。排除污泥，应尽可能选用污泥泵。

为了保证泵站的正常工作，需要有备用机组和配件。如果泵站经常工作的泵不多于四台，且为同一型号，则可只设一套备用机组；超过四台时，除安设一套备用机组外，在仓库中还应存放一套。

污水泵站的流量随着排水系统的分期建设而逐渐增大，在设计时必须考虑这一因素。

5.2.2 确定集水池容积

污水泵站集水池的容积与进入泵站的流量变化情况、泵的型号、台数及其工作制度、泵站操作性质、启动时间等有关。

集水池的容积在满足安装格栅和吸水管的要求，保证泵工作时的水力条件以及能够及时将流入的污水抽走的前提下，应尽量小些。因为缩小集水池的容积，不仅能降低泵站的造价，还可以减轻集水池污水中大量杂物的沉积和腐化。

全昼夜运行的大型污水泵站，集水池容积是根据工作泵机组停车时启动备用机组所需的时间来计算的。一般可采用不小于泵站中最大一台泵5min出水量的体积。

对于小型污水泵站，由于夜间的流入量不大，通常在夜间停止运行。在这种情况下，必须使集水池容积能够满足储存夜间流入量的要求。

对于工厂的污水泵站的集水池，还应根据短时间内淋浴排水量来复核它的容积，以便均匀地将污水抽送出去。

抽升新鲜污泥、消化污泥、活性污泥的泵站的集泥池容积，应根据从沉淀池、消化池一次排出的污泥量或回流和剩余的活性污泥量计算确定。

对于自动控制的污水泵站，其集水池容积用下式计算

$$W = \frac{Q_0}{4n} \tag{5-2}$$

式中　W——集水池容积（m^3）；

　　　Q_0——泵站一级工作时泵的出水量（m^3/h）；

　　　n——泵每小时启动次数，一般取 $n=6$。

5.2.3 机组与管道的布置特点

1. 机组布置的特点

污水泵站中机组台数，一般不超过3~4台，而且污水泵都是从轴向进水，一侧出水，所以常采取并列的布置形式。常见的布置形式有以下几种如图5-9所示。

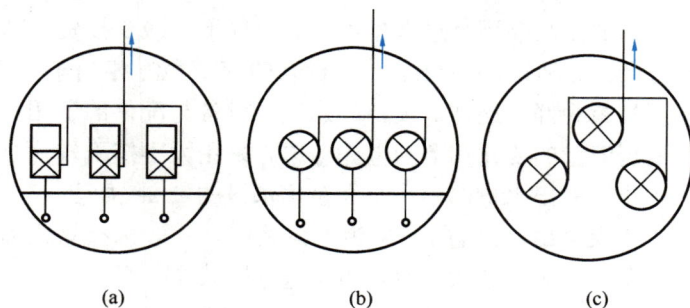

| (a) | (b) | (c) |

图 5-9　污水泵站机组布置

图5-9(a) 适用于卧式污水泵；图5-9(b) 及图5-9(c) 适用于立式污水泵。

机组间距及通道大小，可参考给水泵站的要求。

为了减小集水池的容积，污水泵机组的"开""停"比较频繁。为此，污水泵常常采取自灌式工作。这时，吸水管上必须装设闸门，以便检修泵。但是，采取自灌式工作，会

使泵房埋深加大，增加造价。

2. 管道的布置与设计特点

每台泵应设置一条单独的吸水管，这不仅改善了水力条件，而且可减少杂质堵塞管道的可能性。

吸水管的设计流速一般采用 $1.0 \sim 1.5 \text{m/s}$，最低不得小于 0.7m/s，以免管内产生沉淀。吸水管很短时，流速可提高到 $2.0 \sim 2.5 \text{m/s}$。

如果泵是非自灌式工作的，应利用真空泵或水射器引水启动，而不允许在吸水管进口处装置底阀，因底阀在污水中易被堵塞，影响泵的启动，且增加水头损失和电耗。吸水管进口应装置喇叭口，其直径为吸水管直径的 $1.3 \sim 1.5$ 倍。喇叭口安设在集水池的集水坑内。

压水管的流速一般不小于 1.5m/s，当两台或两台以上泵合用一条压水管而仅一台泵工作时，其流速也不得小于 0.7m/s，以免管内产生沉淀。各泵的出水管接入压水干管（连接管）时，不得自干管底部接入，以免停止运行时，该泵的压水管内形成杂质淤积。每台泵的压水管上均应装设闸门，污水泵出口一般不装设止回阀。

泵站内管道敷设一般用明装。吸水管道常置于地面上，压水管由于泵房较深，多采用架空安装，通常沿墙架设在托架上。所有管道应注意稳定。管道的布置不得妨碍泵站内的交通和检修工作。不允许把管道装设在电气设备的上空。

污水泵站的管道易受腐蚀。钢管抵抗腐蚀性能较差，因此，一般应避免使用钢管。

5.2.4　泵站内部标高的确定

泵站内部标高主要根据进水管渠底标高或管中水位确定。自灌式泵站集水池底板与机器间底板标高基本一致，而非自灌式（吸入式）泵站，由于利用了泵的真空吸上高度，机器间底板标高较集水池底板高。

集水池中最高水位，对于小型泵站即取进水管渠渠底标高；对于大、中型的泵站可取进水管渠计算水位标高。而集水池的有效水深，从最高水位到最低水位，一般取为 $1.5 \sim 2.0 \text{m}$，如图 5-10 所示，池底坡度 $i = 0.1 \sim 0.2$ 倾向集水坑。集水坑的大小应保证泵有良好的吸水条件，吸水管的喇叭口放在集水坑内，一般朝下安设，其下缘在集水池中最低水位以下 0.4m，离坑底的距离不小于喇叭口进口直径的 0.8 倍，喇叭口在坑中的布置如图 5-10 所示。清理格栅工作平台应比最高水位高出 0.5m 以上。平台宽度应不小于 $0.8 \sim 1.0 \text{m}$。沿工作平台边缘应有高 1.0m 的栏杆。为了便于下到池底进行检修和清洗，从工作平台到池底应有爬梯上下。

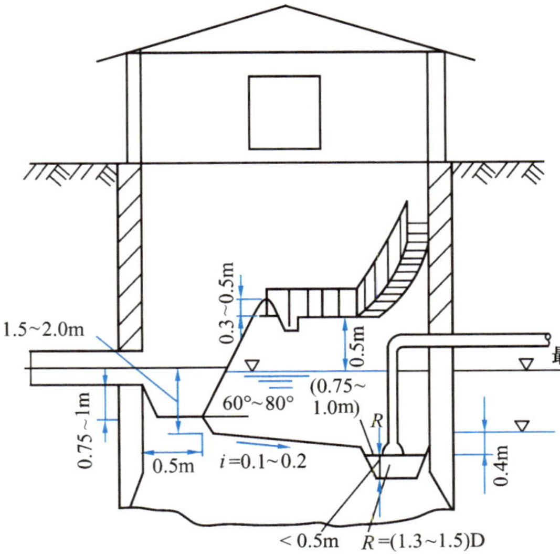

图 5-10　集水池

对于非自灌式泵站，泵轴线标高可根据泵允许吸上真空高度和当地条件确定。泵基础标高则由泵轴线标高推算，进而可以确定机器间地板标高。机器间上层平台标高一般应比室外地坪高出 0.5m。

对于自灌式泵站，泵轴线标高可由喇叭口标高及吸水管上管配件尺寸推算确定。

5.2.5　污水泵站中的辅助设备

1. 格栅

格栅是污水泵站中最主要的辅助设备。格栅一般由一组平行的栅条组成，斜置于泵站集水池的进口处。其倾斜角度为 60°～80°，如图 5-10 所示。

栅条间隙根据泵性能确定，可按表 5-1 选用。

污水泵前格栅的栅条间隙　　　　　　　　　　　表 5-1

水　泵　型　号		栅条间隙（mm）
离心泵	$2\frac{1}{2}$PWA	≤20
	4PWA	≤40
离心泵	6PWA	≤70
	8PWA	≤90
轴流泵	20ZLB-70	≤60
	28ZLB-70	≤90

栅条的断面形状与尺寸可按表 5-2 选用。

栅条的断面形状与尺寸　　　　　　　　　　　表 5-2

栅条断面形状	一般采用尺寸（mm）
正方形	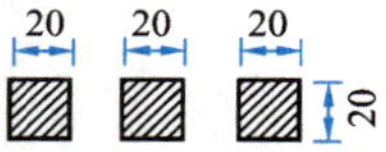
圆　形	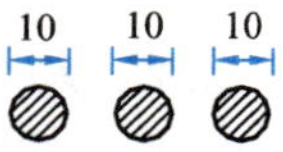
矩　形	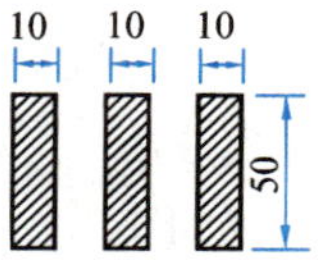
带半圆的矩形	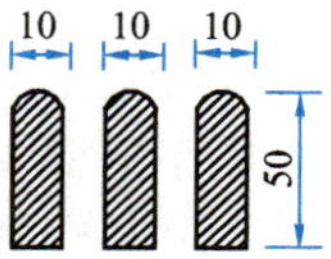

　　格栅后应设置工作台，工作台一般应高出格栅上游最高水位 0.5m。

　　对于人工清除的格栅，其工作平台沿水流方向的长度不小于 1.2m，机械清除的格栅，其长度不小于 1.5m，两侧过道宽度不小于 0.7m。工作平台上应有栏杆和冲洗设施。

　　为了收集从格栅上取下的杂物，过去都靠人工清除。有的泵站，格栅深达 6～7m，人工清除，不但劳动强度大，而且随着各种工业废水的增加，污水中蒸发的有毒气体往往对清污工人的健康有很大的危害，甚至造成伤亡事故。因此，如何采用机械方法清除格栅上的垃圾、杂物，便成为污水泵站机械化、自动化的重要课题。

　　机械格栅（机耙）能自动清除截留在格栅上的垃圾，将垃圾倾倒在翻斗车或其他集污设备内，大大地减轻了工人的劳动强度，保护了工人身体健康，同时可降低格栅的水头损失，节约电耗。

　　国外有的地方已经使用机械手来清洗格栅。随着我国给水排水工程领域的机械化自动化程度的提高，机械格栅也将不断完善、不断提高。有关部门正在探索其定型化标准化，使之既能在新建工程中推广使用，又能适用于老泵站的改造。

　　2. 水位控制器

　　为适应污水泵站开停频繁的特点，往往采用自动控制机组运行。自动控制机组启动停车的信号，通常是由水位继电器发出的。水位控制器可分为浮球液位控制器和电极液位控制器。电极液位控制器是利用污水具有导电性，由液位电极配合继电器实现液位控制。与浮球液位控制器相比，由于它无机械传动部分，从而具有故障少，灵敏度高的优点。按电极配用的继电器类型不同，分为晶体管水位继电器、三极管水位继电器、干簧继电器等。

　　3. 计量设备

　　由于污水中含有机械杂质，其计量设备应考虑被堵塞的问题。设在污水处理厂内的泵站，可不考虑计量问题，因为污水处理厂常在污水处理后的总出口明渠上设置计量槽。单独设立的污水泵站可采用电磁流量计，也可以采用弯头水表或文氏管水表计量，但应注意防止传压细管被污物堵塞，为此，应有引高压清水冲洗传压细管的措施。

　　4. 引水装置

　　污水泵站一般设计成自灌式，无需引水装置。当泵为非自灌工作时，可采用真空泵或水射器抽气引水，也可以采用密闭水箱注水。当采用真空泵引水时，在真空泵与污水泵之间应设置气水分离箱，以免污水和杂质进入真空泵内。

　　5. 反冲洗设备

　　污水中所含杂质，往往部分地沉积在集水坑内，时间长了，腐化发臭，甚至填塞集水坑，影响泵的正常吸水。

　　为了松动集水坑内的沉渣，应在坑内设置压力冲洗管。一般从泵压水管上接出一根直径为 50～100mm 的支管伸入集水坑中，定期将沉渣冲起，由泵抽走。也可在集水池间设一自来水龙头，作为冲洗水源。

　　6. 排水设备

　　当泵为非自灌式时，机器间高于集水池。机器间的污水能自流泄入集水池，可用管道把机器间的集水坑与集水池连接起来，其上装设闸门，排集水坑污水时，将闸门开启，污水排放完毕，即将闸门关闭，以免集水池中的臭气逸入机器间内。当吸水管能形成真空时，也可在泵吸水口附近（管径最小处）接出一根小管伸入集水坑，泵在低水位工作时，将坑中污水抽走。

如机器间污水不能自行流入集水池时，则应设排水泵（或手摇泵）将坑中污水抽到集水池。

7. 采暖与通风设施

集水池一般不需采暖设备，因为集水池较深，热量不易散失，且污水温度通常不低于10～20℃。机器间如必须采暖时，一般采用火炉，也可采用暖气设施。

排水泵站的集水池通常利用通风管自然通风，在屋顶设置风帽。机器间一般只在屋顶设置风帽，进行自然通风。只有在炎热地区，机组台数较多或功率很大，自然通风不能满足要求时，才采用机械通风。

8. 起重设备

起重量在 0.5t 以内时，设置移动三脚架或手动单梁吊车，也可在集水池和机器间的顶板上预留吊钩；起重量在 0.5～2.0t 时，设置手动单梁吊车；起重量超过 2.0t 时，设置手动桥式吊车。

深入地下的泵房或吊运距离较长时，可适当提高起吊机械水平。

5.2.6 排水泵站的构造特点

由于排水泵站的工艺特点，泵大多数为自灌式工作，所以泵站往往设计成为半地下式或地下式。其深入地下的深度，取决于来水管渠的埋深。又因为排水泵站总是建在地势低洼处，所以它们常位于地下水位以下，因此，其地下部分一般采用钢筋混凝土结构，并应采取必要的防水措施。应根据土压和水压来设计地下部分的墙壁（井筒），其底板应按承受地下水浮力进行计算。泵房的地上部分的墙壁一般用砖砌筑。

一般说来，集水池应尽可能和机器间合建在一起，使吸水管路长度缩短。只有当泵台数很多，且泵站进水管渠埋设又很深时，两者才分开修建，以减少机器间的埋深。机器间的埋深取决于泵的允许吸上真空高度。分建式的缺点是泵不能自灌充水。

辅助间（包括工人休息室），由于它与集水池和机器间设计标高相差很大，往往分开修建。

当集水池和机器间合建时，应当用无门窗的不透水的隔墙分开。集水池和机器间各设有单独的进口。

在地下式排水泵站内，扶梯通常沿着房屋周边布置。如地下部分深度超过 3m 时，扶梯应设中间平台。

在机器间的地板上应有排水沟和集水坑。排水沟一般沿墙设置，坡度为 $i=0.01$，集水坑平面尺寸一般为 0.4m×0.4m，深为 0.5～0.6m。

对于非自动化泵站，在集水池中应设置水位指示器，使值班人员能随时了解池中水位变化情况，以便控制泵的开或停。

当泵站有被洪水淹没的可能时，应设必要的防洪措施。如用土堤将整个泵站围起来，或提高泵站机器间进口门槛的标高。防洪设施的标高应比当地洪水水位高 0.5m 以上。

集水池间的通风管必须伸到工作平台以下，以免在抽风时臭气从室内通过，影响管理人员健康。

集水池中一般应设事故排水管。

图 5-11 所示为设卧式泵的圆形污水泵站。泵房地下部分为钢筋混凝土结构，地上部分用砖砌筑。用钢筋混凝土隔墙将集水池与机器间分开。内设三台卧式污水泵（两台工作

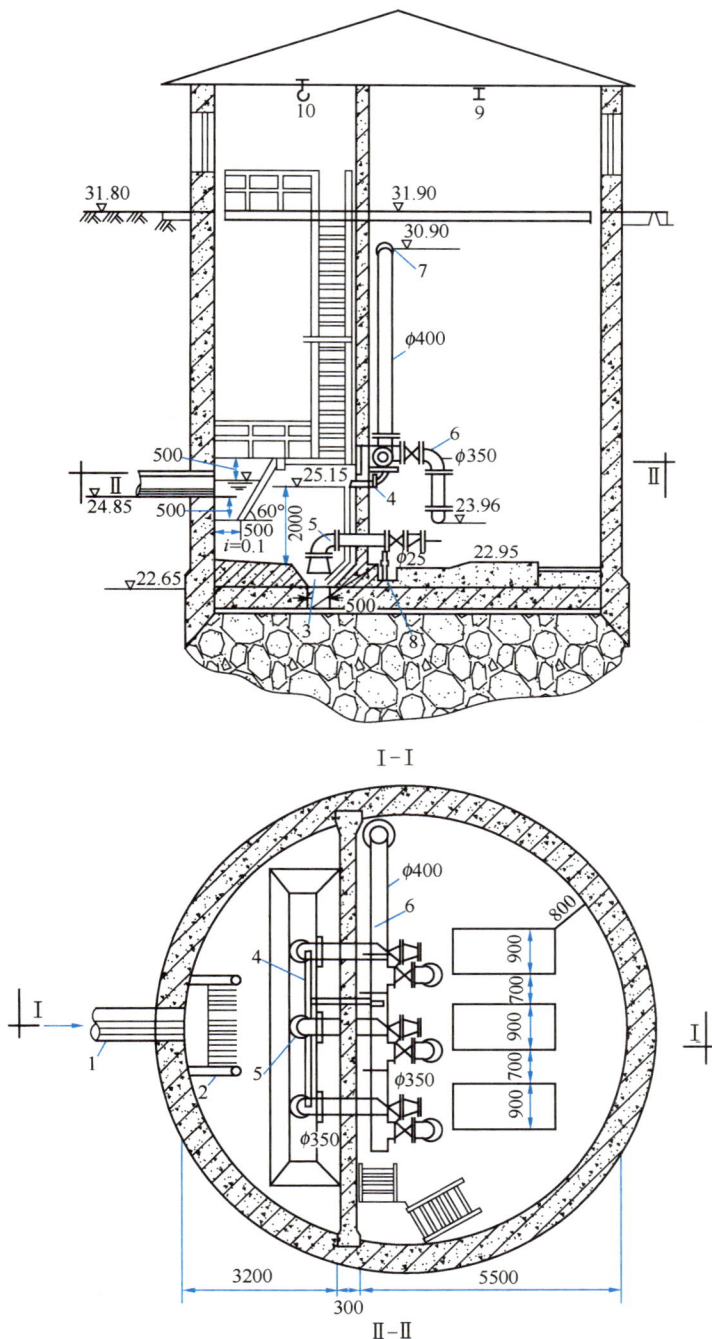

图 5-11　卧式泵的圆形污水泵站

1—来水干管；2—格栅；3—吸水坑；4—冲洗水管；5—水泵吸水管；

6—压水管；7—弯头；8—$\phi25$ 吸水管；9—单梁吊车；10—吊钩

用一台备用)。各泵有单独的吸水管。由于泵为自灌式,故每条吸水管上均设有闸门。三台泵共用一条压水管。

机器间内的污水,在吸水管上接出管径为 25mm 的小管伸到集水坑内,当泵工作时,把坑内积水抽走。

从压水管上接出一条直径为 50mm 的冲洗管(在坑内部分为穿孔管),通到集水坑内。

集水池容积按一台泵 5min 的出水量计算,其容积为 33m³,有效水深为 2m,内设一个宽 1.5m、斜长 1.8m 的格栅。格栅用人工清除。

在机器间起重设备采用单梁吊车,集水池间设置固定吊钩。

图 5-12 为设三台立式泵机组的圆形污水泵站。集水池与机器间用不透水的钢筋混凝土隔墙分开,各有单独的门进出。集水池中装有格栅,休息室与厕所分别设在集水池两侧,均有门通往机器间。泵为自灌式,机组开停用浮筒开关装置自动控制。各泵吸水管上均设有闸阀,便于检修。联络干管设于泵房外。电动机及有关电气设备设在楼板上,所以泵间尺寸较小,以降低工程造价。而且通风条件良好,电动机运行条件和工人操作环境也好。

起吊设备用单梁手动吊车。

5.2.7 选用潜污泵的污水泵站工艺设计实例

1. 概况

本泵站负责将某市某纳污区污水提升至污水处理厂,由 $DN1400$ 的夹砂玻璃钢管负责输送,管道竖向高程最高控制点标高为 42.50m。某纳污区总汇水面积为 $13.82 \times 10^6 m^2$,规划服务人口数为 17.88 万人。本纳污区采用的是分流制排水体制,污水经污水管收集,自流至本泵站。

根据《某市污水处理厂一期工程可行性研究报告》(厂外污水管网部分),该泵站平均日污水量为 9.95 万 m³/d,最大日污水量为 12.7 万 m³/d,其最大时污水流量为 1.4976m³/s。该泵站最大设计污水提升量为 12.70 万 m³/d。

2. 污水量计算

计算公式: $Q_平 = n \times N/24/3600$;

$$Q_{max} = K_Z \times Q_平 \tag{5-3}$$

式中　$Q_平$——平均日平均时生活污水量(L/s);

　　　Q_{max}——最大日最大时生活污水量(L/s);

　　　　n——综合污水定额(L/(cap·d)),根据该工程的可行性研究报告,$n=556.31L/(cap·d)$;

　　　　N——设计人口数;

　　　K_Z——生活污水总变化系数,按室外排水设计规范规定,$K_Z=1.3$。

本泵站的计算平均污水量为 1.152m³/s,最大时污水流量为 1.4976m³/s。

3. 工艺设计

(1) 工艺流程

工艺流程如图 5-13 所示。

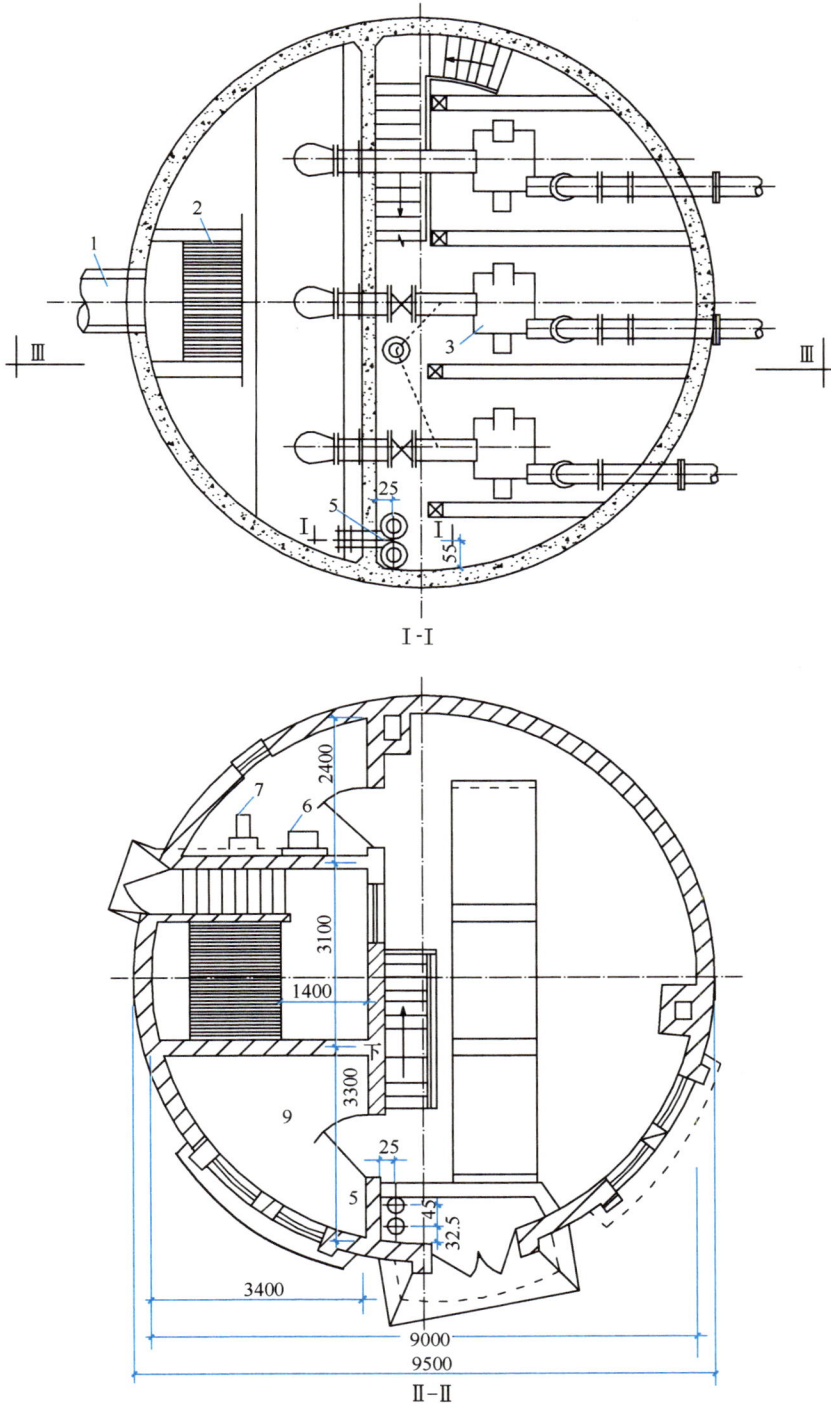

图 5-12　立式泵的圆形污水泵站（一）

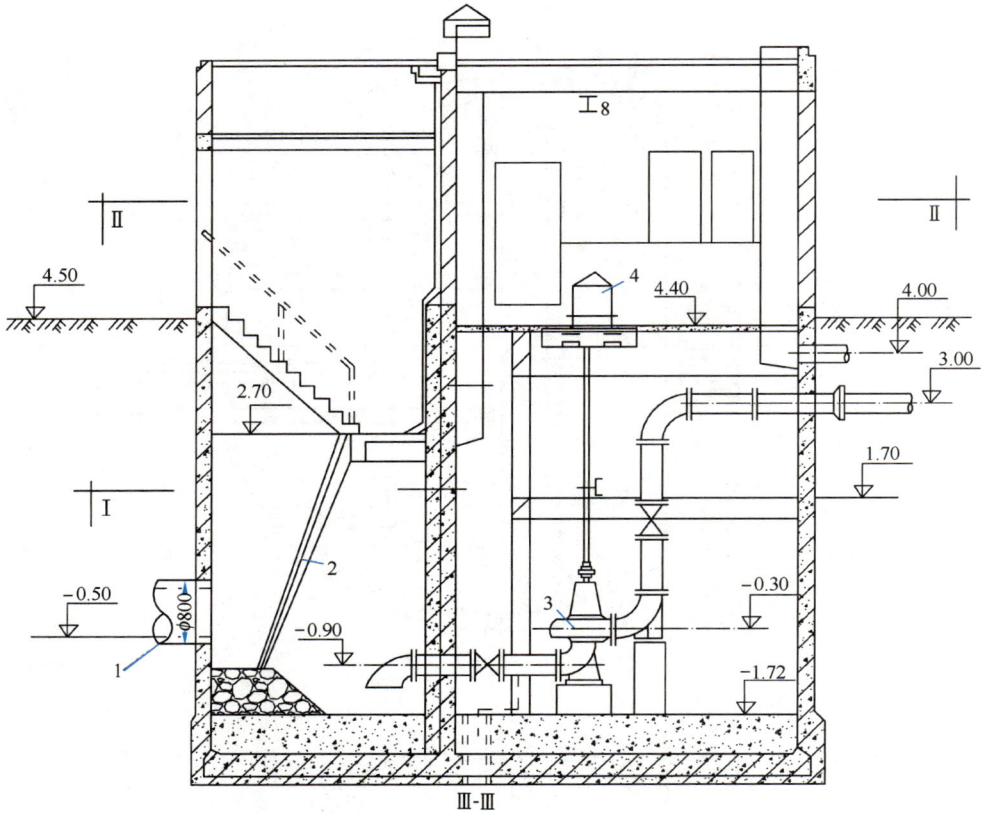

图 5-12　立式泵的圆形污水泵站（二）

1—来水干管；2—格栅；3—水泵；4—电动机；5—浮筒开关装置；

6—洗面盆；7—大便器；8—单梁手动吊车；9—休息室

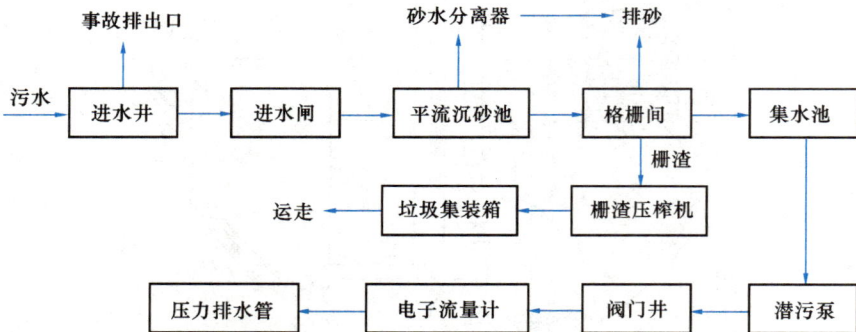

图 5-13　污水泵站工艺流程图

（2）泵站构筑物工艺设计

1）进水井

进水井尺寸按构造要求确定，进水井尺寸为：长×宽×深＝3.0m×3.0m×7.7m。井内出水口、事故出水口和两个沉砂池入口处均设置 HZFN-Ⅱ型铸铁闸门，闸门尺寸分别为 1.8m×1.8m，配手电两用控制启闭机。

2）沉砂池

为减少污水中较大颗粒泥砂对泵站内的污水提升泵的影响，以及泵站后长距离输送管道的淤积，在污水进入泵房前，设置沉砂池进行沉砂处理。

设计采用平流式沉砂池，可去除污水中相对密度大于 2.65，颗粒直径大于 0.2mm 以上的砂料。沉砂斗中设置泥浆泵，将泥砂提升至站区地面旋流砂水分离器中浓缩。

平流沉砂池设计参数如下：

A. 沉砂池分为两格，进、出水端均设闸门控制，可分格检修。闸门尺寸分别为 1.5m× 1.5m，配手电两用控制启闭机；

B. 最大流速为 $v=0.3$m/s；

C. 最大流量时的停留时间为 $t=30$s；

D. 沉砂量按每 10 万 m³ 进行沉砂 3.0m³，含水率 60%，密度 1500kg/m³。日均出砂量为 3m³。沉砂斗每两天排砂 1 次后根据沉砂斗容积换算排砂时间。

沉砂池具体尺寸如下：

沉砂池长度：$L=9.0$m，设两格，每格池宽 2.5m，有效水深为 1m；每格沉砂池中部设一个沉砂斗，斗深 1.3m，斗容积为 3.0m³。

每个沉砂斗内设 HS5540MT 潜水泥浆泵一台，$Q=10$L/s，$H=15$m，$N=13.5$kW。斗内泥砂经潜水泥浆泵提升至站区砂水分离器脱水后排至垃圾中转集装箱。

3）格栅

该泵站吸水池前并列设 LHG-2.5 回转式机械格栅两台，它们可单独运行，以利检修。栅条间隙宽度为 25mm，格栅安装角度为 75°，功率 $N=3.0$kW；渠道宽度为 3.1m。

格栅打捞上来的栅渣由设在地面的螺旋式栅渣压榨机去除水分，并送至垃圾中转箱。泵站选用 LYZ300 螺旋式栅渣压榨机一台，处理能力为 3.0m³/h，$N=3.0$kW。

格栅设置四种控制方式：水位差自动控制、时间控制、遥控、手动控制。

在格栅前后设超声波液位差仪表，根据水位差测量仪测得的格栅前后水位差值自动控制机械格栅的运行，即水位差达到设定值时，自动启动格栅。当机械格栅停止运行时间超过设定值时，系统转为时间控制，此时限为可调式设计。

4）泵房设计

A. 设计流量

泵的设计流量按最大日最大时流量 1497.6L/s 设计。

B. 设计扬程

根据管网高程设计，泵站出水压力输送管在下游最高点的管底标高定为 42.50m，污水处理厂厂区进水井水面标高为 41.70m，污水输送管管径为 DN1400，泵站进水管底标高为 23.75m。

泵的停泵水位定为 23.70m，启泵水位定为 24.85m，总扬程为 27m。

选用 WQ1300-30-185 潜污泵六台。四用两备；单台泵设计参数为：$Q=374$L/s，$H=27$m，$N=185$kW。泵站内管道采用焊接钢管。钢管的防腐措施为：所有明露钢管外壁均刷防锈漆两遍、面漆两遍；埋地钢管外壁采用一遍防锈漆、玻璃纤维布两布三油（沥青漆）防腐；钢管内壁均采用涂两道防锈漆、两道面漆防腐。

另外在泵房内配备两台积水排空泵，一用一库存，单台泵设计参数为：$Q=27.8$L/s，

$H=13.0\text{m}$，$N=7.5\text{kW}$。

    C. 泵工作方式

泵站集水池内设超声波液位仪表，PLC 系统根据水位测量仪测得的水位值自动控制潜污泵的启停运行。同时系统累计各个泵的运行时间，自动轮换泵，保证各泵累计运行时间基本相等，使其保持最佳运行状态，见表 5-3。

    D. 泵站集水池有效调节容积为 217m^3，大于单台泵 5min 的抽水量。

泵型及工作方式　　　　　　　　表 5-3

泵的工作方式	平均时流量	最大时流量
泵型	WQ1300-27-185	
泵功率	185kW	
配套电动机 电压	380V	
运行方式	工频运转	
工作台数	3	4
备用台数	3	2

    5）泥砂浓缩设施

泵站区域内设 XCS-2.13 型砂水分离器一台。平流沉砂池沉砂斗内泥砂经砂水分离器脱水后排至站内垃圾中转集装箱。最后会同栅渣一起运至垃圾填埋场。

    （3）工艺主要设备及材料

主要设备及材料见表 5-4。

主要工艺设备及材料表　　　　　　　　表 5-4

序号	设 备 名 称	技 术 参 数	单位	数量	备注
1	潜水污水泵	WQ1300-27-185，$Q=374\text{L/s}$，$H=27\text{m}$，$N=185\text{kW}$	台	6	四用两备
2	潜水泥浆泵	HS5540MT，$Q=10\text{L/s}$，$H=15\text{m}$，$N=13.5\text{kW}$	台	2	
3	潜水排污泵	SV064B 型，$Q=27.8\text{L/s}$，$H=13\text{m}$，$N=7.5\text{kW}$	台	2	一用一库存
4	回转式格栅除污机	LHG-2.5 型栅条净距 25mm，栅条宽度 1500mm，高度 9.0m，安装角度 75°，$N=3.0\text{kW}$	台	2	
5	螺旋式栅渣压榨机	SLY3000/11 型，螺距 300mm，	台	1	
6	铸铁镶铜方形闸门	HZFN-Ⅱ型 1800mm×1800mm，$N=3.0\text{kW}$	套	3	配手电两用启
7	铸铁镶铜方形闸门	HZFN=Ⅱ型 1500mm×1500mm，$N=3.0\text{kW}$	套	4	配手电两用启
8	螺旋砂水分离器	SLF320 型，$Q=60\text{m}^3/\text{h}$，$N=1.5\text{kW}$	台	1	

续表

序号	设 备 名 称	技 术 参 数	单位	数量	备注
9	橡胶瓣止回阀	SFCV-0600-B11，$DN600$	个	6	
10	橡胶瓣止回阀	SFCV-0200-B10，$DN200$	个	1	
11	橡胶瓣止回阀	SFCV-0150-B01，$DN150$	个	2	
12	法兰式蝶阀（电动）	FBEX-0600A01，$DN600$，$PN=0.6MPa$	个	6	
13	法兰式蝶阀（电动）	FBGX-0600A01，$DN600$，$PN=0.6MPa$	个	2	
14	法兰式蝶阀	FBGX-0100A01，$DN100$，$PN=0.6MPa$	个	1	压力管放空管
15	电磁流量计	KTLDE-1400-204-0.6E-0111-1110，$DN1400$	个	1	
16	垃圾集装箱	$V=5.0m^3$	座	1	
17	皮带输送机	TD75，$N=2.2kW$	座	1	
18	超声波液位差仪		个	1	
19	超声波液位仪		个	1	
20	封闭式垃圾清运车	8t	辆	1	
21	吊车	10t	辆	1	
22	松套限位伸缩接头	JALF 型，$DN600$，$PN=0.6MPa$	个	6	
23	松套限位伸缩接头	JALF 型，$DN1400$，$PN=0.6MPa$	个	1	
24	磷酸铵盐干粉灭火器	MF4A	具	6	
25	室外消防栓	SS100/65-1.0	座	2	
26	焊接钢管	$D1400\times12$，$\delta=12mm$	m	30	泵站红线内
27	焊接钢管	$D620\times10$，$\delta=10mm$	m	100	四用两备
28	镀锌钢管	$DN1500$	m	40	
29	镀锌钢管	$DN100$	m	200	
30	PVC-U 排水管	$D300$	m	200	
31	PE 给水管	$D32$	m	30	
32	砖砌化粪池	1 号	座	1	
33	砖砌检查井	$\phi1000$	座	10	
34	单算铸铁雨水口		座	15	
35	钢筋混凝土管	$D1500$	m	100	
36	钢筋混凝土管道支墩	$1000mm\times1000mm\times1000mm$	座	4	

（4）泵站工艺图

泵站工艺平面图、剖面图如图 5-14 所示。

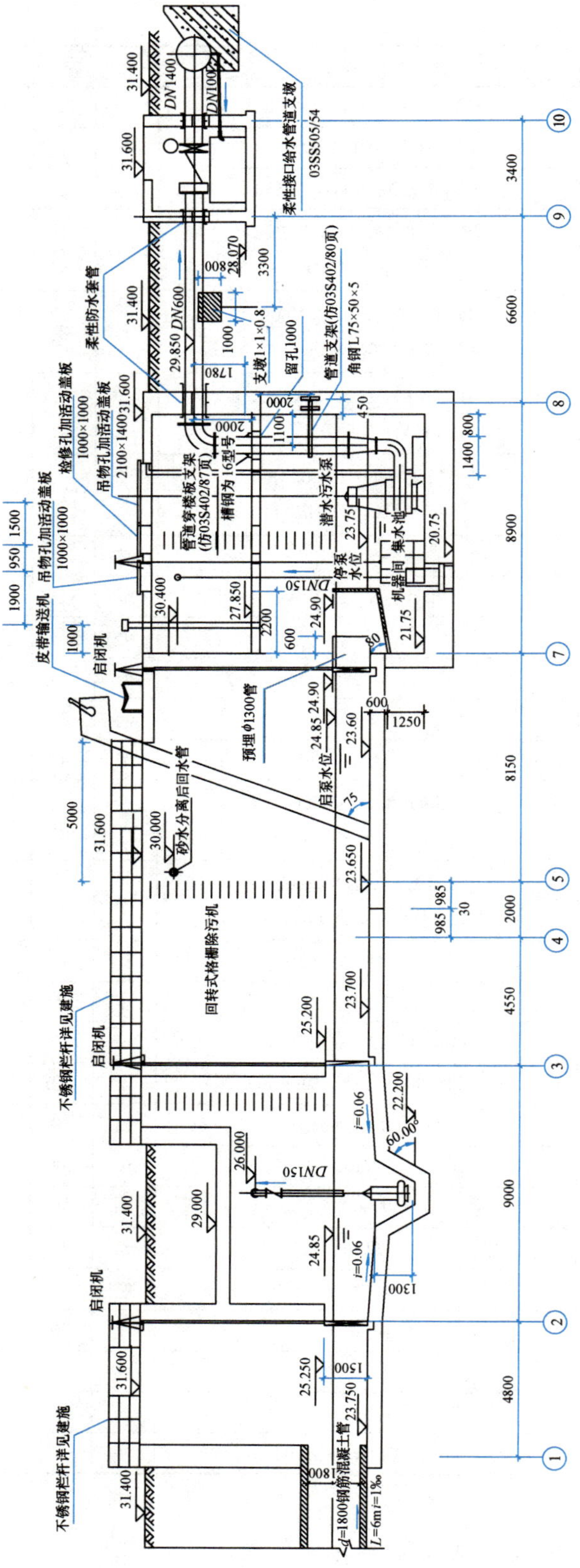

图 5-14(a) 潜污泵污水泵站工艺图（剖面）（一）

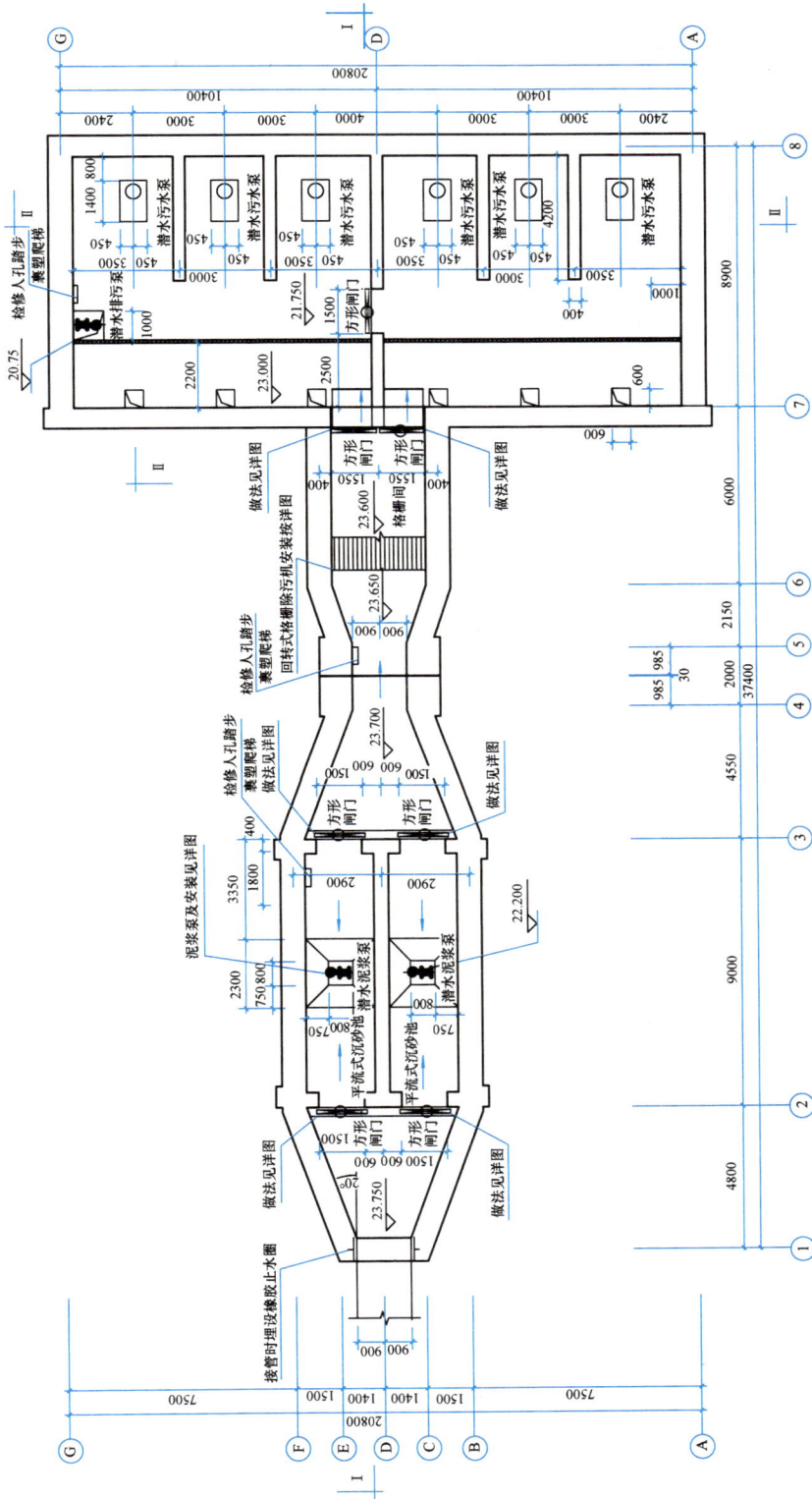

图 5-14(b)　潜污泵污水泵站工艺图（剖面）（二）

5.3 雨水泵站的工艺设计

当雨水管道出口处水体水位较高，雨水不能自流排泄；或者水体最高水位高出排水区域地面时，都应在雨水管道出口前设置雨水泵站。

雨水泵站基本上与污水泵站相同，下面仅就其不同的特点，予以说明。

5.3.1 雨水泵站的基本类型

雨水泵站的特点是流量大，扬程小，因此，大都采用轴流泵，有时也用混流泵。其基本形式有"干室式"（图5-15）与"湿室式"（图5-16）。

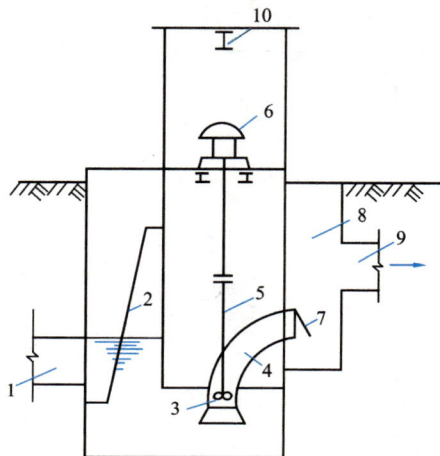

图 5-15　"干室式"雨水泵站
1—来水干管；2—格栅；3—水泵；4—压水管；
5—传动轴；6—立式电动机；7—拍门；8—出水井；
9—出水管；10—单梁吊车

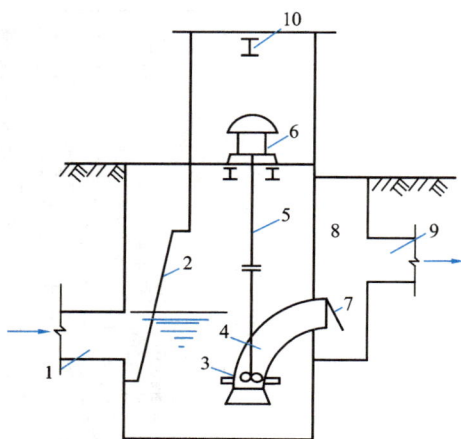

图 5-16　"湿室式"雨水泵站
1—来水干管；2—格栅；3—水泵；4—压水管；
5—传动轴；6—立式电动机；7—拍门；
8—出水井；9—出水管；10—单梁吊车

在"干室式"泵站中，共分三层。上层是电动机间，安装立式电动机和其他电气设备；中层为机器间，安装泵的轴和压水管；下层是集水池；

机器间与集水池用不透水的隔墙分开，集水池的雨水，除了进入泵以外，不允许进入机器间，因而电动机运行条件好，检修方便，卫生条件也好。缺点是结构复杂，造价较高。

"湿室式"泵站中，电动机层下面是集水池，泵浸于集水池内。结构虽比"干室式"泵站简单，造价较少，但泵的检修不如"干室式"方便，泵站内比较潮湿，且有臭味，不利于电气设备的维护和管理工人的健康。

5.3.2 泵的选择

雨水泵站的另一特点是大雨和小雨时设计流量的差别很大。泵的选型首先应满足最大设计流量的要求，但也必须考虑到雨水径流量的变化。只顾大流量忽视小流量，是不全面的，否则会给泵站的工作带来困难。雨水泵的台数，一般不宜小于2～3台，以便适应来水流量的变化。大型雨水泵站按流入泵站的雨水道设计流量来选择泵；小型雨水泵站中（流量在 $2.5m^3/s$ 以下），泵的总抽水能力可略大于雨水道设计流量。

泵的型号不宜太多，最好选用同一型号。如必须大小泵搭配时，其型号也不宜超过两种。如采用一大二小三台泵时，小泵出水量不小于大泵的 1/3。

雨水泵可以在旱季检修，因此，通常不设备用泵。

泵的扬程必须满足从集水池平均水位到出水池最高水位所需扬程的要求。

5.3.3　集水池（也称吸水井）的设计

由于雨水管道设计流量大，在暴雨时，泵站在短时间内要排出大量雨水，如果完全用集水池来调节，往往需要很大的容积；另一方面，接入泵站的雨水管渠断面积很大，敷设坡度又小，也能起一定的调节水量的作用。因此，在雨水泵站设计中，一般不考虑集水池的调节作用，只要求在保证泵正常工作和合理布置吸水口等所必需的容积。一般采用不小于最大一台泵 30s 的出水量。

由于雨水泵站大都采用轴流泵，而轴流泵是没有吸水管的，集水池中水流的情况会直接影响叶轮进口的水流条件。从而引起对泵性能的影响。因此，必须正确地设计集水池，否则会使泵工作受到干扰而使泵性能与设计要求大大不同。

由于水流具有惯性，流速越大其惯性越显著，因此水流不会轻易改变方向。集水池的设计必须考虑水流的惯性，以保证泵具有良好的吸水条件，不致产生旋流与各种涡流。

在泵的吸水井中，可能产生如图 5-17 所示的涡流。图 5-17（a）所示为凹洼涡、局部涡、同心涡。后两者统称空气吸入涡流。图 5-17（b）所示为水中涡流。这种涡流附着于集水池底部或侧壁，一端延伸到泵进口内。在水中涡流中心产生气蚀作用。

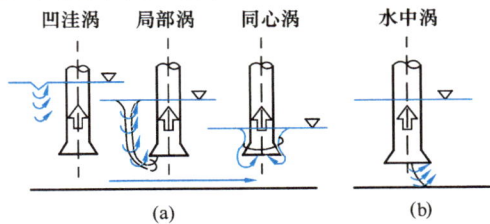

图 5-17　各种涡

由于吸入空气和气蚀作用使泵性能改变，效率下降，出水量减少，并使电动机过载运行；此外，还会产生噪声和振动，使运行不稳定，导致轴承磨损和叶轮腐蚀。

旋流是由于集水池中水的偏流、涡流和泵叶轮的旋转而产生。旋流扰乱了泵叶轮中的均匀水流，从而直接影响泵的流量、扬程和轴向推力。旋流也是造成机组振动的原因。

集水池的设计一般应注意以下事项：

（1）使进入池中的水流均匀地流向各台泵，见表 5-5 中Ⅳ；

（2）泵的布置、吸入口位置和集水池形状的设计，不致引起旋流，见表 5-5 中Ⅰ、Ⅲ、Ⅳ、Ⅴ；

（3）集水池进口流速尽可能的缓慢，一般不超过 0.7m/s，泵吸入口的行近流速以取 0.3m/s 以下为宜；

（4）流线不要突然扩大和改变方向，见表 5-5 中Ⅰ、Ⅲ、Ⅳ；

（5）在泵与集水池壁之间，不应留过多的空隙，见表 5-5 中Ⅱ；

（6）在一台泵的上游应避免设置其他的泵，见表 5-5 中Ⅳ；

（7）应取足够的淹没水深，防止空气吸入形成涡流；

（8）进水管管口要做成淹没出流，使水流平稳地没入集水池中，因为这样进水管中的水不致卷吸空气并带到吸水井中，见表 5-5 中Ⅵ、Ⅸ；

（9）在封闭的集水池中应设透气管，排除集存的空气，见表 5-5 中Ⅶ；

（10）进水明渠应设计成不发生水跃的形式，见表 5-5 中Ⅷ；

（11）为了防止形成涡流，在必要时应设置适当的涡流防止壁与隔壁，见表 5-6。

集水池的好例与坏例

表 5-5

序号	坏　例	注意事项	好　例
Ⅰ		2 2，4 2，4	
Ⅱ		5 5，11	
Ⅲ		2，4 11	
Ⅳ		1，4，6 1，2，4 1，2，4	

续表

序号	坏 例	注意事项	好 例
V		2, 11	
Ⅵ		8 8	
Ⅶ		9	池内集存的空气，可以排除
Ⅷ		10	
Ⅸ		8	

涡流防止壁的形式、特征和用途　　　　　　　　表 5-6

序号	形 式	特 征	用 途
1		当吸水管与侧壁之间的空隙大时，可防止吸水管下水流的旋流；并防止随旋流而产生的涡流。但是，如设计涡流防止壁中的侧壁距离过大时，会产生空气吸入涡	防止吸水管下水流的旋流与涡流

续表

序号	形 式	特 征	用 途
2	多孔板	防止因旋流淹没水深不足，所产生的吸水管下的空气吸入涡，但是不能防止旋流	防止吸水管下产生空气吸水涡
3	多孔板	预计到因各种条件在水面有涡流产生时，用多孔板防止涡流	防止水面空气吸入涡流

由于集水池（吸水井）的形状受某些条件的限制（例如场地大小、施工条件、机组配置等），不可能设计成理想的形状和尺寸时，为了防止产生空气吸入涡、水中涡及旋流等，可设置涡流防止壁。几种典型的涡流防止壁的形式、特征和用途见表5-4。

5.3.4 出流设施

雨水泵站的出流设施一般包括出流井、出流管、超越管（溢流管）、排水口四个部分，如图5-18所示。

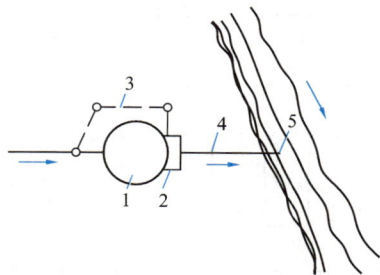

图 5-18 出流设施
1—泵站；2—出流井；3—溢流管；
4—出流管；5—排出口

出流井中设有各泵出口的拍门，雨水经出流井、出流管和排水口排入天然水体。拍门可以防止水流倒灌入泵站。出流井可以多台泵共用一个，也可以每台泵各设一个。以合建的结构比较简单，采用较多。溢流管的作用是当水体水位不高，同时排水量不大时，或在泵发生故障或突然停电时，用以排泄雨水。因此，在连接溢流管的检查井中应装设闸板，平时该闸板关闭。

排水口的设置应考虑对河道的冲刷和航运的影响，所以应控制出口水流的速度和方向，一般出口流速应控制在 0.6～1.0m/s，流速较大时，可以在出口前采用八字墙放大水流断面。出流管的方向最好向河道下游倾斜，避免与河道垂直。

5.3.5 雨水泵站内部布置、构造特点

雨水泵站中泵一般都是单行排列，每台泵各自从集水池中抽水，并独立地排入出流井中。出流井一般放在室外，当可能产生溢流时，应予以密封，并在井盖上设置透气管或出流井内设置溢流管，将倒流水引回集水池去。

吸水口和集水池之间的距离应使吸水口和集水池底之间的过水断面积等于吸水喇叭口的面积。这个距离一般在 $D/2$ 时最好（D 为吸水口直径），增加到 D 时，泵效率反而下降。如果这一距离必须大于 D，为了改善水力条件，在吸水口下应设一涡流防止壁（导流锥），并采用图 5-19 所示的吸水喇叭口。

吸水口和池壁距离应不小于 $\dfrac{D}{2}$，如果集水池能保证均匀分布水流，则各泵吸水喇叭口之间的距离应等于 $2D$，如图 5-20(a) 所示。

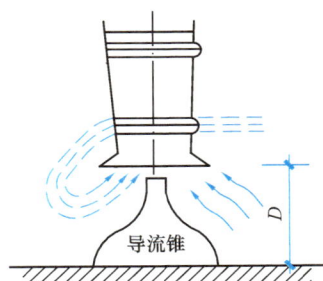

图 5-19　导流锥

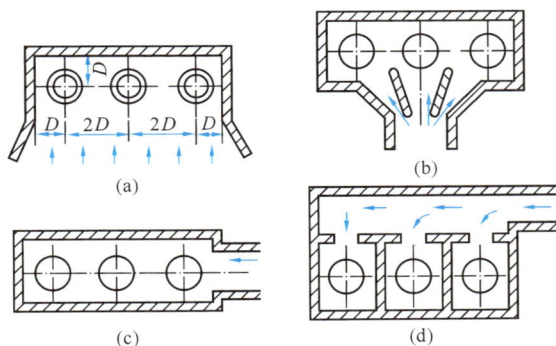

图 5-20　雨水泵吸水口布置

图 5-20(a) 及图 5-20(b) 所示的进水条件较好，图 5-20(c) 的进水条件不好，在不得不从一侧进水时，则应采用图中图 5-20(d) 的布置形式。

因为轴流泵的扬程很低，所以压水管要尽量短，以减小水头损失，压水管直径的选择应使其中流速水头小于泵扬程的 $4\%\sim5\%$。压水管出口不设闸阀，只设拍门。

集水池中最高水位标高，一般为来水干管的管顶标高，最低水位一般略低于来水干管的管底。对于流量较大的泵站，为了避免泵房太深，施工困难，也可以略高于来水管渠的底，使最低水位与该泵流量下来水管渠中的水面标高齐平。泵的淹没深度按泵样本的规定采用。

泵传动轴长度大于 1.8m 时，必须设置中间轴承。

水泵间内应设集水坑及小型泵以排除泵的渗水。该泵应设在不被水淹之处。相邻两机组基础之间的净距，同给水泵站的要求。

在设立式轴流泵的泵站中，电动机间一般设在水泵间之上。电动机间应设置起重设备，在房屋跨度不大时，可以采用单梁吊车；在跨度较大或起重量较大时，应采用桥式吊车。电动机间的地板上应有吊装孔，该孔在平时，用盖板盖好。

采用单梁吊车，为方便起吊工作，工字梁应放在机组的上方。如果梁正好在大门中心时，则可使工字梁伸出大门 1m 以上，设备起吊后可直接装上汽车，节省劳力，运输也比较方便，但应注意考虑大门上面过梁的负荷问题。除此，也有将大门加宽，使汽车进到泵站内，以便吊起的设备直接装车。

电动机间净空高度，当电动机功率在 55kW 以下时，应不小于 3.5m；在 100kW 以上时，应不小于 5.0m。为了保护泵，在集水池前应设格栅。格栅可单独设置或附设在泵站内，单独设置的格栅井通常建成露天式，四周围以栏杆，也可以在井上设置盖板。附设在泵站内，必须与机器间、变压器间和其他房间完全隔开。

为便于清除格栅，要设格栅平台，平台应高于集水池设计最高水位 0.5m，平台宽度应不小于 1.2m，平台上应做渗水孔，并装上自来水龙头以便冲洗。格栅宽度不得小于进水管渠宽度的两倍。格栅栅条间隙可采用 50～100mm。

格栅前进水管渠内的流速不应小于 1m/s，过栅流速不超过 0.5m/s。

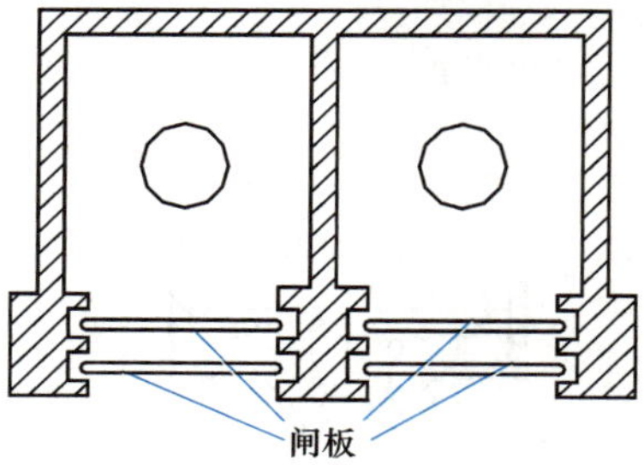

图 5-21　集水池闸板

为了便于检修，集水池最好分隔成进水格间，每台泵有各自单独的进水格间如图 5-20(d) 所示，在各进水格间的隔墙上设砖墩，墩上有槽或槽钢滑道，以便插入闸板。闸板设两道，平时闸板开启，检修时将闸板放下，中间用黏土填实，以防渗水，如图 5-21 所示。

图 5-22 为在出流井内设有溢流管的"干室式"雨水泵站实例。泵房下部为圆形钢筋混凝土结构，便于用沉井法施工。集水池与水泵间用不透水的钢筋混凝土隔墙分开。水泵间内设四台 28ZLB-70 轴流泵，单排并列布置。泵层设置 100mm×30mm 的排水边沟，坡度 $i=0.002$，积水通过边沟，汇集到集水坑内，泄入集水池。为便于排除集水池中的沉渣和放空清洗集水池，设有 $2\frac{1}{2}$PWA 污水泵一台。在集水池中装有 4.2m×2.0m 格栅两块，以保护泵。

电动机间和集水池间均为自然通风，水泵间用通风管通风。

在出水井内设溢流管和放空管。

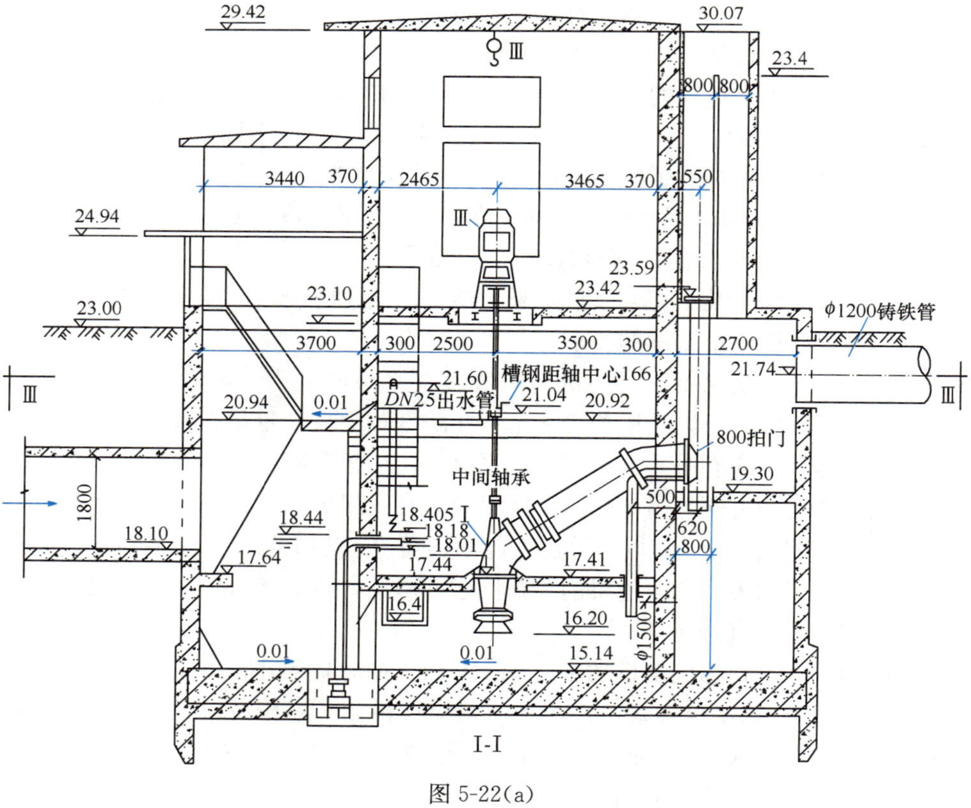

I-I

图 5-22(a)

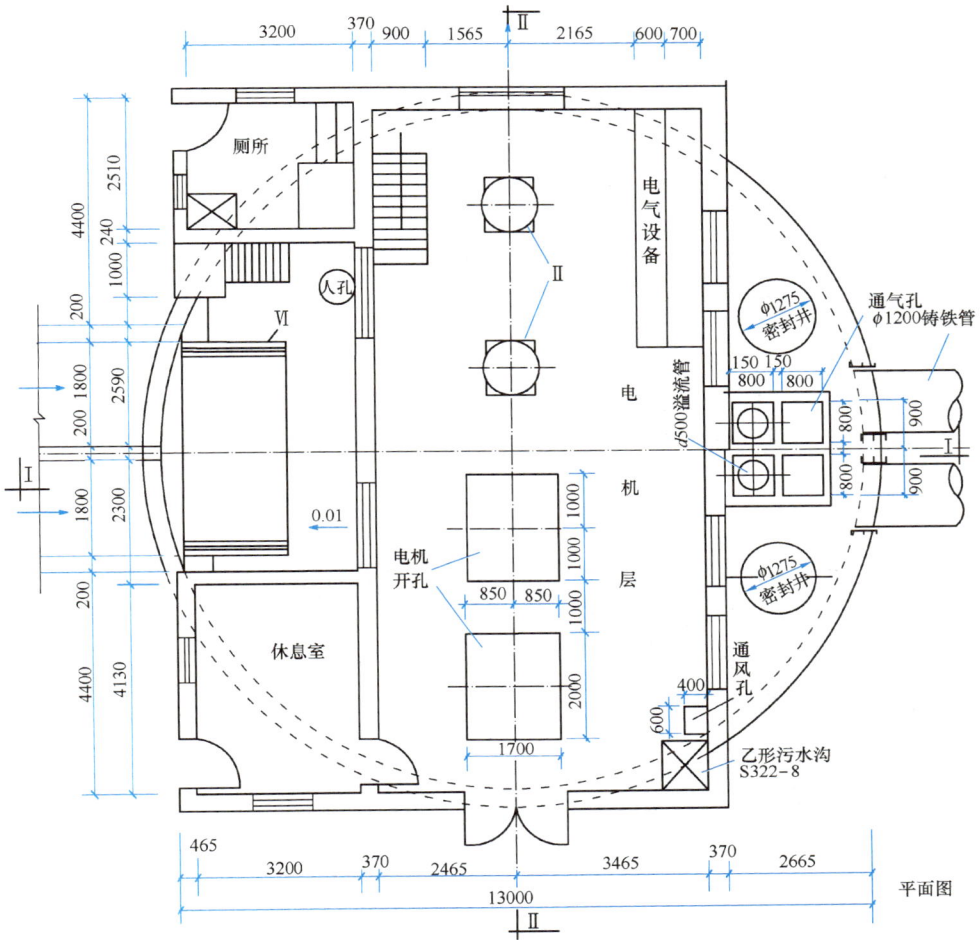

图 5-22（b）

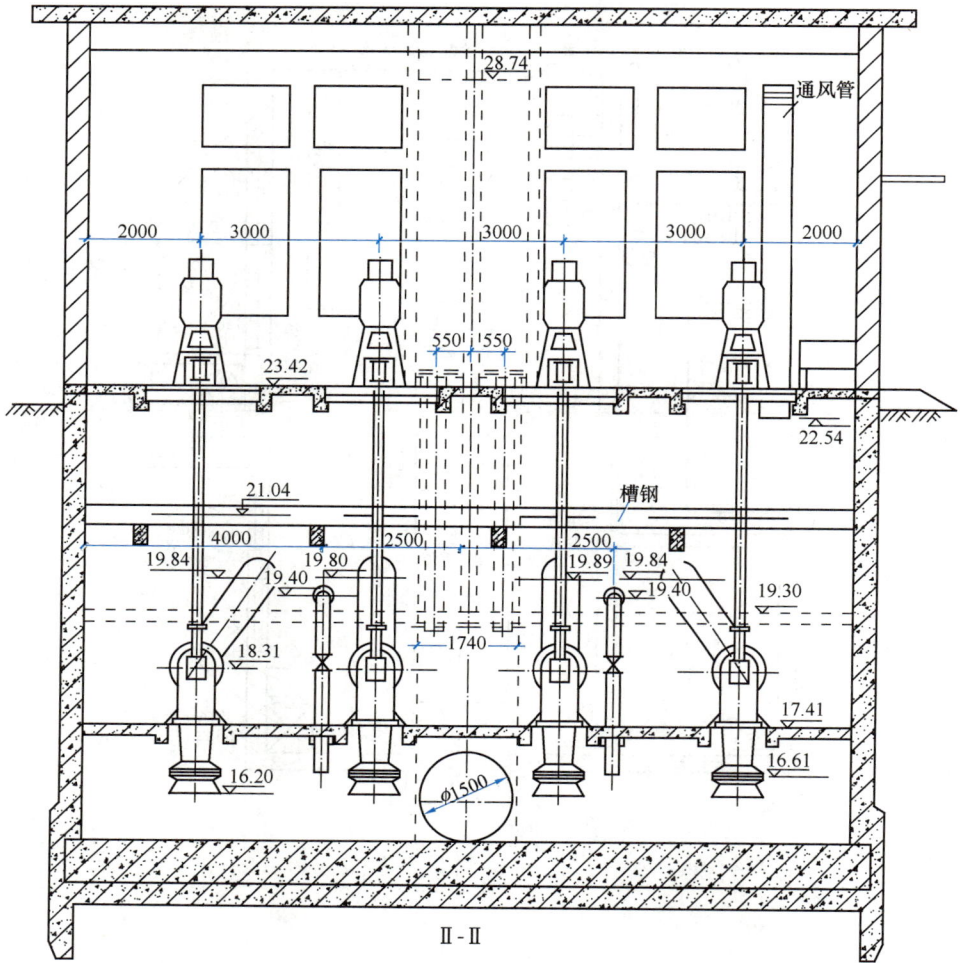

图 5-22(c)

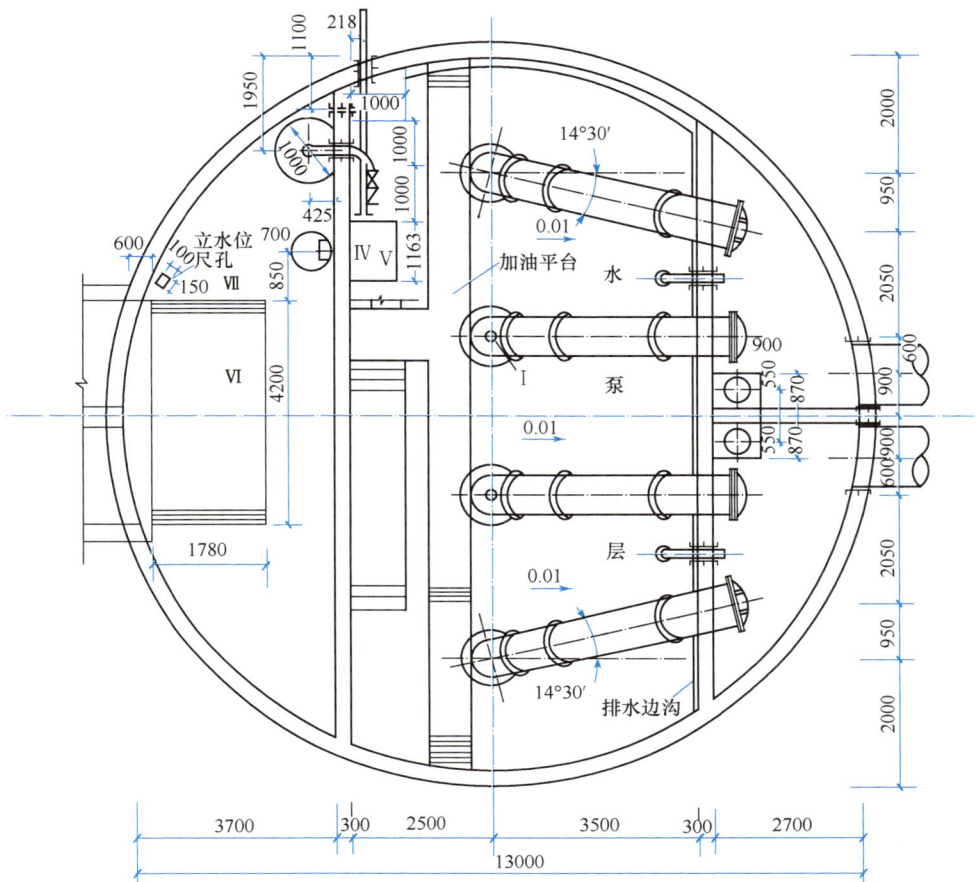

图 5-22(d)　出流井设溢流管的雨水泵站

Ⅰ—28ZLB-70 轴流泵；Ⅱ—JSL 立式电动机；Ⅲ—手动单梁吊车；Ⅳ—$2\frac{1}{2}$PWA 污水泵；

Ⅴ—JO51-4 电动机；Ⅵ—除渣吊车；Ⅶ—水位尺

泵房上部为矩形组合结构。电气设备布置在电动机间内，休息室和厕所分别设于电动机间的外侧两端。

电动机间上部设手动单梁吊车一部，起重量为 2t，起吊高度为 8～10m。集水池间上部设单梁吊车一部，起重量为 0.5t。

为便于值班与管理人员上下，水泵间沿隔墙设置宽 1.0m 的扶梯。

5.3.6　选用轴流泵的雨水泵站工艺设计示例

1. 设计资料

设计流量 $Q=10.46\text{m}^3/\text{s}$。

站前正常水位 19.40m，最低水位 18.40m。接受排水水体的最高洪水位为 27.88mm，历年平均洪水位为 23.48m。

2. 选泵

根据设计排水量与抽排水位差，选用上海水泵厂生产的 40ZLQ-50 型轴流泵和 500kW

TDL 型同步立式电动机 ，当泵叶片安装角－4°时，抽水量 $Q=2.3\sim3.0\mathrm{m}^3/\mathrm{s}$,扬程 14.8～9.6m。现采用四台泵，总排水能力为 $9\sim12\mathrm{m}^3/\mathrm{s}$，满足设计要求。

3. 泵站布局

泵房为矩形，机组单排并列间距为 4.5m，如图 5-23 所示。泵房底部要求在最低水位 3.7m 以下，底部标高为 14.70m，切入砂层达 4m 多。考虑地质和施工条件以及泵房今后运转期间的安全，泵房下部按钢筋混凝土矩形沉井设计，井壁厚 0.5m，井筒高 9.5m，长 18.3m，泵层高程 16.80m。为排除机器间内的积水，设有 4BA-18A 型泵一台。电动机层高程为 22.70m，电动机间高 7.2m，净空宽 7m。设置 A571 型 16t 电动单梁吊车一部。

5.3.7 选用潜水泵雨水泵站工艺设计示例

1. 概况

本雨水泵站汇水范围 229.29hm²，全部为低区。低区排水在河水水位上升后，不能自流排出，需经雨水泵站强制排出。汇水在进入雨水泵站之前，先经截污井截污（$n=1.0$），截污后雨水进入雨水泵站，污水进入截污干管输送至污水处理厂。本雨水泵站水系汇水峰值流量为 $16.35\mathrm{m}^3/\mathrm{s}$。

本泵站设计雨水流量为 $13.60\mathrm{m}^3/\mathrm{s}$。

河流洪水位：10 年一遇 35.58m（黄海高程，下同）

    200 年一遇 38.95m

2. 汇水量计算

计算公式：

$$Q = \psi q F \tag{5-4}$$

本设计中暴雨强度公式见式（5-6），综合径流系数按用地规划取加权平均值：

$$q = \frac{2150.5(1+0.411gT)}{(t+13.275)^{0.6846}} \tag{5-5}$$

式中，$t = t_1 + mt_2$；$t_1 = 10\mathrm{min}$；t_2 为管渠流行时间 （min）；$m=2.0$；$\psi=0.68$；$T=1$ 年。

泵站前计算总汇水量为 $16.35\mathrm{m}^3/\mathrm{s}$，经过截污井（$n=1.0$）截污后进入泵站的雨水量为 $15.78\mathrm{m}^3/\mathrm{s}$，考虑汇水范围内现有水塘沟渠的调蓄作用，确定本泵站的排渍流量为 $13.60\mathrm{m}^3/\mathrm{s}$。

为便于集中检修与控制，检修场与控制室分别置于泵房的两端。

上部建筑为矩形组合式的砖砌建筑物。

集水池系露天设置，内设格栅一个，为了起吊格栅及清除污物，在清水池上部设置 SH_5 手动吊车一部。

每台泵有单独的出水管道，为 $DN1000\mathrm{mm}$ 铸铁管，以 60°角由泵房直接穿出地面，使管道中心升到 23.50m 高程（地面设计高程为 22.40m）。

泵站的布置如图 5-23 所示。

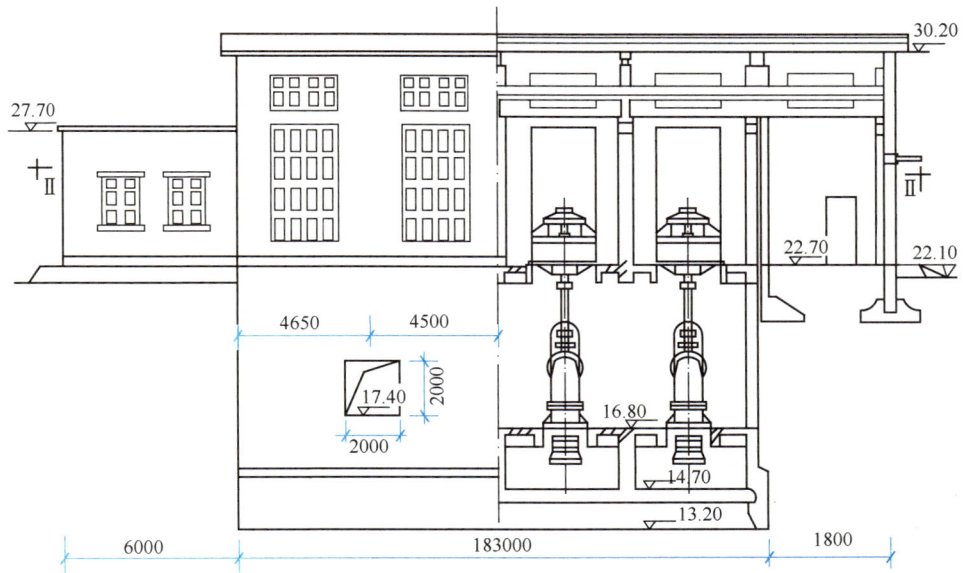

I-I

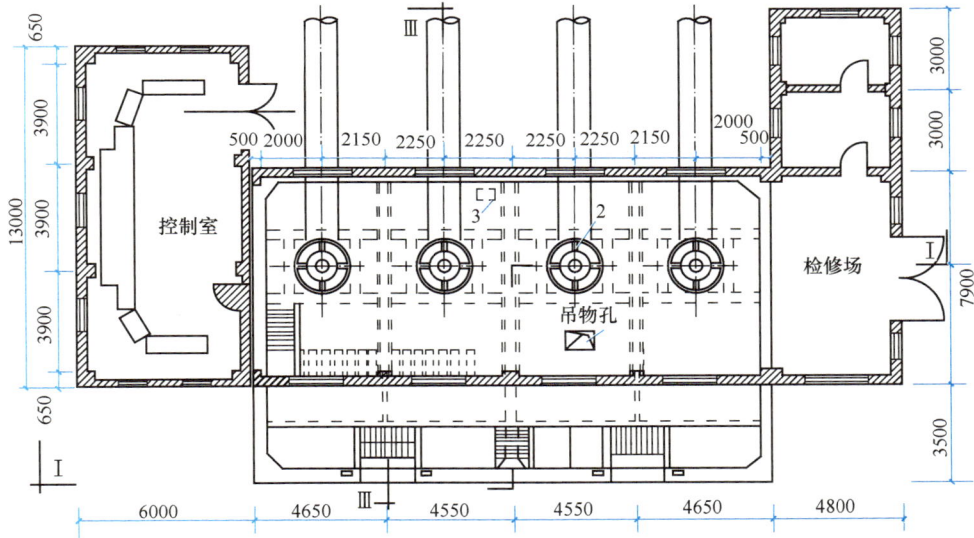

II-II

(a)

图 5-23(a)　设四台 40ZLQ-50 型轴流泵的矩形雨水泵站

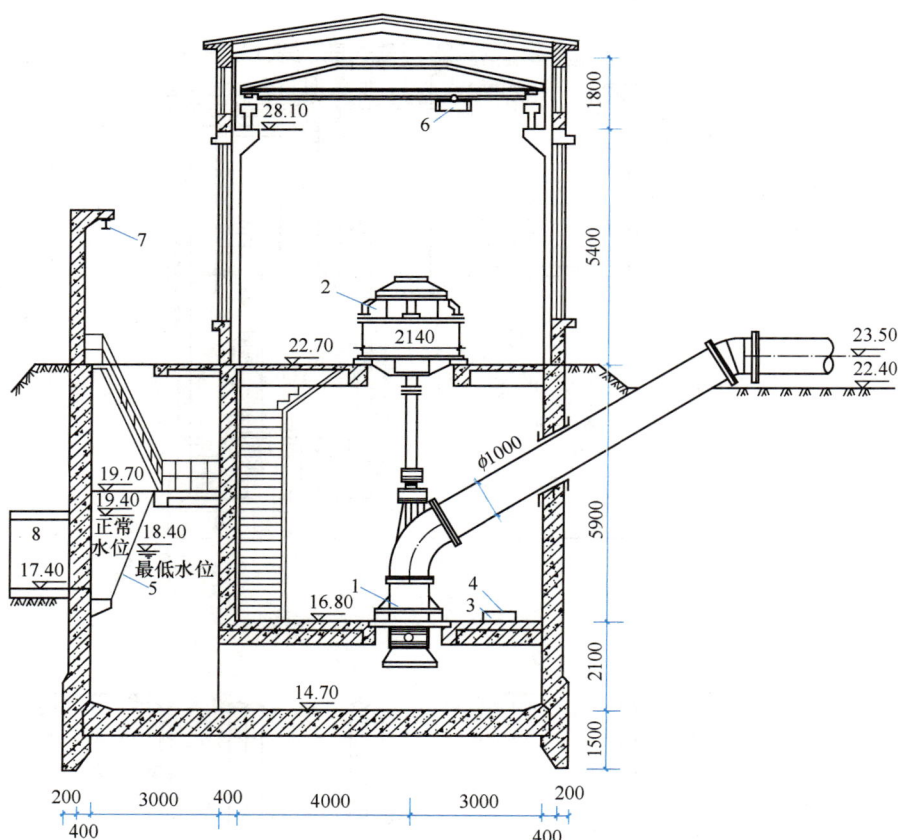

图 5-23(b)　设四台 40ZLQ-50 型轴流泵的矩形雨水泵站

1—40ZLQ-50 型轴流泵；2—TDL 型电动机；3—4BA-18A 型污水泵；4—JQ$_2$-52 型电动机；5—格栅；

6—A57 型电动单梁吊车；7—SH$_5$ 型手动吊车；8—来水矩形渠

3. 工艺设计

（1）站前溢流井

水力参数如下：

1）溢流井进水涵 5.0m×2.2m，$i=0.005$，进水流量 16.35m³/s；

2）溢流井出水涵 6.0m×2.0m，$i=0.0025$，出水流量 15.78m³/s；

3）截流管（截留倍数 $n=1.0$）$DN=1000$mm，$i=0.001$，出水流量 0.57m³/s；

4）溢流井底板标高 29.02m，溢流坎顶标高 29.52m。

（2）沉砂池

为了防止初期雨水中所含的较大颗粒的泥砂流入外河对河道产生淤积和污染，或进入泵房对泵产生影响，在汇水自排出河或进入泵房之前，设沉砂池进行沉砂处理。

设计采用平流式沉砂池，可去除水中所含相对密度大于 2.65，颗粒直径在 0.2mm 以上的砂粒。

设计参数如下：

1）沉砂池分为两格，进出水端均设闸门控制，可分格检修。

2）最大流速为 $v=0.3\text{m/s}$。

3）最大流量时的停留时间为 $t=30\text{s}$。

4）沉砂含水率 60%，表观密度 1500kg/m^3。根据长沙市城区现在已有的雨水泵站的出渣情况，在雨季，本泵站的日均沉砂量预计为每天 4m^3。

5）沉砂斗雨季每 5 天排砂 1 次。

（3）格栅

本泵站内设有两道格栅：

第一道格栅设于沉砂池的末端出水闸门前，栅条采用 $DN50$ 钢管焊制，中心距 250mm，起到拦截水中的大型漂浮物的作用。采用人工清渣方式。

第二道格栅设于泵房吸水池前，采用回转式机械格栅，栅条宽度 10mm，栅条间隙 50mm，过栅流速 1.0m/s，用于拦截水中的小型漂浮杂质。设两座宽度为 4.1m 的格栅井，格栅宽度为 4.0m。

（4）雨水泵房

泵房的进水涵底标高 27.83m。泵房设计流量 $Q=13.60\text{m}^3/\text{s}$。泵房进水闸门在外河水位低于 29.80m 时处于关闭状态，雨水自流排入外河；当外河水位高于 29.80m 时开启进水闸门，泵站进入工作状态，雨水经泵站提升排入外河。

泵站设计扬程的确定：

最高启泵水位：29.80m。

最低停泵水位：27.90m。

设计扬程：$35.58-(27.80+2.0)+2=7.78\text{m}$。

校核扬程：$38.95-(27.80+2.0)+2=11.15\text{m}$。

泵的选型方案如下：

第一方案：选用八台潜水混流泵

泵型：900HQB-50D，叶片安装角度 $+2°$。

单泵工况参数为：

$Q=1.7\text{m}^3/\text{s}$，$H=7.8\text{m}$，$N=185\text{kW}$，水力效率 86.4%。

总配电功率 $N_总=185\times8=1480\text{kW}$。

第二方案：选用六台潜水混流泵

泵型：900QH-72G，叶片安装角度 $+4°$。

单台泵的工况参数为：

$Q=2.27\text{m}^3/\text{s}$，$H=10\text{m}$，$N=315\text{kW}$，水力效率 82%。

总配电功率 $N_总=315\times6=1890\text{kW}$。

第三方案：选用五台潜水混流泵

泵型：1200HQB-50，叶片安装角度 $-4°$。

单泵工况参数为：

$Q=2.27\text{m}^3/\text{s}$，$H=9.2\text{m}$，$N=440\text{kW}$，水力效率 85.2%。

总配电功率 $N_总=440\times5=2200\text{kW}$。

第四方案：选用四台潜水混流泵

泵型：1200HQB-50，叶片安装角度 0°。

单泵工况参数为：

$Q=3.4m^3/s$，$H=9m$，$N=520kW$，水力效率 81.5%。

总配电功率 $N_总=520\times4=2080kW$。

通过以上四种的设计参数对比，可以看出，第一方案总配电功率最小，常年运行最经济，泵的水力效率最高，而且单台出流较小，有利于在雨季降水量较小时，分级启泵排渍，使泵站运行能耗降低，因此最终确定方案一。

将八台雨水泵分设在两个相对独立的泵室内，两泵室之间设闸门连通，既可联合运行，又便于分格检修。单格吸水池有效调节容积为 $315m^3$，大于单台泵 30s 的抽水量。

泵的出水采用单泵单管形式；外河出口处设拍门。

泵站自排出口处设闸门，外河低水位时，闸门开启；外河高水位时，闸门关闭。

（5）泥砂浓缩池

由于经泥浆泵从沉砂池中抽出的泥砂含水较大，不方便外运，因此，设一座泥砂浓缩池以去除泥砂中的水分。

浓缩时间设为 12h。

方案比较：为了提高泥砂浓缩工序操作的自动化程序，减少工人的劳动强度，建议本工序采用旋流式沉砂池除砂机。

（6）固体杂质处理及出路

对于从机械格栅拦截下来的悬浮物和经泥砂浓缩池浓缩后的泥砂，需经压榨机压榨，进一步去除水分，再送至垃圾中转集装箱收集，经垃圾运输车密闭运送至城市垃圾处理场。经压榨后的泥砂含水率按 10% 计算，则日均出渣量为 $1.78m^3$。对于从沉砂池中的第一道格栅拦截下来的大型漂浮物，则集中堆放在大型垃圾堆场中，最终经打包密封后即可运送至城市垃圾处理场。

（7）泵站工艺图

泵站工艺图如图 5-24 所示。

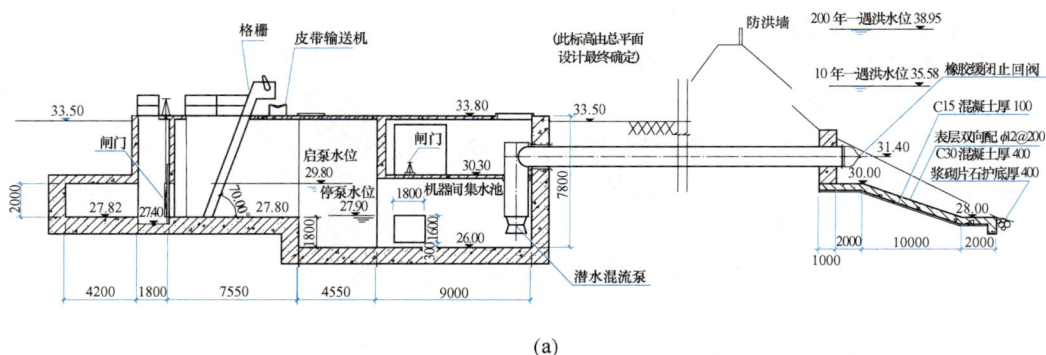

(a)

图 5-24(a)　潜水泵雨水泵站剖面图

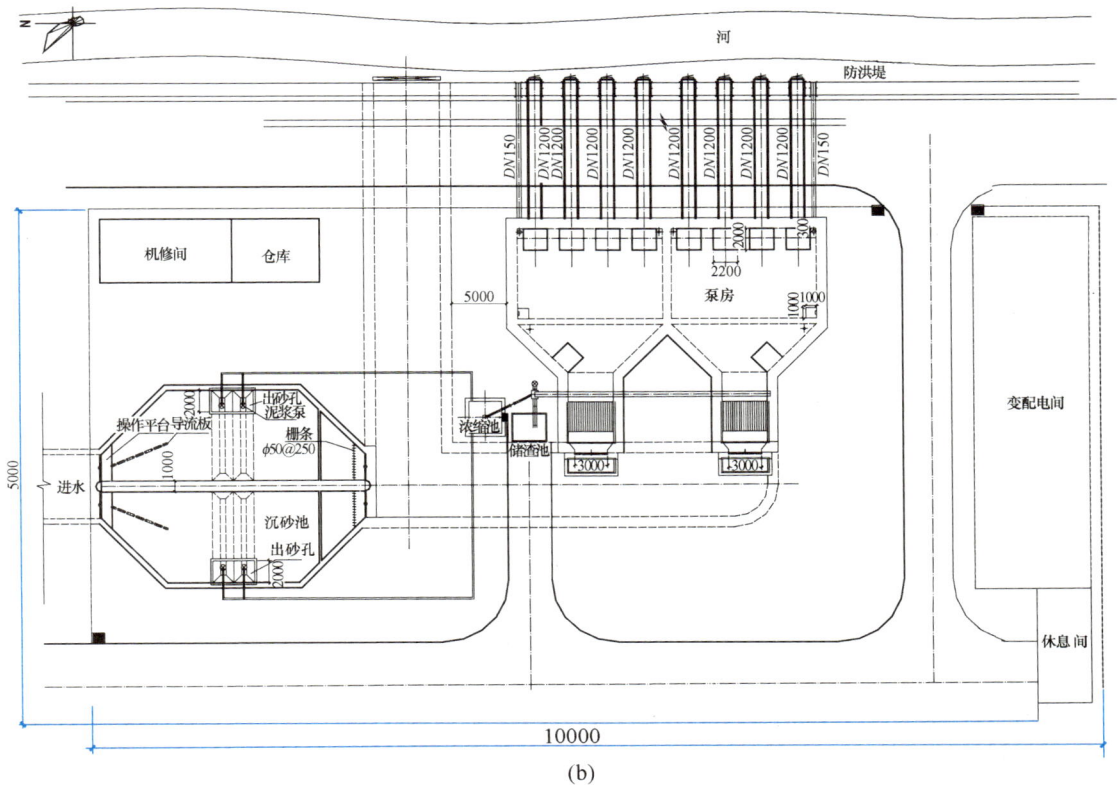

图 5-24(b)　潜水泵雨水泵站平面图

5.4　合流泵站的工艺设计

5.4.1　概述

在合流制或截流式合流污水系统设置的用以提升或排除服务区域内的污水和雨水的泵站为合流泵站。合流泵站的工艺设计、布置、构造等具有污水泵站和雨水泵站两者的特点。

合流泵站在不下雨时，抽送的是污水，流量较小。当下雨时，合流管道系统流量增加，合流泵站不仅抽送污水，还要抽送雨水，流量较大。因此在合流泵站设计选泵时，不仅要装设流量较大的用以抽送雨天合流污水的泵，还要装设小流量的泵，用于不下雨时抽送经常连续流来的少量污水。这个问题应该引起重视，解决不好会造成泵站工作的困难和电能浪费。如某城市的一个合流泵站中，只装了两台 28ZLB-70 型轴流泵，没有安装小流量的污水泵。大雨时开一台泵已足够，而且开泵的时间很短（约 10～20min）。由于泵的流量太大，根本不适合抽送经常连续流来的少量污水。一台大泵一启动，很快将集水池的污水吸完，泵立即停车。泵一停，集水池中水位又逐渐上升，水位到一定高度，又开大泵抽一下，但很快又要停车。如此连续频繁开停泵，给工作带来很多不便。因此，合流泵站设计时，应根据合流泵站抽送合流污水及其流量的特点，合理选泵及布置泵站设备。

5.4.2　合流泵站工艺设计实例

图 5-25 为某合流泵站设计实例。

(1) 泵站设计流量

泵站排渍设计流量为 2.83m³/s，污水提升常年运转设计流量为 0.51m³/s。

(2) 选泵

泵站设计雨水泵三台，型号为 28ZLB-70，单台流量 0.8～1.2m³/s，扬程 10～11.5m，转速 730r/min，功率 155kW；污水泵设三台，型号为 8PWL，单台流量 0.16～0.20m³/s，扬程 9.5～13m，转速 730r/min，功率 45kW。为节省能耗，雨水泵采用高水位启动。

(3) 泵站布置

泵站总建筑面积 915m²，设有机器间、集水池、出水池、检修间、值班室、休息室、高低压配电间、变压器间及应有的生活设施。泵站前设有事故排放口和沉砂井。泵站为半地下式，机器间、集水池、出水池均在地下，其余在地上。

(4) 集水池

集水池有效容积，污水泵按最大泵 10min 出水量计算，雨水泵按最大泵 3min 出水量计算。集水池污泥用污泥泵排出。

(5) 格栅

污水进入集水池均经过格栅，为减轻管理人员劳动强度，格栅采用机械格栅。

(6) 通风

为解决高温散热、散湿和空气污染，泵站采用机械通风，机器间和集水池均设置通风设备。

(7) 设计标高

泵站上游管底标高 26.00m，下游管底标高 33.80m，最高洪水位 37.11m，集水池底标高 24.00m，水泵间标高 25.85m，雨水泵电动机间标高 31.85m，格栅平台标高 29.00m。

(8) 其他

污水泵自灌式启动，考虑以后的维修养护，且不能停止运行，在泵前吸水管路设有闸阀。污水泵压水管路设有闸阀及止回阀，雨水泵出水管上设有拍门。为抗振和减少噪声，管路上设有曲挠接头。为排除泵站内集水，设有集水槽及集水坑，由潜污泵排除集水。泵站设单梁起重机一台。机器间内管材均采用钢管，管材与泵、阀、弯头均采用法兰连接，所有钢管均采用加强防腐措施，淹没在集水池的钢管，外层均采用玻璃钢防腐。

该合流泵站的主要设备材料见表 5-7。

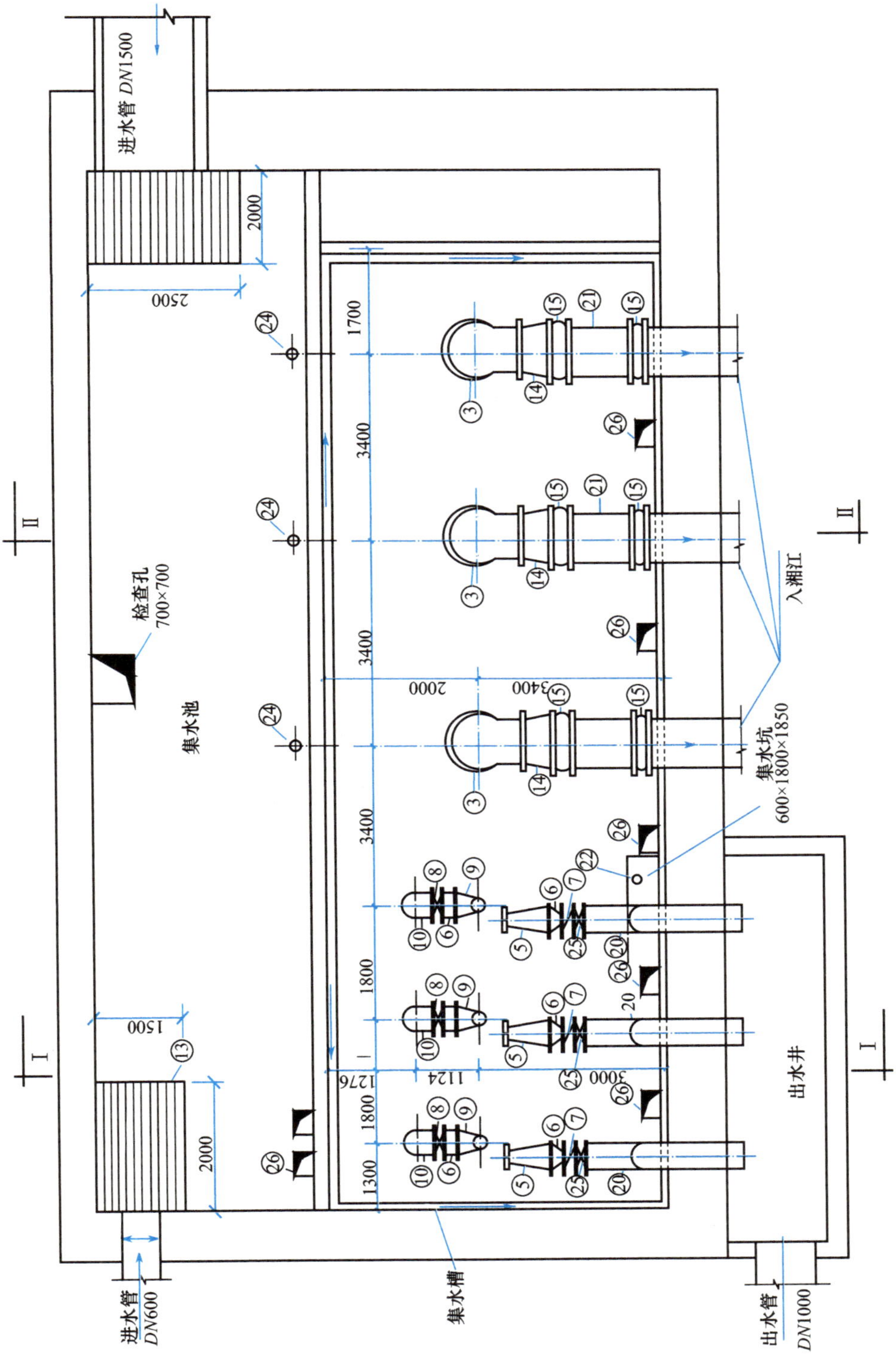

图 5-25 (a)　合流泵站平面图

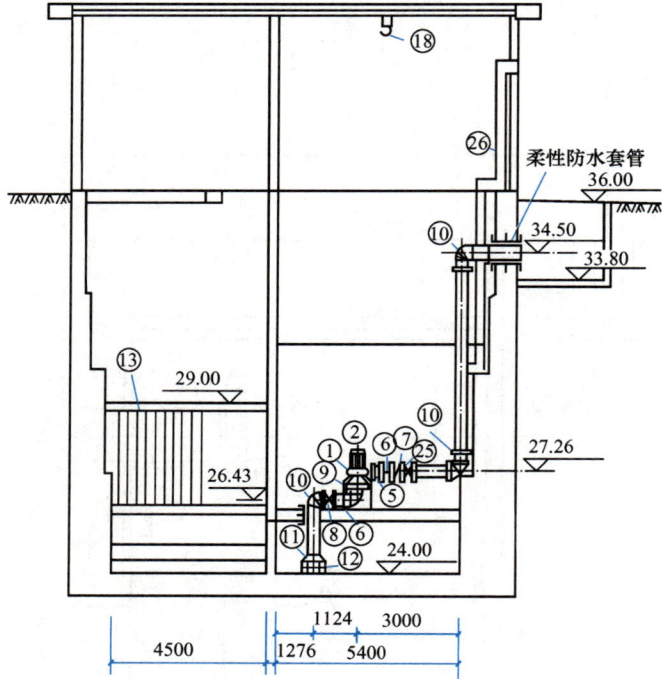

图 5-25(b)　合流泵站 Ⅰ-Ⅰ 剖面

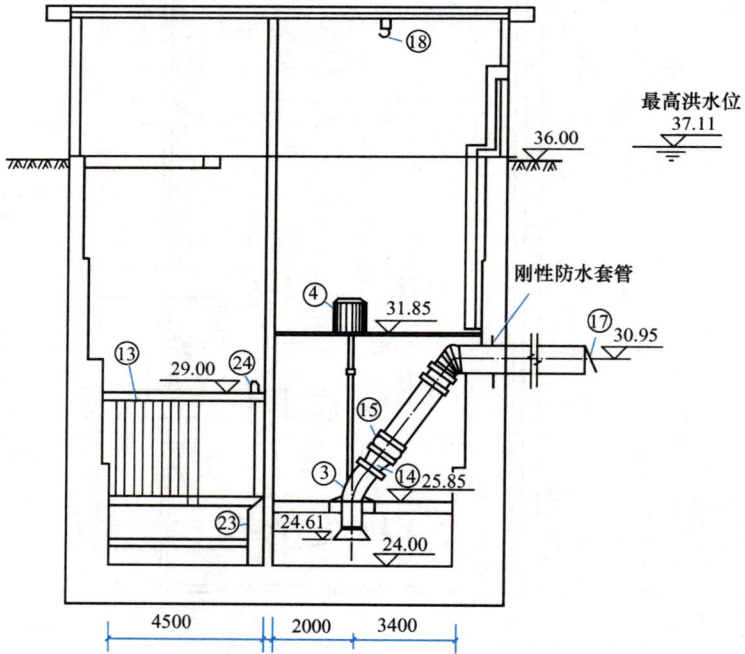

图 5-25(c)　合流泵站 Ⅱ-Ⅱ 剖面

设备材料一览表　　　　　　　　　　　　　　　　表 5-7

编号	名　称	型号、规格	单位	数量	备　注
1	污水泵	8PWL，$Q=0.2\text{m}^3/\text{s}$，$H=12\text{m}$	台	3	
2	电动机	Y250M-8，$n=730\text{r/min}$，$N=40\text{kW}$	台	3	
3	轴流泵	28ZLB-70，$Q=1\text{m}^3/\text{s}$，$H=11\text{m}$	台	3	
4	电动机	轴流泵配套	台	3	
5	渐扩管	$DN200×400\text{mm}$	个	3	
6	曲挠接头	$DN400$，KXT	个	6	
7	缓闭止回阀	HH44X-10 型，$DN400$	个	3	
8	蝶阀	D_j371X-10，$DN400$	个	3	
9	渐扩弯头	90°，$DN250×400\text{mm}$	个	3	
10	弯头	90°，$DN400$	个	6	
11	喇叭口	$DN400×600\text{mm}$	个	3	
12	喇叭口支座	$DN600$	个	3	
13	机械格栅	ZD，$2500\text{mm}×3000\text{mm}$	台	1	
14	渐扩管	$DN700×800\text{mm}$	个	3	
15	曲挠接头	$DN800$，KXT	个	6	
16	弯头	135°，$DN800$	个	3	
17	拍门	$DN800$	个	3	
18	单梁起重机	MD_t2-18D	台	1	
19	机械格栅	ZD，$2200\text{mm}×1500\text{mm}$	台	1	
20	钢管	$DN400$			
21	钢管	$DN800$			
22	潜污泵	80QWB0.3-10	台	1	
23	闸门	HZFN$1800×2600\text{mm}$	个	3	
24	启闭机	LQD-V	个	3	
25	蝶阀	D_j371X-10，$DN400$	个	3	
26	风机、风管	FS_4-72，NO3，风管 $250\text{mm}×400\text{mm}$	台	7	

5.5 螺旋污水泵站的工艺设计

5.5.1 设计参数的选择

螺旋泵的直径和长度是两个主要的设计参数。泵的直径主要取决于排水量，而长度则取决于所要求的扬程（即提升高度）。

1. 螺旋泵排水量 Q 与直径（叶片外径）D 的关系：

由第 3 章 3.4 知：叶片泵的直径 D 与泵轴直径 d 的比值宜为 2：1，故 $D=2d$；D 与螺距 S 的最佳比值为 1，即 $D=S$。将 $d=D/2$、$S=D$ 代入式（3-16）得

$$Q = \frac{\pi}{4}(D^2 - d^2)\alpha Sn = \frac{3\pi}{16}D^3\alpha n = \phi D^3 n \qquad (5-6)$$

式中　ϕ——流量系数，其值随泵的安装倾角而变化；

　　　　n——螺旋泵的转速（r/min）。

螺旋泵的流量系数 ϕ 与泵的安装倾角 θ 的关系如图 5-26 所示。

表 5-8 给出安装倾角为 30°时，螺旋泵的直径与排水量的关系。

螺旋泵的转速 n 与直径 D 有关。直径越大，则转速越小，一般采用 20～90r/min，螺旋泵的直径与转速之间的关系如图 5-27 所示。

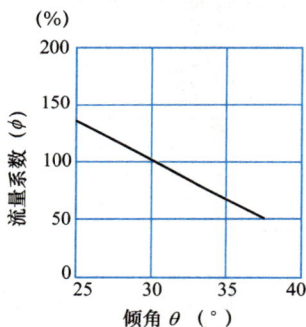

图 5-26　$\phi \sim \theta$ 关系　　　　图 5-27　$D \sim n$ 关系

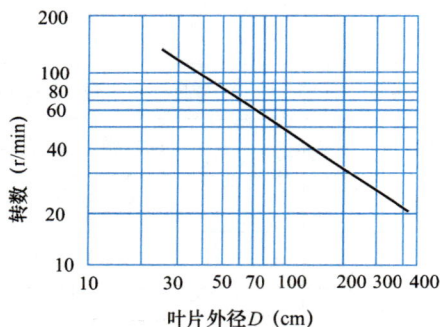

螺旋泵的直径与排水量的关系　　　　　　　　　　表 5-8

泵叶片外径(mm)	400	500	600	700	800	900	1000	1500	2000	2500	3000	3500	4000
最大排水量(L/s)	22	42	62	90	123	192	250	630	1240	2100	3230	4650	6350

2. 螺旋泵的扬程与泵的直径、长度有直接关系：

直径越小或长度越大，则它的挠度就越大，因此，它的扬程受到直径的限制。在螺旋泵的直径与轴心管直径为 2：1 时，螺旋泵的扬程与直径的关系列于表 5-9。

螺旋泵直径与扬程　　　　　　　　　　表 5-9

泵直径（mm）	500	700	1500	＞1500
扬　程（m）	5	6	7	8

螺旋泵的安装倾角，一般认为在 30°～ 40°之间最为经济。

螺旋泵的长度取决于所需提升的高度，而又受轴心管挠度的影响。在提升高度一定时，由于安装方式不同，螺旋泵的长度也不相同。

螺旋泵的两种安装方式如图 5-28 所示。第一种需设止回措施，第二种不设止回措施。两者相比，后者泵的效率较低，泵的长度也较大，水的提升高度也相应增高，所以造价和电耗都比前者大。但是，前者在停泵或止回措施损坏时，杂物和水会倒灌，容易发生杂物卡泵的现象，后者就可避免，安全可靠性好。故一般情况下都采用第二种安装方式。

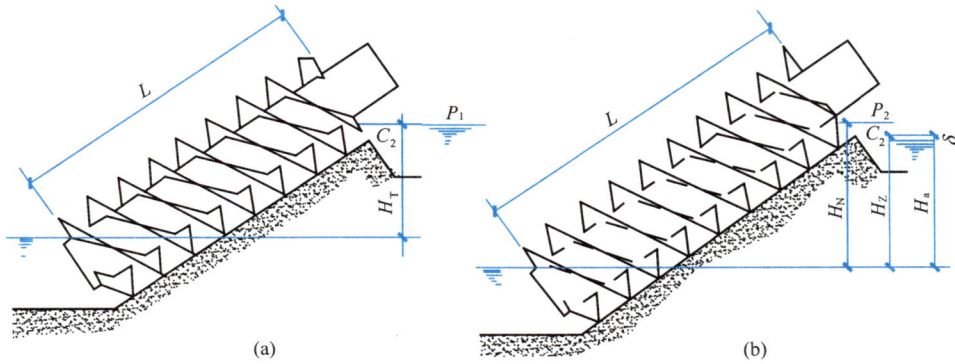

图 5-28 螺旋泵的安装方式

两种不同安装方式所需螺旋泵长度（L）计算方法列于表 5-10。

安装方式不同时，螺旋泵长度的计算　　　　　　　　　表 5-10

倾角（°）	d/D	不设止回措施	设止回措施
22	0.5	$2.67H_Z+1.85D$	
26	0.5	$2.28H_Z+1.54D$	$2.67H_T+0.79D$
30	0.5	$2.00H_Z+1.30D$	$2.28H_T+0.79D$
35	0.5	$1.74H_Z+1.07D$	$2.00H_T+0.64D$

3. 电动机功率的确定：

与螺旋泵配套的电动机，其功率可根据排水量及扬程来确定，可用下式计算：

$$N = \frac{\rho g Q H_N}{1000 \eta_1 \eta_2} \cdot K \tag{5-7}$$

式中　N——电动机功率（kW）；

　　　ρ——所抽升液体的密度（kg/m³）；

　　　Q——排水量（m³/s）；

　　　H_N——扬程（m）；

　　　η_1——泵的效率（%）；

　　　η_2——减速装置效率（%）；

　　　K——安全系数，采用 1.05～1.10。

泵的扬程：对于第一种安装方式就是上下游水位的标高差 H_T；对于第二种安装方式为 $H_N = H_a + 0.3 + \delta$，其中 H_a 为上下游水位的标高差，δ 为斜槽底的超高，一般 $\delta =$

$0.1\sim0.15m$。

螺旋泵的效率：泵直径越大，则效率就越高。一般认为直径在700mm时，可取70%；1500mm时，可取70%；大于1500mm时，为80%～82%。

5.5.2 螺旋泵的安装

1. 斜槽（泵壳）的安装

斜槽与泵的叶片之间的间隙大小，对泵的效率影响很大。因此，安装精度要求很高。斜槽可采用预制的混凝土砌块筑成。做法是：把斜槽预制成1m长的砌块，事先放置在斜槽的基础上，然后安装螺旋泵，并逐块调整砌块与泵之间的间隙，最后灌浆固定好砌块。预制砌块的凹槽稍大于螺旋直径。待螺旋泵安装就位后，然后慢慢转动螺旋，将多余的砂浆刮出凹槽，取出螺旋叶片后，粉平养护，砂浆凝固后，便自然形成螺旋泵的泵壳。在有特殊要求时，亦可采用钢板制作斜槽。最好使叶片和泵壳之间，保持1mm左右的间隙。图5-29所示为斜槽安装断面尺寸示例。

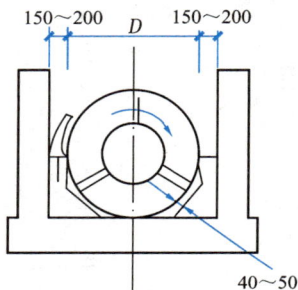

图5-29　斜槽断面安装断面尺寸（单位：mm）

2. 电动机安装方式

由于螺旋泵的转速较低，不能由电动机直接带动，必须采取减速措施。

在设计传动机件时，应考虑单台布置或多台并列布置的空间问题。

螺旋泵机组的几种布置如图5-30所示。

（1）图5-30（a）适用于单台布置。整座泵机在一条轴线上，用法兰使电动机直接靠在减速箱体上。其特点是结构紧凑，占地面积小，但这种连接方式减速齿轮比较大。

（2）图5-30（b）是电动机经过三角皮带与齿轮箱连接。这种布置方式电动机房的长度将有所增加，如几台泵机并列布置，则占地面积大。

（3）图5-30（c）系将电动机安装在减速箱上方，中间用三角皮带连接，布置紧凑，适于泵机台数较多的场合。

以上三种布置方式的一个共同特点是，减速箱和电动机要倾斜放置，使齿轮箱内齿轮不能全部浸在油里，电动机轴承也易磨损，安装同心度要求高。为此，还可以采用图5-30（d）的布置方式，即采取改变上轴承座和减速箱进出轴角度的办法，使减速箱和电动机均保持水平位置。

一般情况下，电动机和减速箱均用三角皮带传动，因为这种方式，除了能使齿轮比小以外，还可灵活布置，也有利于启动和提升固体物。

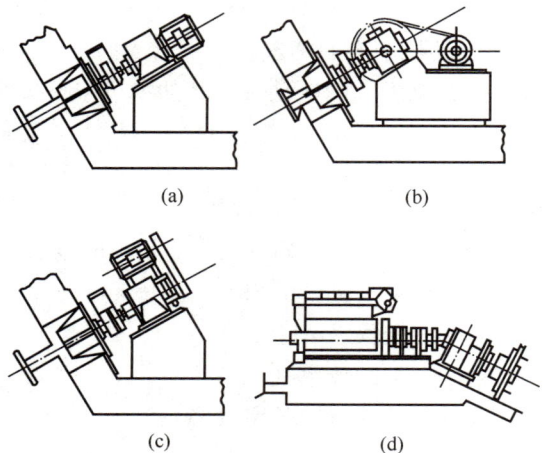

图5-30　螺旋泵机组的几种布置

5.5.3　选泵举例

设某污水泵站最大设计流量为 1080m³/h，最小设计流量为 78m³/h，扬程为 3m。试选用螺旋泵。

因该污水泵站流量变化范围很大，最大流量与最小流量相差近 13 倍，而扬程只有 3m，故采用螺旋泵是适宜的。

按螺旋泵在最大流量的 30％时运转考虑，其效率为 65％，故选用下述大小两台螺旋泵为：

泵"A"：最大流量为 260m³/h；

泵"B"：最大流量为 820m³/h。

当流量在 78～260m³/h，螺旋泵"A"运行，流量在 260～820m³/h 时，螺旋泵"B"运行，而当流量在 820～1080m³/h 之间时，两台螺旋泵同时运行。

可见，只需选用两台螺旋泵就可使流量变化范围达 13∶1。

5.6　排水泵站的节能及 SCADA 系统

随着城市范围的不断扩张，同时为改善日益恶化的城市水环境，城市排水泵站的数量、规模日益增大。采用合理的工程技术措施和先进的监控系统，对排水泵站的安全、高效运行具有重要的意义。

5.6.1　排水泵站的节能

在泵站设计阶段，应合理地确定泵站的设计流量和扬程、正确地进行机组的选型配套、合理地设计管路，这是泵站节能的基础。

对于实际运行中的大型排水泵站，因其流量及扬程随时间而变化，泵的运行常常偏离设计工况，从而造成泵的运行效率下降。此时，应根据泵站的运行特点，合理地进行泵站运行工况的调节，以达到节能的目的。离心泵和蜗壳式混流泵常采用变速调节。轴流泵和导叶式混流泵常采用变角调节；当单一的变角调节难以实现机组在设计扬程和平均扬程下高效运行、在最高扬程和最低扬程下安全稳定运行时，可采用变速－变角的"双调"方式。变频变角双调轴流泵可在一定范围内连续变速和调角，变速调节后全调节轴（混）流泵的高效范围得到极大拓宽（图 5-31），如果没有流量限制，则可在较宽的范围内选择装置效率最高的工作点运行。

此外，对于大型的排水泵站，其进水流

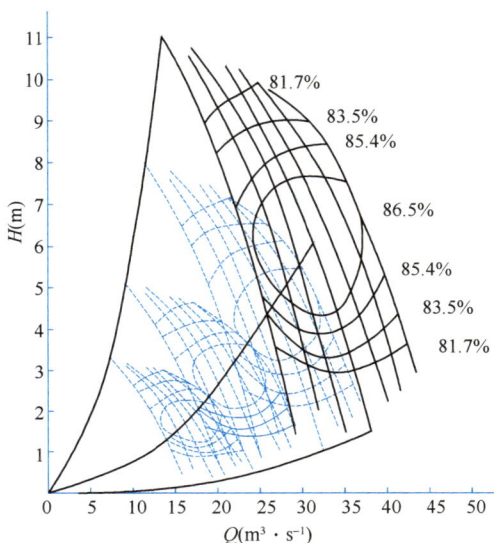

图 5-31　变频变角双调后轴流泵的
性能曲线

态对泵站效率有一定的影响。有研究表明，前池中的不良流态（所谓不良流态是指进水系统中产生环流、漩涡或螺旋流导致泵站进口不可能满足均匀压力场和均匀速度场的条件）会降低泵站效率的 4%～6%，甚至会引起机组振动和泵的气蚀。由于受城市用地及地形地质条件的限制，城市排水泵站一般采用箱涵引水，进出水构筑物较为短小，来流进入前池后，水流难以均匀扩散，容易形成回流旋涡等不良流态，从而影响泵的工作性能。因此，必须采用合理的水力措施加以改善。这些水力措施包括：前池设置底坎；前池增设导流墩；泵吸水口下设置导流板等。

5.6.2 排水泵站的 SCADA 系统

排水泵站 SCADA 系统是指通过检测仪表、控制装置和计算机等设备对污水泵站进行自动检测、控制和管理，以保证排水系统安全、经济、有效地运行。

排水泵站的特点是数量多、分布的地理位置非常分散、工作环境较恶劣。因此，建立排水泵站的 SCADA 系统，实施对泵站的远程监控，既可实现泵站的无人值守，又能大大提高泵站的生产效率和现代化管理水平。

排水泵站 SCADA 系统的组成与给水泵站 SCADA 系统（参见 4.10）是基本相同的，一般由设备层、现场控制层、管理（调度）层构成。图 5-32 是某一排水泵站远程 SCADA 系统的结构示意图。

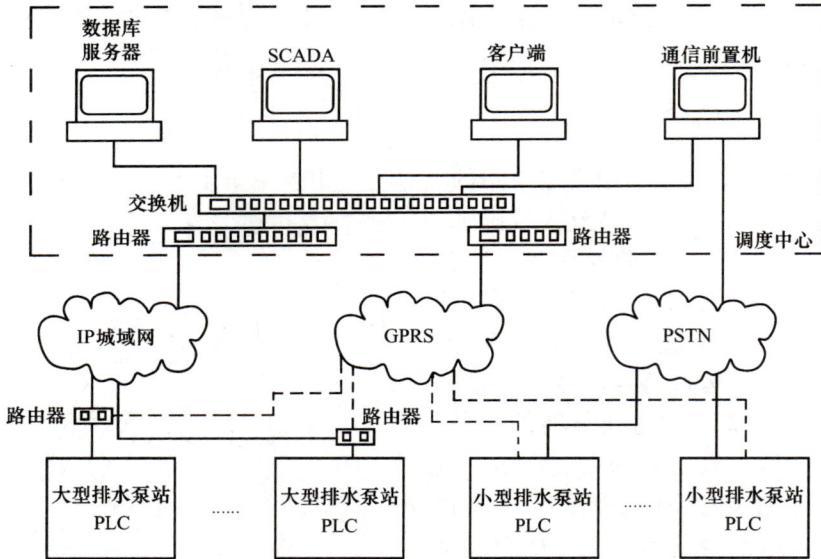

图 5-32 排水泵站远程 SCADA 系统结构示意图

该系统中的泵站现场监控层采用 PLC 及 I/O、A/D 模块构成测控主体。PLC 监控的主要设备和信号包括：泵、格栅机、启闭机、集水井水位、出水口（池）水位以及配电柜等。排水泵站当地安装有触摸屏操作终端，通过现场总线连接 PLC，可直接对泵站的设备进行监控。因此，每个泵站的 PLC 都是一个完整的系统，在脱离调度中心时都可能独立操作。

系统的调度中心由多台 PC 机和服务器组成，集中采集各个排水泵站的实时运行数据，并根据系统需求提高各种应用功能，实现泵站的远程监控和统一调度。

系统采用了三种远程通信方式：城市 IP 城域网、GPRS（General Packet Radio Service）以及 PSTN（Public Switched Telephone Network）。IP 城域网是中国电信铺设的覆盖整个城市的宽带数据网，其特点是通信速度快，但通信费用高。GPRS 采用中国移动的手机网络通信，信号覆盖广，而且由于采用无线方式，接入方便，使用费用低，但其带宽有限。PSTN 即公共交换电话网，这种网络通信时的费用为市话通信费，如果长期不间断通信，其费用较高。该系统通过对各种通信方式优缺点的比较，对不同规模的排水泵站采用不同的通信方式。规模较大的排水泵站其通信数据量大，远程监控重要，故选用 IP 城域网作为与调度中心的主要通信方式，以 GPRS 通信作为备份。而对于小型排水泵站，由于条件限制，采用有线通信费用太高，而且其通信数据量相对较小，因此选用 GPRS 作为主通信方式，以 PSTN 通信作为备份。

远程 SCADA 系统的建立和完善将逐步实现排水泵站的监控自动化、管理信息化、决策智能化，进一步提高泵站的管理水平和降低泵站的运行能耗。

思 考 题 与 习 题

1. 污水泵站中有哪些辅助设备，其作用分别是什么？
2. 简述污水泵站的设计依据，如何确定污水泵站的集水池容积？
3. 简述雨水泵站的设计依据，设计雨水泵站时需要注意一些什么问题？
4. 与给水泵站比较，污水泵站、雨水泵站在泵型选择上有何不同。
5. 简述合流泵站的工艺特点。
6. 简述螺旋泵站的特点。
7. 建设排水泵站 SCADA 系统的目的是什么？简述排水泵站 SCADA 统的构成。
8. 综述大型排水泵站的节能措施。

附录　离心泵性能试验

在第 2 章 2.6 节中已提及，用理论分析的方法来绘制离心泵的性能曲线是很困难且不准确的。因此，在实际上泵的性能曲线是通过试验方法来测定并绘制的。

离心泵性能试验装置如附图-1 所示。在试验中需测定或计算的数据如下：

1. 流量

如果被测泵的流量不大，可采用容积法测定流量，也可用各种流量计测定流量。但当泵流量很大时，一般不用容积法，而采用各种流量计。附图-1 试验装置可利用容积法测定流量。流量测量的误差对性能试验影响较大，因此，关键的问题是要保证流量计的测量精度。

容积法测流量的计算公式如下：

$$Q = \frac{Ah}{t} \qquad (\text{附-1})$$

式中　Q——流量（m/s）；

$\quad\quad A$——量水箱截面积（m^2）；

$\quad\quad h$——量水箱中的水面高度（m）；

$\quad\quad t$——量水箱进水时间（s）。

2. 扬程测定

泵的扬程可按下式计算：

$$H = \frac{p_2 - p_1}{\rho g} + z_2 - z_1 + \frac{v_2^2 - v_1^2}{2g}(\text{m}) \qquad (\text{附-2})$$

式中　p_2、p_1——泵出、进口测点处压力表的读数（Pa）；

$\quad\quad z_2$、z_1——泵的出、进口测压点处压力表中心到基准面的垂直距离（m）；

$\quad\quad v_2$、v_1——泵出、进口测压点处断面上的平均流速（m/s）；

$\quad\quad \rho$——被测液体的密度（kg/m^3）；

$\quad\quad g$——重力加速度（m/s^2）；

$\quad\quad H$——扬程（m）。

如果进口为真空情况，则 p_1 前的"－"号改为"＋"号。

测压表或测压计尽可能安装在泵进出口附近，这样可以避免管路阻力对泵扬程的影响。如果因某种原因，测压点取在进口规定测压点之前和出口规定测压点之后，则应考虑管路损失，并计算出对应流量下测压点到规定点的水力损失 Δh_1 和 Δh_2，加在泵扬程之中。

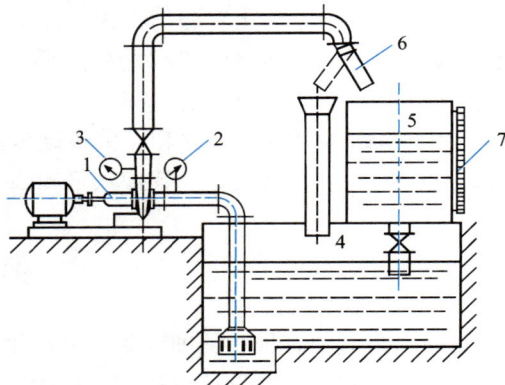

附图-1　离心泵试验装置简图

1—离心泵；2—真空表；3—压力表；4—进水池；5—量水箱；6—活动出水管；7—量水玻璃管

3. 轴功率

直接测轴功率的方法有:

(1) 机械测功法

它是用测功电动机来测量电动机传给泵的力矩和测量转速的方法来求泵的功率。测功电动机是用电动机改装而成。利用滚珠轴承将电动机的外壳支起来,使它能任意转动。在电动机外壳两旁装两铁臂,一个铁臂的末端挂一砝码,另一铁臂上则放一可调整的配重,如附图-2所示。砝码盘距电动机的中心距为铁臂的臂长 L,调整配重,使电动机天平的重心处于中心线上。由于电动机天平与泵相连并驱动泵,因此在试验开始后,电动机转子将传给电动机外壳一个力矩,该力矩使电动机发生偏转,为恢复电动机天平的原来位置,必须在砝码盘中加砝码。若加砝码质量为 G 使电动机天平恢复原位,则这时电动机传给泵的力矩为:

$$M = GL$$

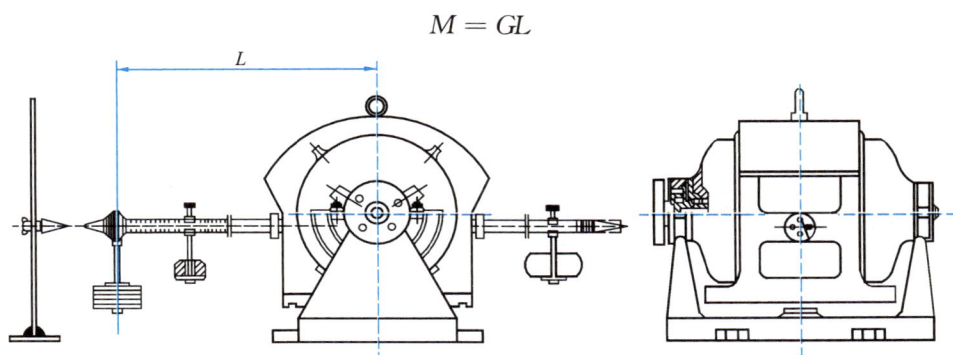

附图-2 测功电动机

轴功率为:

$$N = \omega M = \frac{2\pi n}{60} \frac{GL}{75 \times 1.36} = \frac{GLn}{974} (\text{kW}) \qquad (\text{附-3})$$

式中 n——电动机直接驱动时泵的转速(r/min);

G——砝码质量(kg);

L——电动机力臂长度(m)。

若取臂长 $L = 0.974\text{m}$,则式(附-3)可简化为:

$$N = \frac{Gn}{1000} (\text{kW}) \qquad (\text{附-4})$$

(2) 电测法

电测法是直接测出电动机的输入功率,一般可用以下两种方法:

1) 用电流电压表测量电动机输入功率 N_g

$$N_g = \frac{\sqrt{3}VI\cos\varphi}{1000} (\text{kW}) \qquad (\text{附-5})$$

式中 V——线端平均电压(V);

I——平均线电流(A);

$\cos\varphi$——电动机功率因数,可实测,也可按电动机 $\cos\varphi$-N 性能曲线查得。

2) 用功率表直接读出电动机的输入功率 N_g

用上述方法测得电动机的输入功率 N_g 后，电动机输出的轴功率为：

$$N = \eta_g N_g (\text{kW})$$ (附-6)

式中　η_g——电动机效率。

4. 转速

转速的测定一般采用机械式转速表、电磁感应转速表和数字显示转速仪。由于机械式转速表的精确度较差，目前已逐渐被电磁感应式转速表和数字显示转速仪替代。如果试验中没有转速表，则可用频闪测速法。

如果在试验中所测得的泵轴转速不等于泵额定转速，或在试验过程中因某种原因转速有波动，则应根据第 2 章 2.8 节中的比例律公式把泵的参数换算成泵在额定转速下的数值，然后才能绘制泵的性能曲线。

5. 效率

当测得泵的某一工作点的流量 Q，扬程 H，轴功率 N 和泵输送液体密度 ρ 后，可按下式计算泵效率：

$$\eta = \frac{\rho g Q H}{1000 N} (\%)$$ (附-7)

通过以上的试验值与计算值，可得到一系列相互对应的 (Q_i, H_i)、(Q_i, N_i) 和 (Q_i, η_i)，将这些点分别用光滑曲线连接起来，就得到离心泵的 $Q\text{-}H$、$Q\text{-}N$ 和 $Q\text{-}\eta$ 性能曲线。

主要参考文献

1. 许仕荣. 泵与泵站（第六版）[M]. 北京：中国建筑工业出版社，2016.

2. 中华人民共和国住房和城乡建设部等. 室外给水设计标准 GB 50013—2018 [S]. 北京：中国计划出版社，2011.

3. 中华人民共和国水利部. 泵站设计规范 GB/T 50265—2010 [S]. 北京：中国计划出版社，2011.

4. 国家发展与改革委员会资源节约和环境保护司. 中小型三相异步电动机能效限定值及能效等级 GB 18613—2012 [S]. 北京：中国标准出版社，2012.

5. 国家发展与改革委员会资源节约和环境保护司. 高效三相笼型异步电动机能效限定值及能效等级 GB 30254—2013 [S]. 北京：中国标准出版社，2014.

6. 国家发展与改革委员会资源节约和环境保护司. 清水离心泵能效限定值及节能评价值 GB 19762—2007 [S]. 北京：中国标准出版社，2008.

7. 国家发展与改革委员会资源节约和环境保护司. 永磁同步电动机能效限定值及能效等级 GB 30253—2013 [S]. 北京：中国标准出版社，2014.

8. 金锥，姜乃昌等. 停泵水锤及其防护（第二版）[M]. 北京：中国建筑工业出版社，2004.

9. 严煦世，刘遂庆. 给水排水管网系统（第三版）[M]. 北京：中国建筑工业出版社，2014.

10. 蔡武昌，孙准清等. 流量测量方法和仪表的选用 [M]. 北京：化学工业出版社，2001.

11. 穆为明等. 泵与风机的节能技术 [M]. 上海：上海交通大学出版社，2013.

12. 上海市政工程设计研究院. 给水排水设计手册第 3 册——城镇给水（第三版）[M]. 北京：中国建筑工业出版社，2016.

13. 中国市政工程西北设计院. 给水排水设计手册第 11 册——常用设备（第三版）[M]. 北京：中国建筑工业出版社，2014.

14. 中国市政工程中南设计研究院. 给排水设计手册第 8 册——电气与自控（第三版）[M]. 北京：中国建筑工业出版社，2013.

15. 罗兴锜等. 泵技术进展与发展趋势 [J]. 水力发电学报，2020，39（6）：1～12.

16. 李娜等. 变频变角双调轴流泵运行节能分析 [J]. 中国农村水利水电，2016，(11)：185～188.

17. 许仕荣. 取水泵站的工况特点与运行控制 [J]. 湖南大学学报，1996，25（1）：124～128.

18. 樊建军，胡晓东等. 取水泵站的优化设计与节能改造 [J]. 中国给水排水，2003，19（8）：72～74.

19. 王圃，龙腾锐等. 给水泵站的水泵优选与节能改造 [J]. 中国给水排水，2004，20（10）：81～83.

20. 陈毓陵等. 大型污水泵站节能途径研究 [J]. 水泵技术，2004 年第 4 期.

21. 李生民，孙旭霞等. 基于 GPRS 的城镇给水泵站远程监控系统 [J]. 中国给水排水，2005，21（7）：74～76.

22. 孙水英等. 大型永磁电动机在南水北调东线一期工程山东段韩庄泵站中的应用 [J]. 水利规划与设计，2014，(1)：48～50.

23. 杜世扬等. 污水提排泵站远程 SCADA 系统的实现 [J]. 给水排水，2005，31（7）：104～107.

高等学校给排水科学与工程学科专业指导委员会规划推荐教材

征订号	书　名	作　者	定价（元）	备　注
40573	高等学校给排水科学与工程本科专业指南	教育部高等学校给排水科学与工程专业教学指导分委员会	25.00	
39521	有机化学（第五版）（送课件）	蔡素德等	59.00	住建部"十四五"规划教材
41921	物理化学（第四版）（送课件）	孙少瑞、何洪	39.00	住建部"十四五"规划教材
42213	供水水文地质（第六版）（送课件）	李广贺等	56.00	住建部"十四五"规划教材
42807	水资源利用与保护（第五版）（送课件）	李广贺等	63.00	住建部"十四五"规划教材
42947	水处理实验设计与技术（第六版）（送课件）	冯萃敏等	58.00	住建部"十四五"规划教材
43524	给水排水管网系统（第五版）（送课件）	刘遂庆等	58.00	住建部"十四五"规划教材
44425	水处理生物学（第七版）（送课件）	顾夏生、陆韵等	78.00	住建部"十四五"规划教材
44583	给排水工程仪表与控制（第四版）（送课件）	崔福义、彭永臻	70.00	住建部"十四五"规划教材
44594	水力学（第四版）（送课件）	吴玮、张维佳、黄天寅	45.00	住建部"十四五"规划教材
43803	水质工程学（第四版）（上册）（送课件）	马军、任南琪、彭永臻、梁恒	70.00	住建部"十四五"规划教材
43804	水质工程学（第四版）（下册）（送课件）	马军、任南琪、彭永臻、梁恒	56.00	住建部"十四五"规划教材
27559	城市垃圾处理（送课件）	何品晶等	42.00	土建学科"十三五"规划教材
31821	水工程法规（第二版）（送课件）	张智等	46.00	土建学科"十三五"规划教材
31223	给排水科学与工程概论（第三版）（送课件）	李圭白等	26.00	土建学科"十三五"规划教材
36037	水文学（第六版）（送课件）	黄廷林	40.00	土建学科"十三五"规划教材
37017	城镇防洪与雨水利用（第三版）（送课件）	张智等	60.00	土建学科"十三五"规划教材
37679	土建工程基础（第四版）（送课件）	唐兴荣等	69.00	土建学科"十三五"规划教材
37789	泵与泵站（第七版）（送课件）	许仕荣等	49.00	土建学科"十三五"规划教材
37766	建筑给水排水工程（第八版）（送课件）	王增长、岳秀萍	72.00	土建学科"十三五"规划教材
38567	水工艺设备基础（第四版）（送课件）	黄廷林等	58.00	土建学科"十三五"规划教材
32208	水工程施工（第二版）（送课件）	张勤等	59.00	土建学科"十三五"规划教材
39200	水分析化学（第四版）（送课件）	黄君礼	68.00	土建学科"十二五"规划教材
33014	水工程经济（第二版）（送课件）	张勤等	56.00	土建学科"十二五"规划教材
16933	水健康循环导论（送课件）	李冬、张杰	20.00	
37420	城市河湖水生态与水环境（送课件）	王超、陈卫	40.00	国家级"十一五"规划教材
37419	城市水系统运营与管理（第二版）（送课件）	陈卫、张金松	65.00	土建学科"十五"规划教材
33609	给水排水工程建设监理（第二版）（送课件）	王季震等	38.00	土建学科"十五"规划教材
20098	水工艺与工程的计算与模拟	李志华等	28.00	
32934	建筑概论（第四版）（送课件）	杨永祥等	20.00	
24964	给排水安装工程概预算（送课件）	张国珍等	37.00	
24128	给排水科学与工程专业本科生优秀毕业设计（论文）汇编（含光盘）	本书编委会	54.00	
31241	给排水科学与工程专业优秀教改论文汇编	本书编委会	18.00	

　　以上为已出版的指导委员会规划推荐教材。欲了解更多信息，请登录中国建筑工业出版社网站：www.cabp.com.cn查询。在使用本套教材的过程中，若有任何意见或建议，可发Email至：wangmeilingbj@126.com。